【臺灣現當代作家
研究資料彙編】48

王文興

國立台灣文學館
出版

部長序

　　文學既是社會縮影也是靈魂核心，累積研究論述及文獻史料，不僅可厚實文學發展根基，觀照當代人文的思想脈絡，更能指引未來的社會發展。臺灣文學歷經數百年的綿延與沉澱，蓄積豐沛的能量，也呈現生氣盎然的多元創作面貌。近一甲子的臺灣現當代文學發展，就是華文世界人文心靈最溫暖的寫照。

　　緣此，國立臺灣文學館自 2010 年啟動《臺灣現當代作家研究資料彙編》，鉅細靡遺進行珍貴的文學史料蒐集研究，意義深遠。這項計畫歷時三年多，由文學館結合學界、出版社、作家一同參與，組成陣容浩大的編輯群與顧問團隊，梳理臺灣文學長河裡的各方涓流，共匯集 50 位臺灣現當代重要作家的生平、年表與作品評論資料，選錄其代表性的評論文章，彙編成冊，完整呈現作家的人文映記、文學成就及相關研究，成果豐碩。

　　由於內容浩瀚、需多所佐證，本套叢書共分三階段陸續出版，先是 2011 年推出以臺灣新文學之父賴和為首的 15 位作家研究資料彙編，接著於 2012 年完成張我軍、潘人木等 12 位作家的研究資料彙編；及至 2013 年 12 月，適逢國立臺灣文學館十周年館慶之際，更纂輯了姜貴、張秀亞、陳秀喜、艾雯、王鼎鈞、洛夫、余光中、羅門、商禽、瘂弦、司馬中原、林文月、鄭愁予、陳冠學、黃春明、白先勇、白萩、陳若曦、郭松棻、七等生、王文興、王禎和、楊牧共 23 位作家的研究資料，皇皇巨著，為臺灣文學之巍巍巨觀留下具里程碑的文字見證。這套選粹體現了臺灣文學研究總體成果中，極為優質的論述著作，有助於臺灣文學發展的擴展化與深刻化，質量兼具。在此，特別對參與編輯、撰寫、諮詢的文學界朋友們表達謝意，也向全世界愛好文學的讀者，推介此一深具人文啟發且實用的臺灣現當代文學工具書，彼此激勵，為更美好的臺灣人文環境共同努力。

文化部部長　龍應台

館長序

　　所有一切有關文學的討論，最終都得回歸到創作主體（作家）及其創作文本（作品）。文本以文字書寫，刊載在媒體上（報紙、雜誌、網站等），或以印刷方式形成紙本圖書；從接受端來看，當然以後者為要，原因是經過編輯過程，作者或其代理人以最佳的方式選編，常會考慮讀者的接受狀況，亦以美術方式集中呈現，其形貌也必然會有可觀者。

　　從研究的角度來看，它正是核心文獻。研究生在寫論文的時候，每在緒論中以一節篇幅作「文獻探討」，一般都只探討研究文獻，仍在周邊，而非核心。所以作家之研究資料，包括他這個人和他所寫的作品，如何鉅細靡遺彙編一處，是研究最基礎的工作；其次才是他作品的活動場域以及別人如何看待他的相關資料。前者指的是發表他作品的報刊及其他再傳播的方式或媒介，後者指的是有關作家及其作品的訪問、報導、著作目錄、年表、文評、書評、專論、綜述、專書、選編等，有系統蒐輯、編目，擇其要者結集，從中發現作家及其作品被接受的狀況，清理其發展，這其實是文學經典化真正的過程；也必須在這種情況下，作家研究才有可能進一步開展。

　　針對個別作家所進行的資料工作隨時都在發生，但那是屬於個人的事，做得好或不好，關鍵在他的資料能力；將一群有資料能力的學者組織起來，通過某種有效的制度性運作，想必能完成有關作家研究資料彙編的人文工程，可以全面展示某個歷史時期有關作家研究的集體成就，這是國立臺灣文學館從 2010 年啟動「臺灣現當代

作家研究資料彙編」（50 冊）的一些基本想法，和另外兩個大計畫：「臺灣文學史長編」（33 冊）、「臺灣古典作家精選集」（38 冊），相互呼應，期能將臺灣文學的豐富性展示出來，將「臺灣文學」這個學科挖深識廣；作為文化部的附屬機構，我們在國家文化建設的整體工程中，在「文學」作為一個公共事務的理念之下，我們紮紮實實做了有利文化發展的事，這是我們所能提供給社會大眾的另類服務，也是我們朝向臺灣文學研究中心理想前進的努力。

我們在四年間分三批出版的這 50 本臺灣現當代作家研究資料彙編，從賴和（1894～1943）到楊牧（1940～），從割臺之際出生、活躍於日據下的作家，到日據之末出生、活躍於戰後臺灣文壇的作家；當然也包含 1949 年左右離開大陸，而在臺灣文壇發光發熱的作家。他們只是臺灣作家的一小部分，由承辦單位組成的專業顧問群多次會商議決；這個計畫，我們希望能夠在精細檢討之後，持續推動下去。

顧問群基本上是臺灣文學史專業的組合，每位作家重要評論文章選刊及研究綜述的撰寫者，都是對於該作家有長期研究的專家。這是學界人力的大動員，承辦本計畫的臺灣文學發展基金會長期致力臺灣文學史料的蒐輯整理，具有強大的學術及社會力量，本計畫能夠順利推動且如期完成，必須感謝他們組成的編輯團隊，以及眾多參與其事的學界朋友。

國立臺灣文學館館長 **李瑞騰**

編序

◎封德屏

緣起

1995 年 10 月 25 日，在臺灣師範大學教育大樓的 201 室，一場以「面對臺灣文學」為題的座談會，在座諸位學者分別就臺灣文學的定義、發展、研究，以及文學史的寫法等，提出宏文高論，而時任國家圖書館編纂張錦郎的「臺灣文學需要什麼樣的工具書」，輕鬆幽默的言詞，鞭辟入裡的思維，更贏得在座者的共鳴。

張先生以一個圖書館工作人員自謙，認真專業地為臺灣這幾十年來究竟出版了多少有關臺灣文學的工具書，做地毯式的調查和多方面的訪問。同時條理分明地針對研究者、學生，列出了十項工具書的類型，哪些是現在亟需的，哪些是現在就可以做的，哪些是未來一步一步累積可以達成的，分別做了專業的建議及討論。

當時的文建會二處科長游淑靜，參與了整個座談會，會後她劍及履及的開始了文學工具書的委託工作，從 1996 年的《臺灣文學年鑑》起始，一年一本的編下去，一直到現在，保存延續了臺灣文學發展的基本樣貌。接著是《中華民國作家作品目錄》的新編，《臺灣文壇大事紀要》的續編，補助國家圖書館「當代文學史料影像全文系統」的建置，這些工具書、資料庫的接續完成，至少在當時對臺灣文學的研究，做到一些輔助的功能。

2003 年 10 月，籌備多年的「台灣文學館」正式開幕運轉。同年五月《文訊》改隸「財團法人台灣文學發展基金會」，為了發揮更大的動能，開

始更積極、更有效率地將過去累積至今持續在做的文學史料整理出來，讓豐厚的文藝資源與更多人共享。

於是再次的請教張錦郎先生，張先生認為文學書目、作家作品目錄、文學年鑑、文學辭典皆已完成或正在進行，現在重點應該放在有關「臺灣現當代作家評論資料目錄」的編輯工作上。

很幸運的，這個計畫的發想得到當時臺灣文學館林瑞明館長的支持，於是緊鑼密鼓的展開一切準備工作：籌組編輯團隊、召開顧問會議、擬定工作手冊、撰寫計畫書等等。

張錦郎先生花了許多時間編訂工作手冊，每一位作家的評論資料目錄分為：

（一）生平資料：可分作者自述，旁人論述及訪談，文學獎的紀錄。

（二）作品評論資料：可分作品綜論，單行本作品評論，其他作品（包括單篇作品）評論，與其他作家比較等。

此外，對重要評論加以摘要解說，譬如專書、專輯、學術會議論文集或學位論文等，凡臺灣以外地區之報刊及出版社，於書名或報刊後加註，如中國大陸、香港、新加坡等。此外，資料蒐集範圍除臺灣外，也兼及中國大陸、香港、新加坡、日本、韓國及歐美等地資料，除利用國內蒐集管道外，同時委託當地學者或研究者，擔任資料蒐集工作。

清楚記得，時任顧問的學者專家們，都十分高興這個專案的啟動，但確定收錄哪些作家名單時，也有不同的思考及看法。經過充分的討論後，終於取得基本的共識：除以一般的「文學成就」為觀察及考量作家的標準外，並以研究的迫切性與資料獲得之難易度為綜合考量。譬如說，在第一階段時，作家的選擇除文學成就外，先考量迫切性及研究性，迫切性是指已故又是日治時期臺籍作家為優先，研究性是指作品已出土或已譯成中文為優先。若是作品不少而評論少，或作品評論皆少，可暫時不考慮。此外，還要稍微顧及文類的均衡等等。基本的共識達成後，顧問群共同挑選出 310 位作家，從鄭坤五、賴和、陳虛谷以降，一直到吳錦發、陳黎、蘇

偉貞，共分三個階段進行。

　　張錦郎先生修訂的編輯體例，從事學術研究的顧問們，一方面讚嘆「此目錄必然能成為類似文獻工作的範例」，但又深恐「費力耗時，恐拖延了結案時間」，要如何克服「有限時間，高度理想」的編輯方式，對工作團隊確實是一大挑戰。於是顧問們群策群力，除了每人依研究領域、研究專長認領部分作家外（可交叉認領），每個顧問亦推薦或召集研究生襄助，以期能在教學研究工作外，為此目錄盡一份心力。

　　「臺灣現當代作家評論資料目錄」專案計畫，自 2004 年 4 月開始，至 2009 年 10 月結束，分三個階段歷時五年六個月，共發現、搜尋、記錄了十餘萬筆作家評論資料。共經歷了三位專職研究助理，近三十位兼任研究助理。這些研究助理從開始熟悉體例，到學習如何尋找資料，是一條漫長卻實用的學習過程。

接續

　　「臺灣現當代作家評論資料目錄」的專案完成，當代重要作家的研究，更可以在這個基礎上，開出亮麗的花朵。於是就有了「臺灣現當代作家研究資料彙編暨資料庫建置計畫」的誕生。為了便於查詢與應用，資料庫的完成勢在必行，而除了資料庫的建置外，這個計畫再從 310 位作家中精選 50 位，每人彙編一本研究資料，內容有作家圖片集，包括生平重要影像、文學活動照片、手稿及文物，小傳、作品目錄及提要、文學年表。另外每本書分別聘請一位最適當的學者或研究者負責編選，除了負責撰寫八千至一萬字的作家研究綜述外，再從龐雜的評論資料中挑選具有代表性的評論文章，平均 12～14 萬字，最後再附該作家的評論資料目錄，以期完整呈現該作家的生平、創作、研究概況，其歷史地位與影響。

　　由於經費及時間因素，除了資料庫的建置，資料彙編方面，50 位作家分三個階段完成。第一階段出版了 15 位作家，第二階段出版了 12 位作家，此次第三階段則出版了 23 位作家資料彙編。雖然已有過前兩階段的實

務經驗，但相較於前兩階段，此次幾乎多出版將近一倍的數量，使工作小組在編輯過程中，仍然面臨了相當大的困難與挑戰。

　　首先，必須掌握每位編選者進度這件事，就是極大的挑戰。於是編輯小組在等待編選者閱讀選文的同時，開始蒐集整理作家生平照片、手稿，重編作家年表，重寫作家小傳，尋找作家出版品的正確版本、版次，重新撰寫提要。這是一個極其複雜的工程。還好有認真負責的雅嫻、崔婷、欣怡，以及編輯老手秀卿幫忙，讓整個專案延續了一貫的品質及進度。

　　在智慧權威、老練成熟的學者專家面前，這些初生之犢的年輕助理展現了大無畏的精神，施展了編輯教戰手冊中的第一招——緊迫盯人。看他們如此生吞活剝地貫徹我所傳授的編輯要法，心裡確實七上八下，但礙於工作繁雜，實在無法事必躬親，也只好讓他們各顯身手了。

　　縱使這些新手使出了全部力氣，無奈工作的難度指數仍然偏高，雖有前兩階段的經驗，但面對不同的編選者，不同的編選風格，進度仍然不很順利，再加上此次同時進行 23 位作家的編纂作業，在與各編選者及各冊傳主往來聯繫的過程中，更是有許多龐雜而繁瑣的細節。此時就得靠意志力及精神鼓舞了。我對著年輕的同仁曉以大義，告訴他們正在光榮地參與一個重要的文學工程，絕對不可輕言放棄。

成果

　　雖然過程是如此艱辛，如此一言難盡，可是終究看到豐美的成果。每位編選者雖然忙碌，但面對自己負責的作家資料彙編，卻是一貫地認真堅持。他們每人必須面對上千或數百筆作家評論資料，挑選重要或關鍵性的評論文章，全面閱讀，然後依照編選原則，挑選評論文章。助理們此時不僅提供老師們所需要的支援，統計字數，最重要的是得找到各篇選文作者，取得同意轉載的授權。在第一階段進度流程初估時，我們錯估了此項工作的難度，因為許多評論文章，發表至今已有數十年的光景，部分作者行蹤難查，還得輾轉透過出版社、學校、服務單位，尋得蛛絲馬跡，再鍥

而不捨地追蹤。有了第一階段的血淚教訓，第二階段關於授權方面，我們更是如臨深淵、如履薄冰，希望不要重蹈覆轍，第三階段也遵循前兩階段的經驗，在面對授權作業時更是戰戰兢兢，不敢懈怠。

　　除了挑選評論文章煞費苦心外，每個作家生平重要照片，我們也是採高標準的方式去蒐集，過世作家家屬、友人、研究者或是當初出版著作的出版社，都是我們徵詢的對象。認真誠懇而禮貌的態度，讓我們獲得許多從未出土的資料及照片，也贏得了許多珍貴的友誼。許多作家都協助提供照片手稿等相關資料，如王鼎鈞、洛夫、余光中、羅門、瘂弦、司馬中原、林文月、鄭愁予、黃春明及其子黃國珍、白先勇及與其合作多年的攝影師許培鴻、白萩及其夫人、陳若曦、七等生、王文興、楊牧及其夫人夏盈盈。已不在世的作家，其家屬及友人在編輯過程中，也給予我們許多協助及鼓勵，如姜貴的長子王為鎌、張秀亞的女兒于德蘭、艾雯的女兒朱恬恬、陳秀喜的女兒張瑛瑛、商禽的女兒羅珊珊、陳冠學的後輩友人陳文銓與郭漢辰、郭松棻的夫人李渝、王禎和的夫人林碧燕，藉由這個機會，與他們一起回憶、欣賞他們親人或父祖、前輩，可敬可愛的文學人生。此外，還有張默、岩上、閻純德、李高雄、丘彥明、朱雙一、吳姍姍、鄭穎、舊香居書店吳雅慧等作家及研究者，熱心地幫忙我們尋找難以聯繫的授權者，辨識因年代久遠而難以記錄年代、地點、事件的作家照片，釐清文學年表資料及作家作品的版本問題，我們從他們身上學習到更多史料研究可貴的精神及經驗。

　　但如何在規定的時間內，完成第三階段 23 本資料彙編的編輯出版工作，對工作小組來說，確實是一大考驗。每一冊的主編老師，都是目前國內現當代台灣文學教學及研究的重要人物，因此每位主編都十分忙碌。有鑑於前兩階段的經驗，以及現有工作小組的人力，決定分批完稿，每個人負責 2〜4 本，三位組長的責任額甚至超過 4〜5 本。每一本的責任編輯，必須在這一年多的時間內，與他們所負責資料彙編的主角——傳主及主編老師，共生共榮。從作家作品的收集及整理開始，必須要掌握該作家一生

作品的每一次的出版，以及盡量收集不同的版本；整理作家年表，除了作家、研究者已撰述好的年表外，也必須再從訪談、自傳、評論目錄，從作品出版等線索，再做比對及增刪。再來就是緊盯每位把「研究綜述」放在所有進度最後一關的主編們，每隔一段時間提醒他們，或順便把新增的評論目錄寄給他們（每隔一段時間就有新的相關論文或學位論文出現），讓他們隨時與他們所主編的這本書，產生聯想，希望有助於「研究綜述」撰寫的進度。

以上的工作說起來，好像並不十分困難，身為總策劃的我起初心裡也十分篤定的認為，事情儘管艱困，最後還是應該順利完成。然而，這句雲淡風輕的話，聽在此次身歷其境參與工作的同仁耳中，一定會恨得牙癢癢的。「夜長夢多」這個形容詞拿來形容這件工作，真是太恰當也沒有了。因為整個工作期程超過一年，在這段漫長的歲月中，因等待、因其他人力無法抗拒的因素，衍伸出來的問題，層出不窮，更有許多是始料未及的。譬如，每本書的的選文，主編老師本來已經選好了，也經過授權了，為了抓緊時間，負責編輯的助理們甚至連順序、頁碼都排好了，就等主編老師的大作了，這時主編突然發現有新的文章、新的資料產生：再增加兩三篇選文吧！為了達到更好更完備的目標，工作小組當然全力以赴，聯絡，授權，打字，校對，重編順序等等工作，再度展開。

此次第三階段共需完成 23 位作家研究資料彙編，年齡層較上兩個階段已年輕許多，因此到最後的疑難雜症，還有連主編或研究者都不太清楚的部分，譬如年表中的某一件事、某一個年代、某一篇文章、某一個得獎記錄，作家本人絕對是一個最好的諮詢對象，於是幾乎我們每本書都找到了作家本人，對解決某些問題來說，這是一個好的線索，但既然看了，關心了，參與了，就可能有不同的看法，選文、年表、照片，甚至是我們整本書的體例。於是又是一場翻天覆地的大更動，對整本書的品質來說，應該是好的，但對經過一年多琢磨、修改已近入完稿階段的編輯團隊來說，這不啻是一大挑戰。

　　1990 年開始，各地縣市文化中心（文化局），對在地作家作品集的整理出版，以及台灣文學館成立後對日治時期作家以迄當代重要作家全集的編纂，對臺灣文學之作家研究，也有了很好的促進作用。如《楊逵全集》、《林亨泰全集》、《鍾肇政全集》、《張文環全集》、《呂赫若日記》、《張秀亞全集》、《葉石濤全集》、《龍瑛宗全集》、《葉笛全集》、《鍾理和全集》、《錦連全集》、《楊雲萍全集》、《鍾鐵民全集》等，如雨後春筍般持續展開。

　　經過近二十年的努力，臺灣文學的研究與出版，也到了可以驗收或檢討成果的階段。這個說法，當然不是要停下腳步，而是可以從「臺灣現當代作家評論資料目錄」所呈現的 310 位作家、10 萬筆資料中去檢視。檢視的標的，除了從作家作品的質量、時代意義及代表性去衡量外、也可以從作家的世代、性別、文類中，去挖掘還有待開墾及努力之處。因此在這樣的堅實基礎上，這套「臺灣現當代作家研究資料彙編」，每位編選者除了概述作家的研究面向外，均有些觀察與建議。希望就已然的研究成果中，去發現不足與缺憾，研究者可以在這些不足與缺憾之處下功夫，而盡量避免在相同議題上重複。當然這都需要經過一段時間去發現、去彌補、去重建，因此，有關臺灣文學研究的調查與研究，就格外顯得重要了。

期待

　　感謝臺灣文學館持續支持推動這兩個專案的進行。「臺灣現當代作家評論資料目錄」的完成，呈現的是臺灣文學研究的總體成果；「臺灣現當代作家研究資料彙編」套書的出版，則是呈現成果中最精華最優質的一面，同時對未來的研究面向與路徑，做最好的建議。我們可以很清楚的體會，這是一條綿長優美的臺灣文學接力賽，我們十分榮幸能參與其中，我們更珍惜在傳承接力的過程，與我們相遇的每一個人，每一件讓我們真心感動的事。我們更期待這個接力賽，能有更多人加入。誠如張恆豪所說「從高音獨唱到多元交響」，這是每一個人所期待的。

編輯體例

一、本書編選之目的，爲呈現王文興生平、著作及研究成果，以作爲臺灣文學相關研究、教學之參考資料。

二、全書共五輯，各輯內容及體例說明如下：

輯一：圖片集。選刊作家各個時期的生活或參與文學活動的照片、著作書影、手稿（包括創作、日記、書信）、文物。

輯二：生平及作品，包括三部分：

　　1.小傳：主要內容包括作家本名、重要筆名，生卒年月日，籍貫，及創作風格、文學成就等。

　　2.作品目錄及提要：依照作品文類（論述、詩、散文、小說、劇本、報導文學、傳記、日記、書信、兒童文學、合集）及出版順序，並撰寫提要。不收錄作家翻譯或編選之作品。

　　3.文學年表：考訂作家生平所進行的文學創作、文學活動相關之記要，依年月順序繫之。

輯三：研究綜述。綜論作家作品研究的概況，並展現研究成果與價值的論文。

輯四：重要文章選刊。選收國內外具代表性的相關研究論文及報導。

輯五：研究評論資料目錄。收錄至 2013 年 6 月底止，有關研究、論述臺灣現當代作家生平和作品評論文獻。語文以中文爲主，兼及日文和英文資料。所收文獻資料，以臺灣出版爲主，酌收中國大陸、香港、日本和歐美國家的出版品。內容包含三部分：

　　1.「作家生平、作品評論專書與學位論文」下分爲專書與學位論文。

　　2.「作家生平資料篇目」下分爲「自述」、「他述」、「訪談」、「年表」、「其他」。

　　3.「作品評論篇目」下分爲「綜論」、「分論」、「作品評論目錄、索引」、「其他」。

目次

輯一◎圖片集

影像◎手稿◎文物

約1945年，約六歲的王文興與母親，攝於福建福州。（臺灣大學圖書館提供）

約1946年，約七歲的王文興甫隨家
人自福州遷臺，就讀屏東東港國民
學校。（臺灣大學圖書館提供）

1950年，就讀臺北國語實驗國民小學六年級的王文興與父母，攝於臺北同安
街底的省政府員工宿舍（今紀州庵文學森林）。（紀州庵文學森林提供）

1950年代中期，王文興就讀臺灣
師範學院附屬中學高中部時的大
頭照。（臺灣大學圖書館提供）

1959年，王文興與大學同學合影於臺灣大學校園。前排左起：陳若曦、楊
美惠、謝道娥、王愈靜、方蔚華；後排左起：戴天、張先緒（後）、林
耀福、陳次雲、王文興、白先勇、李歐梵。（陳若曦提供）

1960年5月，《現代文學》創刊時編輯委員合影。前排左起：陳若曦、歐陽子、劉紹銘、白先勇、張先緒；後排左起：戴天、方蔚華、林耀福、李歐梵、葉維廉、王文興、陳次雲。（文訊文藝資料中心）

1961年，王文興與《現代文學》編輯同仁出遊野餐，攝於臺北碧潭。前排左起：鄭恆雄、楊美惠；後排左起：杜國清、王禎和、陳若曦、白先勇、王國祥、王文興、沈華、歐陽子。（臺灣大學圖書館提供）

1964年，王文興與白先勇（右）於美國愛荷華大學「國際作家工作坊」從事研究，攝於愛荷華大學校園。（臺灣大學圖書館提供）

1969年，王文興與陳竺筠公證結婚，未披婚紗，此照代替結婚照。（臺灣大學圖書館提供）

1970年代後期，王文興與高中老師金承藝（右），攝於王文興寓所。（臺灣大學圖書館提供）

約1970年代，王文興夫婦與楊牧（右）合影於林海音寓所。（文訊文藝資料中心）

1981年，王文興於臺灣大學講授小說課程。（臺灣大學圖書館提供）

1985年，王文興（中排左一）於臺北古亭天主堂領洗。（臺灣大學圖書館提供）

1990年，時年51歲的王文興，攝於臺灣大學校園。
（文訊文藝資料中心）

1998年夏，王文興與顏元叔
（右），攝於臺灣大學校園。
（臺灣大學圖書館提供）

2000年夏，王文興（左二）參加高中同學會，與昔日同窗林安達（左
一）談論宗教問題。（臺灣大學圖書館提供）

2003年，王文興與大學同學聚餐。左起：陳明和、方蔚華、
王文興、陳若曦、白先勇。（陳若曦提供）

2010年1月11日，單德興（右）專訪王文興，攝於臺灣大學明達館。（單德興提供）

2010年6月，中央大學主辦「演繹現代主義：王文興國際研討會」，加拿大卡加利大學於會中演出王文興獨幕劇劇作《M和W》，謝幕時以象徵卡加利市「城市之友」的白牛仔帽一頂，向劇作者王文興致意。左起：Aleksander Ristic、Samantha Ykema、王文興、Ajay Badoni。（易鵬提供）

2010年，王文興在小室中從事創作的模樣，攝於王文興寓所。（目宿媒體公司提供）

2012年4月20日，王文興應邀出席紀州庵文學森林「文人、水岸，我的生活我的家：紀州庵暨城南文學脈流展」開幕春茶會。左起：封德屏、鄔士根、綠蒂、王文興、隱地、徐松齡。（紀州庵文學森林提供）

王文興於1965年留美歸國後，任《現代文學》第26～35期的主編，戮力為臺灣譯介西方近代藝術潮流與思想。（翻攝自《現文因緣》，現文出版社）

2012年12月7日，王文興應邀出席紀州庵文學森林「我們的文學夢」系列講座，主講「《家變》的場景」。（文訊文藝資料中心）

王文興（右）、Graham Greene（中）、遠藤周作（左）獲輔仁大學選為第一屆「國際文學與宗教會議」重點作家的宣傳海報。（臺灣大學圖書館提供）

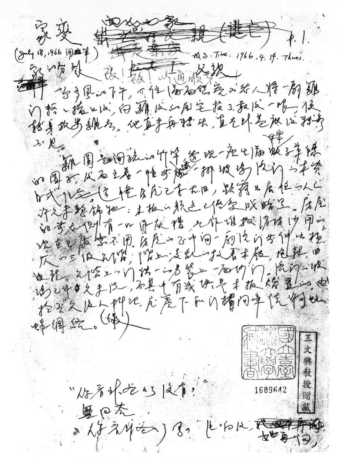

1972年，王文興《家變》手稿。（臺灣大學圖書館提供）

1974～1997年，王文興《背海的人》（上、下）手稿。（臺灣大學圖書館提供）

M 和 W

王文興

M，當然，是男的，廿八歲，黑眼鏡，黑西裝，黑領帶，黑皮鞋，提黑色公事皮包。

W，當然，是女的，廿八歲，紅色連裙洋裝，紅皮鞋，掛紅皮包。

幕啟時，舞台空無所有，僅燈光自頂照下，照出電梯大小的四方形範圍，二人在燈光範圍中。

W：開門哪！開門哪！（背對觀眾，打門，音效）

1988年，王文興《M和W》手稿。（臺灣大學圖書館提供）

憶　往

一九六三年秋天，我到愛奧華州立大學入學。開學後不久，接到安格爾教授的電話，說是週末要約兄位初來的外籍學生到他家小坐。星期六那天，同行的有葉維廉，一位印度同學，一位韓國同學。我們同坐了安格爾教授的大座車一起去。想不到安格爾教授的家在城外，開車走了許久，一路經過不少的田野、山岡，才到，當時正值深秋，是愛奧華城楓樹正好的時候，一路上，看了不少彩色爛漫的楓樹，蓋楓樹轉色並非每棵同時，因有先有後，故顏色不一，有黃，有紅，有桔色，有深紫，因而楓林可謂是五彩的楓林，遠看山岡上的秋林，宛如一束束五彩的花束一樣。

1991年，王文興〈憶往〉手稿。（臺灣大學圖書館提供）

懷仲園

誰若問我，文學的薰陶上，影響我最深的人，是誰？我一定說仲園兄。仲園不是他的本名，我未得他的同意，想來他不願意我寫他的真名，故我暫時代起這樣一個假名。我認識仲園兄的時候，我才進小學六年，仲園已讀初三，年齡上，仲園可能大我四歲，甚至五歲，當時勢局動亂，入學年齡也亂得很，總之，仲園是我的大朋友，他人又高，比他班上的同學都高，个又瘦，細細挑挑的，我站在他身邊，只及他的肩部都不到，我終日若影隨形的跟著他，就像唐吉訶德和他的矮伙伴，桑柯龐沙，那樣。仲園怎么肯接納我這位小朋友，完全是仲園友善，寬宏和耐心，使然。

1993年，王文興〈懷仲園〉手稿。（臺灣大學圖書館提供）

波特萊仿譯7首
暨序

王文興

1998年，王文興〈波特萊仿譯7首暨序〉手稿。（臺灣大學圖書館提供）

2006年，王文興〈明月夜〉手稿。（臺灣大學圖書館提供）

明月夜

語譯：

國立臺灣大學

楊牧兄：

謝謝詢問魯實先先生昔日事。甲骨文我一字不懂，大小篆亦不通，但就書法論書法，則甚喜甲骨大小篆。年輕時只重草書，今知書法一道，最高者恐是篆字。尤其吳昌碩篆字，我見一紙收一紙，誠照單全收也。齊白石字也好，偶亦書篆字，但恐远不如吳之篆字。吳齊同時還有一人亦佳，名趙鐵山，擅李陽冰的小篆，據說華北知名，但今日了無人知。名聲者，可嘆哉，不可據哉，若魯先生，東海諸同推其人，台灣，甚至中國海內外，幾人知其名？魯先生如金文書寫肯定高於羅振玉，不下董作賓，庶不知他年他日有人推重其字否？說到書法，我更喜印章吳昌碩也，印章我亦見一紙收一紙。台灣有一學術！不弱，新人有一林淑女，亦佳。印章之追隨者，audience，恐較現代詩現代小說尤稀也。再談。

文興　2.1.

王文興致楊牧信函。（臺灣大學圖書館提供）

姒寧女士：

上函你說中國迷信事，宜繼續討論。我略補述如下。中國历代無數筆記中，出現極多這類的case-studies。五四以來，皆忽視之，我不敢同意。至少筆記作者皆孔孟學者，修詞必誠，不会胡說亂道，且一一条兆历历，符合治學規則，故可信度極高。況百年來唯物主義的中俄政府都已重視，名以"特異功能"，可見迷信之有其可信之實。

中國迷信多在預卜，扶乩，測字，解夢，神靈等方面；其中多与中國文字有関，故在世界文化中，有其uniqueness。我讀过历代無數扶乩詩，不談靈驗与否，光是乩詩本身，即令我歎喜讚歎。許多乩詩是文學傑作，有幾首甚至超过人間傑作，必須承認是神人之作。扶乩者，常不識字，且在昏眠狀態，焉能頃刻口占如此雋詞？就算是騙局，先有天才詩人寫成此詩，扶乩時背誦之，但扶乩者多村夫文盲，何能以竹筆寫成文字？乩詩所占，应驗与否，我不置評。但可舉另一則筆記，說明靈驗的case。明末崇禎時，一儒生忽癲，在廟壁大書"大清"二字，謂明祚將終，代之者必"大清"。時人不信，因當時李自成尚未興乱，东北滿人只名后金，女真，尚無清字一名。好事者又問他，大清之后又是何朝，他在壁上附書二字，曰："大安"。我读的筆記是清人所撰，謂"大清二字，驗矣，惟大安不知何謂"。故大安是三百年來的懸案。我们試試解開此謎。我抄一段當日我日记上的話："明時狂者謂，大清之后有大安。大者，謂大公，公復通共，故大者，亦共也。安者，謂安和，故安者，亦和也。大安故即共和。且大安二字含人民筆劃。故安民隱含人民共和四字。"人民共和，即是中華民國（Republic of China），又是中華人民共和國。

至大安內含人民，可以測字解之。大字內有人字，尚餘一横，此横加入安字，各画從新排列，恰得民字。

圖解如下：

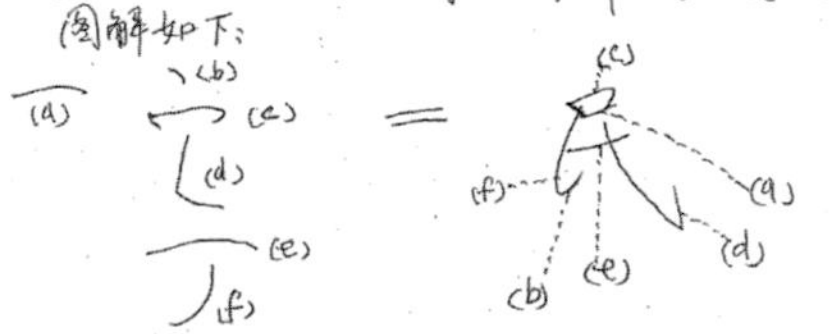

迷信也者，謂即sorcery，西方原固已有之，但因天主教會排之，故資料已少，不若中國之勝。且中國迷信又与中國文字相契，故確为世界文化之獨一現象也。

我個人願pointing out此異，但因我基督教信仰，將只限觀察研究，不致practice迷信。然sorcery与基督教皆屬mysticism，謂我相信mysticism，則无誤也耶。

前函我说"下午"一文，斷覺你的肯定有其理。該文探及命運中災難的可怖，小小兒童，無法承担其magnitude，又及一般女性心中基本的maternal fears，日夜懸心嬰兒安全，应有其可讀之處。當時我年輕，不懂小說craftmanship，致行文多有枝蔓之处，經你重估，亦覺缺点可以不論。未知我今所見，与你的看法相符否。

再談

王文興　3.9.

王文興致黃恕寧信函。（臺灣大學圖書館提供）

輯二◎生平及作品

小傳◎作品◎年表

小傳

王文興，男，早期有筆名金聲、銅馬、無聊齋。籍貫福建福州，1939年11月4日生，1946年來臺。

臺灣大學外文系畢業，美國愛荷華大學英文系藝術碩士，2007年獲臺灣大學頒授榮譽博士學位。曾任臺灣大學外文系與中文系合聘講師、臺灣大學外文系教授。1960年與白先勇、陳若曦、歐陽子等人創辦《現代文學》雜誌，積極參與編輯事務，1965年留美歸國後，繼續擔任該雜誌第26～35期的主編。2005年自教職退休，專事寫作。曾獲第13屆國家文藝獎、第六屆花蹤世界華文文學獎，並於2011年4月受法國政府頒贈法國藝術暨文學騎士勳章。

王文興創作文類以小說為主，兼及詩、散文，大學時期為其寫作發展的重要階段。1958年發表第一篇短篇小說〈守夜〉於《臺大青年》，往後多發表作品於《文學雜誌》、《現代文學》與《中外文學》。其寫作風格依作品發表時序分為三個階段：1960年3月發表〈玩具手槍〉前為思索寫作技巧、探尋個人風格的時期；1960年5月《現代文學》第2期以後的作品，文字始脫離傳統散文文體，呈現詩體式的寫作傾向，為實驗創作階段。其中〈龍天樓〉一篇堪稱是自短篇過渡至長篇小說的練筆之作；1970～1990年代的《家變》、《背海的人》則為落實理想風格的長篇小說創作，奠定了王文興於臺灣現代小說史的地位。作品基調呈顯著洞察人生、探尋真諦的

現代主義特徵，擅長藉描述人物的內心活動，刻畫生命以錯覺、誤解與殘缺構成的悲劇本質。形式、結構上，則與西方小說文類有著指涉關係，尤以語言特徵最爲凸出。例如：自創的新字、文白夾雜的語句以及大量的標點使用等，皆爲作家錘鍊語言以求貼近內在精神之美學觀點的展演，張漢良曾讚許：「更新了語言，恢復了已死的文字，使它產生新生命，進而充分發揮文字的力量」。顏元叔亦曾以「字裡行間都是真實生命，真實人生。」評析其小說措辭描繪精細之功。

　　散文創作上，王文興擅以手記形式書寫對世間物象的見解，舉凡文學作品、影音藝術、文化地景、神學宗教等皆是觀察對象。行文上著重自然與音樂性，曾言：「散文含一魂一魄，魂爲音樂，魄爲自然。」同時認爲散文猶如書法，講究行氣不斷、即興而作與獨特風格等特性。此外，王文興亦偏好讀詩，沉浸其中的音節與韻語，時而賦詩捻詞，從文學雜誌到作品集均可見其創作。

　　深受中國傳統與西方文藝薰陶的王文興，一生透過寫作與教學，開發當代對文學的想像與感受，在現代主義思潮轉譯至臺灣的傳播領域中，爲一不可忽視的人物，陳芳明曾言：「（他）是臺灣『前衛』藝術的『後衛』，長期以來，爲現代文學從事教學、闡釋與辯護的工作。」王文興筆耕逾五十年，綜觀其文學活動與創作，始終堅持「精讀」與「慢寫」的作風，並追求藝術性寫作，曾在 1970 年代鄉土文學方興之際，表述「文學的目的就是『愉悅』——創作和閱讀文本的愉悅」的理念。他的審美理念打破陳規，提示當代對文字藝術性的重視，甚至其手稿文本緣此成爲中、外學界的研究對象。2009 年第 13 屆國家文藝獎以「作品深具實驗性與創新性，每一部小說均引起廣泛注意，其文字肌理細緻，富於多重指涉，不僅建立個人美學風格，更將漢文之表達潛能推向一個高峰，對當代文壇深具影響力。」之讚評，爲王文興的文學成就留下不可磨滅的紀錄。

作品目錄及提要

【論述】

家變六講——寫作過程回顧

臺北：麥田出版公司
2009 年 11 月，25 開，329 頁
麥田文學 227

本書爲「王文興慢讀講堂」之一，內容爲作者 2007 年受邀
於中央大學「《家變》逐頁六講」研讀班的講演紀錄。全書
收錄〈第一講：舞臺布景的借用〉、〈第二講：舞臺型的對話
與獨白〉等六篇。正文前有康來新〈王文興慢讀王文興——
關於複數作者版的《家變六講》〉。

玩具屋九講

臺北：麥田出版公司
2011 年 1 月，25 開，198 頁
王文興慢讀講堂 03

本書爲「王文興慢讀講堂」之一，內容爲作者於課堂「小說
探微」的授課紀錄，由林國卿筆記整理。該課程爲作者開設
於臺灣大學外文系的最後一門課，以逐字慢讀的方式講述凱
薩琳‧曼斯菲爾德（Katherine Mansfield）的短篇小說〈玩
具屋〉（"The Doll's House"）。全書收錄〈第一講：如何描寫
玩具屋〉、〈第二講：如何寫形，色，味〉等九篇。正文前有
王文興〈慢讀系列總序〉、〈《玩具屋九講》序〉，正文後附錄
〈原文與譯文〉、〈出版緣起〉、〈認識作家〉、〈認識作品〉。

【散文】

星雨樓隨想

臺北：洪範書店
2003 年 7 月，25 開，224 頁
洪範文學叢書 314

本書爲作者發表於 1970～1999 年的散文作品，以手記形式
表現，內容包含對世間物象的觀察、神學的思辨、藝術美學
的感知，以及旅遊札記，爲作者體悟人類生命、社會文明與
藝術美學的心象實錄。全書收錄〈手記之一〉、〈手記之
二〉、〈手記之三〉等 13 篇。正文前有王文興〈代序（〈書法
是藝術的頂巔〉）〉。

【小說】

文星書店 1967　　大林出版社 1969

龍天樓

臺北：文星書店
1967 年 6 月，40 開，181 頁
文星叢刊 259

臺北：大林出版社
1969 年 6 月，40 開，181 頁
大林文庫 4

臺北：大林出版社
1982 年 3 月，32 開，181 頁
大林文庫 4

大林出版社 1982

短篇小說集。本書爲作者發表於《現代文
學》第 16 期以後的作品，以命運的荒謬
與力量爲主題，反映青年的成長經驗，除
此之外，更以〈龍天樓〉一篇帶出更廣泛
的存在命題。全書收錄〈海濱聖母節〉、
〈命運的跡線〉、〈寒流〉、〈欠缺〉、〈黑
衣〉、〈龍天樓〉共六篇。正文前有葉珊
〈探索王文興小說裡的悲劇情調（代
序）〉，正文後附錄王文興〈後記〉。
1969 年大林版：內容與文星版相同。
1982 年大林版：內容與前兩版相同。

環宇出版社 1973　　洪範書店 1978

夏威夷大學 1995　　ACTES SUD 1999

洪範書店 2000

家變

臺北：環宇出版社
1973 年 4 月，32 開，195 頁
長春藤文學叢刊 8

臺北：洪範書店
1978 年 11 月，32 開，195 頁
洪範文學叢書 38

Honolulu, Hawaii：University of Hawaii Press
1995 年 5 月，13.2×20.1 公分，259 頁
Susan Dolling 譯
Family Catastrophe

Arles, France：ACTES SUD
1999 年 6 月，10×19 公分，395 頁
Camille Loivier 譯
Processus familial

臺北：洪範書店
2000 年 9 月，25 開，238 頁
洪範文學叢書 38

長篇小說。本書爲作者耗時七年之作，藉主角范曄對自我成長的回溯，描寫生命個體與其起點——家的關係。小說自范曄的父親出走開場，接以范曄成年前、後兩條脈絡展開尋父與自我溯源的歷程，述寫年輕一代對上一代的感情變化。全文在愛、罪與良心交織的思索中，刻畫中國家庭倫理結構下的心靈圖像。

1978 年洪範版：正文前新增王文興〈《家變》新版序〉。

夏威夷大學版：英譯本，以環宇版爲基礎，正文後新增 "Translator's Note"、"About the Author"、"ABOUT THE TRANSLATOR"。

ACTES SUD 版：法譯本，以環宇版爲基礎，正文前新增譯者的 "AVANT-PROPOS"、"NOTE"。

2000 年洪範重排版：以 1978 年洪範版爲基礎，修改正文內容約一百多字。正文前新增王文興〈新版序〉、改王文興〈《家變》新版序〉篇名爲〈一九七八年洪範版序〉。本書於 2009 年 10 月發行精裝本。

十五篇小說

臺北：洪範書店
1979 年 9 月，32 開，259 頁
洪範文學叢書 48

短篇小說集。本書集結《玩具手槍》與《龍天樓》作品，並修改其中的文字與標點符號。全書收錄〈玩具手槍〉、〈最快樂的事〉、〈母親〉、〈草原底盛夏〉、〈大地之歌〉、〈大風〉、〈日曆〉、〈兩婦人〉、〈踐約〉、〈海濱聖母節〉、〈命運的跡線〉、〈寒流〉、〈欠缺〉、〈黑衣〉、〈龍天樓〉共 15 篇。正文前有王文興〈序〉。

上冊
洪範書店 1981

上冊
康乃爾大學 1993

上冊
洪範書店 1999

下冊
洪範書店 1999

背海的人（上）

臺北：洪範書店
1981 年 4 月，32 開，182 頁
洪範文學叢書 67

Ithaca, New York：East Asia Program, Cornell University
1993 年 9 月，14×21.6 公分，131 頁
Edward Gunn 譯
Backed against the Sea

臺北：洪範書店
1999 年 9 月，25 開，182 頁
洪範文學叢書 67

背海的人（下）
臺北：洪範書店
1999 年 9 月，25 開，186 頁
洪範文學叢書 67

長篇小說。本書分上、下兩冊，為作者費時 24 年之作，以「爺」的兩夜獨白進行敘述。「爺」自大陸遷臺，為一退伍軍人，略通文墨，因盜用公款與欠下賭債亡逸深坑澳。小說以寫實、象徵並重以及諷刺、語言紛雜的筆法，描寫「爺」對深坑澳人情文化的觀察、與妓女們的互動、官僚機構「近整處」的眾生相、對宗教信仰的觀點，藉此挖掘人性本質與存在意義。

康乃爾大學版：上冊之英譯本，正文前新增"ACKNOWLEDGEMENTS"、"A NOTE ON THE TEXT"，正文後附錄"NOTES"。

1999 年洪範版：正文前新增王文興〈序〉。

草原底盛夏／鄭樹森主編

臺北：洪範書店
1996 年 9 月，50 開，53 頁
洪範二十年隨身讀 15

短篇小說集。本書為作者發表於《現代文學》第 2～8 期，
創作手法轉向詩化語言的作品。全書收錄〈最快樂的事〉、
〈母親〉、〈草原底盛夏〉、〈大地之歌〉、〈日曆〉共五篇。

La Fête de la déesse Matsu／Camille Loivier 譯

Paris, France：ZULMA
2004 年 2 月，25 開，166 頁

短篇小說集。本書為《十五篇小說》之更名譯本，以「海濱
聖母節」為譯名，由 Camille Loivier 翻譯為法文。全書收錄
〈欠缺〉、〈命運的跡線〉、〈母親〉、〈日曆〉、〈玩具手槍〉、
〈最快樂的事〉、〈踐約〉、〈海濱聖母節〉共八篇。

【合集】

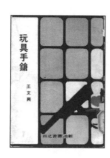

玩具手槍

臺北：志文出版社
1970 年 10 月，32 開，168 頁
新潮叢書 4

本書為小說與散文合集。全書分二部分，「小說」收錄〈玩
具手槍〉、〈最快樂的事〉、〈母親〉、〈草原底盛夏〉、〈大地之
歌〉、〈大風〉、〈日曆〉、〈兩婦人〉、〈踐約〉共九篇，「手
記」收錄〈手記之一〉、〈手記之二〉等三篇。正文前有王文
興〈序〉。

聯合文學 1988

聯合文學 2006

書和影

臺北：聯合文學出版社
1988 年 4 月，25 開，326 頁
聯合文學 20・聯合文叢 14

臺北：聯合文學出版社
2006 年 11 月，25 開，359 頁
聯合文學 422・聯合文叢 377

本書爲散文、詩與文學對談之合集，分「書」、「影」、「其他」三部分，主要爲作者探討小說與電影的論述文章，內容涵蓋中國與西方、古典與現代。除此之外，亦結集記述生活感知的詩文創作與文學對談紀錄。全書收錄〈「士爲知己者死」的文學〉、〈重認《聊齋》——試讀〈寒月芙蕖〉〉、〈《聊齋》中的戴奧尼西安小說——〈狐夢〉〉、〈《父與子》卅年〉、〈狄更斯的〈《孤雛淚》〉等 52 篇。正文前有張寶琴〈序〉。

2006 年聯合文學版：新增「新稿」一輯，收錄〈從一開始〉、〈請看閻振瀛的畫〉等六篇。正文前新增王文興〈新序〉。

小說墨餘

臺北：洪範書店
2002 年 7 月，25 開，226 頁
洪範文學叢書 297

本書爲散文、詩與劇本之合集，分三部分，主要爲作者談論東、西方文學與電影的創作，爲文深入淺出、情感真摯。除此之外，亦結集自傳性散文、書信、畫評與獨幕劇劇本。全書收錄〈波德萊爾印象〉、〈波德萊爾禮讚〉、〈波德萊爾仿譯七首暨序〉、〈《卡拉馬佐夫兄弟》一書中的宗教觀〉等 32 篇。正文前有王文興〈序〉。

王文興手稿集
臺北：臺灣大學圖書館、臺灣大學出版中心、行人文化實驗室
2010 年 11 月，23.5×32 公分

本部書結集《家變》、《背海的人》手稿，提供讀者了解王文興一絲不苟、字字皆有意蘊之創作精神。全部書收錄《家變》與《背海的人》手稿集共兩冊，另附抄正稿電子書與作者作品誦讀之光碟兩片、易鵬編之研究論文集《開始的開始》、《白的灰階：手稿集導讀小冊》。

Endless War：Fiction and Essays by Wang Wen-hsing／黃恕寧、Fred Edwards 編
Ithaca, New York：East Asia Program, Cornell University
2011 年 4 月，14×21.5 公分，415 頁

本書為小說、散文與劇本之合集，逐篇由不同譯者譯為英文。全書分三部分，「短篇小說」收錄〈守夜〉、〈一條垂死的狗〉、〈一個公務員的結婚〉、〈殘局〉、〈痺〉、〈下午〉、〈玩具手槍〉、〈母親〉、〈日曆〉、〈最快樂的事〉、〈大地之歌〉、〈草原底盛夏〉、〈結束〉、〈兩婦人〉、〈大風〉、〈踐約〉、〈海濱聖母節〉、〈命運的跡線〉、〈寒流〉、〈欠缺〉、〈黑衣〉、〈明月夜〉共 22 篇，「中篇小說與劇本」收錄中篇小說〈龍天樓〉與劇本〈M 和 W〉共兩篇，「散文」收錄《《新刻的石像》序〉、〈淺論現代文學〉等五篇。正文前有"Author's Preface"、"Editors' Preface"、"Acknowledgments"、"Introduction"，正文後附錄"A Chronology of Wang Wen-hsing's Life"、"Bibliography of Wang Wen-hsing's Works"、"About the Translators"、"Acknowledgment of Copyright" 與數張作家身影照片。

文學年表

1939 年 11 月　4 日，生於福建福州，家中排行第三。父王仲敏，母林蘊
　　　　　　　瑛。祖父王壽昌與嚴復、詹天佑同為清末官費留歐學童之
　　　　　　　一，與林紓中譯小仲馬《茶花女》為《巴黎茶花女遺事》。

1942 年　本年　隨父母遷居廈門。

1944 年　本年　五歲入學，值二次世界大戰期間，屢因日軍空襲而輟學。

1945 年　本年　抗日戰爭後，遷回福州。

1946 年　本年　舉家來臺，居屏東東港。
　　　　　　　就讀東港國民學校。

1948 年　本年　舉家移居臺北，居於同安街的省政府員工宿舍（現為紀州庵
　　　　　　　文學森林）。
　　　　　　　就讀臺北國語實驗國民小學，因學歷不完整，編入三年級下
　　　　　　　期春季班。

1951 年　本年　畢業於臺北國語實驗國民小學，考入臺灣師範學院附屬中學
　　　　　　　初中部。

1954 年　本年　畢業於臺灣師範學院附屬中學初中部，直升高中部。

1955 年　本年　高中時立定寫作為志向，受校內教師金承藝與郭軔指導甚
　　　　　　　深，並在英文老師吳協曼的指導下，埋首閱讀英文與翻譯小
　　　　　　　說。

1957 年 10 月　7 日，翻譯法國作家莫泊桑（Guy de Maupassant）短篇小說
　　　　　　　〈海上〉於《聯合報》第 6 版。

11 月　22 日，翻譯匈牙利作家吉沙・加當尼（Geza Gardonyi）短篇小說〈村中來了一個畫家〉於《聯合報》第 6 版。

本年　畢業於臺灣師範大學附屬中學高中部，考入臺灣大學外國語文學系。大學期間，熱衷閱讀，甚喜閱讀黎烈文翻譯的法文小說，同時師從美國客座教授 Jacob Korg，閱讀英詩、卡夫卡與勞倫斯等作品，對其影響甚深。

1958 年　4 月　發表短篇小說〈守夜〉於《大學生活》第 3 卷第 12 期。

8 月　發表短篇小說〈一條垂死的狗〉於《文學雜誌》第 4 卷第 6 期。

本年　與白先勇、歐陽子、陳若曦等人組織文學社團「南北社」。

1959 年　2 月　發表短篇小說〈一個公務員的結婚〉於《文學雜誌》第 5 卷第 6 期。

4 月　發表短篇小說〈殘菊〉於《文學雜誌》第 6 卷第 2 期。

6 月　6 日，翻譯法國作家弗蘭薩・考佩（François Coppée）短篇小說〈紀念章〉於《聯合報》第 7 版。

以筆名「銅馬」發表短篇小說〈痹〉於《文學雜誌》第 6 卷第 4 期。

8 月　發表短篇小說〈下午〉於《文學雜誌》第 6 卷第 6 期。

1960 年　3 月　與白先勇、陳若曦、歐陽子等人創辦《現代文學》。發表多篇作品於該雜誌，並積極參與編務，策劃不少如卡夫卡、福克納、卡繆等西方現代作家專題。

發表短篇小說〈玩具手槍〉於《現代文學》第 1 期。

以筆名「金聲」翻譯美國詩人埃茲拉・龐德（Ezra Pound）詩作〈阿克薩之古墓〉於《現代文學》第 1 期。

5 月　發表短篇小說〈母親〉於《現代文學》第 2 期。

翻譯法國作家寇蒂斯・凱特（Curtis Cate）文論〈莎岡的興衰〉於《文學雜誌》第 8 卷第 3 期。

7 月	以筆名「銅馬」翻譯美國／英國詩人艾略特（T. S. Eliot）詩作〈四首序曲〉於《現代文學》第 3 期。
9 月	發表短篇小說〈日曆〉於《現代文學》第 4 期。
11 月	發表短篇小說〈最快樂的事〉於《現代文學》第 5 期。
	發表短篇小說〈夏天傍晚回家的青年〉於《中外畫報》第 53 期。
	發表〈論臺灣的短篇小說〉於《文星雜誌》第 37 期。

1961 年　1 月　發表短篇小說〈大地之歌〉於《現代文學》第 6 期。

　　　　5 月　發表短篇小說〈草原底盛夏（懷念我遺失了一半底青年時代）〉於《現代文學》第 8 期。

　　　　　　　發表短篇小說〈結束〉於《大學生活》第 6 卷第 24 期。

　　　　7 月　發表詩作〈六月的歌〉於《現代文學》第 9 期。

　　　　9 月　發表短篇小說〈兩婦人〉於《現代文學》第 10 期。

　　　　10 月　發表〈《美國詩選》評介〉於《文星雜誌》第 48 期。

　　　　11 月　發表短篇小說〈大風〉於《現代文學》第 11 期。

　　　　本年　畢業於臺灣大學外國語文學系，隨後入伍。其中四個月於宜蘭南方澳服役，後以該地做短篇小說〈海濱聖母節〉與長篇小說《背海的人》場景。

1962 年　1 月　發表詩作〈並非眼淚〉於《現代文學》第 12 期。

　　　　　　　翻譯美國作家凱瑟琳・安・波特（Katherine Anne Porter）短篇小說〈偷竊〉於《大學生活》第 7 卷第 16 期。

　　　　4 月　發表短篇小說〈踐約：給先勇，for friendship〉於《現代文學》第 13 期。

　　　　11 月　與白先勇合編《現代小說選》，由臺北現代文學雜誌社出版。

1963 年　3 月　發表短篇小說〈海濱聖母節〉於《現代文學》第 16 期。

	4 月	翻譯美國文評家路易斯（R. W. B. Lewis）文論〈浪子與香客〉於《文星雜誌》第 66 期。
	6 月	發表短篇小說〈命運的跡線〉、〈寒流〉於《現代文學》第 17 期。
	本年	赴美國愛荷華大學「作家工作坊」從事創作研究。
1964 年	1 月	發表短篇小說〈欠缺〉於《現代文學》第 19 期。
	3 月	發表短篇小說〈黑衣〉於《現代文學》第 20 期。
1965 年	本年	獲美國愛荷華大學藝術碩士學位，返臺任臺灣大學外國語文學系講師，教授小說課程，提倡精讀。
		任《現代文學》主編，至 1968 年 11 月。
1966 年	2 月	發表短篇小說〈龍天樓〉於《現代文學》第 27 期。
	3 月	15 日，應邀出席《幼獅文藝》為「現代藝術季」舉辦的「現代文學座談會」，探討現代文學創作趨勢與創作態度等議題，與會者有侯建、朱西甯、司馬中原、陳映真、鄭愁予、瘂弦、鄭文雄、張菱舲、段彩華等人。該藝術季由中美文化經濟協會發起，為慶祝青年節而舉行。
	6 月	18 日，開始寫作長篇小說《家變》。
1967 年	6 月	短篇小說集《龍天樓》由臺北文星書店出版。
1968 年	5 月	發表〈沙孚克里斯著《伊蕾克特拉》中的對比與衝突〉於《現代文學》第 34 期。
	11 月	發表〈《新刻的石像》序〉於《現代文學》第 35 期。
		發表"An Analytical Approach to D. H. Lawrence's Sons and Lovers"於《淡江學報》第 7 期。
		主編《新刻的石像──《現代文學》小說選第一集》，由臺北仙人掌出版社出版。
1969 年	6 月	短篇小說集《龍天樓》由臺北大林出版社出版。
	本年	與陳竺筠結婚。

　　　　　　　赴美國布法洛城紐約州立大學研究一年。

1970 年　10 月　《玩具手槍》由臺北志文出版社出版。

1971 年　 3 月　發表〈羅麗達的真面目〉於《美國研究》第 1 期。

1972 年　 5 月　發表〈我看《一個小市民的心聲》〉於《大學雜誌》第 53
　　　　　　　期。

　　　　　 9 月　長篇小說〈家變〉連載於《中外文學》第 1 卷第 4 期～第 1
　　　　　　　卷第 9 期。

1973 年　 4 月　長篇小說《家變》由臺北環宇出版社出版。

　　　　　 9 月　發表〈發展文學的捷徑〉於《中央月刊》第 5 卷第 11 期。

1974 年　 4 月　發表〈《聊齋》中的戴奧尼西安小說——〈狐夢〉〉於《幼
　　　　　　　獅文藝》第 244 期。

　　　　　本年　開始寫作長篇小說《背海的人》。

1976 年　 3 月　發表〈古典才子王文興談現代女權〉於《婦女雜誌》第 90
　　　　　　　期。

　　　　　10 月　短篇小說〈欠缺〉收錄於 Joseph S. M. Lau、Timothy A. Ross
　　　　　　　編 *Chinese Stories from Taiwan: 1960-1970*，由美國哥倫比亞
　　　　　　　大學出版。

　　　　　本年　以交換學者名義赴美國傑克森維爾市佛羅里達大學等校，授
　　　　　　　課並研究一年。

1977 年　 5 月　14 日，發表〈給歐陽子的信〉於《聯合報》第 12 版。

1978 年　 2 月　發表〈鄉土文學的功與過及其經濟觀和文化觀〉於《夏潮》
　　　　　　　第 4 卷第 2 期。

　　　　　 3 月　5 日，發表〈讀楊牧的詩〉於《聯合報》第 12 版。

　　　　　11 月　長篇小說《家變》由臺北洪範書店出版。

　　　　　12 月　17 日，臺、美斷交，受《聯合報》副刊採訪之〈「保護臺
　　　　　　　灣，建設臺灣」是我們目前的理想〉，刊於《聯合報》第 12
　　　　　　　版「邁向頂風逆浪的征程——請聽文學藝術工作者堅定的聲

音」專題。

1979 年　5 月　5 日，發表〈創造文言、白話、歐化的理想文體〉於《聯合報》第 12 版「新文學的再出發！——文藝節特輯」。

　　　　9 月　短篇小說集《十五篇小說》由臺北洪範書店出版。

　　　　本年　長篇小說《背海的人》（上冊）書寫完成。

　　　　　　　升任臺灣大學外國語文學系教授，教授小說課程。

1980 年　1 月　1 日，發表〈怎樣做，一個作家才不會被毀掉〉於《聯合報》第 8 版「創造現代文學的盛唐！——展望八十年代的中國文壇」專題。

　　　　8 月　3 日，出席《現代文學》創刊 20 週年酒會，與白先勇、李歐梵、姚一葦共同擔任主持。

　　　　9 月　11 日，應邀出席中國時報社舉辦的「時報文學週」活動，主講「重認《聊齋》——試讀〈寒月芙蕖〉」。講詞刊於本年 10 月 7 日《中國時報》第 8 版。

　　　　　　　14～21 日，長篇小說〈背海的人〉（上）摘要刊出，連載於《中國時報》第 8 版。

　　　　　　　16 日，發表〈如何「審判」小說〉於《聯合報》第 8 版，本文為應第五屆「聯合報小說獎」之邀，表述評審審美標準的專文。

　　　　　　　27 日，應邀出席「聯合報第五屆短篇小說獎」總評會議，與會者有朱炎、余光中、林海音、劉紹銘。會議紀實後刊於《聯合報六九年度短篇小說獎作品集》，由臺北聯合報社出版。

　　　10 月　長篇小說〈背海的人〉（上）連載於《中外文學》第 9 卷第 5～7 期。

　　　11 月　14 日，發表〈人情練達即文章——評〈自己的天空〉〉於《聯合報》第 8 版。

1981 年　4 月　4 日，發表〈精神的福音書——文豪托爾斯泰二三事〉於
　　　　　　　《聯合報》第 8 版。
　　　　　　　長篇小說《背海的人》（上冊）由臺北洪範書店出版。

　　　　5 月　15 日，發表〈永遠芬芳的花朵——介紹「1930 年代法國電影
　　　　　　　展」九部名片〉於《中國時報》第 8 版。

　　　10 月　23 日，發表〈金馬聲中讀楚浮〉於《中國時報》第 8 版。

　　　本年　父親王仲敏逝世。

1982 年　3 月　短篇小說集《龍天樓》由臺北大林出版社再版。

　　　　9 月　25 日，發表〈《墮落天使》、《扒手》和《布龍森林的貴
　　　　　　　婦》〉於《中國時報》第 8 版。

1983 年　7 月　6 日，發表〈藝術與思想結合的實證〉於《聯合報》第 8
　　　　　　　版。

　　　　8 月　17 日，發表〈隨想四題〉於《聯合報》第 8 版。

　　　10 月　7～9 日，〈《蒼蠅王》中的兩個中心主題——本屆諾貝爾文
　　　　　　　學獎得主威廉・高汀作品中的「人類文明形成和人性的基
　　　　　　　惡」〉連載於《中國時報》第 8 版。

　　　12 月　6～7 日，〈統一與矛盾——《美麗新世界》與《一九八四》
　　　　　　　政治立場的比較〉連載於《中國時報》第 8 版。

1984 年　5 月　12 日，發表〈電影就是文學〉於《聯合報》第 8 版。

　　　　6 月　6 日，發表〈電影還是文學〉於《聯合報》第 8 版。
　　　　　　　11 日，發表〈狄更司的《孤雛淚》〉於《中國時報》第 8
　　　　　　　版。

　　　10 月　3 日，發表〈〈滄桑〉讀後〉於《中國時報》第 8 版。
　　　　　　　7 日，發表〈旅途和島嶼——柏格曼的電影模式〉於《中國
　　　　　　　時報》第 8 版。

　　　11 月　6 日，發表〈《錫鼓》鼕鼕〉於《中國時報》第 8 版。

　　　12 月　23 日，發表〈和氣的人〉於《聯合報》第 8 版。

1985 年	2 月	發表〈手記閒鈔〉於《聯合文學》第 4 期。
	3 月	15 日，發表〈張曉風的藝術——評《我在》〉於《中國時報》第 8 版，後改篇名爲〈張曉風的散文——從《我在》談起〉。
	5 月	16～17 日，〈《葛楚》及其他〉連載於《聯合報》第 8 版。
	11 月	發表〈手記續鈔〉於《聯合文學》第 13 期。
1986 年	2 月	18 日，發表〈我爲什麼要寫作〉於《聯合報》第 8 版，後改篇名爲〈爲何寫作〉。
	3 月	12～13 日，〈思維詩的來臨——評介葉維廉《憂鬱的鐵路》〉連載於《中國時報》第 8 版。
		18 日，發表詩作〈孔雀之歌〉於《聯合報》第 8 版。
	5 月	12 日，發表〈德萊葉的《復活》〉於《中國時報》第 8 版。
		《當代》雜誌創刊，任編輯顧問，至 1996 年 2 月。
	6 月	27 日，發表〈李祖原水墨畫展小記〉於《中國時報》第 8 版。
	8 月	15 日，發表〈現代主義的質疑和原始〉於《中國時報》第 8 版。
	9 月	發表〈故人與舊作〉於《當代》第 5 期。
	11 月	8～10 日，與英國格雷安・葛林（Graham Greene）、日本遠藤周作獲輔仁大學選爲第一屆「國際文學與宗教會議」重點作者，應邀出席「國際文學與宗教會議」。議程第三日，發表專題演講〈「士爲知己者死」的文學〉，講詞刊於本月 12 日《中國時報》第 8 版。
		9 日，應《中國時報》副刊之邀，與遠藤周作進行「從《沉默》到《家變》」文學對話。對談紀錄刊於本月 17 日《中國時報》第 8 版。
1987 年	1 月	發表〈無休止的戰爭〉於《文星雜誌》第 103 期。

9 月	16 日，發表〈神話集〉於《聯合報》第 7 版「手記文學展」專欄。
10 月	9 日，應邀擔任耕莘青年寫作會「大陸三十年代文學」系列講座主講人。

1988 年	1 月	5 日，發表〈我的新年新計畫〉於《中央日報》第 18 版。
	3 月	發表獨幕劇《M 和 W》於《聯合文學》第 41 期。
	4 月	《書和影》由臺北聯合文學出版社出版。
	5 月	21 日，應邀出席《聯合文學》、《聯合報》副刊、世華銀行慈善文化基金會共同舉辦的十場中國經典小說解析講演，與康來新、葉慶炳、鄭明娳等人擔任主講。
	6 月	發表〈現文憶舊〉於《中國時報》第 18 版。
	8 月	臺南人劇團於華燈小劇場搬演王文興獨幕劇作《M 和 W》。
	9 月	16～18 日，發表〈研究室手記：宗教及其他〉於《聯合報》第 21 版。
	10 月	11 日，發表〈談《附魔者》〉於《中央日報》第 16 版。
		21 日，發表〈無所爲而爲的散文——評〈酒與補品的故事〉〉於《中國時報》第 18 版，後改篇名爲〈無所爲而爲的散文——評柯翠芬作〈酒與補品的故事〉〉。

1989 年	8 月	發表〈立體與平面——評王湘琦的〈黃石公廟〉〉於《聯合文學》第 58 期。
	12 月	6 日，發表〈瑪格麗・杜哈的書和影〉於《中國時報》第 27 版。
	本年	母親林蘊瑛逝世。

1990 年	2 月	發表〈五省印象（上）〉於《聯合文學》第 64 期。
	3 月	發表〈五省印象（下）〉於《聯合文學》第 65 期。
	9 月	19 日，「書巢」推出名家名作系列講座，主講「周作人的小說」。

1991 年　2 月　發表〈山河略影（上）〉於《聯合文學》第 76 期。

　　　　3 月　發表〈山河略影（下）〉於《聯合文學》第 77 期。

　　　　　　　發表〈後期印象觀〉於《聯合文學》第 77 期。

　　　　4 月　7 日，發表〈憶往〉於《中國時報》第 31 版。

　　　　5 月　6 日，發表〈旅記三則〉於《聯合報臺中版》第 41 版。

　　　　7 月　25 日，發表〈視覺至上：黑澤明的改變〉於《聯合報》第 25
　　　　　　　版。

1992 年　5 月　9 日，發表〈導演與演員——舊片《馬蒂》析談〉於《中國
　　　　　　　時報》第 38 版。

　　　　　　　曾與陳若曦、白先勇於 1959 年先後致信赴美執教的夏濟安，
　　　　　　　請教文學閱讀、創作與創辦《現代文學》等問題。這些信件
　　　　　　　由夏志清整理爲〈濟安師祝勉《現文》主編——名作家書信
　　　　　　　選錄〉一文，刊於《聯合文學》第 91 期。

　　　　6 月　7 日，應邀出席新聞局電影處、文建會、聯合文學出版社與
　　　　　　　年代影視舉辦的「文學電影營」活動，與吳念真、黃春明共
　　　　　　　同擔任主講人。

　　　　9 月　發表〈西北東南（上）〉於《聯合文學》第 95 期。

　　　10 月　17 日，應邀出席於臺北耕莘文教院舉行之「現代臺灣文學講
　　　　　　　座第八次專題研討」，主講「漫談言淺意深的文學」，講詞
　　　　　　　〈言淺意深的文學〉刊於本年 12 月 4 日《中國時報》第 33
　　　　　　　版。

　　　　　　　發表〈西北東南（下）〉於《聯合文學》第 96 期。

　　　11 月　7 日，發表〈高里斯麥基的浪漫〉於《中國時報》第 22 版。

1993 年　3 月　6 日，誠品書店舉辦「40 位當代作家親筆簽名珍藏會」活
　　　　　　　動，現場展售包括王文興在內共 40 位作家親筆簽名作品。

　　　　4 月　6 日，發表〈重遊小記〉於《聯合報》第 37 版。

　　　　8 月　22 日，發表〈懷仲園〉於《中國時報》第 27 版。

9 月　長篇小說《背海的人》上冊英文本 *Backed against the Sea* 由
　　　美國康乃爾大學出版。（Edward Gunn 翻譯）

11 月　27 日，發表〈也談費里尼──費里尼電影的新與舊〉於《中
　　　國時報》第 39 版。

　　　王文興口述；許慧蘭記錄整理〈王文興略談文學佳譯〉，刊
　　　於《藝術家》第 222 期。

1994 年　7 月　6 日，長篇小說《家變》獲張大春製作主持的電視讀書節目
　　　「縱橫書海」，選為對臺灣影響深遠的 30 本書籍之一。

1995 年　5 月　長篇小說《家變》英文本 *Family Catastrophe* 由美國夏威夷
　　　大學出版。（Susan Dolling 翻譯）

10 月　應邀赴德國柏林參加世界作家會議，個人論題為「德譯《背
　　　海的人》上冊」。

1996 年　8 月　12 日，發表〈波德萊爾禮讚〉於《中國時報》第 19 版。

9 月　鄭樹森主編《草原底盛夏》，由臺北洪範書店出版。

12 月　發表〈卡拉馬助夫兄弟一書中的宗教觀〉於《聯合文學》第
　　　13 卷第 2 期。

1997 年　1 月　8 日，發表〈行雲流水，筆鋒幽默：《山居歲月》觀後感〉
　　　於《中國時報》第 31 版。

6 月　發表〈仕女圖──觀曾縵雲女士畫作〉於《雄獅美術》第
　　　244 期。

11 月　發表〈巴里島〉於《中外文學》第 26 卷第 6 期。

12 月　25 日，應邀出席行政院文建會主辦，《聯合報》副刊承辦之
　　　「臺灣現代小說史研討會」，擔任「小說家的挑戰」座談會
　　　引言人，主持人為瘂弦，引言人另有黃春明、李喬、李昂、
　　　張啟疆、黃錦樹。座談紀錄連載於 1998 年 1 月 19～20 日
　　　《聯合報》第 41 版。

本年　長篇小說《背海的人》（下冊）書寫完成。

1998 年	5 月	受《遠見雜誌》專訪之文章〈二十四年一場「背海」夢〉刊於《遠見雜誌》第 14 期。當時王文興正投入長篇小說《背海的人》最後的抄寫工作。
	7 月	發表〈波特萊爾仿譯 7 首暨序〉於《中外文學》第 314 期。
1999 年	1 月	長篇小說〈背海的人〉（下）連載於《聯合文學》第 171～176 期。
	2 月	5 日，長篇小說《家變》獲行政院文建會選爲 30 部「臺灣文學經典」之一。
	4 月	24 日，《中國時報》「人間」副刊與慈濟大愛電視臺合作推出「人生採訪——當代作家映象」專題，製作包括王文興在內 12 位作家的文字報導與系列節目。王文興之年表、新作與專訪文章連載於本年 11 月《中國時報》第 37 版，同時由慈濟大愛電視臺製播「人生採訪——當代作家映象 8：王文興」專輯。
	6 月	10 日，《家變》獲香港《亞洲週刊》選爲香港 20 世紀小說一百強之一。 長篇小說《家變》法文本 *Processus familial* 由法國 ACTES SUD 出版。（Camille Loivier 翻譯）
	9 月	長篇小說《背海的人》（上、下冊）由臺北洪範書店出版。
	11 月	18～19 日，〈今日美語〉連載於《中國時報》第 37 版之「人生採訪——當代作家映象 8：王文興」專題。 18～20 日，〈大事紀〉連載於《中國時報》第 37 版之「人生採訪——當代作家映象 8：王文興」專題。 20～23 日，受成英姝專訪的文章〈融會貫通的模仿〉連載於《中國時報》第 37 版之「人生採訪——當代作家映象 8：王文興」專題。

12 月　4 日，應邀出席《中國時報》「人間」副刊舉辦的「王文興
座談會」。該座談為「人生採訪——當代作家映象」專題活
動，主席為楊澤，與會者另有易鵬、賴香吟、楊照等人。座
談紀錄刊於本月 15 日《中國時報》第 37 版。

23 日，長篇小說《背海的人》（下）獲《聯合報》讀書人年
度最佳書獎。

2000 年　3 月　發表〈波特萊爾印象〉於《聯合文學》第 185 期。

4 月　28 日～5 月 1 日，受黃恕寧訪談之文章〈現代交響樂——王
文興訪談錄〉連載於《聯合報》第 37 版。

9 月　長篇小說《家變》由臺北洪範書店再版。

捐贈《家變》、《背海的人》、雜記手稿以及信函予臺灣大
學圖書館典藏。

10 月　16 日，受吳婉茹專訪之文章〈文學的馬拉松——訪王文興談
《家變》再版〉刊於《聯合報》第 37 版。

11 月　15 日～12 月 31 日，臺灣大學圖書館舉辦「王文興手稿資料
展——臺大近代名家手稿系列展之一」，並針對王文興作品
舉辦座談會與數場專題演講。

17 日，應邀出席臺灣大學舉辦之「與王文興教授談文學與寫
作」座談會，該座談為王文興手稿資料展系列活動之一。座
談紀錄後刊於《中外文學》第 30 卷第 6 期「王文興專號」。

本年　春暉影業與公視合作製播「作家身影系列二：咱的所在、咱
的文學」，拍攝包括王文興在內共 13 位作家的紀錄片，王文
興部分為《作家身影系列 13：推巨石的人——王文興》。

2001 年　1 月　18 日，應邀出席東華大學創作與英語文學研究所舉辦之「四
首詞的討論」座談會。座談紀錄後刊於《中外文學》第 30 卷
第 6 期「王文興專號」。

2 月　17 日，應邀出席臺灣師範大學英語學系與文化研究學會合辦
　　　之「文化研究論壇」，與羅青對談。對談紀錄後刊於《中外
　　　文學》第 30 卷第 6 期「王文興專號」。

4 月　24〜26 日，短評〈有海明威的筆意──讀〈秋明〉〉、〈聯
　　　上文，更爲有趣──讀〈秋婉〉〉、〈虛中有實，力量可觀
　　　──讀〈秋暮〉〉連載於《聯合報》第 37 版。

6 月　30 日，應邀出席臺灣師範大學英語學系與文化研究學會合辦
　　　之「文化研究論壇」，與李祖原對談。對談紀錄後刊於《中
　　　外文學》第 30 卷第 6 期「王文興專號」。

8 月　29 日，受林秀玲專訪。訪談文章〈林秀玲專訪王文興：談
　　　《背海的人》與南方澳〉後刊於《中外文學》第 30 卷第 6 期
　　　「王文興專號」。

11 月　發表〈蘇子瞻黃州赤壁三構合讀〉於《中外文學》第 30 卷第
　　　6 期「王文興專號」。
　　　《中外文學》第 30 卷第 6 期推出「王文興專號」，以長篇小
　　　說《背海的人》、中國詩詞藝術、傳統與現代美學爲主題，
　　　收錄專訪、側寫與數篇論文，並舉辦座談會，收錄座談紀
　　　錄。此外，亦收錄臺灣大學圖書館舉辦之「王文興手稿資料
　　　展」活動紀錄與相關論文，該專號多元面向地呈現王文興的
　　　藝術成就。

2002 年　7 月　《小說墨餘》由臺北洪範書店出版。

2003 年　3 月　21 日，發表〈書法是藝術的頂巔──董陽孜「字在自在」書
　　　法展贈言〉於《中國時報》第 43 版。
　　　29 日，應邀出席董陽孜「字在自在」書法展之書藝系列座談
　　　會，與姚仁祿對談。對談紀錄刊於本年 6 月 8 日《聯合報》
　　　E7 版。

7 月　《星雨樓隨想》由臺北洪範書店出版。

12 月　5 日，發表〈非常有意義的活動──我看「最愛 100 小說大選」〉於《聯合報》E7 版。

11 日，受臺灣大學建築與城鄉研究所訪談。訪談紀錄後刊於《市定古蹟紀州庵修復調查研究（含再利用構想暨保存區計畫）》，由臺北市文化局出版。後經《文訊雜誌》整理為〈憶紀州庵舊事──兼談對紀州庵文學森林發展的期待〉，刊於第 311 期。

31 日，《星雨樓隨想》獲《聯合報》讀書人年度最佳書獎。

2004 年　2 月　短篇小說集《十五篇小說》法譯為 *La Fête de la déesse Matsu*（海濱聖母節），由法國 ZULMA 出版。（Camille Loivier 翻譯）

3 月　13 日，〈星雨樓癸未隨想〉（1～14）連載於《聯合報》E7 版，至次年 1 月 9 日止。

22 日，發表〈從一開始〉於《中國時報》E7 版。

2005 年　2 月　與妻子陳竺筠同時自臺灣大學外國語文學系退休，專事寫作。

以宗教為主題，開始寫作第三部長篇小說。

3 月　20 日，臺北城南水岸文化協會舉辦「文學與音樂相遇在紀州庵」活動，推行同安街老樹及古蹟紀州庵之保存運動，王文興、余光中及隱地應邀出席座談，回憶臺北城南的昔時風貌。

發表〈經典劇作的真實呈現：《慾望街車》觀後感〉於《聯合文學》第 245 期。

2006 年　2 月　應法國國家科學研究中心之邀，與法國作家雅各・胡博（Jacques Roubaut）同以數字為題旨各自創作。王文興後完成短篇小說〈明月夜〉，於本年 6 月赴巴黎「人文學科之家」參加創作討論會，提出作品並發表講演。

	6 月	30 日，發表短篇小說〈明月夜〉於《聯合報》E7 版。
	11 月	《書和影》由臺北聯合文學出版社再版。
2007 年	5 月	發表〈源源不絕的曲折〉於《印刻文學生活誌》第 45 期。

　　2007 年　5 月　11 日～6 月 15 日，應邀出席中央大學文學院舉辦的「《家變》逐頁六講」講座，每週一回，與師生討論《家變》文本與寫作過程。

　　　　　　9 月　發表〈《星雨樓隨想續文》序〉、〈三城見聞——星雨樓隨想續文〉、〈巴黎五日——星雨樓隨想續文〉、〈王文興大事記〉於《逍遙》第 15 期。

　　　　　　11 月　3 日，發表〈郭軔的抽象新作〉於《聯合報》E3 版。

　　　　　　　　　15 日，獲臺灣大學頒授榮譽博士學位。

　　2008 年　1 月　發表〈1981 年手記：星雨樓隨想續文〉於《聯合文學》第 279 期。

　　　　　　3 月　10～11 日，應邀赴新加坡萊佛士初級學院，進行兩場與長篇小說《家變》、短篇小說〈命運的跡線〉相關的演講。

　　　　　　　　　11～13 日，〈1980 年手記：星雨樓隨想續文〉連載於《聯合報》E3 版。

　　　　　　8 月　21 日～9 月 25 日，應麥田出版公司之邀，每週於金石堂書店（臺北信義店）講授「詩文慢讀六講」課程。《聯合報》副刊節選 9 月 4 日第三講〈王文興讀唐人傳奇——盧頊表姨〉，分上、下兩篇，連載於本年 12 月 22～23 日《聯合報》E3 版。

　　　　　　9 月　21 日，應邀出席「白先勇的藝文世界」系列講座——「驀然回首：現代文學！」座談會，與白先勇、陳若曦、葉維廉、李歐梵、鄭恆雄對談。

　　　　　　　　　30 日，應九歌出版社之邀，出席陳若曦於臺北明星咖啡館舉行之「《堅持‧無悔——陳若曦七十自述》新書發表會」。

2009 年　1 月　林國卿筆記整理王文興「小說探微」授課紀錄，共九講，連載於《聯合文學》第 291～299 期。內容爲精讀凱薩琳‧曼斯菲爾德（Katherine Mansfield）的短篇小說〈玩具屋〉（"The Doll's House"）。

　　　　2 月　19～21 日，應邀出席加拿大卡加利大學主辦之「中文敘事語言的藝術：王文興國際研討會」（Art of Chinese Narrative Language: International Workshop on Wang Wen-hsing's Life and Works）暨王文興劇作及短篇小說公演；與妻子陳竺筠分別以中、英文演說「讀與寫」、「平靜儉樸的生活」。

　　　　4 月　9～30 日，應麥田出版公司之邀，每週於金石堂書店（臺北信義店）講授「詩文慢讀續講」課程。

　　　10 月　29 日，應邀出席第 13 屆「國家文藝獎」頒獎典禮，獲頒文學類獎章。

　　　11 月　4 日，應邀出席麥田出版公司舉辦之「從《家變六講》談詩文慢讀——王文興新書發表會暨榮獲國家文藝獎慶賀會」，同時慶祝 70 歲生日。

　　　　　　《家變六講——寫作過程回顧》由臺北麥田出版公司出版。

2010 年　3 月　4～25 日，應麥田出版公司之邀，每週於金石堂書店（臺北信義店）講授「稼軒詞選四講」課程。

　　　　5 月　8 日，應邀出席臺北市文化局主辦，財團法人臺灣文學發展基金會承辦之「穿越林間聽海音——林海音文學展」系列講座，與余光中以「巷道的詩，河岸的小說」爲題於紀州庵新館對談。

　　　　6 月　4～5 日，應邀出席中央大學主辦之「演繹現代主義：王文興國際研討會」。

　　　10 月　29 日～12 月 10 日，應中央大學、臺灣大學、麥田出版公司之邀，前後三週分別於中央大學與臺灣大學講授「《背海的

人》六講」課程。

11 月　《王文興手稿集：家變、背海的人》由臺北行人文化實驗
室、臺灣大學圖書館、臺灣大學出版中心聯合出版。

2011 年　1 月　《玩具屋九講》由臺北麥田出版公司出版。

4 月　6 日，應邀出席目宿媒體公司策劃製作的「他們在島嶼寫
作・文學大師系列電影」聯合發表會。此系列電影由和碩聯
合董事長童子賢發起，以王文興、余光中、林海音、周夢
蝶、楊牧、鄭愁予六位作家為主題，共拍攝六部文學電影。
王文興部分由林靖傑執導，為《尋找背海的人》。

8 日，應邀出席於臺北國賓影城舉辦的《尋找背海的人》首
映會。

22 日，獲法國在臺協會頒贈法國藝術暨文學騎士勳章。

黃恕寧、Fred Edwards 合編 *Endless War: Fiction and Essays by
Wang Wen-hsing*，由美國康乃爾大學出版。

7 月　30 日～8 月 13 日，應麥田出版公司之邀，每週於金石堂書店
（臺北信義店）講授「《背海的人》三講」課程。

8 月　27 日，應邀赴馬來西亞吉隆坡，獲頒第六屆「花蹤世界華文
文學獎」。

擔任臺灣師範大學應用華語文學系講座教授。

10 月　13、21、31 日，應邀出席臺灣師範大學應用華語文學系與通
識教育中心合辦之文學講座，主講「《家變》例講」。

11 月　12 日，應邀出席臺北市文化局、文訊雜誌社、紀州庵文學森
林合辦之「臺北的告白：關於我的 10 件事」主題書展開幕
式。

12 月　24 日，紀州庵文學森林正式開幕，應邀出席「歡鑼喜鼓慶開
館——來去紀州庵文學森林」活動。

2012 年　3 月　22、29 日，應邀出席臺灣師範大學通識教育中心主辦之「我的創作歷程」藝文講座，主講「《背海的人》例講一、二」。

包括林靖傑執導《尋找背海的人》在內，《他們在島嶼寫作》12 片 DVD 與六本小傳，由臺北行人文化實驗室出版。

4 月　12 日，應邀出席臺灣師範大學通識教育中心主辦之「我的創作歷程」藝文講座，主講「《背海的人》例講三」。

20 日，應邀出席紀州庵文學森林舉辦之「文人、水岸，我的生活我的家：紀州庵暨城南文學脈流展」開幕春茶會。

5 月　31 日，應邀出席淡江大學外國語文學院主辦之「大師演講」活動，主講「如何接近文學——鄭板橋『道情』例講」。

7 月　受中國《南方人物週刊》專訪之〈雕刻小說〉刊於《南方人物週刊》2012 年第 23 期。

12 月　7 日，應邀出席紀州庵文學森林與上海商業銀行文教基金會合辦之「我們的文學夢」系列講座，主講「《家變》的場景」。

12、17 日，應邀出席臺灣師範大學應用華語文學系與臺灣語文學系合辦之文學講座，主講「《背海的人》」。

23 日，應邀出席紀州庵文學森林舉辦之「馬路嘉年華：紀州庵文學森林慶週年」活動。

2013 年　2 月　1 日，應邀出席臺灣大學出版中心於臺北世貿一館主辦的「當夢想與理想交會——《我的學思歷程 6》新書發表暨座談會」，同吳炫三、劉炯朗擔任主講人。

3 月　2 日，受中國《新京報》專訪之〈王文興：沒有筆記的書等於白唸〉刊於《新京報》C13 版。

5 月　16 日，應邀出席臺灣師範大學應用華語文學系與通識教育中心合辦之「電影座談會」。

　　　　　　21、30 日，應邀出席臺灣師範大學應用華語文學系與通識教
　　　　　　育中心合辦之文學講座，主講「《背海的人》」。
　　12 月　黃恕寧、康來新、洪珊慧合編「慢讀王文興」叢書，共七
　　　　　　冊，由臺灣大學出版中心出版。

參考資料：

‧朱立立編〈附錄：王文興年譜〉，陳飛、張寧主編《新文學‧第 2 輯》，鄭州：大象出
　版社，2004 年 6 月，頁 143～144。

‧〈王文興大事記〉，《逍遙》第 15 期，2007 年 9 月，頁 111～113。

‧劉采榆編〈附錄一：王文興寫作年表〉，《叛逆者或改革者？──王文興小說研究》，
　政治大學國文教學碩士在職專班碩士論文，2007 年，頁 203～210。

‧洪珊慧編〈附錄三：王文興生平與寫作年表〉，《新刻的石像──王文興與同世代現代
　主義作家及作品研究》，中央大學中國文學研究所博士論文，2011 年 6 月，頁 301～
　310。

‧網站：加拿大卡加利大學「王文興研究與資訊──王文興作品編年」。最後瀏覽日
　期，2013 年 11 月 16 日。http://people.ucalgary.ca/~snsciban/WWX/mn-01-BC.htm。

輯三◎
研究綜述

「盡在文字」：王文興研究觀察

◎易鵬

一、

在《家變》常被引用的新版序言中強調作品成敗不在其他，全繫乎文字：「『《家變》可以撇開別的不談，只看文字……』，我相信拿開了《家變》的文字，《家變》便不復是《家變》。就好像褪除掉紅玫瑰的紅色，玫瑰就不復是玫瑰了。小說所有的零件……一概由文字表達。Period。一個作家的成功與失敗盡在文字。PERIOD」(〈1978 年洪範版序〉，VI)。從顏元叔，張漢良，到耿德華（Edward Gunn），與桑德琳（Sandrine Marchand），文字與語言的重要卻也是許多不同階段的批評家，都一再強調的。本文點出文字作為基礎，其原因一方面是依循既有研究方向，另一方面即便有關語言與文字此一課題應如何解釋，上述四位批評家就各有不同的結論：顏元叔，歐陽子與鄭恆雄首先教導我們如何從作品的艱澀語言的挑戰中贏得灘頭堡，但呂正惠認為語言的孤絕也可能表現的是知識分子的自我封閉和跟傳統的絕裂。聚焦於「文字」這一個課題，或更能夠凸顯出王文興研究的特色之一：立場相對的論爭，可說是繫乎文字、語言之上的爭辯。上述說法似乎應合小說家針對《家變》的看法。相對地，作為批評主角的文字，究竟是否能「撇開別的不談」，或，「撇開別的不談」其意涵為何（例如，這是否代表某種自我封閉），都使得「只看文字」的重要性與所牽涉的多種面向得以顯現。與文字有關的語言本質問題，語言，文類，形式與社會，以及翻譯等課題，將貫穿本輯所收錄具代表性的論述。王文興研究是

一個不斷擴展翻新的領域，本文的目的在於整理出主要研究取向，無意替代全部的研究與實際歷史或理論觀的建立，只希望提供讀者在閱讀作品過程中，可收到來自地標的風景片，而驅使他們踏上旅程。

二、從語言開始

　　從現下回看顏元叔的〈苦讀細品談《家變》〉，文章所提出的論點，小說的文字課題，結構的嚴謹，賦予《家變》在現代小說所應占有的位置（頁 61）與整篇論文不斷強調作品最值得讚許的特質──「真」，這些在日後的批評論述中，將占有重要地位。另一個或許值得回味的情境是，撰寫這篇文章的原因，開始的時候，是因 1973 年《中外文學》的 1 卷之 4～9 期連載《家變》，顏元叔自己並未卒讀過整個作品，但《中外文學》的讀者反應相當激烈，迫使他必須加以回應。於是，準備好一大杯咖啡，暫歇原先對於王文興作品缺乏的好感，他「漏夜苦讀起來，費了四夜才讀完，越苦讀越覺得有甘味，越苦讀覺得可以細品」（頁 61）。顏的結論，有關文字的準確性，依然是許多後輩學者，試圖從不同理論基礎，一再闡明的說法。除此之外，上面引文還透露出其他訊息。做為晚到的讀者或研究者，大部分的人，已可能無法想像顏元叔那般有道德與美學勇氣，不讓先入為主態度盤據太久地，在安靜的夜晚坐下來與面前的作品單獨的面對。《家變》或是《背海的人》經典的地位應是確定了，但是這個第一位讀者所面對的情境與其本身的情感轉折，卻也有其典型在夙昔的特質。首先，《中外文學》讀者的強烈反應是整個閱讀場景之所以發生的起因。苦讀細品所暗示的，或是其他評論所直指的，就是作品所不斷引發的焦慮。此焦慮帶來負評，但無此焦慮，苦讀與細品也就不會誕生。難道我們不能說，顏元叔，有關作品帶給他知識上、情感上的峰迴路轉，尤其有關《家變》的文字觀察，不也是與此焦慮有密切關聯？我們已無法成為二度的首位讀者，或是無法複製觀感與認識的翻轉，但是顏元叔閱讀所引發的文字與文字焦慮卻有著持續性的影響。

　　在顏元叔發表了上述的文章，之後，同卷的 12 期，同時出現了兩篇以語言的角度探討《家變》。張漢良的〈淺談《家變》的文字〉，專從文字的角度進一步發展小說之所以成功之原因。與顏文不同之處，相對於「真」的主題或是其藝術創作態度的肯定（有關將討論王文興本人與其藝術產品兩者之間的區別混同問題：王文興是否等同於其作品，或是何種原因使得我們常傾向混淆兩者，將會出現，而張誦聖的討論指出一個出路），形式討論與比較的觀點開始抬頭。張漢良一開始就更精確描述作品的形式結構，並點出《家變》的過去與現在時間層次的交錯，以及此兩時間向度與作品的英文字母（代表現在時間層次）與數字的編碼的配合，其他研究者亦將試圖以不同方式進一步針對此議題加以發展與深化。論文主要篇幅在詳細羅列作品文字細節，以證明其主要的觀點：首先，類似於顏元叔說法，《家變》的主要成就在於其文字賦予陳舊的語言新的生命。其二，此除舊佈新的嘗試，放在中國語言的歷史文化脈絡之下尤其有特殊意涵：《家變》充分展現與活化象形文字的特質。第三，小說的創新成就，最為後人所樂道的是新創造的字詞，尤其是強調聽覺效果的創新。

　　張漢良一文揭示小說的時間結構是對理解小說的設計意圖重要的指標，同時也強調出有關語言的探索，不但牽涉到文字所投射出其他感官的空間（視覺，聽覺等），此鋪陳出來的感官世界，也需回溯到文字的歷史文化脈絡。中文，或白話文在王文興創作過程中，一方面是他試圖在其上重新開疆闢土的，但也是其無法放棄以潛存方式作用的傳統。也就是說，《家變》中的文字，不只是（單聲道）文字，同時也是多層次，不斷在對話的文字。此語言與語言，傳統與現代，不同文化脈絡的對話，對於王文興研究，與現代主義與王文興之關聯研究均有其重要性。

　　歐陽子〈論《家變》之結構形式與文字句法〉則從小說的形式結構開始討論，並結合對於作品呈現的用字造句的分析。此二分處理方式，類似於前引張漢良文，同時某種程度規劃出兩個分析方向：除了主題的探索之外，《家變》或《背海的人》的討論，可沿著對於小說結構形式的設計發

展，例如，《家變》中的兩個時間軸線，如何依附在不同的章節之上，小說
中的時序的交錯與安排，敘述者的存在，（虛構或真實）「作者」的存在等
問題，或是沿著對於文字的細究（兩者之間的關係應是相輔相成，或是相
互競逐，是一個值得進一步探索的問題。各個探討觀點之間是否有其優先
次序，甚至階層關係，是重要理論問題，也是會影響實際詮釋的課題：我
們究竟需要如何觀看，而如何看會影響我們所看，這與我們之前提及的焦
慮與下面有關文類觀點的探索均有關聯）。歐文所提出的形式觀察較引人注
意的是在《家變》刻意營造回憶（歐所謂「內層面」）與現時（「外層面」）
的雙層敘事中的「例外」：

> 但在王文興巧妙的觀點運用中，有兩處突出的例外，即 83 與 115。在此
> 兩節「內層面」的往事追敘中，作者突然跳出范曄的意識之外，而改用
> 父親的觀點，描述父親如何因找尋毛毛（范曄）而迷路，與迷路時之所
> 見所感（83 節）……但就小說整體而言，我覺得此兩處觀點之失調，實
> 非必要，得不償失，是此作的一個缺陷。
>
> ——頁 51～52

從小處而言，小說中敘事觀點的問題，展現出的是王文興作品整體設計的
問題：這裡所謂一致或不一致的敘事觀點是有意或是無意設計。而如是前
者，其用意爲何？有關於此，下面將有討論，暫且打止。但從較大角度而
言，小說家的「例外」特性，可能不只展現在敘事觀點之上，也包括語言
的運用在內。

　　文章第二節（《家變》之文字與句法）有關語言的探討也點出，《家
變》文字運用與感官的關聯，只是不同於張漢良所強調的視覺，歐陽子強
調其聽覺性（頁 63）。另外，歐文也首先提出語尾助詞，尤其虛字的運
用，標誌著王文興在此小說的特點（頁 59～61）。如果將《背海的人》包
括到討論範圍，讀者應可同意，上述兩者亦可適用。對於從語言出發，並

且如張漢良一般，將中文的歷史脈絡一併納入考量，究竟虛字的運用其本身與歷史意義為何，應是值得進一步發展之處。對於歐陽子來說，上述虛字與助詞常常是可找到「相同意思的白話字取代，而成為順暢的日常用語」，既然如此，歐文就忍不住提問，作品中的助詞與虛字，究竟有何意義。此處所牽涉的尚待釐清的理論問題不一而足：順暢的問題，不止一次會成為評判的標準，雖然我們會以為我們不是在批改作文，但是不同背景的學者，有意識無意識的會納入此要求。面對詰屈聱牙，流暢的要求，一方面是個人偏愛，另一方面也是語言與訓練的自然流露。究竟是否白話字與虛字與助詞有「相同意思」，所以就可用前者取代後者，事實上牽涉到新批評理論家（Cleanth Brooks，在其 *Well-Wrought Urn: Studies in the Structure of Poetry* 所提出的說法）所謂「意譯異端」（"heresy of paraphrase"）所點出的問題：我們究竟是否可以用一個經過詮釋、意譯之後的（白話）陳述來等同於一段詩文，不去考量作品整體的設計，韻律與其他形式設計？一個解釋與詮釋的結果，一個白話的陳述，最為詳盡的前情提要，究竟是否等同於作品，其中牽涉到就是我們認為文學作品或是其語言是否有其獨特無法完全窮盡之處，以及針對文本，詮釋的工作，批評的限制與特定任務究竟為何。

鄭恆雄〈文體的語言的基礎——論王文興的《背海的人》〉以較全面現代語言學討論《家變》之後的另一主要作品。作者從索蘇（Saussure，或譯索緒爾）所奠定現代語言學與結構主義的基本概念開始詳述，並且進一步介紹「語言行為」（或語言行動，speech act）理論。簡單地說，此理論主要指出語句的判準並不絕對須要涉及真假值、正確或錯誤（如鄭文所指出的「我答應幫助你」），其中牽涉另外重點在於說話者與聽話者之間的彼此的關係與承諾與兩者所身處的共享情境（頁 136～137）。作者從此基礎剖析爺的「說話行為」（locutionary act，只關說話者本身無關聽話者，相對於「表達行為」，illocutionary act 有關說話者與聽話者兩者的語言行為，與「效應行為」，perlocutionary act，僅在聽話者身上所產生的後續效應），

「因爲他既沒有聽眾，沒有表達意思的對象，也沒有產生效應的對象。……既然他說的話是沒有意義的獨白，他不承認是回憶錄，可以稱之爲『反回憶錄』」（頁 139）。類似於歐陽子在敘事觀點上（以及張漢良所提到的兩個時間向度）所觀察到的層疊現象，《背海的人》中爺的話語也不僅是無須回應的獨白，因爲小說中還有另一個「回憶」層次，與上述反回憶相拮抗。鄭文特別指出，此一「回憶」，不是來自其他角色，在「王文興爲爺寫的回憶錄中」正嵌鑲有爺的獨白（頁 139）。兩者之間，兩種語言行爲之間相互矛盾，相互解構，使得讀者感受到衝突，形成小說與凸顯出爺這人物的矛盾。更進一步，爺對溝通過程與語言行動的互相合作基本規則的挑戰（鄭文中所提到之「交談合作原則」），使得爺可以奪得最大的自由。但是，王文興卻無法如此，因爲他需要體認讀者的存在與進行有意義有效的溝通。這使得《背海的人》成爲絕對自由與溝通之間，角色與作者之間的衝突。當然，我們也可以再進一步探問，首先，這裡的作者究竟是真實亦是虛構；再者，回憶與反回憶的衝突與層疊敘事觀點與雙重時間的衝突是否有關；以及，此無限制的自由與溝通之責任與上述課題是否有其更深的關聯？鄭文文末提出一個看法，也許有著更大的啓示：「語言系統既然是任意決定的，所以是虛構的。王文興的《背海的人》是語言建立起來的一個世界觀，自然也是虛構的。……然而虛構的系統並不意味沒有可能性（probability）。數學與物理學上的觀念往往比紛紜的表象更能把握住恆久的原理」（頁 152）。

　　鄭文另一值得一提的貢獻在於清楚整理出小說上冊的時序。文中清楚點出故事是發生在 1962 年 1 月 12～13 日這段時間，同時也製作了精確的情節與時序簡表（頁 141～145）。這一方面是幫助讀者易於清楚掌握小說的時間向度，同時也在提醒，《背海的人》與《家變》一樣，時間，故事與敘事的時間，有其精確設計，在傾聽獨白的同時，時間似乎在無意識中就度過，或是綿綿無盡，但是故事的事件（如《家變》中的尋父過程），也占

據時間，兩者之間也有著重要的互動。[1]

三、從文類的再出發

李有成在其〈《家變》與文類成規〉起始處就指出，早期評論者儘管從結構與語言著手，儼然有成，但是似乎作品所產生的焦慮並沒有完全消弭。李有成的出發點即是希望透過小說家文本形成的基礎，其西方文學的養成或影響，也就是現有文本與前行文本之間的抽刀斷流水更流的關係來看小說。這也就是李有成文中所提的「互文性」（"intertextuality"）。引用布倫姆的說法：「任何一首詩都是詩間之詩（inter-poem），而任何一次詩的閱讀都是閱讀之間的閱讀（inter-reading）……」（頁 89）。這裡的閱讀其實就是書寫或創作。也就是說，任何創作均是建立在與其他作品之上，作品是作品之間（現有文本加上前行文本）的作品。所以，理解王文興的作品是要釐清他作品是在位於那些作品之間，或歸屬何種作品的譜系：

> 也就是說，他的小說，不論是《家變》或是《背海的人》，同樣無法免於
> 文本互為指涉的關係或互文性。指出這層關係，也就是找出這些文本隸
> 屬的文學家族（literary family），當有助於了解這些小說，同時也說明
> 「王文興的風格」其來有自，並非完全「空前」。——而所謂「空前」的
> 幻象最容易引起焦慮不安，摧毀這個幻象，或許可以消除，至少減緩，
> 這些焦慮不安。

——頁 89

李有成認為，語言問題的確是核心，而此關懷貫穿王文興的兩部小說。但欲掌握王文興作品的歸屬，需要理解此語言關懷與文類之間的聯繫。小說

---

[1] 歐陽子，〈論《家變》之結構形式與文字句法〉，《歐陽子自選集》（臺北：黎明文化公司，1982年，頁 295～319）與鄭恆雄，〈文體的語言的基礎——論王文興的《背海的人》〉，《當代臺灣文學評論大系・小說批評卷》（臺北：正中書局，1993 年，頁 473～517）二論文，因整體考量，在最後階段必須割愛，但因其對於相關討論之貢獻實深，故在此以討論替代本文。

家的語言一言以蔽之是以非體制的語言來替代現有語言充滿缺陷的模擬功能，非常弔詭地，也只有透過此挑戰模擬可能的非體制語言，模擬的目的才能夠達到，而這個矛盾的語言立場也是焦慮的所源處（頁 94）。根據李有成，此一語言態度，與西方拉伯萊（François Rabelais）小說傳統一脈相傳。從拉伯萊到司特恩的《崔思全・單第》（Laurence Sterne, *Tristram Shandy*），到喬哀思的《尤里西斯》（James Joyce, *Ulysses*），福克納的《艾普薩隆！艾普薩隆！》（William Faulkner, *Absalom! Absalom!*）以及貝克特的《墨菲》（Samuel Beckett, *Murphy*），這些作家不斷質疑現成語言，以便發覺更新的字彙與表達方式，以反映其心目中的現實（頁 94～95）。李有成在文末特別指出論文的目的，不在於特定章節與主題的詮釋，所謂實證的批評，因為作者認為唯有透過後設理論的建立與基本觀念的澄清，才能達到真正的目的：我們究竟要用何種觀點切入文本，例如，某種風格觀念，如流暢與否，新批評，敘事觀點，語言學，比較文學的影響研究，或是文類理論。從李有成的觀點，唯有將王文興的作品放在特定文類家族之類型中，我們才能理解其不斷的革新與改變語言的理由與可能產生的焦慮。

在〈以子之矛攻子之盾：王文興《背海的人》中的曼氏諷刺〉，王安琪一方面以較詳細的文本解讀來補充李有成文類觀點，同時也運用兩位現代文學理論大家大力鼓吹當今為人所遺忘的文類來凸顯小說在語言關懷之外，批判的面向。王安琪指出《背海的人》主人翁通篇，上從宗教下到妓院，引經據典，無所不談，無不批評，正符合兩位現代理論家，傅萊（Northrop Frye）與巴赫汀（Mikhail Bakhtin）所提倡的曼氏諷刺：「這類諷刺挑戰正統與異端之間的灰色地帶，顛覆因襲俗成積非成是的狹隘傳統觀念」（頁 192）。從挑戰語言的傳統，我們看到同樣的挑戰與顛覆精神運用到具有社會意義的場域。對熟悉後者理論的讀者來說，這其實符合巴赫汀的理論路徑，因為不論是其語言理論或是從其語言理論出發的小說理論，均是強調對話與眾聲喧嘩（heteroglossia）的特質。此兩者均旨在特殊

危機時刻與場合向既定傳統主流的聲音回話與促使平時隱而不見的底層次
等下等力量與南腔北調得以見天日：

> 巴赫汀替曼氏諷刺歸納出 14 項具體特質，分別適用於各類作品，諸如善
> 於捏造荒誕詭異情節……破壞史詩悲劇的崇高意境、創造乖僻性格特意
> 獨行的異類人物、故意褻瀆傳統英雄形象、蓄意違背禮教準則、充斥醜
> 聞與猥褻言行、結合神聖與低俗於一體、大量製造嬉笑怒罵的鬧劇場
> 景……這些特點龐雜歧異的「異質性」（"heterogeneity"）正是曼氏諷刺的
> 內在精髓，刻意營造與嚴肅正統單一標準的「均質性」（"homogeneity"）
> 形成強烈對比，並努力製造機會讓兩者互動交流切磋，以相互襯托兩套
> 價值觀。曼氏諷刺多形成於一個時代面臨「信心危機」（"confidence
> crisis"）的關頭，當維繫民心的民族神話開始衰頹，道德倫理開始敗壞，
> 宗教哲學百家爭鳴，各種思潮群起雲湧……眾聲喧嘩。

——頁 195

從這段較長引文前半可看出可適用於描述《背海的人》。但另一方面，
究竟爺如何「破壞史詩悲劇的崇高意境」，當他結合「神聖與低俗」於一
體，其史詩、悲劇面向如何定義，其神聖何在，這些都是批評者的挑戰。
更進一步，究竟《背海的人》所面對的危機何在，小說中的危機如何與歷
史危機相映照，要釐清這些問題，可能也有相當的挑戰性。或許，認為曼
氏諷刺能夠促使兩種對反力量或價值觀，「互動交流切磋」，是否比兩者在
危機的浪頭上，互不相讓，爭鬥不休更為可能，實屬不易判斷。

語言的角度以及文類觀點有其相互承繼的關聯（李有成的論文對於張
漢良以及顏元叔討論均有回應，就如同王安琪的論文事實上是李有成論點
的再進一步擴展），對於理論模式的建立，有著較多的著墨。這或許是反應
出是《家變》與《背海的人》甫現時的震撼或是焦慮，需要我們重新調整
視角，整理腳步。作品有其歷史，而此歷史也反映在其閱讀的歷史之上。

在語言與文類模式的摸索之後，王文興作品究竟如何與歷史交錯，就是另一個重要課題。

四、文化社會與形式

在這一節中的論文，即是在處理王文興小說的社會與歷史面向，但是有時也不致完全無視於形式與語言的層面。朱立立的〈臺灣知識分子的精神私史——王文興現代主義力作《背海的人》中的爺〉（收入本輯）與〈現代漢語的個體私語奇觀——從精神史角度看王文興小說語言實驗的意義〉就代表語言的問題的探討，無法滿足所有需求，而因此「精神」的主題成為貫穿兩篇文章的主軸。在第二篇論文中，作者論及張漢良另一對《背海的人》的討論（朱文並未說明此篇論文為何，但是張漢良〈淺談《家變》的文字〉並未論及《背海的人》。較為可能的論著應為後者的〈王文興《背海的人》的語言信仰〉），可以看到其中的轉折：

> 張漢良認為《背海的人》表現出一種追尋模擬的語言特徵，其中的自創文體是一種私語式的語碼與次語碼輸入方式，與常規語言系統構成的文體規範間存在著明顯的衝突，造成語意的模稜兩可；而從美學角度看，這種作法「恰似天啟」，具有神學含意……但我想進一步追問：一種如同天啟的文體是如何與作者自己的精神世界水乳交融的。因為文學離不開人的精神，語言只是將人的精神顯現出來的載體。

——頁 38

朱文之中所轉述的文字，應主要對應張漢良文末一段話，但也涉及另一段文字：「王把語言當成一種信仰，追尋模擬的語言。這種作法恰似天啟，而且也是有神學含意。然而他的作法似卻在暗示：語言是獨斷的，而語言永遠會被文字所破壞」（頁 543）。這裡似乎並未提及私語問題，可能相關的討論出現在文章啟始處，作者說明其文章旨在剖析王文興作品的兩

個相關的層面：

> 一是王如何把一種容許眾聲喧嘩的內在對話結構，輸進他的小說裡。所
> 謂眾聲喧嘩，包括書寫的和擬似語言的符號，形成王特別的個人私語。
> 這樣的文字結構洩漏了王對語言的看法：他把語言看成透明的，這種透
> 明的語言既原始，復具啟示（apocalyptic）意義。……另一方面，我要證
> 明王的語言企圖——他對終極問題的探討——與他假定語言有模擬功用
> 的信念不符……我要指出他的語言使讀者無法以社會公語完全了解他的
> 作品。
>
> ——頁 522

張文強調王文興作品私語與社會公語之間的緊張，以及此一私語本身既原
始又富有啟示意義；這些矛盾或衝突，尤其體現在語言與文字之間的矛盾
與相互解消之意外的結局。簡言之，張文相關討論是置於語言與文字，以
及公語與私語，完全是現代語言理論的脈絡。其背後的重點其實是質疑與
揚棄，視語言為工具，為載具，為透明的工具，以及對主體，或是朱文中
的「人」與「精神」等看法。

　　但是朱立立依然認為「王文興的語言實驗不僅具有語言學的意義，還
充分體現了他所要的展示的精神世界：一個價值崩潰、奇里斯瑪權威解體
後的斷裂、空虛和怪異矛盾的精神世界」（頁 40）。她強調王文興在語言上
的實驗，比其他現代作家走的更遠，所以在論文結束時，朱引用王德威說
法，王文興「在他的小說（按：遺漏「世界」兩字）裡，他是自己的神，
而且如其所言，是個對文字『橫征暴斂』的神」（頁 42）。王德威說法，很
有趣地，與張漢良描述用語上有其相似之處，兩者均運用宗教用語來試圖
凸顯王文興的特質，只是張漢良所謂的天啟，最終歸於語言與文字的運作
如何解構作者的可能的啟示意圖，而王德威在朱立立的筆下，卻是用來點
出王文興這個啟示性甚至先知式的語言（王德威所說「他是自己的神」）所

帶出來的精神世界，充滿矛盾與斷裂的現代時代。我們不禁要問，究竟王文興的啓示性與他的語言世界兩者之間爲何能夠給予張漢良與朱立立同樣的動能，使得語言與精神與心裡特質不斷相互超越，各自要求成爲詮釋的重點？或許，朱文文末的修辭，可以顯現其中語言與存在兩種力量的拉扯：「無法斷言，在這場曠日持久的語言搏鬥中，王文興是否是個勝利者……在王文興的苦心經營中，語言的困境和挑戰是存在的，而存在本身的困境，才是根本性的」（頁42）。

呂正惠在〈王文興：西化知識分子的困境〉（對於收錄於呂正惠《小說與社會》之〈王文興的悲劇──生錯了地方，還是受錯了教育〉熟悉的讀者而言，後者與前引文相同）對於《家變》或是作家的批評，也似乎與朱立立的立論在出發點有幾分神似：

> 王文興的失敗……由於他那種不正確的美學觀，他以一種莫名其妙的文體，掩蓋了他做為小說家所敏銳觀察到的臺灣社會現象。……
>
> ……王文興說過，撇開《家變》的文字不談，只看《家變》的內容，這種「讀法」讓他吃一驚。就最嚴格的理論層次來說，文學作品的形式與內容的確不可分割。但是，就王文興的個案而言，從形式入手，從他的文字入手，反而更加掉進他的迷宮中，而不能看到問題的核心。我們應該換各角度，從王文興的內容去看王文興，甚至擴而大之，從產生王文興的社會背景去看王文興……。
>
> ──頁125

當然，呂與朱結論有相當不同之處。呂正惠認爲王文興的問題，在於西方現代主義與西化知識分子的問題，以及前者所帶來的另一個重要的癥結所在：作者與社會的決裂。呂認爲因爲作者所受的西式教育，以及其所擁抱的現代主義，與其周遭社會格格不入，所以唯一可能的就是小說家與其時代的徹底的脫離（朱立立的〈臺灣知識分子的精神私史──王文興現

代主義力作《背海的人》中的爺〉提供主角做為知識分子另一種詮釋，可作為一個有趣的對比）（頁 125～126）。而《家變》就成為一個象徵（這也說明為何呂文中稱王文興並非在寫一部寫實小說，而是一部象徵小說（頁128）的寓言命運），象徵在特定時代，站在，或是說象徵地站在，錯誤政治與文化理解一邊的知識分子，所可能創作出唯一的作品（有趣地是，王文興將《背海的人》描述為「象徵寫實小說」（引自張誦聖〈王文興小說中的藝術與宗教追尋〉，頁42）：

> 《家變》告訴我們，在西化的最高峰，臺灣的知識分子是如何反他們自己的文化傳統的（以「家庭」作為文化傳統的象徵）。王文興的成就，在於創造了「極端化」的范曄。……匈牙利的文學批評家盧卡奇曾經說過，「極端化」的人物不但不違背社會真實，反而把社會真實更加清晰的表現出來，這是寫實主義的精髓。在創造范曄的這點上，王文興無疑的符合了寫實主義的精神。
>
> ——頁 127～128

　　呂正惠所引發的主題相當複雜，同時也提出示幾個重要的發展方向：語言的本質，或是文類的討論，如果是從所謂「形式」出發（當然對於張漢良，李有成或是王安琪來說，形式與內容的二分，本身是有問題的），那麼到底這個二分，需要如何解決，似乎在王文興討論中，更為尖銳，更為關鍵。我們甚至可以說，王文興作品的文字，逼使我們面對這個二分，挑戰這個二分？第二，如果朱立立與呂正惠的提問均來自這個在面對內容（精神世界或社會背景）與形式（語言）的歧路時的抉擇，那麼我們也可以重新審視歧路本身的意義，在選擇形式與內容之前。對於呂正惠來說，《家變》寫實主義（或象徵）的成功與失敗是一體兩面，其主要原因之一，在於范曄似乎是王文興做為西化知識分子的化身（或失敗的化身），也就是兩者可以等同的。究竟作者與角色兩者是否可以等同，其中牽涉的問

題，在此似乎沒有進一步推敲，同時象徵與寫實之間同異的重要問題，也在將兩者混同之時（例子之一：「雖然王文興有意的把范家的「變」處理成永恆的父子衝突的主題，但是范曄「叛」父的特殊的社會意義，還是不自覺的透露出來。就是透過這種無意中暗示出來的社會意義我們終於了解了王文興式人物，也了解了王文興個人的問題」（頁 127）），錯失可以真正處理文與載道之間的焦點問題。這些課題，對於王文興的討論，對於現代主義在臺灣的討論，應該也有其重要之處。

　　《家變》中父子家庭的衝突反映著時代家國的動盪，在梅家玲〈孤兒？孽子？野孩子？：戰後臺灣小說中父子家國及其裂變〉第二節（家門內外——家之空間想像與父子傳承在《家變》、《孽子》中的變與不變）討論中得以進一步推展。梅家玲論文旨在探討戰後臺灣小說，其間作家所面對的國族認同巨變轉換，在作品中烙印下不同痕跡，但是其核心主題與變奏卻貫穿不同的時代與故事：

> 小說既為見證，並參與歷史社會急遽變動進程的重要象徵活動，其間「父子家國」的定義與互動關係，自必隨之一再調整改寫。饒有興味的是，1940 年代中，吳濁流曾以《亞細亞的孤兒》一書，寫盡日據時期臺灣人民在認同上無家無父的悲哀，為臺灣文學樹立「孤兒意識」的里程碑；1960 至 1980 年代，孤兒退位，逆子與孽子現身，先後問市的王文興的《家變》與白先勇的《孽子》，卻各自在有家有父之餘，演義出「逐父」與「為父所逐」的相互對話。

——頁 366

　　緊扣其變與不變的論述主題，梅家玲在重述前輩學者早已整理出的《家變》之情節結構特別點出，字母與阿拉伯數字編碼，分別代表回憶與尋父過程的兩條主線，梅文中所謂尋父與棄父的主線，「倘若從傳統『孝／肖』（按：根據梅家玲，『肖者，似也，像也』（頁 376））觀念來重新檢視

這一門之內的父子關係，卻會發現：潛藏於《家變》表現之下的，其實有太多的『不變』。而『孝』與『肖』在辯證互動中所產生的矛盾張力，正是左右這變與不變的關鍵」（頁 376）。在接下來詳盡的討論，梅家玲專注於這一對父子之間從容貌的形似到命運處事方式與職業的神似，可以讓我們看到小說中兩個年代與時代人物之間的不同與如何在更深層次的意義下，卻又殊途同歸。梅文指出，這個變中之不變，其依循的規範其實就是性別與家、國族認同的潛在規則：「《家變》中的『家』其實沒有變，因為『一門之內』，永遠以『父』為尊；這個『父』，不是特定的個人，而是父權體系的一個位置，這個父，不過是曾經留駐在這個位置上的、不斷掙扎於各種焦慮痛苦之中的，男人」（頁 381～382）。梅家玲的結論指出兩個新的發展重點，首先是在傳統與西化之中，不變的是父權的支配位置。再者，這個位置是虛位以待，在不同時代，或許想要成為男人的，均需經過類似的掙扎，經過同樣的輪迴，如同范家父子。

　　最後，如果我們將梅家玲見解加以擴張解釋，這個變與不變更深的涵意，是差異中有重疊，而反之亦然。這也就是說，呂正惠所謂家的變與叛父，所謂父子的個人衝突與背叛的社會意義，以及王文興做為西化知識分子與傳統社會的決裂，很可能是一個混雜的狀態，並不容易二分。而回到文類的觀點來看，甚至遠溯到語言的角度，上述人物與時代之間相異，相衝突又合流命運雷同，難道不也是因為小說家所刻意設計的諷刺與語言的底層所欲體現的最終效果嗎？

　　張誦聖的〈從《家變》的形式設計談起〉接續歐陽子開始的一個未能論定的敘事者、角色與作者三角關係問題，並將王文興置於從現代主義到後現代主義更為廣泛的脈絡下來重新認識。張誦聖簡要地指出，敘述者與角色在《家變》中的變衍，使得在後現代小說也極為核心的關懷，自覺與自省性，在《家變》中也可以看到端倪（頁 164～166）。同時，敘述者與角色議題的梳理與擴展也間接地在回應如何在作品的整體結構中（而非僅視形式為一種「迷宮」）去理解作者，乃至細究敘述者，角色之間曖昧之

處。論文中特別提醒在小說第三部分之後，文本語句丕變，長度增加同時其複雜倍增，似乎反應出愈加不安的心境。更重要的是，此時敘述者與主角人物應有的距離與分別，「其語調風格也同出一轍。至此，讀者通常賴以區分敘述者和人物個別觀點的語氣差別既不復可靠，敘述者和主角的關係則又開始出現新的可疑發展」（頁 162）。根據張誦聖的分析，此可疑發展即是敘述者中立觀點逐漸隱退，似乎浸潤到人物的內心世界（根據張文，尤其是第 135 到 148 節，歐陽子提及 83 及 115 節的部分）：「主角激動的情緒溢於言表，常一連數篇的亢奮譏誚：彷彿原非劇中人的敘述者此時代人不平，情不自禁地與主角同讎——抑或書中人物已擺脫了敘述者的中介，迫不急待地參與自身故事的陳說？」（頁 162）。再進一步簡化張誦聖詳盡的分析，文中指出，接近作品尾聲，似乎敘述者毫不掩飾地向讀者發聲，這個設計其目的，一言以蔽之，即是我們應該視：

> 敘述者為故不露面的懺悔者，在回憶的過程中保持著不讓自己受傷的心理距離，卻又不由自主地步步捲入。……用作者王文興自己的話來說，《家變》的敘述者，像卡謬《瘟疫》的醫生一樣，故意藏匿了自己的身分。換句話說，這個敘述者本身是回憶錄的撰寫者，是他——這個虛構作者——決定採用第三人稱……在這樣一個處心積慮的敘述形式背後，到底牽縈著那些當代小說的嬗變、作者創作觀認同取向的課題，毋寧是值得深究的。

——頁 162～163

　　張誦聖以濃縮的篇幅討論王文興的「虛構作者」活化了故事、自傳與回憶的核心問題；主觀的認知與認知本身的不確定性質，使得我們所認定的真實乃至史實，有其不斷發展、論述與創造的空間。置於上文的批評發展脈絡，張誦聖重點雖然看似局限於敘述者，但是其目標在於重新定位王文興現代主義的位置，以及此一具有先驅性的位置，對於在此一節開始所

討論到的形式與內容之間的關係，應該在讀者身上產生何種新的體認：究竟形式會不會是通往內容時的危險迷宮，或許，迷宮不應視為是撒旦誘惑或死巷，或者它應視為歧路花園，複雜與多樣組合的論述可能：不一定皆言之成理，但因為真實不定，需要自省與演繹，所以歷史命定論不能是唯一的選擇。

五、宗教

在他的小說世界裡，他是自己的神……是個對文字「橫征暴斂」的神。
——朱立立〈現代漢語的個體私語奇觀——從精神史角度看王文興小說語言實驗的意義〉

上引王德威發表於《聯合報》副刊以誌 2000 年新版《家變》的短評，在高行健《一個人的聖經》獲獎背景之下，強調王文興特殊之處在於其在現代主義的基本基礎上，堅持己見的鍊字遣詞，即使後現代的魔幻劇場的眾聲喧嘩。這對王德威來說「王文興如此執著文字的絕對精確性，不只體現現代主義的流風遺緒，甚至透露了古典精神」，反而在此時，興起鄉愁，體認這種既傳統但又違背潮流律動的堅持或許才是一個人的聖經。王德威有關王文興在本地現代文學發展進程中的定位，也與張誦聖之前論述相映合。後者在其〈王文興小說中的藝術與宗教追尋〉（此篇論文與〈從《家變》的形式設計談起〉應視為前後相互關聯之完整論述）持續作者思考文學位置，亦試圖連結在這一角度下所看到的作品特質與宗教追尋。用最簡化方式表達，連結王文興文字創新及自省藝術以及其宗教探索的關鍵即是邏輯與知性特質，一旦其邏輯與理性推斷發展到極致，所有我們視之為當然的道德，人生或歷史等決定論，都有可能一夕變色。不同於後現代作家對於真實成規本身的質疑，王文興從成規出發挖掘出成規本身的反諷與矛

盾（這讓我們回想起在第二節中，王安琪所描述《背海的人》的曼氏諷刺特質——「以子之矛攻子之盾」——另一層在文類之外的可能含意）：

> 王文興使用的是非模擬的語言，而他的寫實主義承傳自寫實主義（Realism）。因此，他以相當知性的手法化解這兩者之間的矛盾。這就像他在採用寫實小說的舊式傳統時，「假設」它是對的，但也理解它的暫時性。事實上，所謂的「寫實小說」（"realistic fiction"）只不過是個虛有的架構，讀者必須接受這種語言藝術的藝術任意決定特性（the arbitrary nature）才能欣賞王文興的寫實主義。

——頁 45

基於這個理性傾向，其宗教追求也是由此出發，他進行方式是「去除神話」（頁 44）與「消極的肯定」（頁 48）。借用王文興發表於《聯合文學》的一個寓言（作家目睹鳥雀啄食自身鏡中影像，而嘆鳥不知自身為何，就如《背海的人》之中爺的自圓其說，論命問像，卻不知自身荒謬）：「我們不能確知王文興是否要藉此譬喻告知讀者凡人之上還有超人，但是我們深信人必須承認自身所知有限，任何否認宇宙有階級之說皆是逾越、謬論。據此，王文興以相當理性的手法呈現這種關照，他用理性的角度探討假設的論題，然後又迂迴地取得結論」（頁 52）。在探討王文興作品，宗教的議題，一方面是無法迴避的問題，另一方面，作家對於以文學看文學的堅持，也使得此一討論，必須在文學作品的範圍思考。如何將文本與宗教關懷——就如同如何將社會與歷史層次問題——與文學與文字本身的堅持放在等同的位置，一直是探索王文興作品的挑戰所在。就現有王文興兩部小說而言，間接的方式，經由理性與去除神話，在有限中反省無限或無限地的反省，是唯一合理的選擇。

張漢良〈王文興《背海的人》的語言信仰〉以回歸語言、符號的方式來重新檢視作品與宗教的關聯。因為表達的唯一工具是語言本身或符號，

所以從符號的角度來看，文學衍生自語言，而宗教是其之後的另一層的產物：「以文學（內容層次）和語言（表達層次）的關係來說，文學還是得向語言讓步，自己退居次要系統，如此一來，宗教只不過成為文學這個含義系統（connoted system）的符旨（signified），而文學則植基於語言明義系統（denoted system）……換句話來說，宗教是第三系統，或說是符徵（signifier）的符旨的符旨」（頁 521）。換句話說，宗教的討論必須回歸語言的層次，而討論王文興的作品中文字的革新，所謂私人語言的實驗，就更須進一步檢視此私語言與公眾語言之間的關係。宗教的議題是附加在語言內部公與私的互動之上，亦即是語言（公眾語言）與書寫文字（私語試驗）的關係之上；當王文興的信仰，事實上是對語言本身的信仰時，其追尋就必須放在其作品中所展開的語言辯證。這是否說，宗教問題，是無從觸及的，除非他是文學問題，文本問題，更重要地，語言與文字問題？我們可以再引一次上面已記錄過的結論：「王把語言當成一種信仰，追尋模擬的語言。這種作法恰似天啓，而且也是有神學含意。然而他的作法似卻在暗示：語言是獨斷的，而語言永遠會被文字所破壞」（頁 543）：語言（而非文字？）是否有可能是宗教的追求過程中的最終破除迷信者？

　　相較前面兩位學者，周芬伶有關作家與宗教議題的關聯，則傾向於主題式探索。其貢獻在於將既有討論（例如，王文興在《背海的人》之中的語言信仰（「語言成一種新的宗教」（頁 78），或是王文興以反諷方式接近宗教）擴展不同的主題領域，如惡的問題（如〈玩具手槍〉,〈黑衣〉,〈龍天樓〉等）。在〈龍天樓〉中，周認為，「他著重黑暗之力，邪惡之心的描述，常與宗教作陪襯或對照，如果說他有宗教意識恐怕反向質疑比正面肯定來的多」（〈意識流與語言流──內省小說的宗教反思〉,頁 71）。

六、翻譯必要

　　面對任何值得翻譯的作品，翻譯者均或多或少需要試圖解決類似的兩難，例如目標語言讀者的「期待」與原著的最終「意圖」（耿德華〈《背海

的人》以及翻譯準則〉，頁 117～125）。期待與意圖兩者之間，因爲語言與
文化的隔閡，總會有在翻譯的過程中成爲必要的遺珠與遺憾。但從兩位來
自不同學術與語言傳統的王文興作品的譯者及學者觀點來看，期待、意圖
等問題雖然重要，但是翻譯王文興作品的主要挑戰不僅僅在於如何跨越不
同語言的鴻溝，而在於迫使我們看到自身語言之中的鴻溝與深淵；翻譯活
動，就是因爲其艱鉅的挑戰，帶出對於作品語言本身──中文──的重新
審視。在其〈《背海的人》以及翻譯準則〉接近尾聲時，耿德華借用另一位
批評家所分析之基督使徒如何利用猶太文化材料的閱讀與詮釋植入基督教
的種子而爲其所化的例子簡要地說明，所有自認爲俱足的，都難保不被重
新詮釋或挪用，也就說：

> 沒有任何語言或文化是非異質性的，沒有任何語言與文化不需要解釋過
> 去的（按：這讓我們想起本文第四節末段所提到，真實是需要自省與演
> 繹的討論）、爲人遺忘、陌生的、「被誤解」的東西，因此以任何同質的
> 意義來看，永遠不會有「單一語言」和「單一文化」這種東西。
>
> ──頁 128

就如同前文已提及，耿氏行文到此均已論及翻譯過程之兩難關卡，以及因
爲語言之間勢必存在之不對等而需要取捨等問題，但對他來說，最爲難解
的翻譯問題是語言，單一語言本身的異質性，而王文興的小說就是用最爲
無法迴避的方式雕琢與經營此一特質：「這本小說（按：即，《背海的人》）
的解讀和翻譯，使讀者沒有片刻能忽視其以最特別和最強烈的方式和中文
的連結。但無論就字面上或以期待、意圖的觀點來看，沒有任何解讀會得
出單一中文的結果」（頁 128）。

　　透過《背海的人》注音符號的作用，耿德華試圖解釋與證明爲何翻譯
過程，需要我們回去質疑「單一語言」本身。有關注音符號，或是其他如
虛字，英文字母，視覺性的文字，空格等的運用，從《家變》時代，即已

是討論重點。張漢良，歐陽子，與鄭恆雄等，均有相當篇幅的解析。類似張漢良從私語與公眾語言，以及語言常被文字所破壞的角度點出在《背海的人》之中語言信仰所造成的矛盾，耿德華也認為注音符號的運用，他所謂的圖象符號，也會涉及兩套符號之間的糾葛：「圖象設計（按：指的是注音符號，從原本輔助位置，反過來奪主地取代國字而成為更為鮮明奪目自成一體的圖象符號）表示了將小說解讀為言論（無論是內心獨白或說出來的話）或書寫時，兩套符號之間的緊張關係：一為表現說話習慣或特色引起注意，另一為強調文字的視覺本質而將其圖象化」（頁 129）。基於此處耿與張所看到的矛盾，以及其他原因，譯者對於注音符號運用（以及在作品後結尾時它消失無蹤的現象，也就是其暫時性大於其系統持續性的存在），究竟應如何找到對應翻譯，是否用像 IPA（國際語音字母表）這樣的國際標註口語發音方式來替代，耿抱持著否定的態度。其原因在於這裡的「國際性」IPA 不應用來替代「民族性」（頁 131）。如果我們想像《背海的人》不斷獨白絮語爺的聲音，以及在小說中各種議題與語彙輪番出現與相互取消，則我們可以較為理解，出現在小說中的「背海的民族」，是多麼的異質與無法匯聚成一個同質性的眾聲（在前面「從文類的再出發」中，王安琪所論及曼氏諷刺擅於營造與正統「均質性」相對立的「異質性」，與此地在翻譯脈絡之下的論述，應可一併思考）。到此，我們或許可以理解為何耿德華在文末最後一段需要提出幾個重要的問題：翻譯如何回應文本中無法去除的民族性，其異質性？我們用一套符號系統替代另一套符號系統（如注音符號），是不是依然在重複同樣的問題，除非我們能夠理解在一種語言中的異質語言為何？

　　桑德琳在其〈翻譯王文興小說的原因〉討論翻譯王文興時，也從其本身的角度思考如何才是適切的態度：「用創新字，注音等，這種方式不是翻譯的特別困難所在。翻譯一本書，最重要是涉及原文時沒有偏見。先要忘卻一般的、正常的、標準的語言。後要遵循原文的節奏，才可以開始翻」（頁 135）。再一次地，桑德琳提醒我們在面對作品時，對於語言應該採取

的開放（放開？），甚至遺忘、暫望的態度。某一方面來說，這是否也是提醒我們，王文興作品不也是在挑戰我們，要求我們「忘卻一般的、正常的、標準的語言」，也就是說，翻譯與王文興創造之間，有其共同之處：對於正常標準語言的暫望，以便，「沒有偏見」，才可以「開始翻」？（這讓我們回想起顏元叔的暗夜苦讀：揚棄之前想法而重新閱讀，像第一位伊甸園中讀者面對全新的文字，或許王德威的鄉愁所暗指的是這個無法重複的新鮮感？）翻譯什麼？或許是語言的異質性，或是在桑德琳文末所提到在翻譯時，如果節奏是最為重要，那表示翻譯語言的異質性就實際牽涉到掌握原文整體節奏，掌握原文的全部身體：「目、指、耳朵、鼻子、皮膚。為了翻譯原文的節奏，先要讓節奏進入身體。如此原文的呼吸變成我自己的呼吸，如果吹入生命在譯文裡，原文的生命先要穿過翻譯家的身體和生命」（頁 136）。這裡的「身體」與「聲音」帶入西方當代哲學與批評思想新的課題（其中牽涉後佛洛伊德精神分析，與精神分析連結之符號學，後結構主義等領域），其含義將引領我們看到王文興研究新的可能性，這距離我們在第五節宗教關懷所討論到王文興的嚴格理性與從批判與反諷出發的宗教關懷，已有相當距離，但或許與周芬伶惡的議題，有其深一層次的關聯。

七、新的方向

　　在周芬伶與其他學者討論中所浮現的主題，如時間（周認為《家變》為一「時間之書」與「追憶之書」，頁 75）以及上面所提及的身體與聲音等，象徵著來自不同世代與訓練及學術背景的學者試圖以不同方式進一步開發王文興作品較未開發的領域。

　　陳傳興〈桌燈罩裡的睡褲與拖鞋──「家變」─「時間」〉將作家在《家變》新版序言中對於正確閱讀速度的見解視為須嚴肅以對的命題。針對閱讀本身，小說中閱讀的主題或是深層結構，讀者的主體性等系列問題，藉由主要是後佛洛伊德精神分析的角度加以探索。在此浮現的是整體方向的橫移，例如，「閱讀」作為一個切入點。這個切入點為何會回來，恐

怕一方面與我們做爲讀者，尤其是做爲王文興講求精確寫作與閱讀的「作家／讀者」（即：只有是精確的讀者才能成爲精確的書寫者，此一現象，就僅提王文興近期出版的《家變六講》就可以略見一斑閱讀作爲一種跨越思考與書寫對於王文興的重要性）有密切切關聯：我們到底有沒有真正掌握什麼叫作閱讀或理想讀者；另一方面，後結構主義之後，「閱讀」（reading）已然成爲批評與書寫（請參考第三節「互文性」討論）的同義字。對於閱讀的重新檢視，代表多重義涵，是回到源頭，也是與現代性關懷的接軌。

　　在論文細節部分，陳傳興認爲描述范曄一種特別的閱讀活動（論文中稱之爲第三種閱讀行爲（頁 185））所呈顯之特殊模式的最適宜方式，是經由精神分析中強制反覆行爲，一面不斷試圖完成，但總是失敗於最後關頭，似乎帶著悲劇性質地：

> 范曄的閱讀行爲（按：在第三部，124 節）都不得完成，一而再反覆地阻擾。近乎是強制性反覆行爲，完全的閱讀始終無法達成，它只能反覆不斷地開始與中斷，一再延遲等待，范曄的閱讀慾望始終不能得到滿足，但是這個欠缺實際上是一種替代折衷的症狀表現，一種偏執性精神官能症者常有的行爲。佛洛伊德在「鼠人」病例的分析……曾經詳細的解析此類症狀一些思維模式，懷疑和偏執，強制性思維是其中最爲凸顯的兩種矛盾雙重性，互補思維模式。「透過一種『回溯』（"régression"），準備的行爲替代最後的決定，思維替代行爲 ……」范曄偏執於理想閱讀的念頭，不停地以各種延後閱讀的實行完成，在每次的中斷時候又用種種思慮去替換和延隔，等待重複開始理想閱讀（念頭）。

──頁 186～187

　　陳傳興接著進一步指出此一重複但無法完成卻又堅持理想的讀者／角色，與書中的記憶與失憶特質與時間及語言與失語問題，也有密不可分的

關係（頁 189～190）。陳傳興論述代表著整體論述範疇的改變與接踵而來，對於最根源問題的重新探索與認識，如記憶與時間的問題等，在漫長的閱讀過程中，我們是否有作最基本的反思，如何是真正的閱讀，或是閱讀的異質性爲何。

　　借用上面佛洛伊德引文，另一值得一提的發展即是手稿研究，或是「文本生成學」（"genetic criticism"）：「準備的行爲替代最後的決定」。當然，佛洛伊德事實上是在描述精神官能症的一個典型強制症狀以及其中的思維模式，或是不斷的思維替代實際行爲的特徵。但是，這段描述中所提點的位於兩端的要求，（準備／）思想與（最後的決定／）行動，或是換成與創作活動有關的說法，1.思考（準備）書寫，就是**構思**、**起草**與 2.（決定）實際行動，就是**實際書寫**。準備與決定之間的掙扎與手稿研究中的問題，也有其部分相通之處。簡單地說，「文本生成學」，是在研究作家從動心起念而留下紀錄，構思，起草到將其清稿付印之前的所有草稿（rough drafts）與其他在出版之前的寫作過程的物質性痕跡（這裡暗示說，對於某些文本生成學家，出版後版本上的變動不是其研究範圍）。同時，文本生成學，與傳統文本概念形似但神相異地，強調思想，構思與起草的本身獨立與多樣性，所以手稿研究的目的在於整理，分析與出版，在最後清稿定稿之前的另一種，更能體現（或許可說是不變中有變的）創造過程的，「前文本」或是「生成文本」；此一生成文本，強調構思過程，起草過程，修改過程中的眾聲喧嘩的特質。從歷史發展角度而言，生成學與傳統的版本與校勘研究有其若離若即的關係，所以，三者之間，雖然有相當基本的立論上的差異，但是就如何準備一個可以閱讀的文本而言，對於生成學學者，也是相當重要的。爲何在此提及此一新發展，其原因之一在於，王文興《家變》與《背海的人》的手稿材料，以相對完整的方式，保存於臺大圖書館。同時，2009 年《王文興手稿集：《家變》與《背海的人》》的出版，不但提供易於參考的研究材料，亦因爲在整體出版品中，也包括了王文興兩本小說朗讀紀錄與以文本生成學觀點出發對於兩部小說手稿的研究論文集

（收於手稿集中的《開始的開始》），使得此一研究徑路可得以參考。

　　馮鐵（Raoul David Findeisen）收於此輯的〈《家變》裡的變寫不爲文變——關於未來《家變》編訂本之思考〉即是代表在以文本生成爲主要觀點，結合版本的研究，（頁 132～136）針對王文興手稿，最早的研究成果之一。其主要貢獻在於試圖從基礎（詞彙的比較分析，個案研究的例子與實際版本的初步模擬）建立未來手稿研究之發展。馮鐵整理兩岸手稿相關研究，有關手稿以及版本研究基本詞彙，以便能夠幫助中文學界思考與制訂與手稿研究有關的幾個重要的詞彙與此詞彙背後的理論思考（頁 142等）。同時值得在此強調，論文重點所在是藉由《家變》中一小段出版版本文字（第 79 節最末一段）與相對應手稿文字（主要爲 f102）修改的分析，他試圖建立一個所謂的「生成文本」意義下的《家變》「編訂本」。此編訂本，試圖包容所有的修改痕跡與不同版本文字，同時不致因爲過多訊息或修改層次讓讀者無法順利閱讀。這段示範，預示著一個新的閱讀，以及新的文本的模擬與實做，而其中碰觸到一個基本生成學問題即是，「在編訂版所出現的文字，遠超過作者真正寫在小說正文裡的數量」。此一看似平淡無奇描述，其實具有相當顛覆性：當生成版本（或馮鐵所謂未來「編訂本」）的文字數量超過現有出版版本的文字數量時，編訂重建版本是否就不等於原出版版本之原意：原意有其數量質量嗎（這好像是在問靈魂的重量）？愈多愈好的（手稿與生成）材料是否有助於理解創造原意？相信對於如何能夠更進一步貼近文本文字與它們與時俱進的演變過程的讀者，以及想像一個更能夠容納日後思考材料的版本或文本的研究者，尤其是對新時代的電子書與數位出版有心的研究者，對於在此論文中的實驗與可能性會有相當興趣。

八、結語

　　語言，文類，社會與形式，宗教，翻譯與手稿研究，此一分類只是在許多同樣也應該包含在研究資料彙編之中的材料的一小部分。充其量，在

此我們只能包括個人認為具有代表與象徵意義的少數論述。但即使環顧一下從 1973 年（顏元叔）到 2010 年（馮鐵）這些論著，我們也可以目睹接近四十年來歷史的軌跡被投射到作品之上，而王文興作品也同樣地以不同的樣貌，不論是形式上或是內容的特點，在召喚不同世代與訓練的學者進一步在開發新的理論之時，在王文興作品上，測試其理論的周全度。個人認為，《家變》新版序中有關「玫瑰的名字」的描述經意與不經意地，點出為何《家變》、《背海的人》得以是歷史意識投射的景片，同時也是我們在其上能夠檢視我們自身的鏡像：到底玫瑰名字（名物／名實）裡面有何玄機？

　　上述新版序有關玫瑰的部分，主要是：「好像褫除掉紅玫瑰的紅色，玫瑰就不復是玫瑰了」，陳傳興認為這是「反事實命題，錯置一般自然語言符號的名實指稱關係，顛倒拋棄邏輯範疇」（頁 182）。但另一方面，莎翁《羅密歐與朱麗葉》中的名句，"Wha's in a name? that which we call a rose/ By any other name would smell as sweet"，也無疑會浮現在讀者心中。簡言之，看似即興的序言，名實問題，與文化典故共治於一爐，或許這裡玫瑰的名字就是引誘引領我們閱讀，不只是閱讀經典，更是閱讀王文興的「日常的經典」：日常語言中的經典，以及使經典與日常語言混同的作品，需要我們學習閱讀的日常與經典。我們在許多學者筆下讀到的「空前」或「絕後」的描述（如歐陽子或李有成），或許，另一種空前絕後的意義在於面對日常熟悉的文字本身，王文興在《家變》新版序中最後所謂，**你也吃了一驚**了的感覺。

引述書目：

・李有成，〈《家變》與文類成規〉，《在理論的年代》（臺北：允晨文化公司，2006 年 3 月），頁 81～99。

・王安琪，〈以子之矛攻子之盾：王文興《背海的人》中的曼氏諷刺〉，《中外文學》第 30 卷第 6 期（2001 年 11 月），頁 187～212。

• 顏元叔，〈苦讀細品談《家變》〉，《中外文學》第 1 卷第 11 期（1973 年 4 月），頁 60
　～85。

• 歐陽子，〈論《家變》之結構形式與文字句法〉，《中外文學》第 1 卷第 12 期（1973
　年 5 月），頁 50～67。

• 張漢良，〈淺談《家變》的文字〉，《中外文學》第 1 卷第 12 期（1973 年 5 月），頁
　122～141。

• 鄭恆雄，〈文體的語言的基礎——論王文興的《背海的人》〉，《中外文學》第 15 卷第
　1 期（1986 年 6 月），頁 128～157。

• 梅家玲，〈孤兒？孽子？野孩子？：戰後臺灣小說中父子家國及其裂變〉，《文化、認
　同、社會變遷：戰後五十年臺灣文學國際學術研討會論文集》（臺北：行政院文建
　會，2000 年 6 月），頁 363～399。

• 張誦聖，〈從《家變》的形式設計談起〉，《文學場域的變遷》（臺北：聯合文學出版
　社，2001 年 6 月），頁 159～167。

• 張誦聖，〈王文興小說中的藝術與宗教追尋〉，《文學場域的變遷》（臺北：聯合文學出
　版社，2001 年 6 月），頁 37～53。

• 呂正惠，〈王文興：西化知識分子的困境〉，《新文學・第 2 輯》（鄭州：大象出版社，
　2004 年 6 月），頁 125～132。

• 朱立立，〈臺灣知識分子的精神私史——王文興現代主義力作《背海的人》中的爺〉，
　《新文學・第 2 輯》（鄭州：大象出版社，2004 年 6 月），頁 133～142。

• 朱立立，〈現代漢語的個體私語奇觀——從精神史角度看王文興小說語言實驗的意
　義〉，《華文文學》第 56 期（2003 年），頁 37～42。

• 張漢良，〈王文興《背海的人》的語言信仰〉，《當代臺灣文學評論大系・小說批評卷》
　（臺北：正中書局，1993 年 6 月），頁 519～546。

• 周芬伶，〈意識流與語言流——內省小說的宗教反思〉，《聖與魔——臺灣戰後小說的
　心靈圖像（1945～2006）》（臺北：印刻出版公司，2007 年 3 月），頁 69～80。

• 桑德琳（Sandrine Marchand），〈翻譯王文興小說的原因〉，《中外文學》第 30 卷第 6
　期（2001 年 11 月），頁 135～137。

· 耿德華（Edward Gunn）著；李延輝譯，〈《背海的人》以及翻譯準則〉，《中外文學》
　第 30 卷第 6 期（2001 年 11 月），頁 115～134。

· 馮鐵（Raoul David Findeisen）著；黃桂瑩譯，〈《家變》裡的變寫不爲文變──關於
　未來《家變》編訂本之思考〉，易鵬主編，《開始的開始》（臺北：行人文化實驗室，
　2010 年 11 月），頁 121～151。

· 陳傳興，〈桌燈罩裡的睡褲與拖鞋──「家變」─「時間」〉，《木與夜孰長》（臺北：
　行人文化實驗室，2009 年 2 月），頁 181～194。

輯四◎
重要評論文章選刊

以子之矛攻子之盾

王文興《背海的人》中的曼氏諷刺

◎王安琪*

> 爺以是的就是這麼一個滿是矛盾的人，爺固是自己是**明明知道**富貴不足趨取，可以打頭兒起根本就沒有這一個必需地去需要到它，然而爺可就是偏偏硬就是「**硬**」是要牠，「**非**」要牠不可。——**矛盾！**——**矛盾！**——爺這一個人就是一個大大大大而又大的**矛盾！**——**爺就是「矛盾」**。
>
> ——《背海的人》，頁 31

　　在單德興訪問王文興的對談中，王文興談及他從未試過 satire（諷刺），也覺得應該試試 satire，因此到下一階段便開始嘗試 satire 的練習，這下一階段就是到了寫《背海的人》。王文興說他對陌生的事總有些好奇，希望找機會試一試。另外他一直想練習的是「內在獨白」（"interior monologue"）。在《背海的人》一書中，他兩項願望都實現了，作家能一償宿願，夫復何求？海明威名作《吉力馬扎羅山巔積雪》（*The Snows of Kilimanjaro*，又譯《雪山盟》）中，那位功成名就的作家望著山巔積雪，感慨寫作宿願未竟，想寫的都還沒寫，眼睜睜的就讓壞疽奪去生命，空留遺憾。

　　在這篇訪問中，王文興說《背海的人》本意就是要表現他對社會或人生的批判，他的意願就是要寫一本 comical（喜劇）的書，一本諷刺的書，他要的是 low comedy（低級喜劇），而且是 lewd farce 或是 bawdy farce（猥

---

*發表文章時為臺灣大學外國語文學系副教授，現為東吳大學英文學系教授、臺灣大學外國語文學系暨研究所退休教授。

褻的鬧劇），尤其是「近整處」及妓女的部分。王文興說《背海的人》基本
上是個 burlesque（狂嘲），這種寫法在中國小說裡或許沒有過，但在歐美太
普遍了。

　　王文興說他對喜劇文學的吸收從俄國和法國小說就開始了，但完完整
整真正喜劇的吸收是從赫胥黎（Aldous Huxley）和貝克特（Samuel
Beckett）開始。貝克特使他體會喜劇何以十分嚴肅，了解到何謂 serious
comedy，赫胥黎使他覺得生機活潑充沛。喜劇本身給人更高的生命力，如
《莫洛伊》（Molloy）和《美麗新世界》（Brave New World）。王文興說他的
低級喜劇是垃圾堆，收集種種社會上排棄的人，其中百分之五十取材自真
實人物拼湊起來，加上自己看法或經驗，用影射暗示方式呈現出來。爺沒
有名字，故意不給他名字，因為他「沒有名字比有名字好」，其實他也有名
字，好像叫齊必忠，是個退役陸軍少校，但穿空軍軍衣（舊衣店買來的），
但書中都未寫。王文興創造人物時，先給主角選擇一個聲音，然後才要配
上一個人，附帶考慮許多寫實主義如時間、地點、背景等問題。因而塑造
出爺這個只有單隻眼睛，但這個主角不是 rebel（叛徒），只是普通人。

　　王文興說他偏愛 symbolic realism 綜合象徵與寫實的文學，《背海的
人》象徵性遠超過其它作品，他希望能夠達到希臘悲劇的象徵境界，象徵
人和命運、人和大宇宙之間的關係，呈現比《家變》更深廣更多方面的危
機（crisis）。王文興強調文字應如音符，其排列也有長短，讀者不應只用眼
睛閱讀，應該用嘴唇讀書，才可了解單字的聲音都有輕重快慢的區別，他
尤其反對一目十行。王文興坦承構思《背海的人》時受了西方現代小說家
的影響，如卡謬、康拉德、杜斯妥也夫斯基、卡夫卡、索爾貝婁、海明
威、貝克特等，杜斯妥也夫斯基吸引他之處在於偏重深有意義的心理刻
畫。

　　單德興這篇訪問策劃用心，問了很多切入重點的問題，王文興的回答
也切題又中肯，問答之間默契良深，堪稱訪談錄的典範。在這個疾呼「作
者已死」論調的新世代裡，讓人由衷感激幸虧作者未死，而且很樂意誠懇

的回答讀者所困惑的問題，大大有助於提升正確閱讀的樂趣，不讓讀者在疑惑的深淵中死得不明不白。令人想起當年一樁趣事，在一場文學研討會中，發表論文的鄭恆雄教授在討論時說，他明知作品一旦問世之後就如同脫離娘胎的新生命一樣，做為母親的作者已無權干預其自主權或其自生自滅的命運，但他仍然非常想知道作者王文興的若干原意。王文興的回答更妙，雖然他也深知作者應該已死不可出來說話，但他仍然非常願意回答鄭恆雄的問題為之解惑，於是賓主盡歡大快人心。這或許也可證明，理論歸理論，大眾所關心的還是實際效用。

王文興作品的諷刺內涵也有人研究過，陳典義在〈《家變》的人生觀照與嘲諷〉一文中指出，王文興借用范家的家庭紛擾與變故，加上對范家所處社會的客觀描繪以及人物心態的反映，呈現出中國傳統生活方式和價值觀，如何在西方文明與文化潮流的衝擊下逐漸喪失（頁 148～149）。小市民的現實世界但求溫飽不求提升性靈，范家父母難免人窮志窮，但卻勢利的回過頭去欺負三輪車夫和洗衣婦，為人子女的范曄看破了他們的虛偽與造作。中國傳統的教條式權威教育迫使范曄的理想主義和正義感幻滅而覺醒，不得不反彈，最後竟然大逆不道的將父親逐出家門。陳典義指出，《家變》充滿了窒息性靈的意象：「地獄、毒氣、瘋瘋病患、白蟻、破宅、颱風、蝙蝠、暗陰、局促、爛襤猥蔽、陋醜、官僚、破蔽、瘠狗、垃圾山、土塵路」（頁 160）。但陳典義也強調，王文興「借用范曄觀點探討傳統的家庭倫理觀念乃至儒家觀念，一方面也調侃了范曄這一類思想還不太成熟的年輕人的膚淺看法」（頁 159）。陳典義在《家變》裡觀察到的道理也可以援用於《背海的人》。

《背海的人》呈現爺所觀察到外在現實世界的種種世態炎涼，借用爺人窮志窮的境況，如何在但求溫飽和提升性靈之間妥協，一方面也調侃了爺內心世界又卑又亢的矛盾心態。《背海的人》沒有一般傳統諷刺小說常見的必備條件，沒有千夫所指的罪惡弊端，沒有腐敗的貪官污吏，沒有萬惡不赦的罪魁禍首，沒有憤慨的譴責語氣，沒有黑幕可揭發也沒有糞可扒。

《背海的人》全書在爺的高談闊論振振有詞中充滿了各種反諷（irony），在狂言妄語中又不知不覺自曝其短，爺詬病許多當前的社會現象，但詬人者人恆詬之，自以為是的大言不慚反而洩漏了自己的愚昧，爺有時候既是這些詬病的破除者，又是這些詬病的代表者。爺的心理刻畫是王文興的一大創舉，讀者需在爺的大言不慚和作賊心虛之間找到幕後動機。《背海的人》中的幽默戲謔效果遠遠超越《家變》，爺瞠目結舌的自圓其說，有時倒像大觀園裡的劉姥姥一樣可愛又可笑，他會嘲弄別人也會自我解嘲，還很會玩弄文字遊戲，比范曄樂觀開朗多了。

　　《背海的人》主要的策略是「諧擬」（"parody"），故意用詼諧誇張的語言文字或表達模式來刻意模仿某些人的言行思想，以烘托其荒謬不合邏輯之處，呈現奧妙的反諷效果。王文興說《背海的人》基本上是 burlesque（狂嘲），burlesque 是一種高格低調的模仿，《背海的人》中的確有許多雞毛蒜皮、言不及義、無聊猥褻、不登大雅之堂的雜碎，都被爺正經八百的慎重處理成嚴肅崇高的學問，譬如相術之學、尋花問柳、宗教信仰等，有些地方更接近 travesty（低格低調的模仿），故意誇張凸顯某些特色或鬧劇層面，甚至惡意扭曲到醜化詆毀的地步，以彰顯某些事物的極度荒謬。爺的小人物性格（猥瑣、陰鬱、嘮叨）也是傳統英雄人物（英明、果斷、磊落）的反寫照，但爺不是一個反英雄人物（anti-hero），也不是現實世界的受害者（victim），爺的自我膨脹是有幾分「酸葡萄心理」（"the sour-grape psychology"），也有幾分「國王新衣效應」（"the Emperor's New Clothes effect"）。爺是獨眼，但不是獨眼「龍」，爺不但不是龍，反而是條蛇，鑽來鑽去都鑽不出什麼名堂，自認是龍困淺灘的落難英雄，其實是打腫臉充胖子的狗熊，英雄有英雄的壯志成仁，狗熊有狗熊的阿 Q 哲學，英雄可以屠龍，狗熊只好宰狗烹之。爺活在時不我予的當今世界裡，比較接近 misfit（不合時代潮流）的角色，「方枘難以入圓鑿」，這個時代就是處處和爺過不去，並不是爺不能適應這個時代，《背海的人》正好呈現「方枘」與「圓鑿」兩種不同層面價值觀，兩者的互動交流，正好互相凸顯襯托彼此的矛

盾性，爺看到現實社會的一些矛盾現象，爺自己也洩漏一些自我矛盾，人生充滿變數，社會沒有正義可言，這是爺對人生社會的批判。

　　李有成在他那篇後設批評（meta-critical）的文章〈王文興與西方文類〉中說，王文興小說之所以引起讀者和批評家焦慮不安，癥結在語言和文類的問題。王文興與西洋文學的關係較密切，因此較適合以西方傳統來考量。每一種文類都有自成體制與傳統，並不完全建立在內容和主題之上，《家變》和《背海的人》則建立在形式結構的特徵上，以語言引人注目。李有成強調《背海的人》的語言是非體制性的（non-conventional），一方面質疑語言的摹擬功能，一方面又努力發揮其摹擬功能，「這種辯證上的矛盾逼使我們體認語言本身的矛盾性：訊息的傳播原已困難」（頁 187）。王文興刻意運用非體制性語言，以求精確的發揮語言的摹擬功能，因而反諷的造成焦慮不安。這種對語言的功能抱持質疑挑戰態度的小說家在西洋文學傳統裡有許多例子，以拉伯萊（Rabelais）為著名。這類被冠以Rabelaisian novel 文類的小說特色在於語言的反體制，藉著打破先入為主的文意及句法來更新或重新創造語言文字的意義。李有成認為《家變》和《背海的人》都該歸屬為拉伯萊體小說的文類家族，基於王文興對西方文學傳統的基本訓練，對這類作品一定相當熟悉。

　　李有成所說的拉伯萊體小說其實就是「曼氏諷刺」的一種代表作，代表打破成規挑戰正統的勇氣，目的在激發重新創造的契機，曼氏諷刺的作品大都在語言和敘事模式上出奇制勝，以突破被壟斷被僵化的困境。《背海的人》顛覆體制化的語言系統，打破成規化的表達功能，也打破制式的思考模式。爺的思緒起伏是他腦部活動的紀錄，絕非語言的條理可以呈現的，說它是隨意識流動的「意識流」手法，倒不如說它是混沌經驗自然呈現的雜亂無章，亂中有序或無序都無關緊要，從混沌亂象中理出秩序本是人類天生的企盼，語言正是表現這類企盼的一種方式，長久以來人們就一直公認，文學家最大的成就就是能夠精確流暢優美的表達各自從混沌中理出的秩序，殊不知在呈現真實真相方面，語言本身就有所先天局限，辭不

達意是正常的現象。

　　任何語言當然都有其先天的缺憾，不能夠完美正確的傳達訊息，但人類思想的溝通不靠語言又能靠什麼呢？所以語言其實是「聊勝於無」的工具。但是，語言已經被用濫了，充斥著陳腔濫調，不足以表達確切的意旨，富於創意的文學家因而極思突破，希望在語言上革命，讓讀者一新耳目，《家變》引起震撼，《背海的人》更變本加厲，王文興的目的果然達成了。曼氏諷刺的反動策略呈現在《背海的人》的文字風格上，王文興挑剔文字資質是出了名的，是公認的雞蛋裡挑骨頭，他明明可以寫出如詩如畫行雲流水的絕佳散文，就像他在課堂上一個字一個字不厭其煩的指引學生，來欣賞體會海明威和福克納的字字珠璣，為什麼偏偏要用坑坑疤疤怎麼讀都不順口的文字來折磨讀者？固然他是希望讀者重新體驗文字的視覺和聽覺意義，要用聲音讀出來，揣摩其人其聲的該抑揚頓挫、該拉長放慢、該邊說邊想、該口吃重複、該口是心非、該顧左右而言他，這種反動策略也意味著王文興描繪的人物，如范曄和爺，都是非比尋常、乖違彆扭、背道而馳、不認命不妥協的個性。

　　《背海的人》固然極盡迂迴離題、顛覆文字功能、打破墨守成規、挑戰完整形式，但也莊諧並備，充滿了機智幽默、諷刺戲謔、嬉笑怒罵、與自嘲嘲人。全書文體似乎漫無章節，口吻幾近貧嘴滑舌，對傳統不屑，對權威不齒，陋巷庸夫可以長篇大論挪揄經典，在茶室妓院尋找俠客才情。大量使用行話與術語，引經據典旁徵博引，連珠砲轟正統學問主流思想，以子之矛攻子之盾。這些特色都是傅萊（Northrop Frye）和巴赫汀（Mikhail Bakhtin）所推崇的復古文類「曼氏諷刺」（"Menippean satire"），這類諷刺挑戰正統與異端之間的灰色地帶，顛覆因襲俗成積非成是的狹隘傳統觀念。《背海的人》中爺有幸觀察到傳統社會的一些荒謬矛盾，但爺自己也是個頑固的多烘腐儒，在抗拒被洗腦的過程不知不覺也被洗了腦，以謬誤相對應的見證了謬誤。

　　以下將先簡介曼氏諷刺的緣起、演變、特色、傳承（詳細介紹見本人

先前兩項著作）。

　　「曼氏諷刺」（"Menippean satire"）是流行古希臘羅馬文學時期的一種文類。曼氏諷刺因 Menippus 而得名，他是西元前 3 世紀的希臘奴隸，後來苦學成功獲得自由成為偉大的哲學家，屬於諷世的犬儒學派（Cynics）。犬儒學派崇尚順其自然、簡化生活所需、摒棄名利與權勢，最著名的軼聞是亞歷山大大帝前去拜訪隱居山林的聖賢 Diogenes，願意允諾其任何要求以換取忠告，Diogenes 只要求他別擋了陽光。犬儒學派很多學者早年是奴隸，在主人家中成天聽著看著貴族子弟們辯來辯去，強詞奪理而疏離真理，抽象偏頗而不著邊際，特別是當時的主流學術往往為迎合王公貴族子弟而設。因而心生反感，撰文故意誇張的模擬他們的辯證模式，目的在於凸顯其荒誕矛盾的邏輯。犬儒學派經常嘲諷詭辯學派（Sophists）的饒舌善辯，取笑其教規的荒謬無理、自相矛盾、矯揉造作、名實不符。鼎鼎大名的希臘劇作家 Aristophanes 就在 *The Clouds* 一劇中，大肆嘲弄詭辯學派如何摧殘荼毒了西元前 5 世紀的雅典市民。詭辯學派早年是以專攻修辭藝術與雄辯口才馳名，是訓練政治領袖菁英人才腦力思考的必備課程，然而過度迎合王公貴族的取向，使得這門腦力激盪的學術訓練蒙羞，推崇民主觀念的柏拉圖和亞理斯多德，也指責其徒然運用「辯術」妨害「學術」，硬將「歪理」拗成「真理」。

　　Menippus 當年應該是著作等身，不然同輩及弟子們不會競相模仿，蔚為風尚而儼然建立一文類，雖然他的作品於今完全失傳，但在西元前後幾世紀作家的作品中可以見證到他的備受尊重與推崇，我們今天對曼氏諷刺這一文類的認知便是從他們作品中殘留的蛛絲馬跡歸納而來。他的弟子遍及希臘和羅馬，曼氏諷刺因其希臘弟子 Lucian 與羅馬弟子 Varro 之名而又以 Lucianic satire 或 Varronian satire 傳世。「諷刺」是古希臘羅馬時代相當流行的一種文類，與喜劇的發展相輔相成密切掛勾，當時人很有風度和雅量接納諷刺，取笑別人也取笑自己，一切都為了追求驗證「真理」。有點像中國古代「風化風刺」之說，鼓勵君王以坦蕩胸襟笑納民眾諍言，以共謀

社稷之福。

　　曼氏諷刺被重新發掘並大放異彩應歸功於 20 世紀歐美兩大文學批評家傅萊（Northrop Frye）與巴赫汀（Mikhail Bakhtin），他們從希臘羅馬文學找到這個幾乎沒落的文類，兩人都對之相見恨晚，並大力鼓吹它可以解決很多文類分野上的疑難紛爭。傅萊在 1957 年出版劃時代的《批評的剖析》（*The Anatomy of Criticism*），將散文虛構文學分為四大文類：小說、自白、傳奇、剖析，傅萊嫌曼氏諷刺累贅將之改名為「剖析」（"anatomy"），只有短短幾論述（頁 309〜312），但如此重視它以致於自己的鉅著即以「剖析」命名之，傅萊偏愛「剖析」一詞有「解剖、分析、分解」涵義。巴赫汀在《杜斯妥也夫斯基文學理論的問題》（*Problems of Dostoevsky's Poetics*）一書中第四章，則以近百頁的篇幅詳細介紹曼氏諷刺的根源、背景、特色和發展史，並斬釘截鐵的說杜斯妥也夫斯基的小說就是曼氏諷刺的典型模式，所有曼氏諷刺的特色都可以在他的小說裡找到印證。傅萊和巴赫汀兩位大師的努力使得一種沒落的邊緣文類起死回生，重回文學批評的舞臺。有趣的是，巴赫汀也給曼氏諷刺改名為 menippea，希望它變成像小說一樣流行的普通文類。

　　傅萊的曼氏諷刺不針對人物而是針對其心態，人物是概念的代言人，諷刺的是知識理念，尤其是當道的主流的「顯赫哲學」（"philosophus gloriosus"）所造成知識階層鑽牛角尖的思想錯亂，不歌頌英雄豪傑的豐功偉蹟，反而描述惡漢四處流浪招搖撞騙。傅萊認為英國文學史上除了 Chaucer 和 Jonathan Swift 以外，最偉大的曼氏諷刺是羅伯波頓（Robert Burton）的《憂鬱的剖析》（*Anatomy of Melancholy*）（「剖析」一詞由此而來），其次是史特恩（Laurence Sterne）的《崔斯全閃第》（*Tristram Shandy*）。這兩部龐然鉅著依「憂鬱」（"melancholy"）或「體液」（"humors"）原理而塑造人物，堆砌驚人的淵博知識，旁徵博引，大量使用對方的行話與術語，以子之矛攻子之盾，連珠砲的轟炸炫學之士，這種「百科全書大雜繪」（"encyclopedic farrago"）形式包羅萬象，其故意迂迴

離題的敘事方式意在打破成規，尤其是傳統小說墨守的完整結構。傅萊著重曼氏諷刺「解剖」、「分析」的功能，以及刻意打破成規的勇氣，顛覆一面倒教條化的思考模式，解救被桎梏了的心靈，避免讓某些因襲俗成積非成是的狹隘傳統觀念，壟斷了全體人類的共同經驗，主張破除許多成規老套、迷信、異端邪說、教條主義，俾使重新回歸到自然自在與合情合理。

巴赫汀替曼氏諷刺追本溯源到古希臘的「嚴肅喜劇文類」（"serio-comical genres"）（蘇棻默劇、蘇氏對話、座談會、回憶錄、時事文選、田園詩、曼氏諷刺等），有別於「嚴肅文類」（"serious genres"）（史詩、悲劇、歷史、修辭等）。「嚴肅文類」為獨白式（monological），認定人類思想自成一完整封閉、整合穩定的體系，不合正統體系者一律被摒棄在外；「嚴肅喜劇文類」為對話式（dialogical），懷疑這種體系之存在，不認為天命可知或人定勝天，向各種傳統價值觀挑戰。「嚴肅喜劇文類」知名者尚有蘇格拉底的「蘇氏對話」（"Socratic dialogue"）及柏拉圖的「門檻對話」（"Dialogue on the Threshold"），都是藉著人與人對話產生思想互動，並在交流過程中逐步分析其觀念不周全或謬誤之處，人物多是為概念而設，柏拉圖自稱「淫媒」（"pander"），替真理拉皮條；又自稱「接生婆」（"midwife"），協助催生真理。曼氏諷刺在演變過程中還吸收當時流行現已沒落的三種文類：1.「暗辯」（"diatribe"），與隱形對話人辯論；2.「獨白」（"soliloquy"），與自我對話；3.「座談」（"symposium"），與眾人對話。曼氏諷刺善於與各種文類結合，如「海神」（"Proteus"）一樣有多重化身，融入其它文類，破除文類之間的隔閡，使不協調的題材變成「有機的整體」（"organic whole"）。

巴赫汀替曼氏諷刺歸納出 14 項具體特點，分別適用於各類作品，諸如善於捏造荒誕詭異情節、屢見實驗性質虛幻意境、破壞史詩悲劇的崇高意境、創造乖僻性格特意獨行的異類人物、故意褻瀆傳統英雄形象、蓄意違背禮教準則、充斥醜聞與猥褻言行、結合神聖與低俗於一體、大量製造嬉笑怒罵的鬧劇場景、「陋巷的自然主義」（"slum naturalism"）、聖賢智士與

庸夫俗婦可以在妓院賊窟大談真理之道、人格分裂的白日夢患者無法自我
調適、言語坦率的近乎刻薄以揭下假道學面具、人物際遇懸殊興衰交替、
特別關心當前時務及當代思潮演變等等。這些特點龐雜歧異的「異質性」
（"heterogeneity"）正是曼氏諷刺的內在精髓，刻意營造與嚴肅正統單一標
準的「均質性」（"homogeneity"）形成強烈對比，並努力製造機會讓兩者互
動交流切磋，以相互襯托兩套價值觀。曼氏諷刺多形成於一個時代面臨
「信心危機」（"confidence crisis"）的關頭，當維繫民心的民族神話開始衰
頹，道德倫理開始敗壞，宗教哲學百家爭鳴，各種思潮群起雲湧，人人得
以申抒己見，人群聚會辯論時各種聲音濟濟一堂，眾聲喧嘩。曼氏諷刺最
足以反映時代變遷之下的思潮起落，正統與異端的對峙局面。巴赫汀專長
於研究嘉年華（carnival）文學（見其另一鉅著 *Rabelais and His World*）和
小說的多音對話（polyphonic dialogical）結構，並用這兩種理論來詮釋曼氏
諷刺。在嘉年華節慶的放縱狂歡中，摒棄禮教束縛，心胸坦蕩解除桎梏，
人與人密切接觸，暫時忘我，樂於接受改進，啓發新的思考模式，放棄教
條化的嚴肅思考模式。

　　巴赫汀認爲杜斯妥也夫斯基的長篇鉅著和短篇小說裡常出現一種所謂
「地下室人」（"underground man"）的敘事者角色，多爲無名氏，瀕臨瘋
狂，滿腹牢騷，喜歡高談闊論，近乎神經錯亂，離經叛道，眾叛親離，全
篇形式上是「內在獨白」，但實際上具有對話結構，彷彿和隱形的聽眾（或
自我）對話，獨白的自言自語摻雜著對話式的強烈辯白，語調含糊飄忽，
言語斷斷續續，句子短促不連貫，生活化口語化的言語有時俚俗的近乎猥
褻，赤裸裸的描繪現實人生低下層面的種種卑微狀況，經常自我討論理智
與瘋癲、智慧與愚蠢之間的相關矛盾性。巴赫汀強調，杜斯妥也夫斯基對
曼氏諷刺的「客觀記憶」（"objective memory"）而非「主觀記憶」
（"subjective memory"），保存了此一古典文類的特色，曼氏諷刺在他的作
品中不僅脫胎再生（reborn），而且更新復始（renewed），所有潛能被發揮
得淋漓盡致。

　　王文興《背海的人》的敘事模式和主題內容非常接近杜斯妥也夫斯基的《地下室手記》（*Notes from the Underground*），尤其是自言自語的「內在獨白」形式，兩位無名氏敘事者都滔滔不絕，彷彿對著另一位隱形的說話對象（或自我）進行冗長而枯燥的對話或辯論。語調和風格顯示了人如其言的乖僻性格，孤芳自賞倨傲不群，有時含糊飄忽、有時清晰明理，用矛盾的言語討論矛盾的事物，為自己的潦倒喪志和離經叛道而辯白，為當今世界林林總總荒誕不經的怪現狀抱不平。巧合的是，杜斯妥也夫斯基是王文興鍾愛的作家，《背海的人》中爺所珍藏的幾本書之一就是杜斯妥也夫斯基的《地下室手記》。

　　傅萊與巴赫汀提倡曼氏諷刺都有革命的目的，傅萊要大家掙脫傳統小說一成不變的敘事模式，以便一新耳目的體會小說以外的文類，不要總是用小說或寫實主義的有限標準去衡量所有文學作品。巴赫汀則借用曼氏諷刺的對話想像（dialogical imagination）和多音（polyphony）特質，來檢討反省在長期正統主流意識形態薰陶壟斷下的社會文化，與其衍生的種種僵滯、束縛、一灘死水的局面，用嘉年華的歡笑劑平一切。他們的目的都是要讀者重新審察修正自己一向秉持的價值觀。傅萊與巴赫汀重新發掘的曼氏諷刺文類讓當代眾多讀者和學者大大驚喜驚豔，紛紛回頭在各自的文學傳統之內尋得類似曼氏諷刺的作品，近年來以曼氏諷刺理論來詮釋文學經典的研究報告多如雨後春筍，許多文學經典也被賦予新義錦上添花，還有許多以往被誤讀誤解的作品也被正名之後從冷宮扶回正室，著名者有《坎特伯利故事集》（*Canterbury Tales*）、《唐吉訶德傳》（*Don Quixote*）、《崔斯全閃弟》（*Tristram Shandy*）、《格列佛遊記》（*Gulliver's Travels*）、《尤里西斯》（*Ulysses*）、《荒原》（*The Waste Land*）、《愛麗絲夢遊記》（*Alice in Wonderland*）、《美麗新世界》（*Brave New World*）、《1984》（*1984*）、《第二十二條軍規》（*Catch-22*）、《第五號屠宰場》（*Slaughterhouse-five*）、《鏡花緣》、《儒林外史》等等。

　　作家往往不需要也沒有必要刻意的選擇曼氏諷刺這種文類，他們甚至

從來沒有聽過這種文類。他們只是順其自然的有感而發，想寫什麼就寫什麼，把自己內心的感受感慨或意見異議表現出來，不平則鳴，不論是盛世或亂世，永遠有人不見容於當今的社會，永遠有人處於主流之外的邊緣，永遠有人慨嘆世風日下人心不古，這也是諷刺文類的寫作動機。傳統諷刺是以人的越軌言行（human vice or folly）或社會的無理弊端（social injustice）為對象，曼氏諷刺則以意識形態（ideology）或知識理念（intellectual ideas）的偏差為目標，是傅萊所謂的 intellectual satire。

　　文類理論有些是後溯歸納而來，可以先有作品之實後有作品之名，可以溯及既往追贈加封，再根據創始者而命名，曼氏諷刺便是一例。文類會演變、會進化、會突變，會優勝劣敗適者生存，會隨機應變推陳出新，會代代相傳也會隔代遺傳，會有顯性基因與隱性基因，會結合其他文類產生新品種（hybrid），會讓作家毫無意識的採用，會令批評家相見恨晚，會被現代化到不可辨識的地步，會十年風水輪流轉。那麼，關鍵的問題是：西洋文類理論可否援用於中國文學作品？這是中西比較文學學者爭執已久的問題，西洋文學在理論方面的發展無可諱言的是比較完整，但這並不構成「禮失而求諸野」的藉口，如果作品是作家個人對生命及世界的體驗有感而發，那麼，文學照理應該是不分古今中外，作家之間應該有著某種程度的「心有靈犀一點通」，文類理論應該可以略其歷史背景與傳承關係，而取其適用全人類共同經驗的部分，或放諸四海而皆準的特色，如主題或內容方面的「不謀而合」，畢竟文學創作是人類想像力的結晶，文類彼此的互通有無，應該有助於刺激作家的創作靈感、豐富世界文學的內涵、增進人類的互相了解。

　　曼氏諷刺在傅萊與巴赫汀重新發掘大力提倡之後，尤其是 1980 年代巴赫汀在西方文學批評界大紅大紫之後，已經不僅是一種復古文類，而進一步成為一種剖析批評的文學理論，適用於文化批判研究，以檢測思想模式和意識形態，特別是檢驗某種主流思想意識或當道流行的學說，如何壟斷全民的認知模式，人類個別思考習慣如何被抹煞被統一，人們被洗腦了而

不自知，以致於不分青紅皂白的服膺某些腐化卻自居正統的僵化信條，或是強迫別人接受自己信條，如此「自囿囿人」，因而戕害了人類寶貴的創造力，阻礙了人類進步的動力。

另一個有趣的例子是「魔幻寫實主義」（"magic realism"）小說，這是1970 年代阿根廷諾貝爾文學獎作家葛西亞馬奎茲（Gabriel Garcia Marquez）的《百年孤寂》（*One Hundred Years of Solitude*）暢銷全球後，才引起世界矚目的一種新興文類，初期尚被視為南美洲拉丁文學的一種地域特殊文類而已，近年來已擴充被應用到其他世界文學，卡夫卡（Kafka）、福克納、湯妮摩里森（Toni Morrison）、魯西迪（Salman Rushdie）、葛拉司（Günter Grass）都多了新的一層詮釋，使某些另類的、反科學的、超自然的、超現實的、超實證主義的、高度想像力的、在正統文學裡一向被斥為怪力亂神不予認同的作品，其價值重新得到肯定。

《背海的人》不僅在語言上反成規反體制，它在內容主題及表達模式上也有高度的顛覆挑戰性。《背海的人》不寫英雄豪傑的豐功偉蹟，它寫落難英雄的江郎才盡，王文興不用崇高意境精緻細膩的文字風格，他迫使文字被重組被重新建構，叫爺現身說法自己發聲，爺的內在獨白透露著一個猥瑣閉塞而又極思突破的心靈，外冷內熱難以捉摸，雖然說話不致於顛三倒四，倒也常常前後不一致自我矛盾，矛盾的性格展現在矛盾的語言上，東拉西扯忽高忽低，有時清晰明理，有時硬拗無理。

爺是曼氏諷刺的典型人物，他是活生生現實世界的真實人物，說話的語氣飄忽不定欠缺自信，有時坦白誠實、有時語帶玄機，言行舉止呈現其思想先進觀察入微，但也殘存某些多烘迂腐的思想和概念，頑固的墨守成規不知變通，時而庸俗市儈、時而參透塵世。爺龍困淺灘壯志未伸，甚至窮到價值觀都扭曲的地步，那種難以言喻的抑鬱自卑，轉變成孤傲自大的狂言妄語，他沒有辦法不卑不亢，他是既卑又亢，這種卑亢互見的矛盾性格正是典型的「地下室人」角色，兩種性格互相指涉互相顛覆，他既先進又落伍，看見別人的盲點，也讓自己的盲點給讀者看見，他既矛盾又明

理，明明知道天生「自我矛盾」性格無力改變，只好經常玩弄文字遊戲來「自圓其說」或「自我解嘲」。

　　《背海的人》中爺際遇如下：爺住在窮鄉僻壤的深坑澳，「躋身乎天主堂與妓戶兩者之間」（頁 1），一個不時以知識分子自居的硬頸漢子，卻難堪的困頓於貧窟斗室之內，龍困淺灘，受制於環境和遺傳條件，全書堪稱「陋巷的自然主義」。爺經常三餐不繼，但他畢竟不是居陋巷的顏回，無法「安貧樂道」或「知足常樂」。爺還是抵擋不住世俗利慾的誘惑，他承認自己就是天生的矛盾性格：

> 爺是自然要去追求那金銀財玉，富貴榮華，美女送抱的。爺以是的就是這麼一個滿是矛盾的人，爺固是自己是**明明知道**富貴不足趨取，可以打頭兒起根本就沒有這一個必需地去需要到它，然而爺可就是偏偏硬就是「**硬**」是要牠，「**非**」要牠不可。——**矛盾**！——**矛盾**！——爺這一個人就是一個大大大大而又大的**矛盾**！——**爺就**是「**矛盾**」。
>
> ——頁 31

　　爺的「矛盾」展現在他批評現代人過度重視物質生活，尤其是美國人的浪費，衣服鞋子滿坑滿谷，還更不迭地掙取轎車和各種新開發的電動機器：

> 他們恍若就是惟惟特特只為著要**爭取**這一些，為這些忙了個一生一世，他們的人生底目的恍若就是旨志在<u>征服</u>機器，一樣爭得完了後再上前爭取另樣再一駄機器；——直至最後其人概可以說已經是甚麼東西他都業是買得有了，其人於是就困居包圍在他的所擁有的這一些花花招招的機器之心，而那個時候他人之本身都就要一縷英魂魂歸離恨天，馬上就要一命嗚呼，嗚呼哀哉嗚呼哀哉尚饗的了個的的的。所以，人之這一生將它總結收納起來看它實然即乃是就是這麼樣的一堆子冰冷冷機器，而其

中人他即就是第一具最先壞卻了的頂頂不長久的至弱機器。可憐，可
憐，**亦大可歎**，美國佬他們實在簡直是太過，太過不瞭解「人」，不了解
「人生」，他們，令人實在替他們心痛可惜的，居然他們把人生拿來「用
使」給用了掉，──唉，哎，人生，人生，人生牠那裡是舒來「用使」
的，人生是要將之舒挈牠來「**珍惜**」的，人生應該是要舒到牠來不急不緊
悠然品鑑賞味牠的來了個的。人生，總之應當是要去做人，而不是做事
──。

──頁 30

　　爺這套說法有點類似美國作家梭羅（Thoreau）在《湖濱散記》
（*Walden*）中冷嘲熱諷他的美國同胞過分重視物質享受，忽略了精神本
質，不會過日子，虛度此生，以致於物慾薰心，反而變成了土地財產的奴
隸，終其一生汲汲營營，只為保有「生不帶來死不帶去」的身外之物。

　　爺潦倒之餘只好擺攤子為人論命斷相賴以餬口，從箱子底下取出幾本
破爛相學冊子，每天惡補之後就去現買現賣。他是窮到無路可走了才去擺
攤子算命，爺自我解嘲的說：「這樣貧窮窮到了頂界的時候便轉而遞變成為
了『**智慧**』──窮陋這一門花招萬想不到倒能夠變得會『料事如神』，哦哦
哦，原來如此，原來竟而是『**窮**』能通神呢！」（頁 14）。爺很會玩弄文字
遊戲，是有幾分文采，只是愛賣弄，「財能通神」的俗諺被他巧妙的轉換成
「窮能通神」。但他自己卻不相信那一套，相書上寫的都是不負責任的自圓
其說，甚至是前後抵觸的無稽之談。

　　然而，以爺天生自我矛盾的個性，他又偷偷懷疑相術說不定有可能是
對的，因為一般人都有迷信的需要，印證應驗的結果不論是靈或不靈都無
關緊要，但有時候碰上一些獨特的「著例」而獲得明證，人都會把靈驗的
證狀當成真理對待，爺因此歸納出一個看似偉大的哲理：

　　總之是至少是已經顯漏了出來在我們的這一個「**寰宇**」之中有那麼的個

的一股子的個的「神祕」底力量業經被**窺視**到了，這麼的樣的一番情形**即等於**是印証顯現了出來幽幽迷迷的冥冥廣空之中底底確確然**的確是有**一股子「奪定一切」，「裁仲一切」的個的配使令命的個的力量存在在，可以証明出來在宇宙的大太虛之間原來是也有「案形」的，原來是也有「草圖」，原也有「打樣」了的的來了的，──單單能**穀知道**上這一個些些就足足**足足足足**可以使人歡忻載樂興奮之至於之至致之無比無可以匹比的的的了了。

──頁 49～50

　　爺對相術沒有絕對的信心，但看相卻能滿足爺的「虛榮心」，爺很能掌握相術的「神祕性」，不管相術這個行業實際上有多麼荒謬，業者本身一定要具有「**信心**」，要尊重這個不折不扣的「**自由職業**」和「**門診**」時間，要有一個像樣的門面，像演戲一樣需要有布景有主角的，即使只是在逢場作戲也要敬業。然而，爺又矛盾的戳破自己的一本正經：其實看相根本上只是一項「乞食」的把戲行徑，暫時客串的在演戲，而非真正一門行業。外國的叫花子靠賣洋火行乞，中國的叫花子則擺相攤。表面上他道貌岸然鐵口直斷，實際上他只是叫花子一個（頁 55）。

　　可憐爺的相攤乏人問津，爺又只好找臺階給自己下：畢竟自有看相的以來就沒出現過一個「思想家」（頁 57）。可憐爺的道行也是有限，他卜卦不宜出海的漁船果然失事了，面帶凶相有即死之兆的船長沒死，船員卻死了。反諷的是，爺居然因此成名，變成活神仙，名氣響貫全港，甚至還有人來找爺治病，爺也只好「**姑妄治之，姑妄療之**」（頁 80～81）。然則造化弄人，船長費盡心思搭救回來的兒子又「沒有命」的突然死了，更令爺難以理解的是，前一宗海難案件發生後的第二天，這艘「**災難之舟**」居然又要出海了，掌舵的就是那位剛剛發生家庭悲劇的船長。然而，爲了「生存」爲了「錢」，他連「悲傷、弔往的追輓時間」都沒有，他說他的命運都已寫在自己的手掌心了，他註定將來要在海上遭遇喪身之禍。這個船長對

爺的「命相預言」比爺更相信，爺感慨的說他是捐荷著「命運之大木枷」
下到這一艘船，「流放到怒濤洶洶，白浪滅天的的個的的的底大海國裡頭的
個去覓尋一口飯牠來的的個來彳牠了的的個」，爺事先不知道他的預言真會
印證出來（頁 85～86）。由此可見爺的資質並不駑鈍，不知市面上的諸多
相士是否也覺得爺真是看破說破了這一行業的箇中玄機，爺是讀了不少深
奧的相術書籍，也比較過各家長短，能夠洞悉各家理論彼此衝突矛盾之
處，因而能夠自我解嘲的說，看相只是餬口的差事，連他自己都沒有把握
準不準，表面上卻得裝成煞有介事的樣子去唬弄前來求神問卜的可憐民
眾。看相者私底下質疑自己本領，這也是顛覆中國幾千年來的相術傳統。

　　爺的宗教觀也發人深省。這個港村的媽祖廟是全村最華麗的建築物，
廟裡的牆版樑柱上每一吋都是信徒的虔誠奉獻，爺不愧對當地居民的宗教
信仰觀察入微：「港窮　廟富；──人窮　神富」（頁 90），爺經常玩弄文
字遊戲，的確是有幾分機智幽默的天賦。廟裡供奉著應有盡有的各路神
祇，臺灣的廟宇多數如此，「佛」、「道」共處一室，既供佛也供人，除媽祖
外，還供奉釋迦牟尼、關帝君、觀世音、日神、月神、風神、馬神、牛
神、呂洞賓，只差沒供奉耶穌，爺戲謔的稱之為希臘多神教（頁 91）。此
外，還有李太白，還有《封神榜》裡的角色，還有來此「做客」的神，彷
彿這廟是「深坑澳第一觀光大酒店」（頁 92）。信徒頂禮時全神貫注到旁若
無人，膜拜時身手靈活矯健，一個 80 歲的老太婆跪拜時，連續跪下爬起像
跳芭蕾舞一樣優雅純熟，等於做了 16 個伏地挺身健康柔軟體操（頁 92～
93）。爺的觀察和描述令人捧腹。

　　爺接著賣弄他對佛道兩教的認知，大言不慚的說：《六祖壇經》裡的每
一句話都大同小異，書前記載的一首小詩就已經包括了全書所有句子的意
思：「菩提本非樹，明鏡並非臺，原本無一物，何處染塵埃」，《六祖壇經》
寫得又臭又長，徒然浪費六祖和信徒的時間。爺堅持六祖倒是個了不起的
詩人，「菩提本非樹」是中國文學一首永垂不朽的精簡小短詩，抵得過中國
有史以來那些「人海戰術」一波接一波全是充供「砲灰」的所謂之「詩」。

古代之詩嫌長，現代之詩嫌短，而今之臺灣詩人更糟，一首首都像「**新聞報刊分類小廣告**」。爺在評詩之餘，順便帶出他自己也曾是個詩人，出版了五本詩集的名詩人，但有名沒有錢。爺封筆不是因為創作過程的痛苦，而是因為創作失敗了接著而來的痛苦，尤其是多年之後突然察覺到舊作的缺失，那種無由其來夜半驚醒冷汗直冒的消沉會令人想自殺。爺現在不寫詩了，也認為臺灣那些詩人不應該也不可以寫詩，寫不出好詩就不要寫，不然寫出來的都是狗屎，寫詩的過程應該像「**性交**」一樣快樂之至，而臺灣詩人患的不是不舉就是舉後不堅（頁 95～98）。爺的這番比喻也是神來之筆，令人拍案叫絕。

爺會看相被認為是學問好文章好，有人就上門來求他教寫作文以報名普考，並讓爺去他們伙食團搭伙。這個公務員張法武在一個偏遠的政府機構當閒差，爺因此見識到「官僚政治」的面目。這個單位有個嚇人的名稱：「近百年方言區域民俗資料整理研究考察彙編列案分類管理局深坑澳分處」，簡稱「近整處」，公家機關之善於巧立名目由這一長串累贅字眼可見：「整理、研究、考察、彙編、列案、分類、管理」，因為怕被裁撤，所以拚命把所有工作都扒進來。他們編纂一部「近整處創辦史」就編了三年還沒編完，故意慢慢編，因為「早編完，就有早**關門**的危險」（頁 101）。這個偏遠的機構一年會有多少篇公文來往？它的收發室赫然寫著：「收發重地，保密第一，奉令嚴禁，謝絕翻動。」這幾句話還是請臺大文學院院長來修改過的。天哪！需要動用到臺大文學院院長來修改區區這幾個字嗎？小小收發室竟然自我膨脹成保密重地。這個「近整處」的成員幾乎是《官場現形記》的翻版，有憤世嫉俗的、自詡自大的、欺下媚上的、拿著雞毛當令箭的，還有各種不合常理的離譜心態、擁抱官僚教條而趾高氣昂、知識分子自娛娛人的窘態等等。每個人有每個人的故事，彼此經常貌合神離勾心鬥角，個個語不驚人死不休，成天都在比賽耍嘴皮子，其實大部分是「空心草包」。王文興的文筆直追《儒林外史》，人物塑造得活生生躍然紙上，小人物小官僚的嘴臉神氣活現，生動的對話讓讀者如臨現場，摻雜著

幽默詼諧和誇張醜化。

　　飲食男女人之大慾也，在這個以「食」、「嫖」為重的港村裡有五家賣吃的、四家妓女戶、三家花茶室（頁 17），可笑的是爺竟然奢想在這裡找到羅曼蒂克的愛情，一個貌似觀音菩薩的女子撩起他燃燒的慾念，但他一旦鑽進妓女戶鶯鶯燕燕群中就把她給忘了。帶他進房間的這一位妓女，爺居然稱她「風塵奇女子」，其實是醜八怪，頭大、身材細瘦如小孩、手腳冰冷，而且很不敬業。事後爺悔恨交加，又擔心得性病，只好怪自己被佛洛伊德的「性自由」宗教給騙了，這次尋歡非常不歡，等於是花錢找罪受。然而爺還是充滿遐想期待豔遇，巧的是那位貌似觀音菩薩的女子奇蹟式的又出現了，領著他到一個庭院深深深幾許的屋子裡，怎奈這女子居然是一個性變態虐待狂，自虐又虐人，拿著西瓜刀逼爺自慰，整得爺哭了出來，遍體鱗傷的落荒而逃。爺只得自歎人不可貌相，「不經一事，不長一智」（頁 168）。爺尋花問柳的經驗不算多，但都不是很愉快，還在茶室裡認識了一個楚楚可憐的小雛妓，她激起爺無限同情，爺濫情的幻想著和她：「白雪公主對白馬王子，肝照肝，膽照膽的」（頁 172），害爺這個「人道主義者」為她付了兩倍多的錢，爺感慨的是，好好一個女子為何要來茶室受折磨？而爺唯一能幫她的就是在發生性關係的時候對她溫柔一些，讓她也獲得性快感，爺因而一本正經的歸納出他的茶室哲學：「茶室，其實是一個最好再好也不過的教育之所在：──牠可以在短短的時間的裡面，教會了你許多多許多多有關人生，跟的那社會，的種種的認識。──茶室即教室──」（頁 173）。日後爺又連續三晚來找她，卻連她一根頭髮一根汗毛都沒有動，爺自詡是在談戀愛了，渴望替她還債供她念書，編織俗濫的愛情夢，可惜畢竟心有餘力不足，只得作罷。然而茶室妓戶裡的娘兒們並不是個個都苦哈哈的，爺也碰過一個快活健康的，從頭到尾都唱著「勞動者之歌」，不斷翻新花招，還會講故事講笑話，不幸的是她有強烈狐臭和一對義乳，還會一直放響屁。

　　爺的屢次尋花問柳其實是心理寂寞多於生理需求，爺一大把年紀了，

經常陽痿早洩，難免自卑自棄，其實他在茶室妓戶裡找到比他更不幸的人，讓他可以施捨微薄的憐憫，或是替代補償他自己的孤寂。他在齷齪陋巷間尋訪芳草，在娼妓群中尋覓白雪公主，事實上他非常渴望愛情，哪怕是亂世鴛鴦的買賣愛情，然而他卻美化了現實世界的男女大慾，使現實變成極不搭調的崇高理想。

爺到了山窮水盡的地步時，跑去剃了個大光頭，以祛除霉運。這霉運是一個紅頭髮的娼妓帶給他的，她像一隻風乾的南京板鴨，頂著直豎的火紅頭髮，爺已不敢再談戀愛，視女人如牛鬼蛇神，沒想到又栽進了自以為是的愛情裡，心旌動搖起來了。當然這回又是他剃頭擔子一頭熱，洋洋灑灑的情書一封接一封的寫，然後想盡辦法送到她手中，卻總是陰錯陽差的送錯地方，居然送進了「近整處」，害他被取笑良久。爺不是非結婚不可，但他要娶的是安室顧家型的老婆，以「**衛守固有悠久人類傳統的家庭型式**」（頁 214）。爺的思想還是落伍的大男人主義，他抱怨這年頭女人都跑到社會上來和男人搶機會，「男主外，女主內」，各有各的活動範圍，女人卻吃著碗裡的看著盤裡的（頁 214～215）。這個紅頭毛女人也擺足了架子吊爺胃口，害得爺幼稚噁心的要和她結拜為乾哥哥和乾妹妹。為了打動她芳心，爺變賣了江西老錶買禮物送她，但她也不甩。原來她愛的是年輕有為、容貌英俊、前途光明的張法武。爺既窮又老又衰，當場大哭起來，一頭撞進張法武懷裡痛哭失聲，口中振振有詞的堅持：中年人的愛比少年人的愛還要強，因為他們把愛子女的愛投放了下去，把生命也投放了下去，他們曉得自己生命已不多，曉得自己幾斤幾兩（頁 227～228）。哭完之後，還要張法武不要對別人聲張他這可笑失態的行為。絕望之餘，爺另出新招採取哀兵政策，編造他得了癌症，或是在海灘上發現半人半蟹的怪物，或是在山腳下躺了一個剛剛死去的人，請她來看，但她都無動於衷，最後甚至不告而別，金蟬脫殼，爺又一次陷入失戀的消沉。爺對紅頭毛的迷戀告一段落後，爺體驗到：「**成功的愛情恐怕是找不到，只有不成功的愛情成功了。愛情的公式是：──你愛她，她愛別人，別人愛你**」（頁

234）。

　　這個愛爺的女人是蔡素貞，她的愛叫爺驚喜，可是爺卻處處躲她，而她也緊迫盯人窮追不捨，甚至都進了旅館，兩人還大打出手，爺真的動手打她，把旅館錢留給她付，然後一走了之，說來說去爺就是不喜歡她。爺還把她進貢轉贈給他道上的朋友，一個出名的老色狼。爺向來非常渴望愛情，居然不喜歡送上門來的蔡素貞，追根究柢原來只是因為不屑她的貧寒，爺說他這一輩子最卑視的就是貧窮，爺嫌棄她的白衣黑裙，只對衣裙考究的女孩子有興趣，故意藉口他倆情不投意不合，就這樣甩了她。爺這樣自私勢利令人很不諒解，但回頭想想，爺這輩子或許真的窮怕了，人窮志窮，他的誠實坦白令讀者又輕視又同情他，更暴露出社會現實和人性弱點。然而世事難料，爺有一天騎腳踏車不小心撞得蔡素貞流血，自己也受了小傷，爺居然腦袋多烘到認為兩人的血交流到了，不結為夫婦不行，爺為了表示負責任，是個頂天立地有作為有擔當的男子漢大丈夫，就和她來往了。結果女方家長反對，嫌爺又老又半瞎，要把她嫁給別人，她提了皮箱半夜私奔來投靠爺，爺卻推推拖拖不敢留她，把她送走後爺第二天就搬家了。爺理直氣壯的說：我們知識分子焉能標準過低？爺自己雖然學歷不高，但江南江北東征西討的豐富人生經驗也算學問，爺自估也相當於大二程度，理想情人是小學教員（頁 261～262）。儘管他和蔡素貞之間是典型通俗言情小說的發展模式，但爺對愛情卻有著莫名其妙的憧憬，還有他自己歸納出來的似是而非的邏輯，他認為差強人意的愛情是葬送愛情，愛情不單是道德的產物，還需要是藝術作品（頁 269）。爺年紀實在不小了，還在那裡「少年不識愁滋味，為賦新詩強說愁」，可見庸俗感傷的濫情主義荼毒老中青三代的程度。

　　爺來到深坑澳霉運連連，愛情不順陰陽不調和，又生起病來，爺對生病又有一肚子牢騷和半荒謬半有理的理論。爺相信，人的身體是一個完美無瑕的有機體，是個「**超型的和諧**」，是無以數計的零件運轉的奇蹟，人生病是因為器官壞掉（頁 272～273），人在忍受生病的痛楚煎熬時，就是等

於了解到「生命的本質」（頁 276）。爺沒有錢去看醫生，只好聽其自然慢慢康復，爺不相信西醫因為西醫不了解生病其實是一個「神祕」，中國人學西醫是半猜半譯，醫人也醫得半死半活，「翻譯即謀殺」。而中醫「醫者，意也」，是詩、是幻想、是自由聯想、是巫術，中醫相信以形補形，治陽痿吃胡蘿蔔；治腹脹吃破鼓皮；治婦人不順吃小磨麻油，比西醫還無理。中醫本身就是個神祕，知道診斷卻不知道療方，爺說就像爺專長的看相一樣，尋到了宮牆卻不得其門而入，只能在外界徘徊。所以蘇老夫子喝了無數壺湯藥做了無數次天竺鼠，才恍然開悟吟道：「安心是藥更無方」（頁278～279）。人體生病有時候是心理問題，古之文人說讀書可以治瘧疾，心理治療應該相當有用，癌症、饑荒等問題都可以解決（頁 282～283）。爺何等能耐竟然同時挑戰中醫和西醫兩大傳統？大概是長期深受其害的結果，左右不逢源，這也彷彿道盡了現代中國人求醫無門的徬徨和無奈。

　　深坑澳也有奇人，是位外籍神父，他的天主堂在陡峭蜿蜒的山路巷底，俯視整個漁村，神父講的一口好國語，住過北平、徐州、上海，就因為他平易近人，爺想到洋人都有錢，教堂又是慈善機構，居然動腦筋要向他借錢，在開口之前爺先東拉西扯，質問神父：既然上帝慈悲萬能，為何讓人類貧窮痛苦？錢是借到了，但爺並不心存感激，反而想占更多便宜，他強詞奪理的挑釁某些教義的矛盾：1.既然世事是天定，人何來個人自由意志？人何需為善惡負責？若基督殉道於十字架屬天定，則猶太之賣主求榮應無責任；2.今生與永生何者重要？若今生重要，何必追求永生？何必忍受純淨自苦的今生生活？若永生可貴，何不早早結束今生？3.災難是上帝或是魔鬼遣送來的？若是來自上帝，人可以求上帝寬懷開恩，若是來自魔鬼，人就不必求上帝除惡，直接向魔鬼低頭要求寬釋就更實際了。爺也不解：天主教神父的禁絕女色如何能完全戒絕？他們可會偷偷暗地裡犯戒？爺設身處地將心比心，覺得很不保險。爺的觀念固然消極的近乎偏激，可是他也不小心點出了基督教和天主教的一些基本教義上的爭議性議題，兩千年來困擾教徒，一直都沒有完滿的解釋。

　　說來說去爺還是和「近整處」的人員臭味相投，這些是典型的吃閒飯公務員，心胸狹窄目光如豆，每天無所事事窮極無聊，上班窮鬥嘴，下班打乒乓球，說是遵照上層命令要強身救國，可惜他們球品都很差，切磋球技演變成口角對罵，反而鬧翻了互相找碴，張法武為準備普考聽英文廣播，被說成崇洋媚外，他們一會兒稱兄道弟，一會兒又大打出手，要不然就成天講黃色笑話，或是寫情書剪貼裸女圖畫騷擾女職員。爺跟他們打混固然是因為搭伙的關係，但多多少少也是物以類聚，再加上爺也怕寂寞。

　　爺在深坑澳的確在喝西北風，看相攤子早已收了，「近整處」原先許下給他的差事也落入別人手中，先前他借錢送的重禮也白送了，爺自認八面玲瓏世故老練，居然敗給一個字跡幼稚的十八九歲小孩子，爺跑到處長室大鬧也無用。幾近山窮水盡之時，來了一個貴人，臺北的大財主，講了一夜的白手起家經營策略，其實就是鐵腕政策、六親不認、唯利是圖、鐵面無私、大義滅親，好像影射當今某些富可敵國財團企業的開拓史。爺跟財神爺住了一晚，竟然失之交臂沒有得到任何的好處。爺在走投無路之下，真的去偷去搶去賴去賒帳，居然也是每次都鎩羽而歸，最後只好去殺狗。40 公斤的野狗跑到曹老爹的菜園裡，一身毛肉令眾人垂涎而合力圍捕，老老少少祖孫三代棍棒齊出，最英勇的竟然是祖母曹老太太，然而，說來說去，所有的人都認為最應受獎勵的還是那隻凶得不得了的狗，是一條「有種」的狗（頁 369）。奮戰多時狗兒果然寡不敵眾，痛痛快快的祭了大家的五臟腑。到了半夜，爺不斷的放屁，像六七十響禮炮，爺說那是物質不滅定律，但讀者也猜得出是爺餓得太久了腸胃不適應大油大肉，小說結束時爺在惡夢中大喊救命，不知道是什麼人用手電筒照他打他，還是他作賊心虛心中有鬼，小說就這樣在詭異的夢境中結束。

　　爺這一輩子真的是倒楣到家了，屋漏偏逢連夜雨，在人生的舞臺上他扮演了一齣下三濫的鬧劇。然而爺江郎才盡卻又傲骨難馴，始終不承認自己是一個失敗者，堅持他是見過世面有學問的，自豪於累積豐富的人生閱歷，因此潛意識中一直在為自己的潦倒喪志而辯白，在爺囉囉嗦嗦自彈自

唱的敘述中，讀者看到爺悶在棉被裡聞著自己放的臭屁。爺不是英雄不是
叛徒，爺只是對自己期望過高的失意人物，講起話來有時候文謅謅到做作
的地步，好像在賣弄他的滿腹經綸，有時候又坦率的令人臉紅，什麼祕密
都抖了出來。爺自稱是有學問的人，念過不少古籍和西洋文學作品，又是
退役的少校，照理應該是學貫中西文武全才，看他煞有介事長篇大論的討
論相術之學、中醫西醫、宗教哲學、民生經濟等等何其深奧的題材，爺那
半吊子學問看似有理又似無理，爺並不是學富五車，也不是樣樣通樣樣
鬆，可是他也很能引經據典旁徵博引，他不是故意的揶揄經典，但給人的
感覺是他也有兩把刷子的，雖然他正經八百和油嘴滑舌的情形不相上下。
但這不是他的錯，而是幾千年來中國文化傳統加諸於知識分子身上的心理
負擔，讓它們寄託於英雄豪傑的氣概和才情，失去和現實人生妥協的能
力，被洗腦了還不自知，企圖在茶室妓院裡尋求古代俠客才妓的浪漫愛
情，被「近整處」的人員和處長整了拐了還一直和他們勾肩搭背肝膽相
照，占盡宗教慈悲的便宜向神父借錢不還。爺在《背海的人》中，既是諷
刺的對象，又是諷刺的媒介工具，是自嘲嘲人當中又自曝其短的例證，爺
是社會階層低下的市井小民和社會邊緣人物，他的自嘲嘲人和偏差自卑心
態表現在支離破碎、欠缺自信、自憐自艾、自卑自大的言語之中，似有還
無的挑戰以「成者王敗者寇」自居的主流正統和義正辭嚴。

爺雖然不是浪跡天涯的流浪惡漢（picaro），但在窮鄉僻壤的深坑澳，
爺也有不少機會接觸三教九流的各類人物，他們的思想心態藉著各種有形
無形直接間接的對話（dialogical）方式交流互動，呈現一幅芸芸眾生的浮
世繪，他們是各行各業的代表，有腐儒、官僚、漁民、妓女、神父、暴發
戶、昏顛執迷者及強取豪奪之士，他們或賣弄本領或鑽牛角尖或弱肉強
食，赤裸裸的展現出現實社會裡中低階層的種種卑微狀況，他們俚俗猥褻
的言行毫不保留的直搗黃龍，讓《背海的人》呈現出自然主義和象徵主義
的意味。這些三教九流人物的互動更是思想概念的互動，他們秉持的概念
彼此互相考驗，無所謂孰是孰非、孰優孰劣，孰高孰低，民俗大眾傳統的

多元文化正是正統與邊緣文化互動的結果，文化與文化之間需要開放接納切磋琢磨。

　　王德威以嘉年華理論研究一系列中國小說：李漁的《肉蒲團》和《無聲戲》，晚清的《二十年目睹之怪現狀》、《文明小史》、《官場現形記》，老舍的《老張的哲學》，錢鍾書的《靈感》，黃春明《看海的日子》，王文興《背海的人》。王德威說這類作品初上市往往被誤解抵制或引起軒然大波，當前的批評術語或文類制度都不適用，但說它們是曼氏諷刺的文類家族就解決了一切問題，憑著下列多項特徵：文體漫無章節、言語幾近貧嘴饒舌、佻脫戲謔的炫學掉書袋、信手翻雲的典故、百科全書的龐雜，荒誕不經的冒險、千奇百怪的人物列傳，似是而非的論爭邏輯、挪揄宗儒大師典章經籍、藐視學術的態度、莊諧並備、出虛入實等等。《背海的人》結構鬆散，故意迂迴離題，言不及義，反其道而行，違反傳統小說墨守的成規和直線進行的敘事邏輯，以包羅萬象的大雜燴挑戰完整的單一結構，進一步質疑完整形式、均質內涵、統一價值、封閉體系。

　　王文興說他《背海的人》寫的是「諷刺」和「內在獨白」，為什麼讀者感覺不到很深的諷刺意味呢？那是因為王文興寫的諷刺不同於一般傳統的諷刺，如晚清的譴責小說、黑幕小說，《背海的人》沒有韃伐人性弱點或社會流弊，沒有不共載天的冤仇，沒有急待伸張的正義。王文興寫的是曼氏諷刺，從爺的角度看世界和看他自己，是對整個根深柢固中國文化傳統和價值觀的理性批判，反映在爺這個精心挑選刻意塑造出來的人物上，讀者要從爺這個人物的反諷層面去體會積極與消極「互為表裡」的雙重意義，爺既是一個「可以信賴的敘事者」（"reliable narrator"），又是一個「不可信賴的敘事者」（"unreliable narrator"）。「諷刺」這種文類特別倚賴作者與讀者之間的關係，兩者是「落花」與「流水」之間的關係，其中有三個層面：1.「落花有意，流水有情」，這是最理想的境界，表示雙方很有默契；2.「落花有意，流水無情」，有時候讀者無動於衷，體會不到作者的諷刺意旨；3.「落花無意，流水有情」，作者無諷刺意圖，讀者卻讀到弦外之音。

王文興《背海的人》的「諷刺」三種層面皆有，何者居多由讀者個別自行
判斷。

引用書目

・Bakhtin, Mikhail. *Problems of Dostoevsky's Poetics*. Trans. Caryl Emerson. Minneapolis: U of Minnesota P, 1984.

・Bakhtin, Mikhail. *Rabelais and His World*. Trans. Helene lswolsky. Cambridge: MIT P, 1968.

・Frye, Northrop. *Anatomy of Criticism*. Princeton: Princeton UP, 1957.

・Wang, An-chi. Gulliver's Travels *and* Ching-hua yuan *Revisited: A Menippean Approach.* New York: Peter Lang, 1995.

・王文興，《背海的人》（上）（下）（臺北：洪範書店，1999 年）。

・王安琪，〈巴赫汀與傅萊：論曼式諷刺〉，《中外文學》第 19 卷第 2 期（1990 年），頁 107～126。

・李有成，〈王文興與西方文類〉，《中外文學》第 10 卷第 11 期（1982 年），頁 176～193。

・單德興，〈王文興談王文興〉，《聯合文學》第 3 卷第 8 期（1987 年），頁 166～195。

・陳典義，〈《家變》的人生觀照與嘲諷〉，《中外文學》第 2 卷第 2 期，（1973 年），頁 148～160。

・鄭恆雄，〈文體的語言基礎──論王文興的《背海的人》〉，《中外文學》第 15 卷第 1 期（1986 年），頁 128～160。

──選自《中外文學》，第 30 卷第 6 期，2001 年 11 月

《家變》與文類成規

◎李有成*

　　王文興的小說之所以引起讀者和批評家的焦慮不安，主要在於他所使用的語言。歐陽子在結束其對《家變》的討論時，留下以下的一句話：「我……希望《家變》不但『空前』，而且『絕後』」（頁 66）。歐陽子的討論，正如其題目所示，集中於《家變》的結構與語言，引文中所謂的風格，指的想必是這兩方面的特徵。而依全文的語氣看來，隱藏於引文背後的那份焦慮不安，卻又似乎起於《家變》的語言。歐陽子自承其批評方法師承新批評家[1]，以細讀爲基礎，尤其重視作品中語言的應用。[2]以這樣的背景來研究《家變》的語言，在讚賞與同情之餘，仍不免感到焦慮不安。實則自《家變》出版以後，大部分對《家變》不滿的批評，泰半是針對這本小說所採用的語言[3]，表現出來的焦慮不安，最能見於情緒化的批評文字與態度。民國 1974 年 7 月出版的《書評書目》第 6 期即至少有六篇長短不一的文章批評《家變》，其中幾篇頗有一些奇怪的觀念，甚至還有寫「歪詩」加以嘲弄的。

---

*發表文章時爲中央研究院歐美研究所所長，現爲中央研究院歐美研究所特聘研究員，中山大學合聘教授。

[1]歐陽子在接受夏祖麗的訪談時說，「我寫的文學批評論文，大致符合『新批評』的理論與方法，那是因爲愛荷華創作班的師生，當年批評與解析文學作品，並不考究作者的出生背景等等（這是『學院派』的工作），全是就作品論作品，審視其內部結構各成分，是否互相關聯，也就是說，藝術形式是否完整。我一方面是習慣了這種方法，一方面也真的相信，對於作品本身的分析討論，最能指導讀者鑑賞文學以及創作文學。所以，儘管有人批評說新批評早已過時，只要文學的藝術性被普遍承認，我想這種方法是永遠有效的。」（夏祖麗，頁 179）。

[2]和新批評家一脈相承的柯里格（Murray Krieger）即認爲，「在創作的複雜過程中，語言應被視爲一個構成因素。」他甚至於主張「語言創造了詩的思想」（頁 23）。

[3]並不是所有的批評家都貶抑《家變》的語言（請參考顏元叔，1973 年；張漢良，1978 年）。

　　這些焦慮與不滿對王文興似乎沒有什麼影響，歐陽子的希望也注定要落空，因為在一次接受夏祖麗的訪問中，王文興表示他的下一本小說仍將採用這種語言（夏祖麗，頁 26～27）。王文興所說的「下一本小說」就是《背海的人》。在這本小說裡，他不僅繼續致力於語言的解體與重建，比起《家變》來，其程度只有過之而無不及。歐陽子所謂的「王文興的風格」，在《家變》之後，非但沒有「絕後」，事實上也並非如歐陽子所說的「空前」。這點下文還要進一步申論。

　　王文興的《背海的人》書前有一則作者簡介，其中透露了一些訊息，可以作為本文鋪陳的基礎：

　　　　王文興，福建人，生於民國二十八年（一九三九），臺北師大附中畢業，臺大外文系學士，為《現代文學》雜誌創辦人之一。留美愛荷華大學（University of Iowa, Iowa City）小說創作班，獲藝術碩士學位，現任臺大外文系教授，擔任小說課程，提倡精讀。

　　從這段摘錄的簡介中，我們大概可以歸納出幾點結論。王文興既出身外文系，留美專治小說，在外文系擔任的又是小說課程，他對西方小說的傳統想來應該相當熟悉；大部分的經典作品，應該都已經讀過，即使有部分沒讀過的，應該也聽過，甚至於還可能知道其大致內容與形式。以上所說，充其量只是推論——可能成立，也可能被推翻，但對照王文興的背景，我們應該可以接受王文興對西方小說傳統相當熟悉的說法。

　　假如上述的推論是合於常情常理，是可以成立的，那麼以下的問題與討論才有意義。我們先考慮一個問題：上述的討論結果，在王文興的小說創作中究竟扮演什麼角色？換句話說，王文興對西方小說的認識，對他的小說創作有沒有影響？這個問題可能有兩個答案。一是肯定，一是否定。這兩個答案都涉及比較文學影響研究的許多觀念，值得提出來討論。

　　先說後者。我們知道基本的傳播結構至少應包括以下三者：放送者或陳述者（emitter 或 addresser）、訊息（message）及接受者或接受陳述者

（receiver 或 addressee）。放送者的功能在於傳達訊息，接受者則是接受訊息。當然在整個傳播過程中還牽涉到所謂脈絡背景（context）、符碼（code）、接觸（contact）等因素，以下的討論還要提到，這裡可以暫時略而不贅。上述的放送者→訊息→接受者的簡單傳播結構形式，已經可以說明接受（reception）的全部過程。這裡所要強調的是接受這個觀念。顯然，完成接受並不等於就發生影響。我們只能說，完成接受只是產生影響的準備階段，至於影響發生與否，則是另一回事，我們絕不能斬釘截鐵地說：有了接受就有影響。因此，回到本文的正題，如果我們說王文興對西方小說的認識，對他的小說創作沒有影響，這句話的意思是：王文興對西方小說的認識只是訊息（知識）的接受，這些訊息可能有助於他的閱讀、教學、研究、聊天等等，就是對他的創作沒有發生影響。

　　假如說完成接受是影響的準備階段，那麼影響的發生也就很有可能。以王文興來說，他對西方小說的認識也有可能影響他的創作。如果這是肯定的，接下來的問題更是複雜。在提出這些複雜的問題之前，我們不妨先看看影響的過程或基本結構。依匈牙利比較文學家韓克思（Elémer Hankiss）的說法，影響的完成至少應該涵蓋三個階段：1.作品的影響力（impact）；2.閱讀經驗；3.創作的啓發（inspiration of creation）。這三個階段，缺一不可。這三個階段也可以用來證明接受與影響之間的不同。基本上，接受的過程只包含前兩個階段，影響的發生就非歷經三個階段不可。接受不一定就被啓發，但影響則大抵是啓發後的結果。此外，接受的對象不一定就有影響力，影響的發生則顯然不能缺乏影響力。因此，韓克思認為，文學的影響是一種互動的行為（interaction），是作品的影響力與接受者心智之間的激戰（Hankiss, 1221-1225）。

　　但韓克思三個階段的影響理論也不無討論的餘地。例如第二階段的閱讀經驗，是不是所有作品的影響力都必須透過閱讀經驗來運作呢？回頭看王文興的情形，如果西方小說對他的創作發生影響，那麼這些影響力是否一定透過閱讀經驗運作的？別的經驗是不是也可能扮演類似的角色？

　　單單這個問題即可看出影響複雜而微妙的一面。可是問題並不僅此一端。假若王文興的創作受到他的西方小說知識的影響，那麼我們可以進一步追問：這些影響的本質與面貌為何？用瑞典學者赫梅倫（Göran Hermerén）的術語來說，這些影響究竟是藝術影響（artistic influence）呢，還是非藝術影響（nonartistic influence）？是直接影響（direct influence）呢，還是間接影響（indirect influence）？是正面影響（positive influence）呢，還是負面影響（negative influence）？甚至於是真正影響（genuine influence）（Hermerén, 28-49）？

　　赫梅倫對影響的諸多分類，事實上並沒有解決根本的問題。真正的問題在於：如何偵測這些影響？又如何斷定偵測出來的一定就是影響？對於如何偵測影響，赫梅倫也曾提出三個條件。其一是，時間條件（temporal requirement），即乙若受甲影響，乙必須發生在甲之後，而甲則必須發生在乙之前；其二是，因果條件（causal requirement），即乙若受甲影響，則乙的作者必須接觸過甲；其三是，可見性條件（visibility requirement），即乙若受甲影響，則在乙中必可看到甲的成分。赫梅倫所謂的可見性其實也包含了相似性（similarity）（Hermerén, 93-96, 157-164, 172-174）。赫梅倫的影響三個條件中，第一個和第二個是可以接受的。問題在於第三個條件。我們如何判斷或肯定可見性或相似性即是影響？顯然，赫梅倫的主張看似改弦易轍，事實上轉了半天，仍然轉回到實證主義影響研究的老路子去。以王文興的小說為例，即使三個條件都符合，我們也很難肯定其小說即是受西方某一本小說或某一位作家的影響，因為很有可能我們所謂的影響根本只是平行（parallel），只是親和現象（affinity）。因此赫梅倫的影響理論最後終不免淪於張漢良所謂的「邏輯簡化主義與實證經驗論」（張漢良，1978: 221）。

　　顯然，即使我們承認影響的存在，影響研究仍然缺乏安全性，影響的外在實證仍然不易乃至於無法支持其內在實證。上述的反複論證可見並非無的放矢。然則面對像王文興這樣一位熟悉西方小說傳統的小說家，我們

應該如何處理呢？影響研究既然缺乏安全性，而王文興與西方小說的關係又是可以確定的，我們應該如何解釋或描述這層關係在他的創作中所居的地位？這樣的解釋或描述是很重要的，因爲這可能牽涉到文學作品的詮釋問題，尤其像《家變》和《背海的人》這一類引起那麼多焦慮不安的作品，假如我們能找出或描述它們與西方小說的關係，可能有助於消除這些焦慮不安，同時也可以證明王文興的風格並不像歐陽子所說的「空前」。

巴特（Roland Barthes）曾經指出，當我們說「我讀文本」的時候，

> 這個研究文本的「我」本身已經是個多數，蘊涵了其他的文本、符碼，而這些文本、符碼是無窮的，或者更準備地說，是已經失去了的（它們的根源已經失去）。

——頁 10

巴特這句話說明了「我」或讀者複雜的一面，也透露了閱讀的過程實在不像一般人想像中那麼單純。同樣的情形也適用於創作。當我們說「我在創作」的時候，這個「我」本身就是個多數，而「我」所創作出來的文本也正是法國符號學者克莉絲蒂娃（Julia Kristeva）所謂的「其他文本的吸收與變型」（轉引自 Culler, 139）。換句話說，除了極少數例外，沒有任何文本可以完全置身於其他文本之外的；大多數的文學文本，在傳達訊息的時候，往往指涉到其他的文學文本（Hawkes, 144）。這就是符號學者所謂的文本之間互爲指涉的關係或互文性（intertextuality）。從這個角度來看，所有的傳播，不論是語言的、社會的，或者是藝術的，無不仰賴體制、符碼與規範——而這一切基本上應該是陳述者與接受陳述者共享的知識。意義之所以能夠成立，大體上依賴的就是這些體制、符碼與規範（Jefferson, 235–236）。柯勒（Jonathan Culler）認爲，文本之間互爲指涉的關係這個觀念有兩層意義。一方面，這個觀念提醒我們先前文本（prior texts）的重要性，也證明了文本的自主性（autonomy）是個誤人的觀念，因爲一個文本

之有意義是由於先前已有別的文本存在。這個觀念另一方面也促使我們把先前文本視爲對某一符碼的奉獻，而這個符碼使表意過程（signification）成爲可能（Culler, 1981: 103）。從上述的觀點來看，王文興的風格不僅不可能「空前」，恐怕也不易「絕後」。歐陽子的希望極可能建立在其以新批評爲基礎的文學知識上，以爲閱讀只是「面對著書頁上的文字，其他作品的經驗無由介入（unmediated）」。這種「天真無邪」的讀法顯然忽略了「在理解方面文本之間互爲指涉關係的成分」（Belsey, 21）。以影響焦慮（anxiety of influence）理論爲其詩學基礎的布倫姆（Harold Bloom）也曾指出：

> 有一個「常識性」的觀念，以為詩作是自身俱足的，無須指涉到別的詩作，其本身即有一個或多個可確定的意義。……不幸的是，詩不是東西，詩只是文字，是指涉到別的文字的文字，而那些文字又指涉到其他的文字，如此這般而形成一個綢密的文學語言的世界。
>
> ——頁 2～3

可見先前的文本是未來文本的基礎與條件。

我們還可以用雅克慎（Roman Jakobson）的語言傳播系統進一步推闡這個問題。雅克慎認爲任何語言傳播行爲都牽涉到六個因素，這六個因素彼此間的關係可以用下以模式加以說明：

脈絡

訊息

陳述者……………………………………………接受陳述者

接觸

符碼

陳述者（addresser）把訊息（message）傳送給接受陳述者（addressee）。為了使傳播生效，這個訊息必須訴諸一個指涉的脈絡（context），一個接受陳述者有把握了解的脈絡（語言的或者可能成為語言的），然後製成一套陳述者和接受陳述者完全共有或部分共有的符碼（code）。當然，其中更少不了接觸（contact），也就是陳述者與接受陳述者之間生理或心理的聯繫，使二者能夠溝通（Jakobson, 353）。雅克慎此處所謂的符碼其實就是裝載並傳達訊息的語言。要使傳播成為可能，陳述者必須能夠把訊息製碼（encode），接受陳述者則必須能夠解碼（decode）。但是即使這個符碼是陳述者與接受陳述者共有或部分共有的，接受陳述者若想充分明瞭這個訊息，仍須求助於這個訊息所指涉的脈絡，而陳述者在傳送訊息時，同樣也仰賴這個脈絡。

　　雅克慎的語言行為理論說明了不論在傳送訊息或理解訊息中，脈絡扮演了極為重要的角色。文學創作既是語言行為（speech act），自然無法擺脫上述語言傳播的六個構成要素。文學文本的訊息除藉符碼記錄外，作家（陳述者）仍須依賴脈絡來傳達，而讀者（接受陳述者）能否了解文本中的訊息，則端看他對這個脈絡是否熟稔而定。引申而言，這個觀念也說明了大抵符碼本身也不是自身俱足的，它的存在，它之所以可解，有相當成分是仰賴脈絡的。這個觀念正可以用來印證上文提到的文本之間互為指涉的關係理論。布倫姆就曾經說過：「任何一首詩都是詩間之詩（inter-poem），而任何一次詩的閱讀都是閱讀間之閱讀（inter-reading）」（Bloom, 3）。

　　王文興的小說自然也是語言行為，因此上述理論同樣也可以用來描述他的文本。也就是說，他的小說，不論是《家變》或是《背海的人》，同樣無法免於文本之間互為指涉的關係或互文性。指出這層關係，也就是找出這些文本隸屬的文學家族（literary family），當有助於了解這些小說，同時也可以說明「王文興的風格」其來有自，並非完全「空前」。──而所謂「空前」的幻象最容易引起焦慮不安，摧毀這個幻象，或許可以消除，至

少減緩，這些焦慮不安。

　　大抵而言，在形式上王文興的小說比較缺乏與本國文學的關係，而與他國文學的關係較爲密切。這個現象我們在討論他與西方文學的關係時即曾暗示，因此想要辨認其小說所隸屬的文學家族，勢非指向西方文學傳統不可。在進一步解決這個問題之前，我們不妨先略爲考察文類觀念與創作和閱讀的關係。

　　創作本身其實就是批評的行爲，至少是個決定的行爲。作者在創作時最先要決定的就是文類隸屬的問題。[4]史古思（Robert Scholes）有一段話，很能夠說明這個現象：

> 寫作的過程攸關文類：每一位作家都是從自己熟知的著作的觀點去構思他的作品的。不管他的作品是否「散文或詩歌所不曾嘗試的東西」，像彌爾頓那樣，他必須自己嘗試過的東西上面起步。每一位作家都是在傳統中寫作，他的成就可以從他創作的傳統中清楚衡量出來。
>
> ——頁 130

對一位作家來說，文類傳統就是他的作品所依附的脈絡，就是其創作所仰賴的文本之間互爲指涉的關係。因此，嚴格說，除了少數極端例子之外，「文本是不能孤立獨存於文學之中的；由於本身的符號功能（sign function），文本與其他符號隸屬於一個群體」（Corti, 115）。我們稱這個群體爲文類。

　　因此，作家選擇文類本身就是決定或批評的行爲。文類的選擇關係到整個作品的面貌，更是影響讀者和批評家的詮釋與批評。因此作家決定文類，也就等於決定詮釋的模式或方向。當一位作家選擇悲劇作爲作品的文類時，他一定希望讀者和批評家會以悲劇的文類成規來詮釋其作品；倘若

---

[4]這個看法借用自布倫姆。布倫姆認爲，「也許批評不一定總是判斷的行爲，但卻總是決定的行爲，而批評設法決定的就是意義」（Bloom, 1975: 130）。

讀者和批評家以喜劇的文類成規來處理這個作品，整個詮釋勢必走樣。可見不僅創作受制於文類傳統，閱讀也同樣必須兼顧文類傳統，讀者或批評家沒有權利和自由無視於文類傳統而隨意詮釋或批評。史古思即曾痛心指出：「對文學作品最嚴重的誤讀以及差勁的評論個案，都歸因於讀者或批評家對文類的誤解」（Scholes, 130）。由於誤判文類，評價作品的標準也隨之產生差錯，整個詮釋或批評的結果自然也因之扭曲。此之所以傅勒（Alastair Fowler）甚至於認為，「文類形式在傳播文學作品的符號系統中應列為最重要的一個」（頁79）。

　　由此可見，文類觀念不僅運作於創作中，也運作於文本的詮釋與批評，對決定文本的意義影響至深。赫胥（E. D. Hirsch, Jr.）有一段話很能夠闡明文類在作者與讀者之間的媒介意義：

> 意義的類型永遠必須與慣例的類型結合，這一套為說話人所仰賴，而由共同經驗、慣例特徵和預期意義所構成的複雜系統就是文類觀念，說話人的言辭概由這個文類觀念所控制。詮釋者只有依同樣的預期系統進行，才可能獲得了解。而這共享的文類觀念——意義與了解的基本要素——正是言辭的內在文類（intrinsic genre）。
>
> ——頁80～81

赫胥所謂的內在文類，其實指的就是作者與讀者共有的文類觀念，他之所以巧立名目，無非是要與另一個文類術語形成對比。這另一個術語就是外在文類（extrinsic genre），也就是讀者或批評家錯誤構築的文類。用赫胥自己是話說：「外在文類是個錯誤的猜測，而內在文類則是正確的。詮釋的主要工作之一可以簡述為批判性地擯斥外在文類，以尋找作品的內在文類」（Hirsch, 88-89）。

　　以上的說明有意暗示，某些讀者或批評家在批評或詮釋王文興的小說時，極可能誤將赫胥的外在文類當作內在文類。由於文類觀念混淆不清，

批評的標準有所偏失，以致造成批評的失手，焦慮不安於焉產生。我們不妨以一個簡單而通俗的類比說明這個現象。假設一個人玩的是籃球，籃球本身自有一套規範，裁判或觀眾必須依據這套規範執法或參觀球賽，那麼才能看出球賽的意義。倘若誤將籃球賽視爲足球賽，而以足球的一套規範來觀賞或裁判，自然意義全失，徒增困擾與不安而已。

這樣的類比絕非戲筆，旨在說明文類觀念的重要性。誤判文類，往往造成論述層次的錯誤，對話無由發生，最後導致詮釋和批評上的偏差。法國小說家羅布格利葉（Alain Robbe-Grillet）就曾指責批評家與讀者誤以爲所謂「真正的小說」（"true novel"）在巴爾札克時代（Balzacian period）即已確立，進而以「真正的小說」的系統和標準來衡量新小說（the nouveau roman）（頁 135）。從羅布格利葉的指責中我們可以發現兩個問題。第一，所謂「真正的小說」是否真有其事？假如有，是否在巴爾札克時代就已經確立？這是文學史的問題，其中更牽涉到文學演化（literary evolution）的問題。第二，以巴爾札克式的小說系統和標準來看新小說，顯然論述層次有所出入；依據的既然是錯誤的標準，結果自然乏善可陳。史古思也曾列舉幾個例子以說明這個現象。譬如所謂的詹姆斯幫（Henry James and Co.）就曾非難菲爾丁（Henry Fielding）和薩克利（William Makepeace Thackeray）小說中介入的敘述者（intrusive narrator）；布斯（Wayne Booth）也曾抨擊喬哀思（James Joyce）的曖昧多義；奧爾巴赫（Erich Auerbach）對現代小說中的多重意識更是不滿。史古思認爲，「診斷這些批評上的越軌，其原因我們可以歸之於文類邏輯的失誤」（Scholes, 131）。過去畢索普（John L. Bishop）曾經援用西方小說的系統與標準，指陳中國古典小說的種種局限（Bishop, 237–245），看來恐怕也是犯了史古思所說的「文類邏輯的失誤」。

文學史上類似的例子繁不勝舉。上述的例子也可以用來爲王文興的遭遇作註解。由於文類觀念並不清晰，甚至於可能沒有文類觀念，某些讀者或批評家在面對《家變》和《背海的人》之類的小說時，自然手足無措，

極端的表現是焦慮不安，書之成文也就不免充滿情緒性的文字。事實上，每一種文類本來即自成成規與傳統，不熟悉文類，也就無法認識其成規與傳統，詮釋和批評當然更是困難重重。

我們既然認為，基於王文興與西方文學的關係，倘若欲辨識其小說所隸屬的文學家族，恐怕得向西方文學傳統尋找，那麼這個文學家族究竟是那一種文類呢？

建立文類，或辨認文類，牽扯何止萬端，實在不是三言兩語可以帶過。各種各樣的主張至為繁多，大抵而言，以根據內容、主題或母題來區分文類的做法最受到挑戰。原因很簡單，這些內容、主題或母題並非固定存在於某一文類中，它們可以出現在不同的文類（Corti, 120; Fowler, 81）。可見文類的意義並不完全建立在內容、主題或母題上。形式結構（the structure of form）顯然不能忽略，尤其是那些支配性特徵（dominant features）呈現於形式結構的作品。王文興的《家變》和《背海的人》都屬於這一類作品。其中又以語言的特徵最為引人注目。而讀者和批評家的焦慮不安，前面已經說過，泰半也都源之於他的小說語言。

在〈《家變》新版序〉中，王文興有一段對文學語言（文字）的自白，值得我們參考：

> 我有一個不近情的想法，我覺得：「《家變》可以撇開別的不談，只看文字……」我相信拿開《家變》的文字，《家變》便不復是《家變》。就好像褫除掉紅玫瑰的紅色，玫瑰便不復是玫瑰了。小說所有的零件（components），主題、人物、思想、肌理（texture），一概由文字表達。Period。一個作家的成功與失敗盡在文字。PERIOD。

這樣的信仰背後的推論是，沒有語言即沒有文學作品，正如沒有水墨就沒有國畫，沒有膠片就沒有電影一樣。王文興的信仰最能表現於其小說的語言活動。基本上，《家變》和《背海的人》所採用的語言是非體制性的，這

種非體制性的語言本身即懷疑語言的摹擬功能（mimetic function），但是從追求精確性的角度來看，非體制性的語言又似乎相信語言的摹擬功能，至少是在努力發揮語言的摹擬功能。這種辯證上的矛盾逼使我們體認語言本身的矛盾性：訊息的傳播原已困難，語言有時候反而使傳播變得難上加難。我們從王文興的小說語言所引起的焦慮不安中，不難看出多少端倪。在王文興看來，體制性的語言並不精確，因此是非摹擬性的，為了達到精確性，以發揮語言的摹擬功能，他不得不訴諸非體制性的語言，然而卻因此很反諷地造成焦慮不安。由此可見語言可能使傳播變得更為複雜困難。

在西方自拉伯萊（François Rabelais, 1494?–1553?）以降，也有一批小說家對語言抱持著類似的態度，所謂的拉伯萊體小說（Rabelaisian novel），其特色即在於語言的非體制性。根據這些小說家的體認，語言如果要使用得真正有效，就必須能夠重新喚醒我們的各種知覺與創造潛力。以拉伯萊本身而言，「為了擁抱語言的自主性，打破句法、定義、意義、次序或方向等先入為主的局限，拉伯萊給予我們自由以及不斷的更新。語言對他來說畢竟是無窮盡的。新字彙可以發明，新的事物可以加入語言的世界」（Wasserman, 329）。簡單言之，對拉伯萊這一類的作家來說，語言即是目標，語言的成功就是訊息傳達的成功。

拉伯萊自己的《卡甘都阿與班達古魯》（*Gargantua and Pantagruel*）即屬於這一類小說。其後，有司特恩（Laurence Sterne, 1713–1768）的《崔思全‧單第》（*Tristram Shandy*）。到了 20 世紀更有喬哀思的《尤里西斯》（*Ulysses*）、福克納的《喧囂與憤怒》（*The Sound and the Fury*）、《艾卜薩隆！艾卜薩隆！》（*Absalom! Absalom!*）、貝克特（Samuel Beckett）的《墨菲》（*Murphy*）等等小說紹續這個傳統。法國新小說有所謂「自由的間接語言」（"free indirect speech"），更使這個傳統香火不斷與更新。上述的書單當然不是全部，辨認一個文類傳統，也不必羅列所有隸屬於這個文類傳統的作品。原因至為明顯，因為這樣的做法是沒有止境的，只要文類不死，新的作品自然源源產生，每一個新的作品都是在豐富其文類傳統，而文本

之間互為指涉的關係於是成為可能。

顯然，王文興的《家變》與《背海的人》都應該歸入拉伯萊體小說的文類家族。從比較文學的觀點來看，這種歸類是可能的。前面我們不只一次指陳王文興與西方文學的關係，基於這層關係，他對拉伯萊體小說不可能不熟悉。他或許讀過所有隸屬這個文類的作品，也許讀過一些，特別是20世紀幾位大家的作品，我們有理由相信他應該不會陌生。

找出《家變》和《背海的人》的文類，了解這個文類的特徵及其作者對語言的根本態度與信仰，考察了《家變》和《背海的人》的文本之間互為指涉的關係，讀者和批評家非但不應該對這些小說的語言感到焦慮不安，抑且應該從小說的語言入手，庶幾窺探其與內容結構（the structure of content）的關係。前面我曾經說過，作家在選擇文類的時候，是經過一番批評與決定的過程的。事實上，這個過程即已暗示和期望讀者與批評家未來詮釋或批評的方向，因此我們應該可以同意：詮釋或批評不應該是任性的行為，讀者和批評家沒有理由隨心所欲，任意詮釋或批評文學作品。傳播訊息既仰賴脈絡，接收訊息的人自然不能忽視這個脈絡，否則對話不是沒有辦法發生，就是只好中斷了。

儘管《家變》和《背海的人》在形式結構上依附於西方的文類傳統，但在內容結構上，其所傳達的許多訊息依然是相當中國的，或者說是本土的。其實這個現象可以適用於新文學運動以後大部分的文學作品，包括所謂的鄉土文學在內。從這個觀點來看，比較文學對於中國和臺灣現代文學的研究可能會有很大的貢獻。本文在行文的過程中，雖然鮮少援引批評王文興小說的實證，但我認為只有透過理論與觀念的澄清，才能從根本上解決王文興的小說語言所引發的困擾，這樣的做法或許正可以免去許許多多枝節的討論。

——1982年

引文書目

中文

- 王文興,《家變》(臺北:洪範書店,1978 年)。

- 夏祖麗,《握筆的人——當代作家訪問記》(臺北:純文學出版社,1978 年)。

- 張漢良,〈淺談《家變》的文字〉,《中外文學》第 1 卷第 12 期(1973 年 5 月),頁 122～141。

- 張漢良,〈比較文學影響研究〉,《中外文學》第 7 卷第 1 期(1978 年 6 月),頁 204～226。

- 歐陽子,〈論《家變》之結構形式與文字句法〉,《中外文學》第 1 卷第 12 期(1973 年 5 月),頁 50～67。

- 顏元叔,〈苦讀細品談《家變》〉,《民族文學》(臺北:臺灣學生書局,1973 年),頁 325～361。

西文

- Barthe, Roland. *S/Z*. Trans. Richard Miller. New York: Hill and Wang, 1974.

- Belsey, Catherine. *Critical Practice*. London and New York: Methuen, 1980.

- Bishop, John. L. "Some Limitations of Chinese Fiction." John L. Bishop, ed. *Studies in Chinese Literature*. Cambridge, MA: Harvard UP, 1965. 237–245.

- Bloom, Harold. *Poetry and Repression*. New Haven: Yale UP, 1976.

- Corti, Maria. *An Introduction to Literary Semiotics*. Trans. Margherita Bogat and Allen Mondelbaum. Bloomington and London: Indiana UP, 1978.

- Culler, Jonathan. *Structuralist Poetics: Structuralism, Linguistics, and the Study of Literature*. New York: Cornell UP, 1976.

- Culler, Jonathan. *The Pursuit of Signs: Semiotics, Literature, Deconstruction*. London: Routledge & Kegan Paul, 1981.

- Fowler, Alastair. "The Life and Death of Literary Forms." Ralph Cohen, ed. *New Directions in Literary History*. Baltimore: Johns Hopkins UP, 1974. 77–94.

- Hankiss, Elémer. "Literary Influence: Action of Interaction?" François Jost, ed. *Proceedings of the IVth Congress of the International Comparative Literature Association.* The Hague: Mouton, 1966. II, 1221–1225.

- Hawkes, Terence. *Structuralism and Semiotics.* Berkeley: Univ. of California Pr., 1977.

- Hermerén, Göran. *Influence in Art and Literature.* Princeton: Princeton UP, 1975.

- Hirsch, E. D., Jr. *Validity in Interpretation.* New Haven: Yale UP,1967.

- Jakobson, Roman. "Closing Statement: Linguistics and Poetics." Thomas A. Sebeok, ed. *Style in Language.* Cambridge, MA: The MIT Pr., 1960. 350–377.

- Jefferson, Ann. "Intertextuality and the Poetics of Fiction." Elinor Shaffer, ed. *Comparative Criticism: A Yearbook*, 2. London: Cambridge UP, 1980. 235–250.

- Krieger, Murray. *The New Apologists for Poetry.* Minneapolis: Univ. of Minnesota Pr., 1956.

- Robbe-Grillet, Alain. *For a New Novel: Essays on Fiction.* Trans. Richard Howard. New York: Grove Pr., 1965.

- Scholes, Robert. *Structuralism in Literature: An Introduction.* New Haven: Yale UP, 1974.

- Wasserman, Jerry. "The Word as Object: The Rabelaisian Novel." Mark Spika, ed. *Towards a Poetics of Fiction.* Bloomington and London: Indiana UP, 1977. 316–330.

——選自李有成《在理論的年代》

臺北：允晨文化公司，2006 年 3 月

苦讀細品談《家變》

◎顏元叔*

　　王文興的小說，我以前也讀過一些，短篇如〈黑衣人〉，長篇如〈龍天樓〉；給我的印象十分之壞。我以為像〈龍天樓〉這樣的作品，是用意志壓榨出來的，既無文采，更無真實感。《中外文學》創辦之初，王文興費時七年寫的《家變》快要完卷，社裡的同仁覺得，無論《家變》寫成什麼樣子，總值得發表一番，畢竟這是七年的心血結晶，更何況作者仍舊是大家公認的小說家——雖然他已七年未發表一篇作品，已發表的也沒有人願意談論。我們可說是只論耕耘不論成果地和王文興訂下合約，連載他的《家變》；於是從第 4 期載到第 9 期，終於「全文完畢」。由於我個人對王文興從前的作品缺乏好感，《家變》連載之初我懶得去看，尤其是他那種詰屈聱牙的文字，看了二、三面便不願意繼續下去。反正已經訂了合約，好歹得連載下去。然而，熱心的讀者們卻是讀了，反應來了。今日回顧，大概百分之九十九都是拇指朝下；許多人說讀不下去，大可停刊。一位敬愛的朋友甚至來信怒罵，如此文字都不通的東西，居然替他刊出！反應是如此的自灰至黑，《中外文學》有責任向讀者交代；於是，我決意把全文讀完，看看《家變》究竟是怎麼回事。未讀未評之先，我向王文興說，我要評評你的《家變》，先打個招呼。因為，我猜想沒有什麼好話可說，我準備喪失他這個朋友：我只是不知道以後在外文系裡碰到他，如何打招呼；更何況他太太也是我們系裡的臺柱教員之一！但是，要寫便得拿出良心來寫，任何

*顏元叔（1933～2012）散文家、文學評論家。湖南茶陵人。發表文章時為臺灣大學外國語文學系教授。

犧牲在所不惜。這是我未讀《家變》之前打算寫《家變》之評時的心情。我把六期（第 4～9 期）《中外文學》找齊，帶回家去，央太太泡了一大杯咖啡，漏夜苦讀起來，費了四整夜才讀完。越苦讀越覺得有甘味，越苦讀越覺得可以細品，越細品越令人拍案驚奇！我原以為《家變》只是一部苦澀乾瘠如〈龍天樓〉的東西，如今我敢申稱《家變》是現代中國小說的傑作之一，極少數的傑作之一！

我覺得《家變》的特色有三：一是文字的精確；二是筆觸的細膩；三是細節抉擇的妥恰。除了這三個特色之外，題意（motif）的前呼後應；結構之通體統一；人物塑連之生栩等等，都是值得稱賞的。但是，總括而言，《家變》給我的感受，就是一個「真」字。你細細讀去，字裡行間都是真實生命，真實人生。讀焦易士的小說，令人激賞的是他的「臨即感」（"sense of immediacy"）；《家變》的臨即感，時而百分之百。文學能「真」，夫復何求！這幾天我一直在苦惱，如何把我這種感受呈獻給讀者，如何談論《家變》；終於，我想最好的方法是從人與人的關係上入手。《家變》是一個家庭故事，小小的家庭，人口不過四名；這四人之間的關係即是全書的經緯。此外，主人翁范曄（作者用的是第三人稱敘事觀點，並泰半時候借用了范曄的視野）的個人心智成長，也是一條重要發展。這些以及上述三個優點及人物塑造等等，都可以從追索四人的相互關係曝露出來。所以，我就從「人與人的關係」著手。《家變》中的人與人的關係可分為：范曄與父親范閩賢的關係，范曄與范母的關係，范曄與二哥范侖淵的關係，范父與范侖淵的關係，范母與范侖淵的關係。其中最重要的當然數范曄與范父的關係；其他的關係也有它們的重要性，並且時而獲得生動入裡的描繪。

先談范曄與范父的關係。假使我們把《家變》作單純看，這個故事不啻是一場父子衝突史。這一場衝突從范曄極小的時候就已開始：范父好幾次半假半真的說，毛毛（范曄的乳名）將是個不孝之子：

「真是，真是，」父親傷色地搖領，「都一樣，這孩子必也是那種叛逆兒
子。」

——第 9 節

「都一樣，這孩子必也是那種叛逆兒子。」為什麼范父說「都一樣」呢？
他是說他自己的三個兒子「都一樣」是「叛逆兒子」？還是代表著普天下
的父親說普天下的兒子，「都一樣」，都是叛逆兒子呢？也許兩者皆是吧。
宙斯便是個叛逆兒子！亞當「叛逆」了他的「天父」！而毛毛終於要趕走
他的老父親！

毛毛大概四、五歲時，因為戲學父母說話，被父親痛打一頓，毛毛當
時的反應是：

他是這樣恨他父親，他想殺了他：他也恨他的母親，但尤恨他父親！他
想著以後要怎麼報復去，將驅他出家舍，不照養撫育他。

——第 48 節

這是四、五歲時發生的事，卻已預言到未來了——最後，范閩賢的離家走
出，毋寧說是范曄這個「不孝之子」趕他走的！范曄念小學的時候，從學
校體育課裡學了幾手摔角，回家來就以父親試手勢。這件事故發生在 91
節。范曄有意要摔倒爸爸，父子兩個先是遊戲，後來卻當真起來：

他底心中斥滿了憤火，他想把他爸爸鬥倒，但是他爸爸再度又把他摔出
丈許圈外。他爸爸再度朝空呵笑。他又再飛蹤上去，他雖然帶的笑聲，
但他實在在心間恨達了其父親。

——第 91 節

等到雙方息兵，言明不戰，戰敗的毛毛趁父親走過身邊，用腳把父親絆

倒，這會兒父親也臉紅了：

> 「怎可以對你爸爸這樣，」他爸爸趺坐地上忿斥。

——第 91 節

像這樣的場面，任何做過父親或兒子的人，大概都經歷過。我的三個兒子就時常想打倒我，我也毫不客氣地還擊，開始是遊戲，終必是啼哭憤怒散場。父子間的鬥爭是那麼深刻普遍，佛洛伊德的確是智者。最富佛洛伊德意味的要數 149 節，其中范曄作夢，夢見自己和父親狠鬥，到後來范父把范曄殺了。正當他父親得勝大笑之際，范曄奮身，「向著他的父親的背後猛擊一刀，又再猛捶一刀。」日有所思，夜有所夢；這個夢在超現實的境界裡縮影了父子對抗之真況。

毛毛小時，父子衝突，毛毛總是居於下風，隨著年齡的增長，毛毛漸占上風。後來，毛毛讀大學以至於大學畢業做了助教，他完全騎在父親的頭上了。一方面是年歲體力的增加，另一方面是父親的老邁退休，家庭的經濟全靠兒子維持：兒子是養家活口的人，兒子便成了一家之主，父母反處於附庸的地位。修房子要他拿錢，買菜要他拿錢，父親只配買買菜，燒燒飯，還隨時挨罵。強調經濟權在家庭地位中之重要，甚至親如父子也得看誰賺錢誰花錢，誰是主人僕人，事實雖然冷酷，卻也是普遍之事實。我以為這是王文興能「真」之一面，是王文興的寫實筆鋒入木三分的表現。當然，范曄最後似乎有點虐待狂，居然罰他父親不准吃飯，「父親」變成「兒子」，「兒子」成了「父親」，「叛逆兒子」的預言實現了。於是，范閩賢說著：「嗨，沒意思哦，我不如去做和尚去！」（156 節）就這樣子，范父悄悄離家走了，待至故事結尾還沒有找回：

> 時間過去了有幾幾及兩年之久。是一個父親仍然是還沒有回來。然而在范曄的現在的家庭裡邊他和他之媽媽兩個人簡單的共相住在一起生活似

乎是要比他們從前的生活較比起來髣髴還要更加愉快些。

看樣子父親不回來更好。這一筆描寫也是非常之真切：天下多少寡婦帶著兒子過著愉快生活，更何況兒子已能賺錢，而母親又老得不必考慮另嫁。佛洛伊德的道理在這裡也微微露出。我們是拿王文興的真實生命印證佛氏之理論呢？還是以佛氏之理論支持王文興的生命素描呢？

　　若說范曄與范閩賢之間，全是衝突而無溫情，這是假話。實際上，以阿拉伯數字標明的回顧片段的第一段，即是一幕父子溫情的可人場面。父親牽著兒子的手沿街散步，教他認字：「大，大，門，人，人。」

　　父親溫敦煦融的笑著，他的小手舒憩適恬的臥在父親煖和的大手之中。

——第 1 節

王文興連用六個字形容兩手相握的情景，那種保護與被保護感，那種密切的關係，那種安全感全都暗示了出來。故事中最感人的兩幕，一幕是范父晚歸，范曄深夜在巷口等父親（44 節），另一幕是父親等晚歸的兒子（83 節）。范曄小時最怕父母死去，這個題意（motif）有好幾處的描寫，其中最動人的是 90 節：「他想他若嚴行懲處自身，庶幾可使他父母的去世不致太近生發，由是猛掌自己的兩頰，劈劈拍拍的批著，以示懲罰。」這又像悔恨無極的亞當了。范曄對父親的恨意最強時，反省也最切。這一段正反雙面的呈現，出現於 150、151、M、152、153 連續的五節中。大抵而言，150 與 151 屬於恨父親，M 屬於愛父親，152 屬於恨父親，153 屬於愛父親。如此，這序節互相形成強烈之對比，也更顯示范曄對父親的矛盾態度。在這裡，甚值一提是以阿拉伯字數發展往事追述，與以英文字母標示的當前尋父經歷，在題意上首次產生交流與對比。M 中描寫范曄在外出尋父時，看見世上無數的父親，為了養育兒女勞苦奔波，甚至不惜出賣自己的血液：

> 於臺北的×一公立病院的大門口的前面有一群的出售鮮血的黃牛曾為了什
> 麼事發生了拳毆意外,在這些賣血的黃牛之中可加相信的必然有許多是
> 皆已是個父親的人了。這些人是這個樣的一群靠出賣自己的血液以便供
> 養他們的子女的一些飽經滄患的中年人。
>
> ──M 節

在這之前後全是厭惡反抗父親的描寫,尤其是 152 節中,范曄甚至為他的
仇視父親找到一些文學的前例與經濟的理由。但是,緊接著的 153 節,范
曄在夜深人靜時,一個人躺在牀上:

> 他在這個時候其在心裡面殊未能料及得到的竟竟是感到極度懊悔,心中
> 歉仄的箭對他的父親。
>
> ──第 153 節

我們讚賞這種真情感的流露。范曄對他的父親沒有超乎平常人的仇恨,他
們父子之間就如任何一般父子之間的關係:而任何一般的青年人對年邁的
父親,大概是又恨又愛。另一方面,我們要讚賞上段引文中「箭對」這類
的意象(這些措辭構成《家變》奇異的文體),這是如何適當而強力的一個
意象!它挑明了「歉仄」之尖銳與內心悔懺之「朝向」。七年的寫作期間,
使王文興獲得了甚多的人生洞察,就在 153 節中,他使懺悔的范曄說:

> 像這樣放在白天不會覺得任何慊疚的事,到了晚上就會明亮的覺得。
>
> ──第 153 節

這是何等的真實,何等確切!王文興的西洋文學訓練在這裡含蓄地透露於
「黑暗」與「光明」意象的對比:「到了『晚上』就會『明亮』的覺得」!
毫不勉強而卻深摯,自有一股 compassion 蘊藏其中。作者王文興居高臨下

同情了范曄的人性之煎炙。范曄實在還有良心，然而「白日」倒令他步入良心的「黑暗」中去了：

> 但是像這式的這麼個樣的半夜笞悔都已不知道來臨過幾許幾回了，而每一次他卻都沒有那種可以尊敬的恆心，由是每一次他最多也只能夠維持個一日兩日罷了，如此這般的情形很叫他憎恨他自己鄙恨得不得了。
>
> ——第 153 節

讓我們都來 PITY 范曄這個 EVERYMAN 吧。王文興的描述，沒有墮入「濫情」，使范曄痛哭流涕，他只是明眼地看清真象，保持距離卻不麻木地把真況寫出來。這裡面有可感的古典精神！

范曄不喜歡父親的原因之一，是他父親粗俗丟人；這種情節很多，我姑舉一節如下：

> 他的父親走到屋前寬廊的地帶，將小便盆的盆鏡掀啟，響出奇異宏亮的一聲鐘磬，隨著聽到一道小水注衝入小便盆底奏樂聲，自高掉低，猶如注衝溫水瓶的聲門。一定隔壁的鄰人在深夜寂靜內一定必然聽得。為這他感到難以言喻的可恥，不只是為的可恥被鄰人聽見，也因的自己對這件事感覺衷心的面紅。也許更令人為之耳赤的是他的母親也一樣地出來小便來。實實他也沒能夠憎恨別人，即論他自己也為便利一樣的這樣小便。
>
> ——第 117 節

我個人讀了不禁哈笑。這不是作者故作幽默，實在是因爲描寫細膩真切，人生的實況被刻畫出來，自然而然就顯得可笑了。其實，我們的哈笑也許夾著一絲傷感與同情。范曄說，其實他不能「憎恨別人」，因爲他自己爲了方便，也這麼小便。則此處 compassion 不僅屬於作者，更屬於范曄自己。

　　附帶在這裡談一談范閩賢和外面人三次重要的接觸：范閩賢在清苦的公務員的生涯裡，曾經被一個患有幻想病的人騙過，那人說一位華僑要回國投資開大公司，高薪聘用范閩賢（122 節）。本國人士將華僑看成財神爺或搖錢樹，倒是寫實；只是范曄在裡面太囂張，使得描述失真。另一次是范閩賢被密告擅吞三輪車夫的薪餉，整個情節也不十分真切。真切感人的是 118 節，范閩賢有被調差鄉下的危險，范走投無路，鬱悶寡歡，乃至生起瘮病來，待瘮病好了，主管起了惻隱之心，把他留下。整個情節自然真實，結局令人驚訝卻可信。

　　范曄和他母親的關係，正面衝突很少，仇恨更談不上。范曄適宜與母親相處，（假使說母子之間有任何潛在之伊底帕斯情意結，則是毛毛非常注意他媽媽的服裝與妝扮，經常干涉指責他母親在這一方面所顯示的低級趣味。）范父離家出走之後，母子相處更為適安。這種情況就在最早的一刻，范父首次出差，母子兩人留在家，那時范曄還小，想著范父，而范母更惦念著丈夫的行程，母子都覺得黯然。然而，就在這裡，母子單獨相處之雛型已經出現了。

> 這日他確實的跟媽媽也最為接近，他幫媽掃屋子，排飯桌，收衣服。媽媽這天說特為他買了他喜歡喫的鯽魚予他喫，「就我們母子兩對啄」——但他查覺媽買的菜比平時少甚多。
>
> ——第 51 節

「對啄」兩字用得特別的妙，有一份淒涼，也有一份親密在其間。也許這是福州口語，卻的是微妙。范曄對母親反感較強的有三景：一次是范母不准鄰居將曬衣桿搭在她家的竹籬笆上，范曄覺得媽媽太自私。另一次是范母誣賴下女偷了手帕而將之辭退，其實是她沒有錢用不起幫傭；范曄的正義感令自己心痛。再一次是范母祭祖，范曄和母親辯論祖宗的鬼神是否會來吃菜肴。這段辯論出現在 110 節，那時范曄約莫十一歲多。我覺得這整

個的情節都相當之假，對話假，內容也假。譬如：

「為什麼我不能吃？」他問。
「因為祖宗還沒有動，所以你不能吃，」媽媽說。
「但是我為什麼看到你在廚房裡已經先吃了幾塊？」
「那沒放在這片盆子裡。」

——第 110 節

這種對話的語氣與音響就不真，譬如媽媽說「因為」與「所以」，頗像辯論會上的學生口吻；而「為什麼我不能吃」，在口語應作「我為什麼不能吃」？王文興非常考究口語之真實紀錄，此處卻弄歪了。後來，11 歲的范曄打著哈哈說：

「哈哈哈，我說的吧？我跟你說，根本沒有神！完全都沒有！假如有神的話神是什麼樣狀？我怎麼沒看見過？你好像見過他，請你講講我聽他是個甚麼樣子？你叫他出來給我看看！」

——第 110 節

這種口氣與論調，好像是胡適筆下的赫胥黎，一切都得拿證據來——而胡適與赫胥黎都是囿於形而下之人物！此外，王文興讓 11 歲的范曄說這種說，也未免太 precious 了！據我的觀察，小孩子多半信鬼怕鬼：范曄在這裡沒有代表性。在另外上提兩景中，辭退下女一節也不見好：手帕是范母故意藏起來的還是怎麼，交代不清楚；此外，王文興說范母用學來的臺灣話罵下女，話中卻無臺語滋味：

「偷我東西鴉！……你知道一條手帕值多少多少錢你知否知道，——你這樣手頭不清氣我不敢再用你。你明天開始與我不要來了。我替你把工

資算到這個月的月底。」

——第 109 節

與鄰居吵架那一幕用的假臺語，口氣也不真。不過，為了籬笆與人口角，倒是常見之事，這種場合很真。（我就不願鄰居把曬衣桿擱在我家的圍牆頂，只是理智阻止我把它推掉下去！）

范母在家人前悲歎自己命苦的幾段話，是《家變》記錄真實口語最成功處，而范母的人格也從其中透露出來。范父在家住廈門時就時常鬧窮，終至要典當太太的手飾度日子。有一次范閩賢又向太太求乞；太太說：

「不成，贖回來！你到底那一件先為我贖來，我的耳環，項鍊，還是鐲子？有了錢你也不會去贖這些個，自有旁的更緊要的該先做，當掉就等於永久全個沒了。我不再給你騙，這是媽留了給我的許多樣東西中最有紀念含意的，你不要歪想，」遂瀝瀝涔下淚來。

——第 47 節

但是，我覺得最好的還數 67 節中的一段。范閩賢的朋友送來兩張戲票，范曄（那時還小，喚叫毛毛）要去，便叫太太陪去。可是，范母不認得路，不知怎麼走，而又十分想去，這下悲從中來，說了下面這段話，語氣之尖酸直可比擬《紅樓夢》的鳳姐兒：

「咳！一向沒有玩過。其實我何嘗不愛看戲！就可惜是沒有機會。還記得從前在福州時在你大哥的學堂裡看過一次，那真有趣！活真真的人演的，比電影還有趣！但是也就只看那一次，現在天天只在家裡燒飯，洗衣，燒飯；洗衣；做個老媽子，既不玩，也不看，像個又聾又啞的傻獸子。說起來真笑死人。我來臺北快有三年勒，居然我連趁公共汽車都不會趁。你從頭就不想教我趁！……總言，人在臺北，其實就是在鄉

下！」

——第 67 節

後面兩句說得最妙。全文對一般家庭主婦，特別是家貧而舊式一點的主婦，可能都會引起共鳴的吧。

范閩賢早先有過太太，這個是續絃。前任太太留下兩個兒子，即毛毛的大哥與二哥。書中大哥根本沒有出現；因他住宿學校，從不回家，毛毛從來沒有見過。二哥倒是同住，而且跟家一起到臺灣來。可是，二哥在家也是扞格不入。他從不肯叫毛毛的媽媽為「媽媽」，一直叫她「姨媽」。「姨媽」對他一直保持距離，冷冷淡淡。王文興的筆觸之含蓄細膩，多半見於范母對二哥的關係中。譬如說，上面提到的看戲一景，既然太太不識路不能去，范閩賢就叫老二帶毛毛去。於是，王文興記錄著：

> 媽媽的眼睛張大了點，然而沒說什麼！

——第 67 節

范閩賢出差回來，帶了禮物送給家裡人，毛毛是一滿掛黃香蕉，太太是「一條女人的絲褲」，「媽她是那樣高興。」最後：

> 媽她看到爸的皮箱夾袋中有一隻皮夾，就問：「這是買給誰ㄉㄜ？」
> 「給老二。」
> 爸爸說。
> 媽不說話。

——第 51 節

這種場面的最佳「演出」，要數 58 節二哥請家裡人在院子裡照相。毛毛的媽開始是拒絕：「噯，何必這樣，不太麻煩了ㄇㄜ。」可是毛毛催促她；此

外，誰不喜歡照像，更何況女人！於是她換了漂亮衣服出來，左一張右一張，這一張那一張，她微笑起來；毛毛更是興奮，媽媽也跟著興奮起來：

> 「毛毛。來，我們換個樣子，這次毛毛站在我的前面！」媽媽聲稱道。
> 「站在媽媽前面—站在媽媽前面—」毛毛說！他的快活難以形容。
> 「好，毛毛站姨媽前面，不，蹲下來，蹲在姨媽前面，爸爸站在旁邊；都上右再靠著些，留下一點花朵出來—」二哥說。
> ……
> 「我和毛毛到對邊杉樹那兒，坐在石塊上照他一張如何？」媽媽問。
> 「不行，那邊背光，」哥說，「我們還是站這兒，大家一塊拍。」
> 媽媽沒有說話。

——第 58 節

仔細讀這一段對話，便可發現其中心理變化的暗流。二哥從辦公室向人借來照相機，十分興奮，心情單純；毛毛的媽卻不然：她始而拒絕，後來接受，繼之變為頗為興奮，開始採取主動，自己安排取景。二哥，顯然出於畫面構圖的理由，叫毛毛蹲下來，不經意給了范母一個小的意志挫折。他又連叫兩聲「姨媽」——這是全書中第一次直呼「姨媽」——而「姨媽」正是她不樂聞的。「姨媽」一辭出現在闔家熱鬧的場合，毋寧是提醒了讀者，深沉的家庭基本裂痕之無法消除。這些話在她敏感的（她的確是個敏感的女人）心扇上輕擊了一下。等到她再提出主動要求到杉樹下去拍照，而遭二哥於興奮中重重一句「不行」所否決，她的興奮，她剛剛微開的冷漠的心花，立即收合了：她「不說話」了。她一不說話，事情就僵了。等到二哥於興奮之餘，邀請大家到河堤上去繼續照相，她客氣禮貌生冷的拒絕了：「不，我看不用了，你留著自己照好些。」多冷！多酸！她幾乎從來不跟范侖淵（二哥之名）講話，向范侖淵要錢補貼家用，都是由她丈夫出面。范閩賢和范侖淵吵架，她總是適時消失不見，只一次父子吵得利害，

范侖淵拿起鋤頭做出要搥范閩賢的姿態，她從那裡冒出來，擋住范侖淵：

「范侖淵，不可以，絕對不可以——」他媽媽喝叫他哥哥道，呼稱他的全名，現身阻隔在他爸的前面。

——第 123 節

這是毛毛的媽第一次叫他二哥，而且用全名；全名總是那麼 formal，那麼遼遠。

范閩賢對他這個二兒子，感受頗為複雜。在太太面前，他顯然沒有主動衛護過老二，但是他的心裡是有老二這個兒子的。范閩賢和范侖淵正面的衝突有二端，一是范閩賢的日子過得困難，向老二要錢補貼家用，范侖淵交了女朋友之後，能拿出來的家用錢就很少了，父子為此常常衝突。其二便是范閩賢干涉范侖淵交女朋友，父子終至情感破裂，范侖淵離家出走。後來，他自己成家立業，過獨立日子。范閩賢失蹤後，范侖淵在范曄的通知下表示了有限的關懷；對范閩賢而言，這個兒子也算是喪失了。在描寫范父與老二的關係上，有幾幕也令人激賞。老二第一次交女朋友，爸爸不贊成，叫他放棄，他就放棄了。王文興把這幕處理得很真。這發生在 88 節，全節都在描寫闔家遊陽明山，只到最後玩得盡興時，范閩賢大概覺得時光到了最不尷尬的一刻，於是說話了：

「你再想一想，我這兩日說的都是同樣一句話。等我們事業打好了基礎以後，我們不愁沒有女朋友。她又是個本省人，真是有點……」
二哥沒有說話。
「你看怎樣，老二。」
「好吧。我不理她就是！」二哥就沒好氣地回答。
「好，」爸爸高興地說，「我們回家去了，毛毛，去媽媽那裡。」

——第 88 節

范閭賢的目的是達到了，滿心歡喜。老二卻非常惱怒，在回臺北的汽車上，他一人獨自坐在車後面去：

> 爸爸媽媽和他同坐一處。他二哥獨自一人坐在車後望著窗外。
>
> ——第 88 節

王文興善用沉默不語的場面，讓下面潛躍著許多意義。至此，我們回看本節最前面第二句：

> 一個夏天的下午，他爸爸跟他們一起去草山遊玩。他哥哥這次也齊去。
>
> ——第 88 節

「他哥哥這次也齊去」，反觀便變成措辭輕勁的伏筆了。大概普通遊玩，二哥是不參加的；這次范閭賢特意邀他同去，有他的目的；所以，邀遊變成了賄賂或安撫！范閭賢「這兩日說的都是同樣一句話」，所以范侖淵一直氣結，在去陽明山的車上：「他二哥懸弔著胳臂在傍邊，顏貌嚴冷。」可見范閭賢已經跟他囉嗦很久，施以很大壓力，等范閭賢再提出來，他就讓步答應了。究竟只是不耐父親之壓力而屈服，還是遊山玩水做爲一種賄賂軟化了范侖淵的抗拒，則是人性冥冥深處難以度測的了。這個題意，那麼稀薄地散布在百分之九十八是玩山遊水的故事中，雖則稀薄卻始終強勁地互相呼喚連繫，這也是王文興之細膩而真實處。

范侖淵第一次讓步，下一次可再也不幹了。他第二次還是找了一位本省小姐，而且還是因家庭負擔做過酒家女的。范閭賢沒有辦法，只得施出唯一殺手鐧，拒絕出面主持婚禮。於是，父子大吵：「我們兩個脫離父子關係。」後來，父親要「掃你一耳光」，「二哥敏迅抓起了牆上掛的一把鐵鎯頭」，「父不賢莫怪子不孝啦！」還好，范侖淵及時恢復理智，摜下鎯頭跑了。他先去他睡房收拾自己的東西，兩分鐘就提著箱子走出家門，再也不

回來了。范閩賢「幾乎昏厥」過去，待能說話時，他卻流淚滿面地問太太：

> 「他的東西都拿走了嗎？」

──第 123 節

假使東西沒有全部拿走，則范侖淵還有回來的希望，他還沒有做的那麼「絕」；可是他「都已拿走了」。我覺得上面那句問話，質樸真實，恰到好處，而又暗藏著范閩賢對老二依戀之情。所以，到日後傷心時，他迷迷糊糊喚范曄為「老二」（見 156 節最後）。老二之所以能夠提了箱子就跑，根本原因是他自己有份差事，可以養活自己。經濟能否獨立在家人關係上，有舉足輕重關係，這是事實；王文興眼明地把握了這一點。前面說過，范曄與其父關係之演化，主要還不是看誰靠誰吃飯？！到後來，范閩賢只能為兒子的家買菜燒飯！難怪范曄可以那樣跋扈了。

　　范曄與其二哥的關係，始終頗為疏遠，這其間他的媽媽的有意無意的遮攔，不能不是原因。范父走出後，范曄和范侖淵連絡過，到最後還去新竹他家看過他。兄弟倆多年沒有見面，狀似熱切卻又生疏。最有趣的是范侖淵正陪乃弟談話，在招待他：

> 是一個時機一個身型寬圓的女子顯身在側房的長懸布簾的門進處引喚道：「侖淵！你來幫一幫我替小弟一同來給他洗一個澡好不？」

──N 節

這是多麼微妙的逐客令！長時懷記的報復呀！這個女人就是侖淵的太太，如今她至少小小地報復范閩賢到他小兒子頭上。范侖淵成家立業；這個太太還為他生下子女，可見是個安於家室的女人，雖然她以前做過酒女。是則，范侖淵雖是小市民之流亞，正有小市民那種相當健全的實際腦筋。他

的小銀幕的電視機代表著他的經濟成就，銀幕上的侏儒鬧劇正代表此類人
物心靈之平庸！

　　但是，提到范曄與范侖淵，最饒興趣之一節還是他們哥弟倆去看那場
招待券的話劇。這一景發生在 67 節，本身是一篇上好的獨立完整的短篇小
說。這場話劇題名《岳飛》，為慶祝三二九青年節，由「戲劇紅星夏珮麗，
儲正偉」領銜演出。范曄，那時還在上小學，大概十歲左右，一方面喜歡
去看戲，另一方面是嚮往報紙上常見提名的這兩位大紅星，所以，他說他
興奮得好像要謁會「美國大總統」一般。范曄的興奮激動與期望，在夏珮
麗出場時達到高潮：

> 她是個具鵝蛋模子臉兒，擦拭粉脂，非常美麗底女人。她說話底聲色清
> 晰閃亮。他被她的驚人美麗吸攝住。

　　　　　　　　　　　　　　　　　　　　　　　　　　　　——第 67 節

等到夏珮麗在舞臺上說了幾句濫情的話，范曄的反應是：

> 他已經，不可擺脫的：已愛著這女主角了。

　　　　　　　　　　　　　　　　　　　　　　　　　　　　——第 67 節

不僅范曄愛上了舞臺這個美麗的女人，連范侖淵他二哥也愛上她了。可是
這種無希望的愛不會予人歡欣，只會令人愁悵，所以待劇終哥兒倆都「悵
悵然若有所失」，而且最妙的是他二哥居然生起氣來：「他也在壞脾氣裡」：
這實是入木三分的洞察。然後，毛毛突然問二哥：「那個女主角夏珮麗是不
是男主角儲正偉的太太？」多天真多動心的一個問題，大概是從下意識湧
現出來的。二哥的回話也妙，他還在生氣：

> ——「小孩子問這幹什末！」二哥斥道。

──第 67 節

他們兄弟倆各自癡戀著夏珮麗，迷迷糊糊走了，結果把雨衣忘記在中山堂（？）裡，待取了雨衣再去來，演戲的人已經卸了裝在小巷子裡吃牛肉小麵了。[1]哥兒倆擠過去看夏珮麗──

> 她穿著一件舊的黑烏毛衣，臉上出現黃浮色，顯得年老很多，只聽她說：「噢，胃好痛，肚皮一餓就胃痛。喂，老板，多來點牛肉！多放點味精！」說時一陣風吹來，她噴出了一個哈其，然後用手把鼻涕擤到地上。

──第 67 節

舞臺上的古典美人，下了臺原來是個黃臉婆，既粗且俗，把鼻涕擤到地上，大聲叫多來點牛肉，多來點味精，占小便宜，味蕾粗厚要味精刺激。她的胃痛一病選得恰到好處，這不是進食不規律或情緒緊張的人常有的病嗎？范曄與范侖淵對夏珮麗的幻覺之破滅，到此恰到好處，但是王文興似乎想變本加厲，一時失了手，把幻覺之破滅弄得太過了點。他不久讓夏珮麗說（在聽到加班費只有 50 元，而且明天才發後）：

> 「操他祖宗八代的！我搞爛朱胖子的雞靶！他臭屁股眼塗蜜，慣地甜言蜜語，暗裡苛刻我們；我跟他拼了。」

──第 67 節

夏珮麗的反應似乎不必要地那麼強烈，而且那些意象語都不必要地那麼粗鄙！文學寫作需要戰術，大抵含蓄收斂，脈脈的暗流，點到為止，是為上

---

[1] 編按：《家變》相關原文，第 67 節：「他們的眉毛和臉上還有些殘迹的化粧」。本文的「卸了裝」可能為誤植，或許應作「卸了妝」。

策，這是《家變》處處可見的德性，此處則非是了。此外，「靶」一字在日常口音上似宜改爲「巴」或「八」或「爸」之類：「雞靶」讀如「雞把」，這是何方人氏的發音？是夏小姐的京片子嗎？

　　但是，結尾依舊可愛：哥兒倆經過這場「幻覺破滅」，如釋重負，轉悲爲喜：「是頃他覺得剛才的愛已蹤痕都無，覺得髣髴和沒有來看這個戲時一似」，他的哥哥「情態也彷然平祥許多」了。這種心理的轉變，描寫得正確入裡。王文興似乎覺得這樣的戲，無論劇情或劇中演員，對范曄等的影響只是當時的與短暫的，留不下任何遺跡；因此，他以「下雨」開始並結束這場情節，兄弟倆來自雨中，回到雨中去，其間沒有什麼事情發生，發生過的則互相抵消了，所以還是 nothing has happened。當然，你也可以把這段看成一個啓蒙故事（story of initiation），那麼我們說范曄看見了人生之黑暗面，有了個「幻覺破滅」，因此 something did happen，這也可以說得通。

　　范閩賢與他太太間關係的描述，沒有如上述特別精采處，但是還是有不少真實動人的場面。范閩賢對待太太，大概就像任何舊式丈夫一樣，娶回家來，便好歹由之；加之他又是個小中型的公務員，貧賤夫妻就百事哀了。在 29 節，范母對毛毛抱怨丈夫一段，可以縮影他們間大部分的關係：

　　「……可惜的就是媽媽不會說官話。」她停片刻道，「我有好幾次要你爸爸教我說，你爸爸都不答應。你爸爸這人不好！他一直都是瞧不起我！！……哎，媽媽的命真苦，……你看媽媽的現在這雙手，呃，泡得像爛胰皂一樣，陳嫂被辭退了，一個月纔幾個錢……唉，做女人最值不得了！媽媽，你看，現在連一身像樣的衣著都沒有！還有那些首飾，媽媽從前的嫁妝，也被你爸爸全變賣光了。唉，做女人就是命苦。我該要燒飯去了。」

——第 29 節

王文興在記錄口語時，以范母的口語最傳神，這也是最佳之一的一段。范

太太對先生的情感，是屬於埋怨那一類，之間沒有什麼真正的仇恨，也沒有存心挑撥兒子反抗父親，如勞侖斯的《兒子與情人》中的母親。范母是個道道地地的中國女人，對丈夫的關係也如此。丈夫第一次出差，（在 51 節，請注意這個小小撈點外快的機會，在一個小公務員家裡造成多大的喜悅！）她便一直唸著丈夫的行程，現在到那裡了，現在到臺北了等等。這都十分真實。要在這樣一對舊式夫婦之間描述什麼濃烈的愛情場面，都是超越常情之事。到了最後，賺錢養家的范曄居然罰老父餓飯，飯後——

> 他諦聽見他的母親盛了一小碗的肉菜和飯到他們的屋裡間去送給他之父再充食⋯⋯
>
> ——第 156 節

這種行為是典型的中國女人的行為，又有多感人呀！乃至范父說沒意思，要去做和尚，范母又教他不要高聲，免得讓范曄「他聽到冒惹了他」。這個女人在丈夫與兒子之間是左右為難了。她不像西洋的女人，主動作抉擇，丈夫在時只是盡量委屈求全，希望他父子倆能過得去，丈夫走出，她付出了應有的焦慮與關懷（見 A 節），待丈夫找不回來時，她也與兒子慢慢過起愜適的生活來。

　　王文興花了相當的文字，描寫范母懷疑范父有外遇；她妒火中燒，和丈夫鬥了幾場。我們要知道范母是一個相當敏銳細緻的女人，也頗為厲害（厲害的人聰明，聰明的人厲害）。她把茉莉花泡在一碟水裡，然後戴在髮鬢（95 節）。她的人格總縮在一個行為與意象中：「側開的窗外躍進來一隻斑彩的麗絢飛蝶。媽媽把牠獵獲起來釘穿牠釘死牆上。」（97 節）這整個兩句話都非常寫真：「側開的窗」優於「半開的窗」，「躍進」優於「飛進」，「斑彩的麗絢飛蝶」優於「彩色的飛蝶」（而「麗絢」與「飛蝶」之間不用「的」字，頗有「麗絢」與「飛蝶」合而為一的印象），後句連用兩個「釘」字，「釘穿」，「釘死」，頗能顯示范母之狠心，而「釘死」與「牆

上」省一通常之「在」字,也更直接。然而,整個兩句話頗能勾勒范母之愛美的敏銳與心地的厲害。當范太太吃起范先生的醋來的時候,可叫范先生吃不消。范太太假裝叫丈夫帶肥皂粉回家,打電話到辦公室查勤!待她看見丈夫與一女人同時下車走路,她便以為證據確鑿了。就像任何中國太太一樣,她並不鬧翻,只是給點顏色給丈夫看看,她的手法是禁止丈夫離開自己的辦公室,隨時電話監視。絕對不准離開辦公室,連小便也不准:

> 「……連小便也不許!要小便你先給我在上辦公前去小掉!不然下了辦公再去小!當中的時間不准去!」

——第 116 節

的確兇狠,滑稽,笑死人!(而這裡的口語的真實,又是王文興的一次勝利。)

後面我要再談一個問題,即《家變》的文字。《家變》的文字最是令人冒火,也最令我著迷。我們從最基本處談起,文章之好首要在「真」,「真」當是中外千古不變的文學德性。為文學而能「假」乎!文學要「真」,先得求其文字之「真」,或則說文學之真也即是文字之真,文字之真也就是文學之真。然而,文字如何求真?對什麼東西求真?文字求真,即在忠實於描繪之對象,即是讓對象透過文字毫無隔閡地浮現,或者說文字如此之忠於對象,文字即「是」對象了。(所謂「對象」當然是經過作者的意識傳過來的「對象」,也就是說作者的意識居中,為外在世界甚至內心世界及文字之間作媒介,這個媒介當然可能歪曲對象,但是在此我們姑且認為此一媒介非常清明——心如明鏡——即是歐立德的無我境界也。我認為在《家變》中王文興作為媒介,心智大致是十分清明。此外,一般而言,一個作者要清明的認識或體驗外界對象,並不算太難;難的是如何將所見所知表達出來,表達便是文字的問題,故我於此不談媒介而談文字,或文字表達。)大凡一般的作者或作家,他們的文字表達常是跟著約定俗

成的表達方式，他們的文體盡量依照一般人熟稔的文體，寫得好的可稱
「珠圓玉潤」。跟著傳統的文體與表達方式寫文章，總是缺乏獨創性。然
而，多數的作者以及極大多數的讀者，便在傳統的文體與表達方式之中打
滾，形成一個似可互相了解卻不能精確了解的世界。譬如說，如今一般報
紙形容人車擁擠時，還有「車水馬龍」；從陽明山遊罷晚歸，但見臺北市
「華燈初上」或「萬家燈火」了。在流行的小說或歌曲中，春天下雨，總
是「細雨如絲」，或稍稍變一變成為「如絲的細雨」，再不然就是「碧草如
茵」或「含翠欲滴」等等。前面的例子顯示時代已經不再適合那種描寫，
卻拿套語來「濫竽充數」！後者的例子顯示作者借用套語，敷衍地交代一
個矇曨的意境，陳腔濫調，引不起生動感與真實感。千古以來，文學家就
已指出（如霍雷斯），文字是有機體，是會變老變舊而死去的。文字一則是
在時代中老去，一則在使用者的心裡老去，不再能激起讀者生動強烈的感
受。（當然有些文字是永遠不死的！）所謂生動強烈的感受，就是說文字把
對象活生生地「捧」出來了。這種感受叫臨即感（sense of immediacy），即
是讀其文章，如聞其聲如見其人其物。然而，這種臨即感經常被傳統的表
現方式的老厚牛皮所隔殺了；因此，作家要創新，要創造新的表達方式，
以重建語言與對象之間的直接關係，以增強文字對事物的臨即感。現代英
美作家中，以焦易士的「臨即感」最強，而漢明威說他整身與文字搏鬥以
擴展文字之表達領域，也是存心於此。我國一般人士習慣並喜愛傳統的表
達方式（那些搞大眾傳播的先生們所謂的「可讀性」"readability"），因此視
「珠圓玉潤」為文章的最高德性；其實，圓是圓了，潤是潤了，此珠此玉
表徵對象有幾分精確度呢？！這卻是顧不得的了。假使你是一位崇尚「珠
圓玉潤」的人，你讀《家變》，你當然會冒火。不過，若是你看重「臨即
感」，若是你認為語言與對象間應該保持最直接的表徵，若是你是求表現之
真，而不是求「文字之美」（如「一杯苦茗」之類），則你會看得起《家
變》的文字，你會佩服王文興的苦心刻創，你會驚訝於他的文字的真實感
之強。讀《家變》如「嚼橄欖」，（多酸餿的一個破舊明喻！而我自己從來

沒有嚼過生橄欖，人云亦云而已！）要細細慢慢地轉動舌頭，擠壓兩頰，讓上顎頻頻下壓才嚐得出它（或牠）的好處。在這裡我們要談王文興的文字，而且要涉略到他造的一些文字，還有國語注音符號，還有黑體字甚至加線字等等。他並不是常常成功的，他成功的時候居多，此外他也有失手處與笨拙麻木的地方。

《家變》一開始，我們就遭遇到王文興的生疏文體：「他直未再轉頭，直走到巷底後轉彎不見。」這些用字，這種音響都不是我們所熟悉的。但是，傳不傳神？真不真呢？我的答案是肯定的。王文興於此連用兩個「直」字，顯然有意暗示范父走出之堅決，他一「直」走去，走了不再回頭。（這也可見他走出之堅決，所以范曄一直找不著他，他是存心不回頭的了。）這一句中也同用兩個「轉」字。普通我們說「回頭」，其實頭如何「回」呢？「回頭」時實際是頭在頸子上「轉」動；所以，此處用「轉頭」比用「回頭」要來得精確。「轉彎」普通習稱「轉角」或「轉角處」；顯然，王文興要用「轉彎」，一方面意味著轉彎的地方（即「轉角處」），另一方面要表示「轉彎」的動作（實際上，「轉彎」在本句實是動詞）。同一節的第二段開始：「籬圍是間疏的竹竿，透視一座生滿稗子草穗的園子」。作者說「籬圍」，而不說「籬笆」，因爲「籬圍」包含了是「籬」笆而且是「圍」著屋子的意思。普通我們說「竹片」或「竹子」籬笆，作者卻言「竹竿」，這大概是整枝未劈開的小毛竹；用整枝小毛竹編籬笆，爲了節省材料便每隔兩三指編一根，所以用「間疏」。「透現」有意說園子「透」過「間疏的竹竿」，「現」在觀察者的眼裡。我覺得「園子」雖較「庭院」之類爲寫實，在此還不夠精確。這麼野草漫生破破爛爛的地方，能稱得上「園」或「園子」嗎？！「園子」的聯想不和稗子草穗相鄰。

「他回自己的房間，掩門坐檯燈影側。」（B 節）這句讀來如文言文，而王文興在《家變》中的確用了不少文言文。我想，他的態度定是：只求精確，文言白話不拘。假使我們不完全反對他的立場，則上面一句的確非常精確。「回」字之後他省卻一個「到」字。若說「回到」，似乎表示已經

回到自己房間的動行之結果，如今僅用「回」字，則意味著回房之過程以及結果。「坐檯燈影側」十分傳神。「檯燈」有燈罩，因此有燈影；他坐在檯燈的一邊，因此用「側」。我們可以看到一個頭靠著一盞「亮開」的檯燈。「檯燈」之「檯」未見精確。若說是桌上燈，則應說「臺燈」；若是落地燈則說「落地燈」。同段「母親愁坐牀頭」亦佳。若用普通方式表呈，則應是「母親坐在牀頭發愁」，如此把「愁」與「坐」的關係推遠了。此處實乃「愁而坐」，「坐因愁」，故「愁坐」這個文言片語反而比白話表達爲佳。但是，牀「頭」若改爲牀「邊」，似更精確，蓋坐牀「邊」比坐牀「頭」的可能性較大。

　　第 54 節王文興描寫在烈日下等車的人：「在日頭炎炎的照射下，這宿舍裡的職員戴草帽及穿白香港衫的在一桿電線木之下等汽車！」這一句可能是《家變》中最佳的文句之一。站在電線桿的陰影下，排成一行，等車，何等的切實觀察！何等的寫實！（這其中似乎總攝了中小公務員的生活狀態之全貌！）全句如是之長，已違反了中文造句求短的習規，然而電線桿是長，其影子（在下午二點鐘上班時之前十分到十五分鐘左右，我想）也相當長，是以句構也長了起來（18 世紀的波普曾經在十音步的詩篇中寫了一句 12 音步之詩行，以諷刺詩行之拖沓）。「日頭」很好，引起一輪太陽曬在頭上的感受，比沒有形狀感的「太陽」好多啦。「炎炎」以字形傳出熱炙。「香港衫」下之「的」字宜省，似乎沒有用處，是廢字。第 64 節的「大體」榕樹，「樹上滲入無數的鵝黃片葉兒」，非常生動。榕樹肥大，故稱「大體」；「滲入」十分傳神，因榕樹的舊葉濃密，新葉長出來，看不見葉柄與樹枝相聯處，故形似由外「滲入」；舊葉烏綠，新葉鵝黃，沒錯。65 節的「他並常常望希著下雪」，把「希望」兩字顛倒過來，予人生疏感，於是讀者停讀稍思，於是較能深領「希望」之內涵（生疏感常常能造成新鮮感，新鮮感有助於生動感，但也不可必），所以「望希」較「希望」似有更熱切的期盼。「一門黯燈」（I 節），「馬達易音」（88 節），「晨露之艸堤」（79 節），「異常驕溢」（40 節），「立立跳」（111 節），「睡過睡」（117

節），「嘶蠅」（117 節），「壓蓋」（119 節），「火柱子直向上雄噴」（131 節）等等，都陌生而傳神。111 節開頭：「一座雙隻機膀上掛著兩隻陀螺的噴氣機嗲聲極低擦過，其噴氣聲起先彷彿一片大鐵片坍到另一片上的吵聲。然後逐漸遠逝像無數煤油桶在石板面上旋滾的啌响。」「兩隻陀螺」實指翼端的兩隻油箱，然由地面觀之狀如「陀螺」。「嗲」字自造，形容低飛噴射機之聲音，恰到好處。後面描繪飛機飛過頭後的餘響，的確真實，也是刻意之作；但看「旋滾」便可見其描寫油桶在石板上滑動之精確，油桶是旋著滾下石板，才會發出「啌响」之聲。

　　王文興時常發明幾個字，如「幕漸然上升嘞」的「嘞」，「小電燈亦絕熄咯」的「咯」，有時亦用一個英文如 Ah（67 節）或 Mm（24 節）；更常常用國語音標如「毛毛一ㄚ」或「毛毛ㄚ」，這些作法在音響上都很傳神。最令人解頤的一段在 51 節，范閩賢要出差到臺北，心中好不愉快，臨別時說：「爸走咯。再會ㄚ，毛兒！」又說：「毛兒ㄚ，爸走了ㄚ，再見ㄋㄚ。——」普通我們叫人的時候，都會有一個「ㄚ」的尾音，但是寫在文字裡就把它省掉，是以失真。77 節有：「他從烈日下進內。『毛毛一ㄚ，』他爸爸說，『去拿冷開水潄灑一下嘴腔。嘴裡帶有暑氣，潄灑 之後才不會中暑。』」用自造的「潄灑」而不用「漱漱嘴」之類，顯示「潄灑」就是范父說這話的方式，我們不也常說「泒漁」一下嗎！144 節中范父的指頭給門輕壓了一下，他「哀叫一長唳」：「咿喉喲喲——噢。」這也傳神，同時他的誇大與戲劇性的長鳴，也令人好笑。上面既然談到形聲字，我順便舉出一個相當滑稽的例子，請看下面的引文：

　　踏在舞臺平裡敲發空咚空同底響音。

　　　　　　　　　　　　　　　　　　——第 67 節

　　風把一片空其控奇的聲響傳來。

　　　　　　　　　　　　　　　　　　——第 68 節

從枕上常可聽得遠處黑風一道道渡來空其空氣的鐵路機車車輪輪响。

——第 94 節

「空咚空同」,「空其控奇」,「空其空氣」,大致差不多的聲響,但是其間微細之區別,顯然是王文興要利用以標示不同之音響。王文興把日本睡薦有時寫成「榻榻密」(標準寫法),有時寫成「他他米」。為什麼?我直問過他本人,他說他有時的感受是「榻榻密」,有時卻變成「他他米」。我感懷於他的多變的感受,卻不能滿意於他的答覆。

在結束這場幾乎無法結束的用字討論之前,我願意指出一個精采的片段,以證王文興透過文字求真之成功。這段出現在 117 節,范曄如廁,一間公用廁所,其醜臭,其群蠅,其黃糞,其白蛆,生動得令人作嘔。這是我見到描寫廁所最寫實生動的文字。全文太長,我不能引。似乎王文興覺得這段太髒,緊接著他寫范曄追求彩色與音樂之美,形成高妙的對比:

他低頭看股下幽黯的深窟,只見滿滿一片浮爛的黃屎,以至成百成千的小白蛆鑽動著。

——第 117 節

九行以後:

細聽著繚嫋的梵唖玲聲,見到一朵雪白的池蓮花漸漸漂起,漂起嘍,白蓮花的每一瓣花瓣片都能夠透得清清落落。

意象語之類似,意象的部位與運動方向之類似,尖銳地勾勒出完全相反的兩般情景!

由於王文興刻意模仿真實,真實之荒誕可笑處,自然使文字亦可笑滑稽起來,而作者卻無強作滑稽之意,如 138 節描寫范父穿范曄的長褲:

因為褲子太長，因此就把褲頭的腰部提增到胸膛門上，褲腰的部分打上好幾個折，並且還把褲管的下面給捲滾起來。

——第 138 節

又：

父親的他的那一雙木料拖板居竟然被他蹭磨得只餘下了半隻腳板的尺號，削削如刀般的兩小片，恍然若是牠是兩隻三歲小孩的玩展。

——第 139 節

可笑亦復可憐，可憐亦復可笑。這主要是措辭與描繪精細之功。范父燒飯，兒子詰難，有如下一段：

「這，這樣也大半差不多了，只是稍為稍為的畧硬一 di di 罷了。」
「只畧硬稍微一狄狄？你幾點鐘燒的？」

——第 141 節

繪聲繪色，真實得可笑！

《家變》的結構建築於兩個不同時間的發展，一是用阿拉伯數字標明的過去時間，描述著范曄的成長，家庭的變遷，變遷中的家人之間的關係。這個發展其實是故事的主流。用英文字母標示的現在尋父經過，著墨不多，可說是副流。由於主流的發展，終於迫使父親走出。王文興在這裡暗暗用了偵探小說的手法：故事開始，父親走出；他為什麼走出？為什麼？於是全本書為你提出一個答案，細細道來，要至最後倒數第三節才真相大白。主流的變化進展多端繁複，大抵說來，它是被一個潛存的伊底帕斯情意結，一個經濟依賴或自主等主題，支配著它的發展。不過，其中也有許多片段，描述范曄的文學心靈之滋長。所以，這是一個勞侖斯的《兒

子與情人》及焦易士的《一個藝術家之少年畫像》之結合。由於范曄在經
濟上之自主與年歲上之成熟，原來他想逃離的家終至被他霸占，而消沉的
老父倒是讓賢離去。以字母發展的尋父經過，發展不大，但是意義深沉。
開始，范曄積極去找父親；後來，連登報的錢都要節省，隔好久才登一次
尋父啓事；到最後，尋父絕望之時，卻是范曄母子倆新生活之開始：范曄
是「紅光滿面」，范母是「流溢著一股身體健康」的「象徵」。所以，兩個
發展終於結合爲一，而《家變》變成了「新生」。《家變》之整體前呼後
應，一切都那麼息息相關。前面已約略提過，故事一開始范父悄然堅決地
離去，和書之尾聲洩露他對兒子的絕望而要去做和尚，遙遙呼應。故事之
後部寫范曄在金錢之刻薄與吝嗇，這與范家往日的貧苦、父母月頭月尾典
當借貸、以及兩夫妻在睡房數著不夠用的幾個錢大有關係；范曄是在這種
背景長大的，難怪他不一分一毫的珍惜。此外，就連鬼神這個題意，25 節
與 110 節，遙遙相應：前者寫毛毛怕鬼，後者寫漸長的范曄已成了不信鬼
神的懷疑論者。父親等兒子回家，兒子等父親，這也是一再出現的題意。
到了 125 節父親等晚歸的兒子，反而被兒子排喧了一頓！而 A 中范父走出
後，范曄也不是苦等父親回家卻再也等不到了。總之，《家變》在題意
（motif）各部分或作相近的鉤連，或作遙遠的呼應，編織得十分細密。

　　除了若干節如 122、126 及 129 等，除了散見的小不要之外，我認爲
《家變》在文字之創新，臨即感之強勁，人情刻畫之真實，細節抉擇之精
審，筆觸之細膩含蓄等方面，使它成爲中國近代小說少數的傑作之一。總
而言之，最後一句話：《家變》就是「真」。

——《中外文學》，第 1 卷第 11 期

——選自顏元叔《談民族文學》
臺北：臺灣學生書局，1973 年 6 月

淺談《家變》的文字

◎張漢良[*]

　　王文興先生是臺大外文系的老師，我是該系畢業的學生，雖然沒有上
過他的課，師生的身分仍在，師尊生卑，本宜無相僭越，現在學生來談老
師的作品，難免有踰越分位之嫌。不過，自《家變》刊出後，我聽到不少
反面的批評，大多是針對這本書的文字而發的，個人覺得這是一部相當凸
出的小說，希望能把閱讀的經驗介紹出來，與大家分享。本文主要討論
《家變》的文字，在討論之前，首先簡單地談一下《家變》的故事結構與
主題。

　　《家變》的結構相當單純，故事情節在兩條依年代順序發展的平行線
上進行：一條是現在，一條是過去。前者以英文字母分段，敘述父親之離
家出走，主人公范曄的尋父經過；後者是過去，以阿拉伯數字編排，敘述
范曄的成長過程，可以算是一篇人格塑造小說（Bildungsroman）。在這兩條
以父親出走爲銜接點，分別在不同時空向前發展的平行線之間，不斷出現
的尋父啓事，有如詩歌中的重複句（Refrain），作爲連接兩條敘述線的轉
折，推動了故事的進展。啓事刊登的頻繁性，也與主角的心理狀態密切相
關。全書分爲三部，以父親出走的 A 節開始，第一則啓事 C 引導出童年的
敘述 1，以後依序爲 1～18，D，19～25，E，26～44，F，45～51，G，52
～87，H，88～110，第一部到此結束；第二部以啓事 I 開始，依序爲 111～
118，J，119～123；第三部以啓事 K 開始，依序爲 124～127，L，128～
151，最後一則啓事 M 刊出後，主角的尋父經驗又回到第一則啓事 C 刊載

*發表文章時爲中興大學外國語文學系講師，現爲臺灣大學外國語文學系暨研究所名譽教授。

之前的 B，再接下去是 152～155，N，156～157，數字最後一節 157 寫父
親出走，在時間上聯接了字母的第一節 A，全書以字母 O 結束。

　　由故事敘述的過程看來，作者主要談論的是過去，父親突然出走的這
個家庭變故：

> 一個多風的下午，一位滿面愁容的老人將一扇籬門輕輕掩上後，向籬後
> 的屋宅投了最後一眼，便轉身放步離去。
>
> ——A 節

> 父親他病了。……俟等到他的病完全的還復至他可以恢復以前的自由施
> 腿走動時，過了沒兩天，這一位父親他就至上神祕地，任誰也不知道他
> 為了什麼，去了那裡去，的出門不見了。
>
> ——第 157 節

只不過是一個楔子，引導出一個意義更重大，更具普遍性的「家變」，亦即
對中國傳統倫理觀念與家庭制度的檢討，正如主角范曄在日記上所寫的：

> 「——家！家是什麼？家大概是世界上最不合理的一種制度！……」
> 「為什麼要有家庭制？這個制度最初到底是誰無端端發明出來的？人類
> 在開始的時候也許是出自『需要』，至需要靠一家的團結來拒對外患，可
> 是時至今日我們顯然悉已經必定不會有外凌的傷害，想不到居然反而是
> 一家人自相內部相互的相殘！——茲是依照這樣來看值今此一家庭定制
> 牠是不是還有教牠存在的『需』『要』？事實上如果我們開眼看一看人家
> 其他的異種西方國家文明，看看其他的高等文明，就會知道根本就不認
> 為什麼『孝』不『孝』是重要的東西，……」
> 「我將來，我現在發誓，我不要結婚！假使我或者背叛了是一誓矢的
> 話，我也一定斷斷不會去生養小孩子女生出來！我是已經下定了決心不

　　再去延續范姓的這一族線的族系流傳了——」

——第 152 節

　　因此，「家變」這個題目含有兩層意義，一指父親出走事件，一指傳統家庭觀念的激變，後者正是本書的一個主題。這個主題的發展與范曄的心智成長過程相互關聯。隨著他年齡的增長，心智的成熟，對父母的感情也由孺慕之情變為憎恨，同時這故事也反映出主角處身於愛與恨的尷尬狀態下的內心衝突。

　　范曄的尋父經驗，有些類似史蒂芬・迪達拉斯在《尤里西斯》（*Ulysses*）中，尋找漂泊的布魯姆的情形（雖然關係完全不一樣）；說得誇張一點，「家變」也象徵著無父（傳統）的現代中國人的精神漂流，或者反過來說，被放逐了的傳統的漂離失所。讀者容或已注意到父親出走的普遍性：

　　這老和尚說：「兩天前一個與你很相像的年青人上這兒來。同樣的在尋他父親。我也曾帶他到這房裡看下過；——他也說不是其父。因的口音不一樣。」

——G 節

　　和《尤里西斯》不同的是，史蒂芬與布魯姆的遇合，象徵著父子的重聚，而范曄的「是一個父親仍然還沒有回來」，范曄始終未找到他。事實上，他捨棄了傳統，離開了父親（父親是被迫出走的）後，逐漸習慣了無父的生活，三個月之後，他不再尋找了。當然，我們還可以說得更誇張一點，范曄，這個自大陸來臺的孩子，自捨棄了傳統之後，也逐漸習慣了新的生活方式，不再渴望與父親重聚了（O 節），因此，尋父過程似乎又導出了一個較小的主題：建立在政治現實與意識形態衝突之上，與傳統和故土隔離的問題。至於父親出走後，范曄一直到寺廟和教會去找尋（D、E、G、H

節），除了是交代范父當年的一句要「上和尚廟」的讖語（？）之外（93、156 節），顯然還有宗教層次的象徵意義。總之，關於《家變》的主題，可以討論的地方很多，顏元叔先生在 11 期《中外文學》上，發揮得相當精采，對讀者的了解貢獻很大，此地我不再重複。本文主要是談作者王文興先生的語言問題。

我認爲《家變》最成功的地方便是文字的應用，這可分三方面來討論，第一，作者更新了語言，恢復了已死的文字，使它產生新生命，進而充分發揮文字的力量；第二，他把中國象形文字的特性發揚光大；第三，爲了求語言的精確性（主要是聽覺上的），他創造了許多字詞。正如顏先生所說的，文字用久了就失掉原來的生命，變成死的語言，這倒不是說原來襲用的語言不好，只不過是人們用久了，用舊了，把它磨鈍了，變得不生動，甚至沒有意義了。事實上，像「白駒過隙」這個修飾時間快的意象語相當不錯，白駒本身就已經是光的暗喻，以光速來說明時間之快，相當合理，相當精確，相當科學。尤有進者，白駒作太陽的象徵，更是一個宇宙性的話（如希臘神話的 Pegasus），這使得「白駒過隙」這個意象不但精確，且具普遍性。但問題是今天有誰用這個意象語時會像最初莊子那樣，經歷一段美感或思維活動？在這種情形下，爲了使文字生動，使意象鱻明，作者必須要創新。創新有兩種可能，一是使用古字或廢字（這似乎是矛盾語），例如以「鱻」代「鮮」，藉以恢復文字逐漸喪失的意義，與意象原始的鱻明感。原始的意義加上後天逐漸衍生的意義，使得文字的密度加大，容易產生文學的要素之一——多義性。英國詩人霍普金斯（Hopkins）與狄倫・托瑪斯（Dylan Thomas）是兩個例子，他們的詩作密度大與用古字、廢字不無關係。另一種創新的方法，就是字面上所謂的，作者創造新字，新詞彙，新意象語，以代替「牛毛細雨」、「傾盆大雨」等陳腔濫調，和「湖水的藍」、「遠山的青」、「玻璃的碧」，與「土耳其玉的翠」等不精確的意象（如果算是意象的話。這幾種顏色某位作家發表在 4 月 16 日《中國時報》的副刊上）。關於恢復文字廢棄的意義，使它在上下文中產生作用，

我可以舉焦易士（James　Joyce）的一個例子來說明。在焦易士的一個通俗短篇〈伊薇琳〉（"Eveline"）中，有這麼一句話：

She looked around the room reviewing all its familiar objects which she had dusted once a week for so many years, wondering where on earth all the dust came from.
她環顧四周，打量著屋內熟稔的家具，她每週撢一次灰，不知道這些灰到底打那兒來的。

當然這句話中既無古字，亦無廢字。但 familiar 今天解作「熟稔」，字源上的意義「家庭的」今天已經廢棄不用了。焦易士用這個字卻能一語雙關，不但表「熟稔的」，也恢復了「家庭的」意義，因為在文句中，這兩層意義有因果關係。接下去的 on earth（到底）是英文的一個習慣語，我們平常用時，不可能引起 earth 的聯想，但用在這裡 earth（土地）與 dust（灰）便恢復關係，因而產生了幽默的效果。

　　類似的情形，在《家變》中出現不少，中國字的構成原理更是作者的一大助力。第二部一開始，范曄外出尋父返家，這時「周圍都很黑闇」（I 節）。我們通常都用「暗」或「黯」。「闇」原意是「閉門」，後來轉用為「幽暗」，此處用「闇」卻有特殊效果，因為它的廢義與「周圍」關聯，使得意義更精確。此外，「闇」當名詞用是指居喪之廬，或影射范家嚴制（父親的出走在本書中確實有死的暗示，見 J 節）。又如 79 節：

　　他走下微有晨露之屮堤，停止於似長戟般的屮莖與羊齒葉之內，遠矚遙遙的青草廣場。晨霧似草地上發冒的毿毿白毛。

我們都知道，「屮」是象形字，「草」是假借字，今天借字行而本字廢。作者在前面用了「屮」，很明顯的是要恢復個別的草是象形的這個概念，強調

屮是一個視覺意象（Visual sign）；後面又用「草」字，一方面說明大片草地便不再象形了，另一方面卻強化了「早」這個概念。

　　文字的原始意象無法恢復時，作者便略為修改字形，以求得同樣（或類似）的效果。在全文快結束的 156 節，有一句話：「那一次是他的父親做了一件頗不名譽的事件。」我們平日書寫時，為了方便往往不加思索地寫一個簡體字，但沒有人會在排版時勉強刻字工刻一個「譽」（可查證原文，確實是刻的。）作者為什麼要這麼做呢？這還是需要從文字學的觀點來探討。「譽」這個字是「舁」、「与」和「言」拼起來的，包含舉、賜予，和稱美的意思，有發揚光大的含義。今天人們寫這個字的時候，不會有什麼聯想，字的原始意義無形中已經喪失了，所以王文興先生硬來一個「光」「言」，讀者可以見字「會意」，知道范父做了一件「說」出來不「光」彩的事。另舉一類似的例子以會意：133 節述范曄去找一個他父親解僱了的三輪車夫，車夫說：

　　我雖然不識字，但是我也一樣知道做個人應該去報答好人。

「識」字從言，戠聲，不論原意是「志」、是「常」，或是「意」，用在此地都無意義，因為那個車夫大字不識一只，用「只」、「言」，不但聲音說得過去，意義也精確得多了。又如 111 節，范曄的母親因曬衣與鄰居吵架，范曄甚覺羞愧，

　　他一人在屋裡走廊內來回躞轉著，他臉上慍慍發熱，雙手則是冷冷的。

「躞」想係「躞」之變，原字已經有兩個「火」了，作者為了逼真與強調，乾脆再放把火，把底下的「又」也燒掉，燒得范曄在屋裡直打轉。三個「火」字包著一個「言」字，表示主角內心的煩悶不安，而前面的一句話是一句內心獨白：

　　ㄠ，媽媽，你不是說竹籬上架了衣件會垮的？（原文無引號）

實在是被火燒得說不出話來，因此，「終這一場爭吵他皆沒有**勇氣**出來」。「爕轉」這個動作，或「變」這個內心狀態，使得「他臉上慍慍發熱，雙手則是冷冷的。」照道理說，「慍慍」是修飾「發熱」的，「慍」應寫作「溫」，以表示「煖」的意思。作者不用「溫」有兩個道理，用「溫」字，煖則煖矣，但根據形聲字的創作道理，「溫」字從水，會引起水的聯想，這麼一來，「溫」與「冷」便構不上相當的對比；反過來說，借「慍」以廢「溫」，一方面說明了心（忄）境（「昷」，煖也）與臉的溫度，同時也兼指憤怒。事實上，「溫溫」是和柔的意思，用在這裡反而不倫不類。

　　走筆至此，我們似乎得到一個印象，認爲《家變》的文字創新主要是視覺意象上的，事實不然。王文興先生所用的大部分新字、怪字都是爲了求聲音的精確。在討論之前，我先說兩句題外話。近兩個世紀以來，人們談論藝術之本質與媒介時，喜歡講一句口頭禪，說什麼文學是空間性和時間性的綜合藝術，它所用的媒介——文字，兼具音樂（空間藝術）的媒介——音符，和造型藝術（空間藝術）的媒介——線條的特性，所以文學是介乎音樂與造型藝術之間的媒人（intermidiary）。正因爲這個緣故，許多西方人，譬如艾森斯坦（Sergei Mikhailovich Eisenstein）、費諾羅沙（Ernest Fenollosa）、和去年逝世的龐德（Ezra Pound），都喜歡在最具空間性和時間性的中國文字中尋找靈感，認爲它是最好的文學媒介。西方人求助中國字的主要的是它的空間性，換句話說，它的視覺意象，究其原因乃是由於中國字的象形作用。但反過來看看中國字的時間性，即它的聲音，便可能不如以字母拼起來的蟹行字，關於這點，我不敢究其原因，只敢猜想這和中國字的單音節性有關。我要說的第二句題外話是關於語言的不精確性，也許我該說視覺符號表達純聲音的語言的不精確性。舉一例來說，「兒子」、「子兒」（錢）、「子不語」這三個詞彙中都有一個「子」字，前二者是現代國語，後者是一種不同的古代語言。（純就聲音而言）。在「兒子」中，

「子」是「兒」的語尾（Suffix），「兒」唸重音，「子」音減弱，我們給它一個注音符號上的第五音「‧」（顏先生懷疑夏小姐的京片子，我可以如此解答：「雞」讀重音，「巴」是語尾，讀輕音。作者為了要音義兼顧，所以把「巴」改成「靶」，聲音上稍為標準了一 Di Di，字義上卻重要多了，可細品上下文）；但在第二個詞語「子兒」中，「子」唸重，「兒」卻變成了語尾，唸輕音。這樣說來，這兩個「子」讀音不同，意義不同，再加上「子不語」的「子」，三個意義不同，讀音不同的「子」為什麼要有一個共同的視覺符號呢？難道我們不可以增加或更換視覺符號嗎？

現在我們繼續探討王文興先生的語言，中國字的視覺特性給了他不少方便（部分已如前述），但中國字的單音，不精確音，也給了他不少困擾。要解除這些困擾，很簡單：造字（說造音更精確）。我相信王文興所造的字、怪用的字、黑體字、加線字、數字、字母、注音符號、與標點符號，都是為了區分或增強讀音的效果。即使是同一個語尾助詞的「了」，因為時間、空間、和上下文的不同，讀法也不同：

「鬼來咯！快逃噢！」

——第 25 節

「我來臺北快有三年勒」

——第 67 節

幕漸然上昇嘞。

——第 67 節

「恐怕得要暫時停止找嘞，等等消息。」

——I 節

他底父親答謂那個僑商不久就要到這兒，臺北，來ㄌㄜ……

——第 122 節

「怎麼的ㄋㄜ？還要給多少？」

——第 133 節

這和《尤里西斯》中的情形很像，同一個 up 會變成 U.p. :up，或 U.p.up，或 U.p.…，或 up。焦易士描寫 Davy Byrne 打哈欠，兩次不一樣，先「Iiiiiichaaaaaaach!」後「Iiiiiiiiaaaaaaach!」，58 節照相機聲音先「喇力，」後「喀立！」再「喀！嚦」。有人會覺得這麼做毫無意義，打哈欠聲音不同可能，但相機聲音絕對一樣。問題在這裡，即使把聲音錄下來，分析的結果一樣，拍照與被照的人對三次聲音的感覺也不同。《尤里西斯》中的鈴聲（當然焦易士有意把鈴當人物），先「Haltyaltyaltyall」後「Heigho! Heigho!」，我想道理是一樣的。為了擺脫單音字的束縛，作者把許多尾音拖長：

他便會哀叫一長唉：「咿哝喲喲——噢」

——第 144 節

「你應當問祖宗喜歡吃，不，喜歡『聞』，甚麼菜伊鴉？」

——第 110 節

「埃已——我的心口那裡好痛喲！」

——第 129 節

文字力有未逮時，作者便借助於注音符號、標點符號、或英文字母：

「但是難道你就亦不顧到你的親弟弟的，還有你底姨媽的每日生活了ㄇㄜ ㄜ？」

——第 113 節

「為什麼？是不是她死了？」

——第 116 節

「看！這是什麼？」

——第 109 節

「這說話的態度那裡是像對他父親的說話的聲態，Hai——」帶著淒淒的尾巴。

——第 124 節

在走進入以前他猶聽到他的父親被留在後頭的一呻：
「Hi～ ～」

——第 125 節

「噯，不，…」父親滿流淚痕地望著他。　然後他父親問：「　　他的東西都拿走了嗎？」

——第 123 節

我選出來的這幾段都相當成功。拖到後面的尾巴用線表示很恰當，曲折線尤可以表示音度之遊梭與聲音的振動。「死」字用虛線框起來，便有了訃告的作用，顯得這件事（或這個字）意義的重大。讀者應當注意空格，它們是老子的窗牖，無之以為用，有如音樂上的休止符。他父親問後之引號底下空了兩格，表示已經開始問，但話哽在那兒了。描寫感情之受創甚為生

動。這點顏先生似乎忽略了。

　　各種聲音之間細微的差別，有時要仔細玩味才能把握，我舉一個顏先生提過的例子（學生拾老師牙慧，也不怕人見笑了）：

> 這些演員眾概以一式別異的踏步在臺上走動，因為人人都穿木底屐的緣
> 故；踏在舞臺台平裡敲發空咚空同底響音。

——第 67 節

擬木屐與舞臺敲擊的「空咚空同」四字皆疊韻，「空」與「空」雙聲，但「空咚」比「空同」要響亮，一則因為「咚」比「同」的音度（Pitch）高，二則因「咚」的聲母與「同」的聲母，一為有聲之音，一為無聲之音。假如「空咚」與「空同」為同一擬聲之重複，第二個自然要弱一點。

　　在結束擬聲字進入形聲字的討論之前，我想不遜地舉一個顏先生認為作者為了「標示」與上述之「空咚空同」，「不同之音響」而顯得「相當滑稽的例子」，這便是 94 節，我個人認為這段文字不僅音響效果甚好，即使論意象也是難得一見的，全部引錄下來，以便分析：

> 於七月末秋季新伊的夜央，從枕上常可聽得遠處黑風一道道渡來空其空
> 氣的鐵路機車車輪輪响，時響時遙，宛似秋風吹來一張一張的樂譜。

句子開始作者用了兩個文言字詞：「伊」和「夜央」。「伊」是開始的意思，如果用「新始」或「伊始」效果便差了，「伊」這用法很「新」，「夜央」也很特殊，人們讀時被迫停下來體會，美感活動便開始了。「伊」和「夜央」雙聲，如果照從前的唸法還疊韻（這點似乎與前面所說的語言學的聲音語言衝突，既然是兩種語言，為什麼可以混用呢？我想這就是文學不科學的地方吧，它有最 Comprehensive soul，又要精確，精確到「子」、「子」不同，又不要精確，要古今一體，要在文句中產生歧義與曖昧）；底下的雙聲

「一道道渡來」，不但指事，而且擬聲，而這擬聲字本身又是一個暗喻（渡來）。妙的是「空其空氣」也是建立在美感活動（聽覺印象）和思維活動兩個層次上，一方面擬火車開動聲，另一方面指出一件事實：要靠「空氣」作媒介，才能「渡來」「鐵路機車車輪輪响」，才能「吹來一張一張的樂譜」。如果讀者大聲讀出來，會發覺「機車車輪輪响」本身也擬聲，「車輪」產生視覺與字源上的關聯，「輪輪」擬車行聲，繪車行相，「輪响」（非「響」）指響聲（從「口」）外，更指車進「向」，因此作者用「响」，在底下的「時响時遙」中，只要從「音」就夠了。最後的一個明喻點出了音樂意象，算是這句話的結論。我認為這一段文字可以算是王文興先生發揮文字的空間性與時間性，融合視覺意象與聽覺意象，充分發揮文字擬聲、繪形、指事等作用的最佳例證，我相信這也就是他在《家變》運用文字的理論基礎。接下去我要繼續討論王文興先生如何發揚光大中國文字的造字與用字原理。

　　《家變》中造得最多的是形聲和會意字，用得最多的是假借字（根據段玉裁的說法，前四書是選字之法，後二書是用字之法）。我們舉例討論。

　　他來回了數十匝後再踋回房子。

——B 節

「踋」字想係是作者造的（如有孤陋寡聞之處，敬請各位指教）。平常我們用「折」這個會意字，然而，不論原字意為「草斷」或「手斷」，在此都無意義，因此作者造一個從「足」音「折」的字，以表現回房的動作。接下去不久，范曄躺在牀上胡思亂想，突然被母親的聲音驚起，這一段寫得濃縮而傳神。范曄突然的答腔：「嚼？」頗能達到使讀者驚愕的效果。「嚼」與「顎」同意通用，作者把兩字擠在一齊，從口，使它變成一個疑問感歎詞，仍然保持「顎」聲。更重要的是這個字非常精確地，非常解剖學地，描寫了發ㄜˋ音時下巴的動狀。范曄與母親商量之後的結論是：

「我們必需報告警局。」

「是嘛？」靠座椅上的警官問。

從母子之間在家裡的對話，轉換到范曄與反應淡漠的警官之間的對話，除了中間空了一行之外，沒有任何轉折與累贅的描寫，這種蒙太奇的濃縮相當成功。當然，我們討論的問題在下面：

「你叫什麼名字？」
「范曄。」
「䳏嗯……？」

「鵝」字從「鳥」，「我」聲，作者造了一個從「口」，「鵝」聲的字，代替我們平常慣發的「哦」或「啊」，後面再加上一個「嗯」把音拖長，是為了讓我們看到警官像鵝一樣扭頭，發出鵝的聲音，除了聲音與形狀逼真，也許我們還體會出那警官官僚與懶散的味道。另一個類似而傑出的例子出現在 98 節，范曄的朋友沈雁汀打趣他：

「你好白鷗，白得像白雪公主一樣，你平長都不大晒太陽。」

——第 98 節

作者把吾人常用的語尾助詞（或感歎詞）「哦」或「噢」換為從「口」音「鷗」的一個新字，其目的也是為了使讀者意會他白得像隻鷗。上面所舉的幾個例子，不但聲形相輔，形形亦相輔，同時視而可識，察而見意，說得誇張一點，它們幾乎綜合了象形、指事、形聲、會意的四種造字方法。

　　至於用字的假借法，作者亦頗能發明。我仍用前面引的這句話。「你平長都不大晒太陽。」我們平常都不用「平長」。作者因「長」、「常」同音，

以「長」代「常」。道理很簡單，「平」與「常」連文一義，沒有重複的必要，換個「長」字，便產生「平日」與「長久」兩重意義，文字更經濟，意義反倒繁富。假借字除了造成多義性，有時亦使意義更精確，這與前面提的聲音的精確性，實爲一體兩面。我們要知道（我們都知道），王文興不是語言學家，而是力求語言精確，卻又多義的文學作家。要音形皆美（或真）不是王文興的問題，而是文學的本質與限制的問題。54 節有一例：

> 車子若經過時則灰塵滿天。路旁的檳榔樹都蒙上了一層灰層。

「塵」字原意是三隻鹿跑過土地，引申爲飛揚之土。這個意義適用第一句話，車子經過絕對不比三隻鹿經過時灰塵小。但是如果說路旁的檳榔樹都蒙上了一層飛揚的土，不但談不上精確，而且不合邏輯，毫無道理。作者以「層」代「塵」的是高明。美中不足的是，有時作者假借得太大方了，反倒走火入魔，成了敗筆。舉個例子來說，83 節范父去學校尋子不得，「他選摘了那另一歸路回歸。」作者以「摘」代「擇」，這兩字聲母不同，但合假借的原理，和前面的「層」、「塵」一樣（或雙聲疊韻，或音同音近）。作者假借得並不成功，固然「選」與「擇」連文一義，但「選」與「摘」亦連文一義，除了造成新鮮感外，可以說無大意義。這只是不成功，倒不算敗筆。讓我們來看另一個例子：

> 門院中之杜鵑花燦發，度出一陣輕辛的辣息。
>
> ——第 66 節

如果作者真的是以「輕辛」代「清新」的話，倒有點弄巧成拙了，「輕」代「清」甚佳，但「辛」與「辣」同義，同在此地反而成了贅詞（redundance），甚至比「辛辣」還要累贅。我以爲如改作「一陣輕新的辣息」，文字就更精簡，含義就更豐富了，但如此便會喪失「辛」與「辣」字

質上的關聯，也是美中不足的事。

關於王文興先生的造字藝術，我就討論到此。造字是要用的，要引起讀者感覺上的經驗與印象，所謂意象語是也。我們在前面已零零星星，斷章取義地提過一些了。意象語的運用應與主題或故事結構結合。我認為《家變》中意象語的頻繁性與稠密度，以及句構（Syntax）的簡短繁長，都與主角范曄的心智成長過程有關。這點又與焦易士的《青年藝術家畫像》（*Portrait of the Artist as a Young Man*）的情形類似，我認為這兩本書是很可以成立的「類比」（"analogous"）文學題材。本文旨不在此。現在我簡略地依年代順序勾勒一下范曄的心智發展過程，主要是美感經驗的培養，同時依序討論一下意象語的發展情形。我的討論僅限於《家變》的第一部，第二、二部偏重范曄的智性成長，與主題的關係比較密切，顏老師分析得鞭辟入裡，沒有我多嘴的必要。故事開始在毛毛四、五歲時，描述他識字的經驗。這時他開始觀察周圍的事物，由於毛毛的許多感官能力尚未成熟，作者用幾乎純客觀的描寫，無所謂明喻、暗喻等意象語可言：

> 風彎了樹。他在窗框密閉的室中，迎對窗子。背後響著父親與母親的動靜。房中一亮一晦，風把窗外遮護的桂花樹颭開的原故。枯葉讓颱風橫向吹刷。在桂樹深枝間，有頭文絲不動的鳥鵲兀止。
>
> ——第 2 節

> 母親寢室窗頂氣窗上的彩色玻璃。
>
> ——第 3 節

如果要適合毛毛的身分，第 3 節應該比第 2 節成功。第 2 節有點世故與造作，如把「文絲」兩字去掉，雖不逼真，卻客觀得多了。第 3、4、6 節述毛毛色彩觀念的萌芽。第 5 節非常寫實，我相信許多人都有過這種神祕的經驗。第 10、12、13、14、15、16、17 節這些片斷的童年記憶都是真切的

描寫，表示出小孩對事情的觀察與感覺，與童年記憶的片斷不全。

　　毛毛進學堂算是一個新階段，外在事物的觀察甚細微，頗能使人產生美感。

> 黃金的陽光照在廳房各處，有一印水光動游在頂壁上。
> 綠樓舍分在光和影的多面割劃中。
> 他們站到，葉子影和花影畫在壁原上。
>
> ——第 18 節

觀察確實入微（就小孩子而言，有點過分入微），但形容詞的運用不甚高明，幾個明喻更是有意地拙劣：

> 那樣靜寂，那樣巍偉。
> 抓住他的腕骨像鐵鉗子一樣叫他痛楚⋯⋯
> 他欣喜若癲！
> 那刮和尚頭的孩子坐得挺直如板凳，且露著一朵喜笑。
>
> ——第 18 節

這些修飾語有固定反應的嫌疑，但頗適合剛入學的毛毛；隨著毛毛成長，這些拙劣的明喻便逐漸消逝了。在 50 節以前作者文字的運用較正常，「詰屈聱牙」的地方較少，意象語也較單純，對六、七歲的毛毛，普通語言似夠用了。比較凸出的是 25、29 和 48 節，可能是由於它們處理的問題相對地比較複雜。29 與 30 節之間的轉折成功：

> 「好嚜？怎不說話？哦，不要**刺激**媽媽，媽媽有發暈的毛病⋯⋯」
> 他突然跳起，舞蕩胳臂把桌上的諸許紙猴子揮得到處旋飛。
>
> ——第 29 節

在「發暈」和「旋飛」的當兒，他們一家在海船上漂搖了：

> 他和他爸爸媽媽跟二哥在開向臺灣省的海船中。……艙頂和艙牆搖傾歪
> 斜……燈泡搖晃掛著。
>
> ——第 30 節

57 節與 111 節是時間上的兩個重要交代，意象語的運用也各自不同：

> 一架飛機低空掠過，他從屋裡搶急跑出來仰眺。現今兒他年齡八歲勒。
> 他手掌掩於眉沿，看這一架適飛去的機身。牠是一架雙翅翼底教練用飛
> 機。他看著牠倚斜的成一字橫 H 字的逐而遁逝嘞。
>
> ——第 57 節

> 一座雙隻機膀上掛著兩隻陀螺的噴氣機嗲聲極低擦過，其噴氣聲起先彷
> 彿一片大鐵片坍到另一片上的吵聲。然後逐漸遠逝像無數煤油桶在石板
> 面上旋滾的啌响。一個少年從居屋裡跣著赤足迅跑到小院內來看，只見飛
> 機已隱了蹤影，只看見高空上的很多若白色嫩豆腐票花似的蛋雲。這少
> 年現時十六歲……
>
> ——第 111 節

描寫同一件事的兩段不同的文字，後者比前者複雜得多，前者幾乎未用意
象語，後者的描寫相當細膩，三個明喻不但脫俗，而且精確，文字的密度
大多了（見顏文）。此外，即使作者不交代范曄的年齡，我們仍可以感覺時
間的飛逝，前面是「一隻雙翅翼底教練用飛機」，後面是「一座雙隻機膀上
掛著兩隻陀螺的噴氣機」。這段期間，范曄的成長主要是美感經驗的，諸如
照相（58 節）與看戲（67 節）的經驗，藝術的創作（71、101、102 節），
痛苦、恐懼與羞憤等感覺，與對外在景象的詳細觀察。我覺得作者在這階

段意象語的運用最為精采。64 節寫秋時窗外的榕樹，樹上的鵝黃片葉兒，

> 像中年人的頭髮裡纏攪幾根白髮根一樣——風刮過黃葉墮下，若一弦弦
> 的琴線縴下。

兩個明喻都很好，前者是一個傳統上人與自然認同的比喻，令人產生淒涼
的感覺；後者的音樂意象與意象本身的雙聲疊韻統一，「線縴」、「纏攪」與
「白髮」又糾葛在一起。66 節寫春天：

> 春始時那榕樹上稀落的嫩芽葉梢像鮮綠幼蠶豆的豆瓣，到春末時樹身滿
> 滿搭著綠葉，葉子像一顆顆女人手上的翡翠戒飾。
>
> ——第 66 節

也用了兩個明喻，第一個不僅擬形，且使「春」、「始」與「幼」三字的字
義相連；至於後者除擬形外，簡直如希伯萊文學中的明喻用法，不取二者
之「像」（"Similarity"），反取二者之「貴」（"rarity"），明喻用到這一步，
可以說鑪火純青了。67 節述看戲的經驗，顏老師發揮得淋漓盡致。我同意
這是一個啟蒙故事，它建立在三個黑體字「**新經驗**」的基礎上：

> 「叫二哥與你去好不好？」……「好，」他答；這是一箇「**新經驗**」。
> 二哥他不說話。他遂發見他哥哥實際乃為叫他敬崇底人；
> 這次是他第一次讓二哥拏他的手。
> 他是首次到這麼浩大的地方上來……
> 他這時嗅及一鼻特殊味覺，……
> 噢—從來沒見過這樣神武的打扮。

這種種「新經驗」再加上男女主角「至為溫柔纏綿的談情場面」，使得毛毛

「在這一霎彷彿覺得已變得是個大人了。」至於後來的幻覺破滅，還是請各位去看顏老師的分析吧。

68 節的火車意象出現得恰到好處，我認為這是暗示范曄身體發育的一個性象徵。它和 71 節的吹皂泡，75 節的水肥味，以及後來 105 節的讀色情小說經驗相互呼應，這在心理分析上是成立的。71 節同時描寫范曄的藝術創作經驗，這可以和 29 節的摺紙猴一齊討論。74 節的美感經驗和 79 節的相呼應；74 節的恐懼感覺在 81 節獲得繼續的發揮。這些都是令人喜愛的段落，79 節的經驗尤使人想起《青年藝術家畫像》第四章快結束時，史蒂芬在海邊的散步。讀《家變》這些段落，個人都和毛毛一樣，「感到至大的戰動。」因篇幅有限，無法逐一討論，我隨意選出兩個非常「戰動」的意象，83 節范父外出尋子：

他再繼續尋下去，眼見一座齒科醫院的張著口腔露出牙床的門灯……

這個超現實的意象，真可以說是驚人之筆。另如 92 節：

一嚐白蟻繞飛進屋室裡，爸爸向著房火舉起一面洗臉盆，影逗白媽蟻俯刺入水，父親一蓬蓬密的大髮。

「嚐」這個擬聲字兼數量詞；「影」字為假借，更是一語雙關：以「影」引「逗」。最感人的是「父親一蓬蓬密的大髮」，它在文法與邏輯上與前面的意象毫無關聯，被作者以暴力軛束在一起後，產生了曖昧與張力。到底父親的髮如白蟻，或是白蟻如髮？或兩者認同，或彼此無關？我們不禁想到毛毛小時病了：

有一夜他醒時見父親坐在椅中睡盹，兩穴的髮腳刺扎蓬立。

——第 7 節

也許我們該求助於上下文，91 節述毛毛與父親摔跤，毛毛屢戰屢敗，遂用計，趁「爸爸移轉離開時他伸腿一勾，他父親一絆栽向地上去矣。」

> 然而他看審到他父親仍仍坐賴地蓆上，好幾次都無法子起身，他因是感到一腔憐然，他遂伸出手援協幫起父親。

93 節寫毛毛「反心性根子」的「同他父母作對——不聽他父母的話。」

> 聽得這些話言他便感及心如刀戟相刺一樣的難過，感到有種深重重大罪錯的感想。

作者僅用父親的頭髮便點出了范曄的內心狀態。

從 111 節起到「全文完畢」，作者主要強調范曄智性方面的成長，包括他對傳統家庭觀念的反叛（讀者注意他開始讀西方文學作品）。段落的加長，除了表現出時間逐漸接近現在外，同時更反映出范曄的思想逐漸成熟與內省的態度，這時的文字可能是最生澀的了，我相信這和范曄的思維習慣與內心衝突有關：

> 「你看，你你，你看——紙門關了，」他覺得不對，這完完全全沒有表達及他的意思，他要表達的是憤怒，<u>憤怒</u>，而他所表達的竟似乎是禮貌了，於是他又再試行說一遍：「那些關著的紙門，」不對，更糟——以是他便失去了控欲地大叫……
>
> ——第 124 節

爲了試圖表達范曄無法表達的內心狀態與無表達能力的缺乏 articulate energy 作者往往生澀而冗長的表達：

於是他就令諭是一刻他的父親立際予他自己以行執守行禁封囚錮處
分。……而且他底父親的活動的仄小範圍只侷限於他的那間臥房的房居
之內，而且他並茲是之外另行不與許他吃是一昏的晚飯和第二個早辰時
分的他的早飯。

——第 156 節

這種文字的「即臨感」如何，吾不得而知，至少它很需要地，繪出一張一
個反叛的、無法妥協的、受苦的、處身矛盾與尷尬狀態下的，青年范曄，
畫像。

　　從上面所引的這段文字，我們可以明顯地看出，作者有意融合文言和
白話（語言學的說法在此是無關的），正如 94 節中，他在一個白話文的格
局（Context）裡，用了「新伊」和「夜央」兩個文言詞彙，亦如他用古字
（如「艸」），取廢義（如「闇」），同時又努力創新。王文興先生的作法，
價值判斷如何，現在尚言之過早。至少他試圖解開中國文字的情意結，試
圖給它一個「家變」，以延續它的生命，進而開拓它的領域。這使我們想起
艾略特所說的，詩人的「責任在保存語言：他不得減弱、粗糙，或貶低語
言；相反地，他有責任發揚這種語言，使它進步，進而探討其尚未開拓的
領域。」至少，王文興先生在朝這個方向走。

——選自《中外文學》，第 1 卷第 12 期，1973 年 5 月

孤兒？孽子？野孩子？
戰後臺灣小說中的父子家國及其裂變（節錄）

◎梅家玲[*]

家門內外——家之空間想像與父子傳承在《家變》、《孽子》中的變與不變

承前所述，「家」在空間上是為「一門之內」；在性質上，則側重父子相繼式的血緣傳承。如果說，日據時期《亞細亞的孤兒》無家無父的悲情訴求，實是以象徵形式，從另一方面印證了父權式家國觀的根深柢固；其「孤」與「不孤」的弔詭，正所以暴顯出「父子家國」論述本身的矛盾與盲點；那麼，當臺灣光復，國府遷臺，臺灣子民，儼然已是有家有父之後，其間的空間想像與父子傳承，又將如何？1950 年代以來，蕞爾小島之封閉自守，威權政體之壓抑禁制，每每促使書寫者以幽微迂曲的文學形式，體現潛隱於禁制深處的反叛，疏離，和尋求突破的企盼。1960 年代以降，現代主義與鄉土文學，即是在彰顯向現代化走去的臺灣現實難題的同時，發展和建立了一個對立於體制，而且不妥協於現狀的文學傳統[1]；其於家之空間想像，父子之傳承關係的體察思辨，自然別有曲折。如 1970、1980 年代，王文興《家變》與白先勇《孽子》，便曾先後因父子關係的違逆倫常，在文壇引起多方矚目與側目。但同樣作為「孤兒」的對立面，二書在「家」之空間想像與父子傳承關係上所開展出的相互辯證，無寧更值

[*]發表文章時為臺灣大學中國文學系教授，現為臺灣大學中國文學系暨臺灣文學研究所教授。
[1]參見施淑，〈現代的鄉土——六、七〇年代臺灣文學〉，收入施淑《兩岸文學論集》（臺北：新地文學出版社，1997 年），頁 304～310。

得注意。

《家變》重點在舖寫逆子范曄成長過程中，如何對「父親」由孺慕而厭棄，終至將其逐出家門的心理變化和實際經過。《孽子》則以被逐出家門的同性戀青少年為主，描繪其離家後多方面的愛欲掙扎。前者發生的場域正是「一門之內」，後者則在家門之外。其間的傳承關係，亦因家門內外之不同而顯有差異。

先看《家變》。該書在結構上分兩條線，一條循英文字母順序排列，敘述老父失蹤，兒子外出尋父的經過；另一條以阿拉伯數字編碼，敘述范曄自幼及長，在家中的成長過程。二者交錯為文，經營出既是「尋父」，也是「棄父」的錯綜變化。乍看之下，身為人子的范曄在「家」中以下犯上，倒行逆施，是為其所以「變」的重要內容。然而，倘若從傳統「孝／肖」觀念來重新檢視這「一門之內」的父子關係，卻會發現：潛藏於《家變》表象之下的，其實有太多的「不變」。而「孝」與「肖」在辯證互動中所產生的矛盾張力，正是左右這變與不變的關鍵。

本來，在華人傳統觀念中，「肖」乃是「孝」的重要因素之一。「肖」者，似也，像也。它起於血緣形體容貌上的相連相似，而以志業上的克紹箕裘，傳承父業為終極依歸。所保證的，無非是從血緣到歷史政治文化上的一脈相承，永續不絕。但《家變》最大的顛覆性，卻在於兒子的「不孝」，其實正來自於他的「肖」——無論是形貌上，抑是言行作為上。

從形貌上看，早在范曄小時候，父親就從面象上預言他將來是「不孝」的：

> 我們這兒子是不孝順的沒話說了，你注意他底相貌就是不孝的面象，我們這個兒子準扔棄父母的了，這是個大逆、叛統、棄扔父母底兒子！
>
> ——頁24～25

但反諷的是，這個「不孝的面象」，卻是來自於他的父母自身：范曄具

有「爸爸給他的大風耳，自媽媽得來底小嘴巴」，和「自爸爸得來底那種雪白的膚色」（頁 54）；「父親底身體上佈遍點點黑痣，母親身體上繁生著紅痣，他的身體上有黑痣，也有若干紅痣」（頁 25）。不僅於此，在言行作為上，「他的父親剝吃香蕉就有一門他自己的特有剝皮法，他把香蕉的皮一股兒卻去下，手拿著光光的香蕉肉，致深影響得他（范曄）至今天也這個樣」；「他的母親一直相信李子是不能吃的，喫了一定會得痢疾」，「而他竟竟亦相信了十幾年的時間」（頁 155）；更有甚者，他的父親有高血壓，母親有發暈的毛病（？），每當父親與兒子發生爭執，或父母親口角時，二人皆會以「哎呀！我不行了！」、「我頭暈啊！」之類的戲劇性表演，來博取同情，敗部復活。如某日范曄與父親發生言語衝突，對父親大聲咆哮之後，

> 「什嗎？」爸爸他似乎曾跳了起來一度，然後他猛擊著右太陽穴跳道：「唉咿，你把我給氣死了！我頭暈啊——」父親他手捧著他的頭，搖搖蕩蕩欲跌。
> 「閏賢！」他的媽媽忙搶上了去叫嘯。
> 「爸爸！」他也不禁的脫口而出，遁出後他才感到無盡的羞恥。而他的爸爸這時晰晰然已經聽清楚了他的這一聲，因此就霎時間易好多夗亡、，他的父親顯顯的以為他剛剛發出的一聲也就是他的屈服的表示。啊啊啊啊啊！[2]

——頁 152

但曾幾何時，「肖子」范曄非但深得其真傳，還青出於藍，在父母子三人戰事方殷時，領銜演出了如下好戲：

---

[2]類似的情節曾反覆出現多次，分見《家變》第 123、127、133 等頁。

他們父母子三個人的戰事繼續的持續著。到後來他和他父親的爭端遂變
成為他們爭吵之間的主要項目了。他的父親於是，忽然間，像他以前的
一樣演假戲（以前證實過是假的），把手遮阻在他的眼前，驀然間腳部跟
跟蹌蹌地支聲吾聲著：「嗚——嗚——我的頭好昏啊！」這一回，他，范
曄，也把他的手撤按在他的胸懷上，囁嚅著聲音的叫道：「埃巳——我的
心口那裡好痛喲！」他的父親突呆了，一時也忘掉了他剛纔還頭昏的。
他的母親也急急撞撞地跑了上去。范曄遂虛聲期期艾艾地喉喉著，一手摸
按在胸口上。他父母親現下這一下實叫他給駭得昏了，他的父親臉貌雪
白，他的母親她亦嚇得直嚎泣地望著他。范曄便聽任他們攙扶著他緩
行，咿咿吖吖地坐到椅子上去。待他坐定以後，他的爸爸匆搶去捧了杯
熱開水來，他的媽媽也高亢地喚著他，叫他快點醒。由是范曄便一小點
一小點的飲著白熱開水，再後矇矇發矇地微啟開眼睛，把聲音捏細得像
虛弱以極的樣子，微聲道：「我……啊……我好ㄉㄛ多了。」……

——頁 162

　　正是如此，當父親老朽，兒子長成，做兒子的不願答應負擔家計，一
逕逼迫父親「繼續賴在他的職業上，跟在處裡面一些原便已該告退的耆老
職員們一式一是」（頁 171），亦是其來有自。因為，在范曄看來，他爸爸
原就是個不負責任的人：

他要負了責的話他們家也就不會窮得這個形勢了。他還且對他的自己的
父親（即范曄的祖父）不負責，就從來沒聽說過他（父親）曾拿錢養過
他（范曄）的祖父過。

——頁 156

　　而最後老父不堪兒子折磨，終至離家出走，便也就師出有名——因

爲，誰叫這個做父親的，先前也曾逼走了兒子的二哥呢？[3]

　　不過，值得注意的是，這父（母）子之間的相似相承，爲彼此帶來的，卻不是相親相近，而是相恚相恨；不是一往直前的線性綿延，而是父子易位後的封閉凝止。這一點，從范曄年幼因「學舌」而被揍一事，便清晰可見：

　　「到前面去，」媽媽輕音的重說。

　　「到前面去。」他說。

　　「不要使人嫌，我在好好和你講。」

　　「不要使人嫌，我在好好和你講。」

　　「你學話是嚜！」

　　「你學話是嚜！」

　　「你還說！」

　　「你還說！」

　　「這不要臉的東西——」

　　「這不要臉的——」

　　「當心我捶你唷，」她說。

　　「當心我捶你唷！」

　　她一巴掌掃到他的臀上，那熱熱燙燙的感覺。他不吭聲。

　　他爸爸在門前站身。

　　「甚麼事情？啊？你在廚房裡幹嘛？快給我走！」

　　「甚麼事情？你在廚房裡幹嘛？快給我走！」

　　「甚麼？你大概欠打了，該好好捶一頓才算是不是？」

　　「甚麼？你大概……咕咕咕咕咕咕！」

　　「你閉上嘴！」

---

[3]范曄的二哥是范父原配之子，范曄的母親是爲續絃。他因婚姻問題，屢屢與父親發生衝突，最後不堪父親一再干涉，「茲此以後一刀兩斷的，掙兔出了他們的家。」（頁147）

「你閉上嘴──！」

「我找棍子去！」

「好好揍他一頓，閏賢。」

「我找棍子去──好好揍他一頓，閏賢。」

父親即旋身去找棍杖，并命母親將他拖到後邊屋間裡。他母親立以濕瀝的手擒拿他二手猛拉進內。

他父親找獲一把雞毛帚。父親把這雞毛帚在榻榻密上重重揮啪一下，頭上毛髮因的早時沒有梳過現爾乾乾直翹！他驚癡著，並恨得他發著抖！他父親從來未曾對他嚴厲過，尤其更從來未有打他的，況從來他媽媽打他時爸爸都前來勸阻，現在變這麼凶煞！你瞧他多可恨！呦！這霎父親舉拂著帚竹逼近襲上。他轉過頭來脫鵠！他媽媽捕捉擒抱，奉送上給已跟著追上之追殺者！「好呀！哈哈哈哈。」父親尖笑！隨及這個父親便摔倒他榻榻米上……

他們扔拋他在關著門底房內。他的頭皮，兩肩，手面，跟腿部全是傷創。他業已平靜了好多，但然他眼中迸露事後恨色之閃。他是這樣恨他父親，他想殺了他：他也恨他的母親，但尤恨他父親！他想著以後要怎麼報復去，將驅他出家舍，不照養撫育他。……他想他或者應該現下即從家裡離去，離了這所家──他走得遠遠遠遠的，讓他們找他。

──頁51～53

做父母的嫌惡兒子與自己亦步亦趨，所造成的結果如是。至於做兒子的，則不但在一再攬鏡自照中，由憎恨自己與父母的相像，進而憎恨自身[4]；更在父親做出自己以前做過的類似情事之後，大發雷霆──曾經，范曄因缺乏安全感，在母親出外買菜時，把家中門窗全數拉上，費心經營種種

---

[4]如第 156 頁即有如此敘述：他的確許許多多之方面像他底父母親，更尤其像他之父親，不錯，自進大學以來便有了很多的人說他好像他的父親，他聽到了感覺無盡的筆痛、是真的，檢討了起來，叫他更加更更的難過，他的一些懦弱跟某些缺乏進奪的情況的確就像他的父親。而他之對於這種缺點卻不能洩恨於他的父親，因為是他的情況已勢成他理必先憎恨他自身。

防禦工事，被母親痛責（頁 84～85）；而風流水轉，當兒子成年，老去的
父親在外出前將家中門窗一一上鎖時，同樣引發兒子的憤然大忿：

> ——這有什麼用途？難道這個樣就可以防制盜賊進來了味？以是他不禁憤
> 然大忿，嘯著道：——
> ……
> 「門打開來！門立刻給我打開——」
>
> 　　　　　　　　　　　　　　　　　　　　　　　　——頁 151～152

　　只是，如此情節，重點已不再是親子之間單向傳承的「克紹箕裘」，而
是反子為父，父子易位，從而於一封閉空間之內僵固凝止。小說中，老邁
的父親「經常的時候皆穿他的孩子（范曄）的換下太舊的某些長西裝褲
子」；「他的那一雙木料拖板居然被他蹭磨得只餘下了半隻腳板的尺號，
削削如刀般的兩小片，恍然若是牠是兩隻三歲小孩的玩屐」（頁 173）；他
當街仰著脖子吃孩子吃的囡囡酥（頁 176），在飯桌上被范曄當孩子般地詈
罵，甚至遭到兒子不許他吃飯的處分（頁 192～193），斯情斯景，在在宣
告著他「返老還童」——返轉至孩童／兒子的位置，以致「父承子志」，親
身實踐了兒子幼時欲離家出走而未可得的幻想。由此看來，《家變》中的
「家」其實沒有「變」，因為這「一門之內」，永遠是以「父」為主為尊；
這個「父」，不是特定的個人，而是父權體系中的一個位置，一個名號；這
個「父」，永遠不會從家中出走或消失；出走或消失的，不過是曾經留駐在
這位置上的、不斷掙扎於各種焦慮痛苦之中的，男人。[5]

---

[5]由此，我們亦不難了解，為什麼《家變》自始至終都一再提到「家」與「門」。如全書一開始，寫
的即是「一位滿面愁容的老人將一扇籬門輕輕掩上後，向籬後的屋宅投了最後一眼，便轉身放步
離去。他直未再轉頭，直走到巷底後轉彎不見」（頁 1）；范曄小時候最先認識的字之一，便是
「門」（頁 17）；從小被母親耳提面命的就是「家住在什麼地方？要是給拐婆拐走了，要跟警察怎
麼說的？說家住在那兒？」特別值得注意的是，雖然他能流利地答出家住在「廈門堤尾路五巷六
號」，但當母親再問：「爸爸叫什麼名字？警察要問你爸爸叫什麼名字，你怎樣答他？」結果卻
是：「他忘了」（頁 19）。而當他具有經濟能力，能夠當家做主時，他便把他和父母親兩個房間中

　　然而，《家變》的「家」，畢竟又還是有所「變」的。因為，兒子在晉身為「父」的同時，竟斷然聲明：

> 我將來，我現在發誓，我不要結婚！假使我或者背叛了是一誓矢的話，
> 我也一定斷斷不會去生養小孩子女生出來！我是已經下定了決心不再去
> 延續范姓的這一族線的族系流傳了——」
>
> ——頁 183

　　似父肖父的最後，竟然是一再地自我否定，自我絕滅。證諸小說結尾，兒子與媽媽共居於一門之內，過著「幸福快樂的日子」，完全沒有結婚生子的跡象。而范氏族系果真因他及身而止，家門之內果真不再有父子傳承，這才是真正的不孝／肖，真正的「家變」吧？相形之下，范曄的二哥——那位曾經為了要與臺籍酒家女結婚，與父親屢起衝突，終於為父所逐，憤然離家的二哥，卻在離家後另立門戶，結婚生子[6]，這是否反而是另一種「孝／肖」？而離家之後再度成家，這「家」究竟是變了，抑或沒變？

　　也正是在這一層面，繼《家變》之後而現身的《孽子》，便格外引人矚目。本來，此一書名很容易使人聯想到「孤臣孽子」，以及它和「孤兒／孤臣文學」的關聯。但實際上，它非但無關於政治上的反共懷鄉，反而在一般的家／鄉／國之外，投射出另類的空間想像與認同取捨；其中的父子（傳承）關係，也因主角們的同性戀身分，產生諸多變化。[7]

隔的紙門換成了木門。」（頁 180）。俱見《家變》（臺北：洪範書店，1978 年）。
[6]二哥結婚後育有二子，范曄曾於父親失蹤後去他家找他，無功而返。（頁 186～189）
[7]前此，張小虹教授已從酷兒閱讀的角度，就「陽物父親」與「肛門父親」、「戀童情結」與「戀弟情結」，以及「原生家庭」與「怪胎家庭」間的錯綜糾結等議題多所論述。見〈不肖文學妖孽史〉，收入陳義芝編，《臺灣現代小說史綜論》（臺北：聯經出版公司，1998 年），頁 165～202。其它相關論文還包括葉德宣，〈陰魂不散的家庭主義魑魅——對詮釋《孽子》諸文的論述分析〉，《中外文學》第 24 卷第 7 期（1995 年 12 月）；朱偉誠，〈（白先勇同志的）女人、怪胎、國族：一個家庭羅曼史的連接〉，《中外文學》第 26 卷第 12 期（1998 年 5 月）等。

　　對照於《家變》，同性戀的「孽子」們所以被逐於家門之外，正是在於他們的不孝／肖——不能如常人般結婚生子，綿延宗嗣；不能如他們的父親一般，效命沙場，立功受勳。因此，不同於「二哥」被逐後猶可另立門戶，依憑血緣傳承而自成一「家」，身為人「父」；孽子們的世代傳承，遂不再以血緣關係為依歸，轉而發展出各種「錯位」式的薪傳模式。它一方面是以想像中的父子錯位，多方嫁接原先斷裂的父子關係；另一方面，則是以「黑暗王國」為據點，經由「同志」們類似經驗的前承後繼（另類的「肖」？），自成一「可歌可泣，不足為外人道的滄桑痛史」（頁 4）。即以公園裡的總教頭，黑暗王國的開國元老楊金海為例，他「從前也是好人家的子弟」，後來為了要供養「寶貝乾兒子原始人阿雄仔」，偷領父親存款，與父親鬧翻，而後便進駐公園，成為大家長。看他屢屢以「兒子們」、「敗家子」等稱謂招呼園內的年輕子弟們，即為一例。再就傅老爺子與孽子們的關係來看，傅雖然逼死了自己的同性戀兒子傅衛，孽子們縱使不見容於生父，但傅將原本買給兒子的亞美茄手錶送給吳敏（頁 304），讓李青睡兒子的睡房，穿兒子的外套，要他「搬了進來，就把這裡當你自己的家一樣」（頁 280～281）；而過世後，這些孽子們又都為他披麻戴孝，守靈抬棺，執孝子之禮，這不也是另一形式的父子傳承，另一種「孝」行表現？[8]

　　至於黑暗王國中的世代交替，則前有趙無常、雜種桃太郎、小神經涂小福、野鳳凰阿鳳「四大金剛」，後有鯉魚精李青、狐狸精小玉、耗子精老鼠、兔子精吳敏「四個人妖」；除夕夜裡，黑暗王國的老少子民們，一皆「平等的立在蓮花池的臺階上，像元宵節的走馬燈一般，開始一個跟著一個，互相踏著彼此的影子，不管是天真無邪，或是滄桑墮落，我們的腳印，都在我們這個王國裡，在蓮花池畔的臺階上留下一頁不可磨滅的歷史」（頁 402）；尤其是最後，李青在蓮花池畔，發現了十四五歲的少年羅平，

---

[8] 此一錯位式父子關係的想像，在李青與傅老爺子間尤其明顯，如李父與傅都喜歡吃麵條（頁 285）；李青睡在傅老爺子家中時，聽到傅老爺子身上廁所的腳步聲，遂想起「在家裡夜三更也常常聽到隔壁房父親踱來踱去的腳步聲」（頁 283）；為傅守靈時，恍惚中「傅老爺子卻緩緩立起身，轉過臉來。我一看，不是傅老爺子，卻是父親！」（頁 380）。

與他初進公園時一般,「嚇得全身發抖,縮在一角直打戰」,而「他躺臥的地方,正是我第一次進到公園來,躲在亭子中央,睡臥的那張長凳」(頁407),而後,他帶著羅平跑步回「家」,其間的薪傳意義,不言可喻。

經「錯位」而完成傳承關係,一方面固然是「原生家庭」中種種倫常關係「怪胎情欲化」後的必然結果;另一方面,也在改寫傳統「家」之定義的同時,改寫了關乎「國」的空間想像與認同取捨。孽子們既是被父親放逐於家門之外,其活動的場域自然不會是單純的「一門之內」。由於人數可觀,各路人馬縱橫匯聚,所交錯組構出來的,已不止於「家」,甚至還因此立了「國」──如全書一開場,繼主角李青為父所逐的敘述之後,就是一段對新公園中「我們的王國」的描述:

> 在我們的王國裡,只有黑夜,沒有白天。天一亮,我們的王國便隱形起來了,因為這是一個極不合法的國度:我們沒有政府,沒有憲法,不被承認,不受尊重,我們有的只是一群烏合之眾的國民。有時候我們推舉一個元首──一個資格老,丰儀美,有架勢,吃得開的人物,然而我們又很隨便,很任性的把他推倒,因為我們是一個喜新厭舊,不守規矩的國族。說起我們王國的疆域,其實狹小得可憐,長不過兩三百公尺,寬不過百把公尺,僅限於臺北市館前路新公園裡那個長方形蓮花池周圍一小撮的土地。我們國土的邊緣,都栽著一些重重疊疊,糾纏不清的熱帶樹叢:綠珊瑚、麵包樹,一棵棵老得鬚髮零落的棕櫚,還有靠著馬路的那一排終日搖頭歎息的大王椰,如同一圈緊密的圍籬,把我們的王國遮掩起來,與外面世界暫時隔離。[9]

此一王國,既有著屬於自己的疆域,又有一頁頁「不可磨滅的歷史」,更有著捍衛疆土的「軍事行動」[10],儼然已具有現代民族國家「想像共同

---

[9] 白先勇,《孽子》(臺北:允晨文化公司,1997年),頁3。
[10] 如頁217,當不知情的青年男女誤入蓮花池亭閣,卿卿我我,便引發「鐵牛」的不滿,「破口便罵

體」（"Imagined Community"）的規模。[11]然而它以同性情欲爲認同依歸，又使此一家／國的空間想像可因時因地制宜，充滿機動與流動性。因此，即或是警察臨檢，王國失守，孽子們仍可跟著楊教頭轉移陣地，至地下室酒館「安樂鄉」另覓樂園，新起爐灶。即或是〈遊妖窟〉事件爆發，臺北的安樂鄉不復安樂，青春鳥還是可以在東京，在新宿，在桐壺發現同樣的「安樂鄉」，自尋遇合。[12]吳敏與李青在大街上跑步時曾自命爲「遊牧民族」，「逐兔子」而居（頁 142），正是戲謔地點出此一空間想像的流動性特質。

　　至此，我們已可初步看出《家變》與《孽子》間不少有趣的對話：從空間上的「一門之內」，到可以「逐兔子而居」的開放機動；從父子關係上的以血緣爲賡續依歸，到可以充滿各種情欲流轉，經由想像錯位以嫁接傳承，其間實內蘊了諸多孝與不孝，肖與不肖間的糾結辯證，傳統觀念裡關乎「家」的定義，便也就在這一過程中，被不斷地置換改寫。不僅於此，《孽子》至少還有其它兩點值得注意之處，其一是，「孽子們」出身背景各有不同，早先以父子傳承爲主的家國想像，遂因「母親」角色的逐漸吃重，以及「孤兒」、「孽子」、「野孩子」共聚一堂，交錯出益形複雜的面向。其二，「黑暗王國」及「安樂鄉」，固可視爲具有「怪胎」性格的大家庭，但孽子們以之爲據點，聚眾活動，並一致服膺「師傅」楊金海的領導，又未嘗不兼具江湖「幫會」性質，成爲家與國之間的特殊社群，並以對立於一般規制律法的姿態出現。而這些，恰巧都爲 1990 年代以後的文學想像，開啓多樣化的端緒。

人家狗男女，侵占咱們的地盤，我們這個老窩，哪裡容得外人進來撒野？」於是和青年大幹一架，「在他小腹上戳了一刀，把人家殺成重傷」。

[11]說參 Anderson, Benedict. *Imagined Communities: Reflections on the Origin and Spread of Nationalism.* Rev. and Extened ed. London: Verso, 1991.

[12]小玉到日本尋父，給李青的信上說：「東京據說有上百家的『安樂鄉』，光是新宿歌舞伎町就有十二家。澀谷、六本木，也有好多好多。東京的青春鳥可厲害著哪，滿街亂飛，他們是不怕警察的。在酒吧裡又跳舞又親嘴，甚麼都來。新宿也有一個新公園，叫御宛，比咱們的新公園可要大上十倍哩……桐壺比咱們安樂鄉大概要大兩三倍……」。（頁 395～396）

——選自何寄澎編《文化、認同、社會變遷：戰後五十年臺灣文學國際學術研討會論文集》
臺北：行政院文建會，2000 年 6 月

從《家變》的形式設計談起

◎張誦聖[*]

王文興是現代中國小說家裡對當代世界文學的脈息感應最深的。如果略去這層血脈相通的關係，他的作品中一些處心積慮的設計便失掉了重要的意義關聯。所以本文對《家變》的討論雖然專注在形式設計的分析上，基本著眼處卻放在 20 世紀後半期世界文壇小說創作普見的自省傾向。

一

《家變》結局的思想激盪性在中國小說中堪稱無出其右。末尾一章所展現的冷漠世情至今大約還深印在讀者心版上：父親離家逾兩年之久，他的無言抗議已被光陰吞噬殆盡；焦灼和罪疚在母子倆平靜自足的生活中已無跡可尋，代之的是明顯的康盛景氣。這樣一個富含存在主義色彩的結尾，究竟賦與全書何等樣的道德觀照，無疑是令《家變》的一般讀者感到慄然不安的。

另一個讀者難以釋懷之處，是主角范曄某次在日記中大發議論（第152 章），以極端的理性觀點抨擊家庭制度，兼及孝道。

其實，上述兩個例子都是一刃雙峰，它們促使讀者不寧的因素不僅是存在於故事內容層面的激烈批判意識，也同時是作者佈置於敘述層面上的一些難解的訊號。比方說，《家變》結尾一段的字裡行間無端出現了一種誚薄口氣：

[*]美國德州大學奧斯汀校區亞洲研究學系暨比較文學研究所教授。

關之乎隔不久他應該再外去尋索他的父親的安排及計劃，這一個做兒子
的他幾乎可以說都已經就要忘記掉了。……從她的頭髮看來，她要是再
準此活下去續活廿幾年自然一定沒有任何問題。

這裡是誰這樣不懷好意地點明范曄「身爲人子」的尷尬身分？是誰竟
用如此譏諷不敬的風涼口吻談論范母的健康？敘述中語氣所流露的複雜心
緒斷然不屬於任何全知的旁觀敘述者；而由於其嘲諷的立場和主角對立，
故亦不似一般「第三人稱意識中心代言式」（即進入主角內心，採用其觀點
敘事的方式）那麼單純。

至於上文所舉的另外一個例子，主角在日記中振振有辭地說理，犯了
作者藉人物之口點明主題的嫌疑，是竭力避免說教的現代小說通常最忌諱
的。世故一點的讀者免不了心生疑竇，對於是否照章接受文中呼之欲出的
主題提示，倒有些進退兩難了。

無疑地，敘述層面的結構緊扣著讀者對小說主題的詮釋。若是如前兩
例，事關敏感的道德批判問題，讀者更會機警地追隨著語氣以及其他各種
微妙的暗示以判別敘述者和人物的個別觀點，進而揣摩作者的態度。《家
變》作者王文興在這本小說敘述層面上所用的複雜心機，自然是和他所要
表達的主題內涵息息相關的。不過，下文所以要對這本書的敘述層面做一
剝繭抽絲的分析，倒不是爲的討論它跟主題的關聯，而是想藉此進一步探
究王文興小說藝術中最具創意的幾個本質。

二

讀者真正開始感覺到《家變》的作者，敘述者，和主角之間不尋常的
錯綜關係，恐怕要在故事發展到中段以後。

《家變》前半的敘述體和一般傳記式小說，或藉第三人稱敘述的回憶
錄，沒有什麼顯著的不同。敘述者在描述身爲孩童的主角的內心思緒，及
對周遭事物的靜默觀察時，或者襲用成人語氣，或者刻意摹擬孩童的口

吻。孩子眼光中的世界是主要的陳述內容，他的觀點構成讀者的注意焦點。但是另一方面，敘述者存在的這個事實，和他們的遣辭用字中必然透露的成人世故和旁觀立場，卻具有一不可忽視的功能：它們提供了小說中極為重要的「對照觀點」，以利於事實的多面呈現。最顯而易見的，這個對照觀點自然而然地襯托出主角的童稚之氣，不時贏得讀者（亦為成人）的會心，而構成這部分小說最大的魅力。

　　如果不是《家變》的敘述者在中段以後，特別是小說的第三部分，起了一個突兀的轉變，我們儘可將這個文字中暗蓄的對照觀點視為當然。然而自中段以後，清澄簡鍊的語法漸漸被冗長迂迴的句子所取代，作者欲將某些形式成分和內容層面作一特殊鉤連的意圖逐漸彰著：詰屈反覆的詞句往往勾勒出糾纏紛擾的心境或事況；同時不僅是敘述者使用這種特意營造的文體，主角內心獨白處或直引的日記內容，其語調風格也同出一轍。至此，讀者通常賴以區分敘述者和人物個別觀點的語氣差別既不復可靠，敘述者和主角之間的關係則又開始出現新的可疑發展。

　　尤其在進入第三部分以後，讀者可以逐漸覺察出敘述者往往踰分的情緒表露。本來，儘管現代小說的第三人稱敘述者常力求客觀，自抑聲量，但純粹中性的敘述實難以絕對維持。《家變》的敘述者在此處所以顯得過分囂張，倒不是由於時時不可避免的觀點混淆，而主要由於一中立對照觀點的逐漸隱退。比如在 135 到 148 章之間，主角激動的情緒溢於言表，常一連數篇的亢奮譏誚：彷彿原非劇中人的敘述者此時代人不平，情不自禁地與主角同儔——抑或書中人物已擺脫了敘述者的中介，迫不及待地參與自身故事的陳說？

　　全書近尾處某些具有自我指涉功能的語符數量陡然增加：破折號帶出敘述者與讀者直接溝通的旁白；代名詞下一再加註，好擔保讀者不致張冠李戴；敘述者更經常任由其思索的軌跡不加修飾地呈現（猶疑、斟酌字句、自我修正等等）。如此凸顯原該是局外人的敘述者的言談行為，不啻暗示讀者其後必然隱藏有特殊的心理動機——其目的何在？

　　有心的讀者不免臆度：莫非我們應當套上心理分析的公式，將敘述者
視爲主角人格分裂的另一個自我？或者，更容易取信的，是把他看成一個
故不露面的懺悔者，在回憶的過程中竭力保持著不讓自己受傷的心理距
離，卻又不由自己地步步捲入。這樣說來，本文一開頭所節錄的那段文字
中若有所指的機鋒，原是何等的辛辣！

　　最耐人尋味的，倒並非敘述者與主角之間這層就十分曖昧的關係，而
是作者在敘述觀點運用上對這層關係所故弄的玄虛。用作者王文興自己的
話來說，《家變》的敘述者，像卡繆《瘟疫》中的醫生一樣，故意藏匿了自
己的身分。換句話說，這個敘述者本身是回憶錄的撰寫者，是他──這個
虛構作者──決定採用第三人稱，卻仍無法擺脫某些回憶中的銘心之痛。
在這樣一個處心積慮設計出的敘述形式背後，到底牽縈著哪些關乎當代小
說形式嬗變、作者創作觀認同取向的課題，毋寧是值得深究的。

三

　　自傳式小說或回憶錄的撰寫涉及的一理論性關鍵問題便是作品對真相
的詮釋（Interpretation of reality）。西方現代主義文學傳統對這個問題一向
深存認知性的懷疑。儘管如此，現代主義小說的大家們仍往往藉象徵形式
企圖對所感觸到的「真理」作高度個人化的界說。而王文興無疑受到這個
傳統深刻洗禮。

　　從另一個角度來說，許多現代主義所服膺的小說創作成規，理論先
設，自 1950 年代以來早已產生若干自省式的衍變。舉個簡單的例子來說，
小說中故事結局一般是讀者窺視其對真相所作詮釋的一個重要關節。而後
現代主義（postmodernism）的若干作品卻採用多重結局的設計，刻意對作
品真相詮釋的權威性置疑。《家變》寫成於 1970 年代，其中若呈現某些轉
型期的形式設計，原是極易理解的。

　　基於認知論的觀點，人類對自身瞬息萬變，潛藏蟄伏的心理動機的挖
掘，永遠隔膜著一層不能穿透的主觀性。因此自傳、回憶錄的所謂「真實

性」，不過是受文學習規制約的一個自欺欺人的迷思。王文興在《家變》這樣一個自傳性小說裡介入一個虛構作者，無異戲劇化地肯定了這個主觀性的必然存在。而令此一虛構作者始而竭力爭求客觀性，而終究不甚成功，毋寧是對自傳小說傳統因襲的形式作了個反省式的註腳。

《家變》的虛構作者和任何真實作者的微妙差異，在於他被作者（王文興）判定生存在時間的軸裡。他的寫作行為和回憶行為同在時間的平面上向前推移，而這樣的移動又由書中文體特徵的轉變——由開頭的簡潔到後來的冗贅——作具體的誌明。從某種意義上說，《家變》裡的「過去」乃是「回憶」和「寫作」互為表裡，重新創造出來的產物，表明是藝術而非單純的真實反映，這種形式架構的基礎，和晚近文學、史學一派理論所持的極端虛構論，認定自傳、史載無非是主觀想像重築的畫宇，如史實大有分異，毋寧是有相通之處。

四

現代小說發展到晚近，對形式的自省愈來愈敏銳。作家既已認定小說形式的本質無非是武斷的約定俗成，在藝術效果的前提下，便各顯其能地或多方探試敘述形式變化的潛能，或對創作和閱讀習規作理性的解構，更往往蓄意揭露寫實小說一向精心營造「實情幻覺」（"realistic illusion"）的底牌。一個共同的前提，實在是變極求變，企圖為現代小說注入新的血輪。作家們各循不同蹊徑，成就各有千秋。但由近年「後現代主義」一詞的漸為文學批評界接受看來，他們之間某些共通的美學特質已逐漸被辨認。

王文興小說中最具創意的幾項實驗，誠然是和後現代主義的精神相互呼應的。然而筆者認為，若從整體的藝術觀認同來看，王毋寧是更為傾向現代主義的一些美學前提。略舉一端來說，現代主義作家在洞察文學作品對真相詮釋的局限性之餘，仍孜孜矻矻探尋個人解釋人生真諦的途徑。而後現代主義小說往往專注於舖演出詮釋過程的窘境，或任其虛構想像力飛

馳於一自造的時空之軸上——是致力於「現象」的延伸而非真相的詮釋。

　　現代主義作家常楬櫫「藝術」，引之為唯一接近真相的途徑，一自然的結果是著意強調藝術形式的武斷性、賦予其超乎表面層次的意義。這和後現代主義者以反諷的方式蓄意暴露形式的武斷性有精神上——雖非實質上——的不同。我們不妨以此分野來檢視王文興最惹人爭議的語言實驗。

　　王文興將小說中所使用的語言視為可加意塑造的藝術成分，和樂曲中的音符，繪畫中的色彩相提並論。在這樣的前提下，語言的物質特性——字音字形，詞彙字序，句型句構——便成為作者自由雕塑的對象。儘管這樣雕琢出來的語言顯示出新的規律，必然需要讀者費力摸索諳習它獨特的衍變章法，因此從一方面看來，武斷地更動了語言作為一個符號系統，和經驗世界約定俗成的對應關係（如著眼於文體和內容的相應而不顧角色間的語言習慣差異），可視為對傳統小說語言摹擬觀的重新界定。然而從另一角度來看，王卻未曾揚棄這個傳統對寫實小說裡語言功能的最高理想，即是烘呈卓越的實境幻覺。《家變》、《背海的人》的獨特語言並不暗蝕我們對寫實小說的常識假設，相反的，如果我們寬容作者語言運用的武斷性，不難發現這樣的語言時時異常敏銳地摹描出事象的神氣韻味，有合常規語言達不到的境界。這樣說來，王文興藝術觀裡所置疑的，不是小說詮釋真相，重現現象世界的前提，而是常識的語言摹擬觀。

　　同為面對 20 世紀晚期寫實小說瀕臨的種種困境，王文興和若干後現代主義作家所採的對應方式，是有基本精神上的差異的。然而如果我們全然無視於歷史現階段小說創作的大勢趨向，則對王文興小說藝術的苦心孤詣處便無從賞鑑了。

——《聯合文學》第 3 卷第 8 期，1987 年 6 月

——選自張誦聖《文學場域的變遷》
臺北：聯合文學出版社，2001 年 6 月

王文興：西化知識分子的困境

◎呂正惠[*]

一

　　王文興是臺灣的小說家中最特殊的一位，讀過他的作品的人都會有這種感覺；但是王文興的「特殊」，到底是怎麼樣性質的一種「特殊」，並沒有得到正確的認識。由於對這個問題理解得不夠正確、不夠深刻，連帶地，王文興作品的真正價值也就湮沒不彰。

　　臺灣有很多小說家，他們所得到的名聲遠超過他們所應得的；王文興恰好相反，除了《家變》剛出版的那一段時間外，他從來沒有引起人們廣泛的注意。他最長的一個短篇〈龍天樓〉發表以後，所得到的反應是一片沉默；幾年前他第二個長篇《背海的人》（上）出版之後，大家的反應還是一片沉默。我們很有理由相信，要不是顏元叔先生和《中外文學》月刊的大力吹捧，《家變》的命運也好不到哪裡去。《家變》的成功大半要歸功於《中外文學》創刊時借《家變》而一炮打紅的策略應用。

　　王文興的「失敗」，王文興之所以不能獲得眾多的讀者群，原因不難了解。王文興有著最特殊的文字，特殊到幾乎令人「難以下嚥」。所有的讀者都可以輕易地認識到王文興這種特質，因此他們也都可以輕易地棄王文興於不顧。在這方面，我們相信王文興「罪有應得」──由於他那種不正確的美學觀，他以一種莫名其妙的文體，掩蓋了他做為小說家所敏銳觀察到的臺灣社會現象。但反過來說，由於王文興很明顯的「錯誤」，人們連帶地

*發表文章時為清華大學中國文學系副教授，現為淡江大學中國文學系教授。

也就看不清楚他的真正價值,這也證明,臺灣的讀者確實欠缺一點藝術的
耐性與涵養。

　　王文興說過,撇開《家變》的文字不談,只看《家變》的內容,這種
「讀法」讓他大吃一驚。就最嚴格的理論層面來說,文學作品的形式與內
容的確不可分割。但是,就王文興的個案而言,從形式入手,從他的文字
入手,反而更加掉進他的迷宮中,而不能看到問題的核心。我們應該換個
角度,從王文興小說的內容去看王文興,甚至擴而大之,從產生王文興的
社會背景去看王文興,這樣我們才能看到王文興的「本質」,看到王文興的
「問題」;也就是說,看到王文興真正的「特殊性」。從這個角度出發,我
們也才能找到王文興那令人難以消受的文體的祕密,才能發現王文興真正
的「病源」。

　　王文興的「問題」在哪裡?王文興的問題在於他和他所屬的那個社會
的徹底決裂。王文興是現代主義的信徒,而西方現代主義的主要特徵之一
是作家與社會的隔絕。作家不願受資本主義的金錢文化所污辱,只有把自
己游離出來,在藝術的王國裡建立自己的世界。王文興信奉這樣的藝術
觀,其強度遠遠超過臺灣其他的「現代主義者」。王文興可能以為,他和他
的社會所以產生無法溝通的距離,問題的症結就在這裡。

　　然而,我相信不是。王文興所以和社會決裂,問題是在另一個地方。
王文興是「落後」的社會裡徹底西化的知識分子。王文興從小所受的教
育,逐漸把他培養成西式的知識分子。他那獨特的心智世界,和他周遭的
社會現實,是無法調和的巨大矛盾,而這就是他和他的社會那種緊張的對
立的根本來源。

　　近代世界史的大趨勢是:非西方國家必須跟在西方國家之後,千辛萬
苦地亦步亦趨,透過「現代化」(事實上就是西化)來求取國家的生存。就
教育層面而言,西化的重大步驟就是建立西式的大學,培養國家的菁英分
子,以備國家的現代化之需。進一步而言,就是派遣留學生到西方國家,
以便更具體地吸取西方知識、文化的精粹。這是一個大家習以為常、司空

見慣的文化移植過程，但很少人去注意由此產生的種種社會、政治問題。事實上，開發中國家的內部許多尖銳的矛盾是與這個問題緊密相連的。

在臺灣，這種「義無反顧」、勇猛精進的「西化」，主要發生在 1950、1960 年代。在這時期，產生了不少徹底西化的、精神上的「西方之子」，而王文興即是其中最極端、最獨特的一人。在 1970 年代一連串的文學論戰之後，我們很容易以歷史家的「後見」之明來指出這些人的「錯誤」。但就王文興的例子來講，重要的不是指正錯誤，重要的是，說明他的錯誤與他的文學創作的關係，說明他的文學特質——包括好、壞兩面——如何從他那種錯誤的意識形態產生出來。更精確地講，我們要指出，王文興的重要性在於：他的小說以一種極其特殊的方式，爲臺灣最西化的那一代的知識分子畫出了一幅最生動的肖像。這幅肖像雖然有許多的扭曲，但基本上還是正確的，而且是極其生動的。

二

仔細地分析王文興的小說，就不難發現，不論王文興寫了多少作品，至少到目前爲止，王文興的主角只有一個。那是一個極端自我中心的、暴烈的、對一切都極爲不滿的反叛青年。他不知道自己爲什麼要反叛，然而反叛是他的性格、他的本質，他必須爲反叛而反叛。說得更徹底一點：他是找不到反叛對象的反叛英雄，或者是：沒有反叛對象的反叛英雄。

在王文興早期的短篇小說裡，這個反叛英雄以不同的形象在不同的環境裡出現。〈玩具手槍〉的胡昭生，是個內向而羞澀的大學生，然而對那些外向的、具有生物般的自然反應的同學，他卻採取最暴烈的行動來「回報」他們的嘲弄。在〈草原的盛夏〉裡，自認爲遭受到不公平處罰的大學生，以滿腔的怨恨來拒斥那個軍事訓練的軍官。〈命運的跡線〉的小學生，則以小刀來把自己手掌上的「命運線」割長。而在〈寒流〉裡，另一個小孩子以一種悲劇英雄的壯烈來對抗正在心中萌芽的性的誘惑。楊牧先生曾拿希臘悲劇來跟王文興的短篇小說作比較，認爲王文興的主角具有希臘悲

劇英雄的性格。我認為，這樣的比較還不能掌握問題的核心，而只注意到表面的類似。但至少，王文興短篇小說那一類型主角獨特的「氣質」是引起人們注意過的。也許是他的「相貌」尚未定型，也許是他出現的場合不斷在變化，人們因此未能準確認識他。但是隨著《家變》的發表，隨著范曄的「誕生」，人們終於可以清楚地看出他的真面目了。

范曄是 30 年來臺灣小說裡所曾出現的最生動的人物，仔細讀過《家變》的人都會忘不了。他的強橫霸道、他的乖張暴戾、他對父母的強烈的「統治」與「支配」欲望，可說極人物刻畫誇張之能事，然而又能夠為我們所接受。在范曄身上，王文興終於把他長期以來所關心的那一類型人物作了完整的交代。

更重要的是，范曄這個人物的出現終於透露了一點痕跡，循著這一點痕跡，我們可以摸索到王文興式的人物的祕密。在《家變》裡，王文興把范曄放在一個比較具體的社會環境中──范曄的反叛是在一個特殊的家庭中發生的。這樣的背景，要比早期的短篇小說具體得多。雖然王文興有意地把范家的「變」處理成永恆的父子衝突的主題，但是范曄「叛」父的特殊的社會意義，還是不自覺地透露出來。就是透過這種無意中暗示出來的社會意義，我們終於了解王文興式的人物，也了解了王文興個人的問題。

《家變》最關鍵的一段，劉紹銘先生曾在一篇短文裡指了出來，可惜劉先生沒有詳細地加以論述。在《家變》剛開頭的地方，由於母親屢次進入他的房間，打擾他的看書，范曄終於忍不住發了一頓脾氣。在那一長串的怒罵裡，其中有幾句是這樣的：

> 你們就不能給人一點不受干擾，可以做一會兒自己的事的起碼人權嗎？
> 你們為甚麼要侵犯我，我侵犯過你們沒有？

我們可以相信，范曄的母親一定聽不懂范曄的話。范曄生活在西方社會的觀念裡，范曄的母親生活在中國古老的傳統裡，怎麼樣也沒有辦法互相了

解。更糟糕的是，西化的年青一代如范曄者，理所當然地把西方的觀念視
為「永恆的真理」，而完全不知道有另一種文化理念，或者完全不尊重另一
種文化理念，以一種「我即是真理」的態勢居高臨下地藐視下去，傳統的
家庭觀念能不被壓得粉身碎骨嗎？

　　王文興有他自己寫作《家變》的意圖，但在我看來，《家變》卻出乎王
文興意料之外地表現了另一個主題：《家變》告訴我們，在西化的最高峰，
臺灣的知識分子是如何反叛他們自己的文化傳統的（以「家庭」作為文化
傳統的象徵）。王文興最大的成就，在於他創造了「極端化」的范曄。臺灣
的年輕知識分子，多多少少都具有范曄的特質，但是沒有人達到范曄那種
西化的「高度」與「強度」。極端化的好處是，把原本隱微不彰的社會矛
盾，一下子提高到人人可見的最高點。前面所引范曄批評母親的話，乍看
有點荒謬，但不如此，又如何表現「西方之子」的范曄對中國傳統家庭的
無法忍受？匈牙利的文學批評家盧卡奇曾經說過，「極端化」的人物不但不
違背社會真實，反而把社會真實更加清晰地顯現出來，這是寫實主義的精
髓。在創造范曄的這一點上，王文興無疑符合了寫實主義的精神。

三

　　但是《家變》並沒有完全成功，王文興個人的寫作意圖和王文興獨特
的藝術觀，使得《家變》不能得到更大的成就。我們無法確知王文興寫作
《家變》的真正目的，但我們可以確定，王文興絕不會想把《家變》寫成
一本「社會小說」。前面所說范曄這個人物所暗示的社會意義，是王文興無
意中表現出來的，是我們從小說的字裡行間分析出來的。就小說本身來
講，王文興所著重描寫的是范曄叛父的「詳情」，而不是「過程」，也就是
說，王文興比較注意范曄「如何」叛父，而不太注意他「為何」叛父。王
文興可能認為，父子衝突是個永恆的主題，根本無須「解釋」其原因。或
者說，范曄的叛父和任何人（不論其國籍與時代）的叛父並無實質的不
同，不同的只是「表象」。同樣，所有的家，不論古今中外的家，都是一樣

的家，都在必「變」之列。在小說即將結束的地方，范曄寫了一大段「家之罪狀」的議論。在那一段裡，「家」被當作一種抽象的形上的東西，而不是具體的某一社會裡的家。講得更清楚一點：假如王文興把范家的「變」具體地落實在 20 世紀 60、70 年代的臺灣這樣的時空背景下，范曄所以叛父的過程必然會清楚地表現出來。然而這種寫實主義的寫法根本違反王文興的藝術觀。王文興所以選擇臺灣地區的范家作為描寫對象，那純是一種「偶然」，因為那恰好是他所熟悉的。他的目的是：借著這個家庭的矛盾以象徵父子間的永恆衝突，以暗示母子間的微妙關係。王文興所要寫的是象徵小說，而不是寫實小說，因此對於范家長時期的「歷史」，我們只有極模糊的印象，而沒有整體性的輪廓。

如果我們去觀察范曄的成長歷程，我們就可以更清楚地看出《家變》的寫作方法的缺陷。對於范曄從小到大的經歷，王文興並沒有完整地加以敘述，而只讓范曄個人的對於過去的印象一個片段、一個片段地拼湊起來。打個比方來說，王文興只拿出一大疊照片，然後告訴我們說：這是范曄剛生下來時照的、這是三個月時照的、這一張滿周歲、那一張剛入小學……而這最後一張則是父親離家出走時拍的。就是這樣一厚疊照片，我們能整理出范曄個人的歷史嗎？我們可以憑自己的想像去填補中間的空白，但我們也可以肯定：對於范曄，我們不可能有完整的概念。在這樣的情況下，我們如何能充分了解范曄的心路歷程？我們又如何能夠掌握范曄由依戀父親到反叛父親的心理轉折？范曄過去的歷史不夠完整，因此范曄的叛父也就等於沒有充分「解釋」過。

因此，最後出現在我們面前的只是一個性格已經變得非常暴烈而自我中心的范曄，至於為什麼會變成這個樣子，我們只能根據蛛絲馬跡來猜測，而不能完全了解。同樣，我們只看到范曄具有強烈的反叛欲望，至於他為什麼要反叛，他要反叛的是什麼，我們也不甚清楚。結果是，范曄只成為一個「空洞」的反叛英雄：反叛成為最後的目的，既沒有反叛的原因，也沒有反叛的對象，就只是為反叛而反叛。

　　最後，范曄給人的感覺是，他是一個荒謬的反叛英雄：他具有旺盛的精力，他的精力在生活中找不到目標，他的精力在一個與他完全「異質」的社會裡毫無發揮的餘地。於是這些精力轉為反叛的力量，面對一個「無形而巨大」的社會毫無目標地揮霍出去，而成為精力的消耗與生命的浪費。

　　這就是王文興那一代西化的知識分子的悲劇。完全脫離臺灣政治、社會現實的西式教育，使他們隔絕在、游離在他們所屬的社會之外，而只生活於他們自己的柏拉圖式的知識與理念世界之中。他們只了解自己這一類型的人；此外，都是一些不知「人之為人」的基本觀念的「不及格」的人，而社會就是由這兩類人的對立所組成的。這就是他們所了解的「社會」。由於臺灣那種有意脫離現實的教育方式，他們不能了解，「社會」是一個具體的政治、社會條件的組合體，在這個組合體下，每一種人，包括他們自己，都可能成為「問題」，而這些問題，則是可以在社會的層面上加以追蹤、加以找尋、加以革除、加以改造的。社會不是一個名詞，一方面顯得非常空洞而無實質的內容，另一方面又有一種彌天蓋地的力量加在個人身上，使人無法掙脫。他們那一種倔強而不妥協的個人主義，看似堅強有力，其實正襯托出他們在「社會」無形壓力下的無能為力。

　　王文興正是這一個時代的知識青年的一個「極端化」的典型，很少人的西化像王文興那麼徹底。很多人在逐漸「懂事」以後，知道如何利用臺灣過度西化的傾向來謀取個人的利益，因而成為機會主義者。王文興則始終堅持他的「理想」，他的徹底西化與他的徹底坦直，使他成為臺灣文壇最不容易受歡迎的人物。他是一個令人厭惡，但又令人尊敬的西化派，有時候非常不懂事，卻自以為在講理。他曾說過一句人人忘不了的「名言」，他說，臺灣的農民對臺灣的經濟發展沒有貢獻。他曾在一次訪問裡說，翻譯沒有價值。後來他辯解說，他只是說，他個人不想翻譯，但原來的講法可能更接近他的想法。

　　很多人都會認為，范曄的模型事實上就是王文興本人，如果我們能夠

把握藝術與現實的距離，而不把范曄完全等同於王文興，那麼，這種說法
是相當有道理的。范曄的極端化正是王文興的極端化的反映。同樣，《家
變》的藝術原則也正是王文興個人獨特理念的反映。

　　王文興不會相信，個人的行為可以合理地加以解釋，或者，可以合理
地以社會原因來加以解釋。假設王文興同意把范曄的行為叫「反叛」（這一
點他未必同意），他一定不能贊同說：這是西化的青年在反叛傳統的父母。
根據現代主義的理念，現實的人的行為是無法以一種合理的程序來把他串
成一個完整的情節的。小說家只能告訴我們，這是昨天的他，這是今天的
他，至於為什麼昨天的他變成今天的他，則無法知道，至少小說家沒有資
格告訴你。於是小說家只能有兩種選擇：或者把個人的歷史分解成片段式
的印象，而讓各個片段並列以組成一幅拼圖版；或者任由各個人物去放縱
他們的想像，而成為一長串的內心獨白與意識流。在這裡，小說家對人物
行動的解釋是付之闕如的，於是行動不能連貫起來，而所謂「情節」也就
不復存在了。

　　這樣還有「社會」嗎？當然沒有。甚至個人都分解為一連串的印象、
獨白與意識流動而消失了完整的形象。社會被分解為一個個互不相連的大
點，這是個人；而仔細去觀察那每一個大點，原來那也只是無數個模糊的
小點，這是印象、獨白與意識流動。因此根本就沒有大點，當然更不會有
無數的大點根據有機的結合而組成的那個「社會」了。

　　這是西洋現代小說的「哲學基礎」，這種哲學，由王文興所繼承、所信
奉，而實踐在他的兩部長篇小說中。王文興所不能了解，或者王文興所沒
有仔細去思考的是，這同樣的「哲學」，實踐在西洋，跟實踐在臺灣，卻有
著很不相同的「社會基礎」。在西洋，當資本主義發展到最高峰時，社會，
尤其是大都市社會，已成為一個任何人都無法打破的巨網。他們既然不能
思考那個「網」，只好思考那網上一個個的黑點。他們只承認點的存在，而
不肯把那個網畫出來，因為他們還不願意「公然」地承認點對於網的無能
為力。

臺灣則不然。臺灣的那個網，是個舊社會的舊網，看起來好像還很堅牢，其實已經逐漸在鬆弛。但是，在 20 年前，在 1950、1960 年代的西化的知識青年看來，那個網還非常穩固。因此他們誤以為，臺灣的網與點的關係，正如西洋的那般。但是有一點足以證明，他們憑直覺所感受到的，比他們在理論上的了解要正確得多。在王文興的小說裡，范曄型的主角是勃然易怒的，而我們再去回想卡夫卡或卡繆的小說，那裡的「英雄」只有無助與無奈。卡繆的《異鄉人》，是一個荒謬的反叛角色，但是跟范曄比起來，那是多麼無力的反叛啊！他們對於那個網的直覺感覺，是各自適合他們自己的社會的。

王文興憑他敏銳的直覺能夠感受到，他這一類型的人物與他們所處的臺灣社會之間矛盾而緊張的關係，能夠創造出范曄式的荒謬的反叛角色。可惜的是，在理智上他完全接受西方現代主義那一套理念，完全相信現代主義對「社會」與對「個人」的看法。其結果則是，不論在藝術上，還是在實際人生上，他都陷入一個無法解決的僵局。

四

這種理念對於《家變》的不良影響，我們已經分析過了。在實際人生方面，這種理念的影響基本上也是負面的。王文興在教育過程中所接受的觀念，原本就容易使他和他所處的社會現實產生相當大的差距。現在再加上現代主義的推波助瀾，王文興當然更會相信，「個人」是個孤立的個體，而「社會」則是一個無法觸摸而又無法改變的怪異的實體。就好處而言，這樣的信念無疑會使王文興把重點放在「個人」身上，去追求「個人」所能把握的東西。因此王文興強烈地肯定「個人」，其強烈的程度遠超過臺灣其他的藝術家。二十多年來他固執地循著自己的道路前進，極少妥協，也因而贏得一些人的尊敬。然而人究竟是群體的一分子，由群體來加以肯定比自己來肯定自己要容易得多。如果不是嘩眾取寵，或隨波逐流，正當地獲得人們的喝采不但不必逃避，而且還值得去追求，因為這是肯定自己的

價值最適宜而有效的方法。中國古人說：「離群難處心」，人的複雜心理常常是超乎人的想像之外的。一個長期把自己關閉在自己的斗室內，而把人群與社會拒斥在外的人，其無形中所逐漸累積的鬱悶與怒氣總得有發洩的時候。就在這時候，我們看到王文興寫了《背海的人》（上），就在這本書裡，他在藝術與實際人生兩方面的「悲劇」與困境都完全暴露了出來。

一讀《背海的人》（上），我立刻就聯想到杜斯妥也夫斯基的《地下室手記》，我感覺到范曄已發展成「地下室人」，而且我也意識到，這是王文興長期的心理發展的反映。

《背海的人》（上）幾乎沒有情節，勉強劃分的話可以分成三個大段落，前 100 頁是男主角的獨白，中間 50 頁是對一個冗散機構的刻薄的諷刺，最後 30 頁則描寫男主角的一次嫖妓經驗，男主角以更尖酸的語氣來嘲弄自己的性無能。從這種簡單的分析就可以看出《背海的人》（上）與《地下室手記》的關係。《地下室手記》分成兩部分，第一部分是「地下室人」的自白，第二部分則描寫他與一個妓女的交往。這兩本書在結構上的類似絕不是偶然的，王文興寫《背海的人》（上）絕不可能沒有想到《地下室手記》。

兩者在主題上的類似也很明顯。杜斯妥也夫斯基的「地下室人」毫不隱諱地表白自己的乖張暴戾，並且洋洋自得。我們可以感覺出來，其中隱含了強烈的對一切人的「恨」。《背海的人》（上）的基本精神，則由第一段的「語調」從頭統攝到底。這一段長達三行 75 個字，幾乎字字都是「三字經」，可說集中國「三字經」之大成，這可能是世界文學史上少有的紀錄。《背海的人》（上）好像要以這樣的語調來傾瀉他長期鬱積在胸中的悶氣，或者，用類似《背海的人》（上）的話，來吐他的「鳥氣」。

由范曄發展成《背海的人》（上）是很自然的。滿腔的怒氣無處發洩，滿懷的反叛意志找不到可以反叛的對象，無名的怒火無端而起，而那個耳熟能詳的「幹！」就自然而然地爆發出來，對中國人來講，還有比這更「舒服」的感覺嗎？

　　語言也是令人困惑而驚訝的。那樣的詰屈聱牙，那樣的拗口繞舌，簡直比「狗屁不通」還不通，試舉一段：

> 像這樣子的個低落而復且又消沉若斯之然的現狀相要接連著到的的個來的約兩三週那麼長的時間之那麼樣長的那麼的的的個的的之久。

　　當我「盡可能」地逐字「品嘗」《背海的人》（上）的前 100 頁時，我突然想起，不知哪一個人曾說過，《家變》愈到後來文字的夾纏絞繞愈嚴重，我終於「頓悟」：王文興語言的祕密來自於他長期的「孤獨」。語言是社會的產物，是人群的交通工具，只有在活潑生動的「對話」中，語言方能不斷地更新而保持永遠的活力。文人的語言不管多麼精鍊，永遠比不上民眾在長期的口傳文學中所鍛鍊出來的那麼鮮活跳脫。中國文人越在書齋與書堆裡乞求優美的文字，他的作品的生命力就越單薄。那麼，人們如何去想像，一個人極少與人「對話」，極少動到真實的嘴唇時，他要如何地「喃喃自語」，說實在的，恐怕連「喃喃自語」都會有生澀的感覺。當我逐字地讀前面那一段的「的的的個的的的」時，我似乎有一點悲從中來，我彷彿看到閉鎖在孤島已長達二十年的魯賓遜，在低低地「的的的個的的的」，以此來向自己表示，他曾經與人群交談過，他現在還會說話，只是他已忘了，他以前說的話比現在流利多了。

　　我們恐怕無法找到一把尺，以便好好地評論《背海的人》（上）。但無論如何，《背海的人》（上）應該是個終點。王文興已經寫過《家變》、寫過《背海的人》（上），而我們也已經知道，在臺灣的某一個時期，知識分子如何背棄社會，社會如何背棄知識分子。我相信，在這方面，王文興是有貢獻的，不管他的兩部長篇小說寫得有多「壞」。不過，臺灣的社會已經在變，而王文興也應該有個新的起點，至少這是一個多年來偏愛王文興小說的讀者的盼望。

　　——節選自呂正惠，《小說與社會》（臺北：聯經出版公司，1988 年）

——選自陳飛、張寧編《新文學‧第 2 輯》

鄭州：大象出版社，2004 年 6 月

臺灣知識分子的精神私史
王文興現代主義力作《背海的人》中的「爺」

　　愛德溫・繆爾說：「卡夫卡的困難是可笑的，但它們同時也是令人絕望的。」[1] 讀王文興現代主義小說《背海的人》有同樣的感覺，《背海的人》中的「爺」就是卡夫卡式的困難的人。「爺」的困難充滿悖謬，既滑稽可笑，又讓人窒息絕望。王文興耗時數十年苦心經營，創作出一部漢語文學史上奇異的文本。這部作品在語言文字及敘述結構上的創新實驗在在令人驚訝，可圈可點可議可歎之處甚多，而形式的標新立異對於《背海的人》來說絕不是純形式主義的文字表演，而是在語言文字的艱苦修行中積瀯著豐富的內容。僅從作品主人公「爺」這個奇特的人物身上即可解讀出許多頗有意味的話題。

　　在 20 世紀中國文學史上曾經有過一個著名的無名者形象——阿 Q。在我看來，王文興筆下的「爺」是阿 Q 形象的當代傳人，他同樣無名無姓無產無業無家可歸，身陷困境，在無法自主的命運擺布下盲目掙扎，最終被無邊的黑暗徹底吞噬。只是這個臺灣版的阿 Q 身分顯得更加曖昧，他不僅是個典型的流氓無產者，居無定所，滿口污言穢語／胡言亂語（其中不乏真率智慧之語），而且還曾做過詩人，風頭健時同時在幾份刊物上發表過詩作，目不識丁的阿 Q 就從未有過如此的榮耀了。「爺」還曾經當過兵，並且在臺北混跡過相當長的時光，比起阿 Q 更加見多識廣；阿 Q 一直處於天真無知的渾樸狀態，雖然也會鸚鵡學舌地說些不孝有三無後為大之類的腐

[*]福建師範大學文學院教授。
[1]霍夫曼，《佛洛伊德主義與文學思想》（北京：三聯書店，1987 年）。

儒之語，然更多時卻只會像對吳媽示愛一樣粗口直陳，本能地吃，本能地
自我保護，維持著生存最底線的可憐需求，本能地愛，本能地恨惡，本能
地懼怕，本能地想革命，因爲一切言行皆只出乎本能，故無思無想如同一
隻地洞中求生的鼠類，魯迅不無悲憫地讓我們看土谷祠裡阿 Q 張大嘴巴呼
呼大睡的醜態，以示其未覺醒的昏聵；而王文興的「爺」卻不然，他雖也
同樣爲命運所撥弄，卻具有強烈的探知欲望，他天性好奇，對未知世界充
滿疑惑與渴望，對於宿命、神，處於信與疑、敬與諷之間的矛盾狀態，不
甘心屈服於強權惡勢，也不願意拜倒在神壇之下，與阿 Q 的缺乏自我意識
不同，「爺」具有典型的知識分子的反省能力和批判意識，但他又是個道地
的邊緣人，在臺北無立足之地，而後被逐至深坑澳——一個虛假的自由之
地（最終成爲他的葬身之地）。阿 Q 直到臨死才似有所悟，悟出自己置身
的世界是非人的，周圍遍布餓狼，魯迅讓知識分子的狂人在瘋狂的邊際吶
喊出理性啓蒙的話語，又讓蒙昧庸眾的代表阿 Q 以死亡爲代價換來臨終一
瞬間的覺悟；王文興則使「爺」兼融狂人與阿 Q 於一身，在蒙昧與先覺之
間做困難而滑稽的掙扎，一方面「爺」如同一葉浮萍活得盲目而沒有希
望，另一方面這個獨眼人又狂妄得自以爲窺破天機，預言中死難的應驗—
—這偶然一次看相的成功，讓他生意興隆了好一陣，彷彿這閉塞的深坑澳
來了個先知，而「爺」恍惚間也對自己的通靈異秉驚奇復自得起來。不幸
的是這位「先知」終究未能預知自己的厄運：面對死神的偷襲，他的反應
完全是常人的措手不及。

　　小說以詰屈聱牙而又一瀉千里的憤世嫉俗而又粗俗不堪的破口大罵開
篇，奠定了敘述者兼主人公的「爺」命運的基調：因爲見棄於世而與整個
世界爲敵。這個頗具刺激力的開篇將流氓無賴氣的粗話和文人氣的語彙彆
扭而自信地組串在一起，形成了最不雅觀最難聽的國罵及作者自創的國罵
變體進行曲。在一種痛快淋漓疙裡疙瘩混沌而粗放的宣泄性節奏裡，開始
了漢語文學史中最爲晦澀又最爲奇特的敘述歷程。王德威認爲小說的開頭
「令有教養的讀者難以招架」，而這種強烈的反智氣氛幾乎貫穿全書；但與

此相悖的是此書又是一名知識分子反諷式的自嘲，「整體而言，它提供了一嘲弄式百科全書（mockencyclopedia）視景」。[2]《背海的人》全書所記錄的不過是「爺」兩個夜晚的內心獨白，「爺」的敘述卻涵括了哲學、神學、文學、政治、數學、風水、相命、情色、性等話題，尤其在上冊，「爺」尚未完全墮入絕境，他精力過分充沛，似乎對一切形上形下的話題都充滿辯駁的興趣，雖然他的實際處境困窘孤獨，但並不妨礙他知識論式的耍寶。王文興的敘述策略規定了「爺」既非純悲劇性人物亦非純喜劇性人物，「爺」的存在映證了個體存在的尷尬：現代意義上的反諷性生存悖論，「爺」生活的卑微不堪、身分的混亂曖昧、情緒的駁雜叛逆以及思想的似是而非組成了一個騷動喧嘩的個體內在世界。小說立足於「爺」的有限視角，展示了心靈廣大寬闊、幽暗深邃、陰晦暴烈、錯亂突梯、脆弱無序的複雜層面，「爺」的敘述既是面向整個世界的孤注一擲的抗辯，又是一個遭棄絕者無能無力故而格外無所顧忌破罐子破摔的撒潑耍賴，因為他所抗辯撒潑的對象絲毫不會在意他的存在，他的敘述實際上只能是寂寞的自言自語，反芻、宣泄、胡鬧、表演，全是自我意識分裂的想像中的對話，虛幻的痛快。如要「爺」不是遭暗殺，很難想像他的滔滔不絕、「比狗屁不通還要不通」[3]的夾敘夾議會如何收場。王文興為他傾注了幾十年心血的主人公畫上了一個永遠的句號：死亡，而且是那樣一種沒有尊嚴的可憐復可笑的死法。阿 Q 尚且有示眾的機會容他無師自通地嚷出一句「二十幾年後又是……」，「爺」卻落得個如此寂寞荒謬的下場，正當他沉溺於他的幾次情色冒險史，以試圖淡忘日趨迫人的生存焦慮，幾個歹徒粗暴地闖進來不聲不響地殺了他，在黑暗中他喊出了當初阿 Q 沒來得及喊出的「救命」，然而即便是寫到死亡，作者仍然保持著自始至終的嘲諷態度，帶著王文興式不避腥臭的噁心勁兒，描寫「爺」臨死前最後一回自由聯想，將連續不斷

---

[2] 王德威，《想像中國的方法》（北京：三聯書店，1998 年），頁 187～213。
[3] 呂正惠，〈王文興的悲劇——生錯了地方，還是受錯了教育〉，《小說與社會》（臺北：聯經出版公司，1988 年）。

的放屁比作「禮炮」，禮炮陣陣激起「爺」萬千思緒，不過不論是詩情翩翩還是噁心兮兮的遐思暢想，都不得不終結了。所謂的禮炮原來是對「爺」飽受命運嘲弄的一生的最後一次戲謔性的嘲諷。

王文興 "Wang Wen-hsing on Wang Wen-hsing" 一文中談及《背海的人》時說：「這（本小說）根本就是嘲弄。」（"Basically, this is a burlesque."）[4]作者出離了早期那種古典悲劇式的嚴肅緊張，而更傾向於在狂歡化的場景和對話中進行諧謔嘲諷。王德威曾經將《背海的人》與喬伊斯的《尤利西斯》相類比，就體例內容及語言文字等方面的實驗創新程度而言，這樣的類比是很自然的，值得進一步深究。而王德威想強調的是：從《背海的人》可看出王文興「更沉浸於『自我解構』（"self-deconstructive"）的樂趣中，他不斷謔仿及戲弄（undercut）自己小說所源出的傳統和典範，較喬伊斯有過之而無不及，比如他的英雄（或反英雄），就是一個西方自浪漫到存在主義文學英雄雛形的諷刺模仿組合」。[5]這裡提到的英雄（或反英雄）顯然指的是「爺」，在西方現代文學線路圖上尋覓「爺」身上糾纏不清的線索之源確實有效，因為出身外文系的王文興一向鍾情外國文學，在創作上更是受西方現代主義文學影響深遠，他被稱為徹底的西化派，他本人對於人們將他的創作歸為現代主義也基本默認（如他在接受單德興訪談時說：「就我創作的性質來看，可以歸到現代主義的範圍內。」）。在思考「爺」這個人物的性質時幾乎無法不考慮這一層面。不妨簡略回顧一下王文興的創作歷史：王自 1950 年代後期開始在《文學雜誌》發表小說，1960 年代與白先勇等臺大才俊創辦《現代文學》，表現出對西方現代文學的濃厚趣味以及改變臺灣文學現狀的強烈意願，卡夫卡、托馬斯·曼、喬伊斯、亨利·詹姆斯、卡繆、海明威等人給他提供了強大的文學啟蒙力量，僅從他塑造的文學形象看，我以為在早期作品裡王文興感興

[4]鄭恆雄，〈文體的語言的基礎──論王文興的《背海的人》〉，《中外文學》第 15 卷第 1 期（1986 年 6 月），頁 156～157。
[5]王德威，《想像中國的方法》。

趣的人物幾乎都體現了現代主義精神，一種絕望中困難的反抗，一種在意義缺失的世界裡本能的掙扎和痙攣，一種在深淵中的哭泣，一種面對荒謬存在的漠然的笑。早期王文興困頓於人性的兩極：一面是純真少年懷著巨大而無助的恐懼面對成長的煩惱和死亡的陰影，另一面則是黑暗邪惡的恨世者無法自控地播撒仇恨與恐怖。總體上看，兩極合一，書寫的主旨乃是：個體生命的恐懼與顫慄。這無邊的恐懼朝向兩個方向：生與死。生的意義何在？若是為了快樂，為何連世人稱為最快樂的事也不過爾爾，快樂之後卻是難堪的空虛，以致於一瞬間竟失了生趣（像〈最快樂的事〉中做愛後了無生趣而跳樓的孤絕者）？成長中的快樂竟包含著如許驚人的污穢和邪惡，令人飽嘗快樂的虛妄和邪惡折磨的苦痛（如〈寒流〉裡那個為保持純潔抵抗性衝動而裸身於寒流的可憐少年）。在朝向生命的逼視裡，我感到早期王文興那種偏執的精神潔癖症幾乎到了困獸之鬥的地步了。而朝向死亡，則唯有虛空，王文興讓一個孩子面對人永遠的最大畏懼，以天真而極端的方式表示對必然的反抗。這些作品中，純粹的個體承擔著過於沉重抽象的存在主義命題，人物個性存在著一些值得關注的共同點，孤獨（或孤僻）、敏感、內向（近於自閉）、倔強、富於叛逆性，這些人物無法融入他人的世界，內心往往充斥著莫名的焦慮或恨意，或與他人為敵成為令人討厭的物件，或沉湎於內在激烈的自我搏鬥而讓人憐憫，他們對命運的抗爭（如〈生命的軌跡〉）尚帶有希臘悲劇式的悲壯嚴正色彩，而與非理性原欲的苦鬥（如〈寒流〉），以及他們所體現的個體的孤獨、人性的乖張醜陋（如〈玩具手槍〉、〈黑衣〉）等主題就更多地屬於現代主義探討的範疇了。1970 年代的《家變》提供了一個讓人難以忘懷的叛逆者形象——范曄，這個人物所激起的討論既關涉形式實驗的價值和限度，也深深觸及現代中國個體與傳統倫理間的緊張關係，作者通過范曄將西方化的個體意識與古中國家庭倫理間的齟齬和對立推向一個極端。從個性特徵看，范曄延續了王文興早期小說人物的個性傳統，但人物所反抗的不再是幽玄詭譎的命運，也不再是深淵般的肉體原欲，亦不再是意義喪失後的廣漠的空虛，范曄以

西方化的現代觀念對抗肉身賴以成長的家庭，逼迫老父出走，從而改寫了現代文學史上離家出走的「逆子」模式，而范曄也因此成為徹底西化派的文學典型，一個臺灣現代主義的精神產兒。

到了《背海的人》，作者賦予文本更為複雜的主題，純正悲劇的古典意趣消失了，現代主義的緊張冷峻品味也不復從前那般劍拔弩張，嚴肅莊正的主題隱藏在諧謔滑稽裡。喜劇因素的滲透成為作者有意識的追求，小說呈現出一種悲喜雜糅亦莊亦諧的含混風格，體現了現代懷疑論基調上的對存在複雜性的經驗意識。彼得・福克納論述現代主義現象時指出：「現代西方世界對自己的價值頗為懷疑，這種懷疑超過了我們所熟悉的往昔文化對自己價值懷疑；相對主義和主觀主義成為普通的日常經驗。現代懷疑論，換言之，對複雜性的認識，在深度上超過以往的文化。」[6]在這個意義上他對拒絕整體性和穩妥性的喬伊斯做出了這樣的評價：「《尤利西斯》體現了現代主義力求將自身建立於矛盾和悖論之上的決心。」[7]這句話用來評價《背海的人》也完全適用，王文興在這部現代奇書中力圖展示的主題正是道德的相對性和存在的困窘與悖論。具體體現在人物形象上，小說除卻充分表現敘述者「爺」境遇的尷尬怪誕、言行的乖張荒謬和心理的錯雜混亂外，還以陰森詭異的筆法繪描了「現代中國小說中最富想像力的官僚生活群像」（王德威語）：「近整處」（一個名為「近百年方言區域民俗資料整理研究考察彙編列案分類管理局深坑澳分處」的官僚機構）裡的一群奇形怪狀的異化人，如同鬼魅，這群人全都有病，全是被排擠出臺北的老弱病殘，一群落魄失魂腐朽沒落的官僚職員，然而卻在一種逼真的氛圍裡上演著一幕幕誇張放肆的鬧劇。這裡既彌漫著沉淪與死亡的氣息，又散發著貧民窟自然主義式的病態的活力，時而令人窒息，時而激起莫名的爆笑，完全是黑色幽默的笑，苦澀至極，不笑不足以感應其苦趣。「近整處」裡形形色色的小丑傻瓜們履行著雜語喧嘩的喜劇化功能，襯托著「爺」的私室獨

---
[6]彼得・福克納，《現代主義》（北京：崑崙出版社，1989年），頁27。
[7]同前註，頁79。

白的孤單落寞，「近整處」中盡是邊緣人，而連這麼一個群體也不肯接納「爺」。「爺」實在堪稱可憐。但作者顯然並不擅長於流露任何感傷的悲哀，當有人問起他對「爺」的死有何感受，他說沒有特別的感受，只是 separation，「如同送人出國，沒有任何 sentimental sorrow 在內」。[8]作者與人物間始終有效地保持著適當的距離，用嘲弄、誇張、戲仿等方式消解對人物可能的同情，讓人在滋生同情的同時產生笑的衝動，使得同情變成空洞無效的濫情而自行消失，從而控制著讀者與人物的距離。王文興以自我解構的敘述方式實現了悲劇的扭曲變異，同情則被冷嘲滲透。他自認為「《背海的人》是 comedy，或者頂多是 tragicomedy，不會缺少喜劇的成分」。[9]「爺」做為一個兼含悲喜劇因素的形象存在，他的身分足夠曖昧，甚至過於曖昧了些，通過他充滿反私室激情的激情自白，我們得以了解他昏暗無序的個人歷史：他曾經是軍人；曾經是個「名詩人」（當過六個詩社的創辦人，其詩曾收入五本詩集，卻嫌詩人這行當太窮）；曾經做過不三不四的雜貨店生意（卻因違法經營而遭警察追捕）；曾經冷酷地拋棄了一個老實本分且愛著他的貧寒女人（後來在深坑澳被醜陋的紅頭髮妓女嘲弄、被貌似觀音的妓女惡整似乎都是報應）；曾經在出版社工作過（卻鬼使神差地偷了保險櫃裡的兩千塊錢而被逐）；曾經懷著僥倖心理去賭博卻輸個精光反欠了一筆賭債（因而被黑社會勢力威脅）；原因不詳地瞎了一隻眼睛，遂自號「單星子」，並以「隻眼居士」為筆名……在設計和敘述「爺」的個人歷史時，作者顯然違逆了一般自傳體情不自禁的自我辯護立場，人物的長篇自敘並未誘導讀者與人物貼近，讀者的眼光更無法與人物的相重疊，按弗萊的劃分，「爺」這樣的人物應屬於低於讀者的諷刺喜劇型作品，但如此解讀「爺」又未免失於輕率，在我們產生優於人物的感覺時，另一種力量又會動搖這種高高在上的自信。如果說我們有足夠的理由鄙視「爺」的話，那麼我們就有更多的理由從「爺」那裡得到關於我們自身存在的啟示，對他

---

[8]單德興，〈偶開天眼覷紅塵〉，《中外文學》第 28 卷第 12 期（2000 年 5 月）。
[9]同前註。

的鄙視或漠視也可視爲對人本身的鄙視和漠視；如果說我們從對他的鄙視
裡獲得了快感的話，那麼我們從他的境遇與言行中體察到的尷尬和困窘並
不比快感少。「爺」激發的感觸是複雜難言的，他的自私冷酷無賴品行讓人
厭惡，但讓他爲自己的處境負全部責任卻又不夠公平；「爺」的窮途末路如
果不足以引發同情，也至少能讓我們明瞭命運的嘲諷與惡意，因此對
「爺」的背德無義喪失責難的勇氣；我們不會喜歡與這樣一個人爲伍，既
害怕跌入他那樣走投無路的慘境，更害怕從這面污穢殘破的鏡子裡照見人
性的一種真相。「爺」是一個隨波逐流的脆弱個體，只有今天，沒有明天；
「爺」是醜陋怪異的丑角，在地獄的邊緣發出毛骨悚然的狂吠；「爺」又是
一個純然的笑料，他的荒唐舉止和滑稽言行將他自貶爲鬧劇主角；「爺」還
是一種關於人性的試煉；卑賤是否存在底線？道德的限度何在？善惡的分
界有何意義？王文興借「爺」這一形象傳達了自己關於人的存在複雜性的
曖昧認識，對人性邪惡低賤本性的揭露尤爲冷峻觸目。與白先勇佛性的慈
悲剛好相反，王文興的文學世界裡缺乏柔情與憐憫，早期他筆下的少年尚
因純潔而孤絕的氣質讓人同情，范曄就已然冒天下之大不韙，以虐父逐父
之舉而拒絕了可能的同情，到了「爺」這裡，范曄式的自譬自解也毫無蹤
影了，人物把自身降級爲低於人類的存在物——狗。小說開頭便通過
「爺」的自敘，宣告了接下來的全部敘述都形同犬「吠」。「我叫出來的話
就像汪汪的狗的嘯號之聲，是底，毫無意義的犬吠，立刻消散飄遁在浩浩
黑夜之中，存不下一痕一線的蹤跡。」（頁 2）用犬吠之喻來剝除尊嚴自我
貶抑，將憤世與自嘲推到極限；小說的結局部分，與之相呼應，作者精心
設計了一個屠狗的場景，在圍截的過程中，狗的凶悍勇猛與人的膽怯猥瑣
構成諷刺性對比，狗在將死的關頭像人一樣直立起來，屠狗實際上成了殺
人的隱喻，有意味的是，最後操刀殺死狗的恰是「爺」。就彷彿一次預演，
當晚「爺」便在吃完狗肉不久後被殺死。魯迅先生有關吃人與被人吃的寓
言又有了新的版本。所不同的是狂人竟得以「善終」，痊癒「赴某地候
補」，重被納入他當初反抗的體制；而「爺」不曾踢過陳年流水簿子一腳，

卻在「近整處」大鬧天宮了一場，終於未能被深坑澳唯一的官方機構接納，他原因不明地被殺，似乎與他這番英勇事跡沒有直接關係。

做為一個混跡江湖的浪子，「爺」雖遠稱不上罪大惡極，也算得上劣跡斑斑了。從某種角度看他的死不過是罪有應得。但這部作品絕不是為了僅僅寫一個罪與罰的故事。從作品的敘述特徵看，「爺」長篇大論的私室自白是一個被排擠到世界邊緣的絕望者憤世的宣言，也是一個生活底層漂泊失根人混世的囈語。必須指出的是，「爺」的流浪漢加潑皮無賴的品格作為並不能掩蓋他的知識分子真相。粗鄙的語言、自成體系的彆扭文體和梅尼譜體式的鬧劇狂歡場景皆不能遮蔽「爺」這一形象的反省批判功能，雖然「爺」的批判性在王文興刻意經營的結巴囉嗦反美感反感傷反崇高反英雄的文體語境中被扭曲變形了，整體的反諷更是把可笑的「爺」身上蘊涵的反思給淡化了，但依然可以感受到小丑的面具背後深藏著知識分子式的精神私史。路易士・科塞認為：「知識分子是理念的守護者和意識形態的源頭⋯⋯他們還傾向於培養一種批判態度，對於他們的時代和環境所公認的觀念和假設，他們經常詳加審查，他們是『另有想法的人』，是精神太平生活中的搗亂分子。」[10]「爺」的自白裡明顯的反智色彩每每造成誤讀，讓人忽略他的知識分子身分，他與普通人心目中的知識分子溫文儒雅形象實在是相距甚遠，而他本人對這一身分也懷著極為矛盾的看法，時而滑稽地自傲自矜，甚至在擇偶標準上自以為是地擺臭架子：「我們知識分子！我們知識分子，焉能夠，標準過低來也？」（見《聯合文學》第 15 卷第 5 期上刊載的《背海的人》下冊，頁 27）時而恨之入骨，對之嘲諷有加，如在上冊第 95～99 頁，「爺」對詩人身分極盡冷嘲熱諷之能事。雖然書中交代「爺」的學歷並不高，諷刺他以知識分子自詡的可笑，但按科塞的觀點看，「爺」骨子裡卻是個對一切理念和假設持質疑諷刺態度的知識分子，他清醒地意識到自己的存在處境，當他被迫落腳於深坑澳，住在一間昏暗逼

――――――――――
[10]路易士・科塞，《理念人》（北京：中央編譯出版社，2001 年），頁 4～5。

仄、「四步長度，兩步寬度」的無水的浴室，「爺」戲謔地自慰，這樣的封閉獨居正好可滿足他酷愛孤獨的怪癖，「是的，孤獨，閉禁，牢房，放逐，其實一模一樣的一篙子事情，──而爺就極其喜歡被放逐！放逐是反而得使爺感到自由無牽，一身暢快不絏。放逐在過去的時候是迫害的代名詞，在現代 20 世紀則殊屬可能變成自由的代名詞的了」（見上冊，頁 24）。中外文學都存在放逐母題，「爺」所議論的放逐理念基本立足於西方精神史，自《聖經》裡人類祖先第一次遭放逐，至中世紀的異教徒被逐殺迫害，放逐一直是被動無奈的肉身苦役。相對而言，自覺放逐正是現代知識分子普遍自我意識的表徵，尤其是現代主義意義上的放逐則更是失落了上帝後的自我拋離，人從自然中，從上帝那裡，復從他人那裡，相繼被拋離出來，獲得前所未有的自由，但同時也開始體驗前所未有的孤獨。這種存在主義式的自由很快變成生命中難以承受之輕。「爺」對自己的放逐狀態所許諾的自由明白無誤，而他對這種自由的代價的佯裝不懂使得敘述語境充滿反諷性，自由的表象與人生絕境的實質構成反諷。焦慮被虛假的輕鬆暫時取代，可是焦慮並未真正消除，而是轉化成憤世嫉俗的天問離騷，一個下里巴人的戲仿性的屈原，中國最早遭受放逐的偉大詩人被敷演成現代末路英雄或反英雄。「爺」的知識分子身分不僅可從他的謀生方式上窺出（他靠看相混日子，後在「近整處」因爲廁所題字被人賞識而企圖謀職），更能從他的「閑情逸趣的好奇心」（Veblen 語）辨識出來（「爺」既對直接的食色需求和欲望興趣濃厚，又對終極性理念充滿非工具性的認識激情）。「爺」的知識範圍堪稱廣博，但他要寶式的炫耀不是爲了證明真理在握，而只是以丑角的形式戲弄真理的虛妄。科塞說：「現代知識分子類似於弄臣，不只是因爲他爲自己要求不受限制的批評自由，還因爲他表現出一種態度……我們姑且稱之爲『戲謔』（"playfulness"）。」[11]「爺」對詩人的諷刺、對命運之謎的迷惑與追究、對世風的抨擊以及對自由意志的崇尚，處處流露出對

---

[11]同前註。

正義與真理的由衷關切；而他關於佛禪的高談闊論、向天主教神父裝腔作勢的求教、對紅頭毛妓女的諧仿浪漫派的求愛方式又在在傳達著一種戲諷趣味。王文興沒有也不可能把「爺」寫成現實主義化的義正詞嚴的鬥士，在現代主義視野裡，「爺」只能盡可能扮好一個破碎世界中靈魂破碎的空心人角色，他根本不可能自信地在乾涸的荒原（小說以無魚季節的海邊爲隱喻）找到人間天堂，強大的現實時刻嘲弄他轉眼即失的烏托邦幻想。世界對於他永遠是一個熱鬧而空洞的惡作劇，對於這不可愛的世界來說，他即便拚命也無能成爲挑戰者，頂多如他自己所說只算是毫無意義的犬吠。

　　若想解讀「爺」知識分子層面，翻翻他簡陋的行囊也許不是多餘的。我們發現，「爺」的百寶箱裡倒是頗爲可觀，既有他稱爲「物質食糧」的相書（因爲相命可以謀生），也有他戲稱爲「精神食糧」的一疊春宮相片，還有一本抄錄了「爺」十幾年來創作的白話新詩集子，此外便是「爺」東「摸」西「借」來破爛不堪仍珍藏如寶的幾本書：紀德的《地糧》、尼采的《查拉圖斯特拉如是說》、杜斯妥也夫斯基的《地下室手記》和托翁的《復活》。這似乎不經意的交代卻不是閑筆，相書和春宮照片與小說中人物有關食色的情節真實地反映了「爺」形而下的生活內容：生存的危機和混亂無序。而詩集和四本名著則隱晦曲折地燭照了人物由於價值的衝突和意義的缺席造成的痛苦矛盾壓抑的精神世界。

　　「爺」的詩人身分耐人尋味，而他棄詩從商的個人行爲也不難追究其後的社會轉型及價值轉換因素，他自嘲寫詩容易出名是因爲不會招人眼紅，「有名，但是沒得有錢，有什麼鳥用牠來的個的的的的的？」（《背海的人》上冊，頁 95）他粗俗卻直率地道出詩人沒落的根本原因乃是社會經濟體制。他表面上已視詩和詩人如敝屣，他刻薄地批評臺灣的白話詩「要不是害的是不舉；就是舉後不堅」（同上，頁 98）。但他內心又對自己的停筆始終難以釋懷，當他津津樂道以內行自居大侃詩創作的不可思議的痛苦時，既爲自己脫離苦海而慶幸，又不自覺地流露了一絲失落的惆悵。僅從他落入山窮水盡之境還依然隨身帶著手抄本詩集就足以看出他心靈的矛

盾；詩，儼然已成為一種不可能存活的高貴，她將人撕成兩半，一半沉淪於苦難卑微的生存之淵，一半昇華至純粹高華的精神境界。意識的分裂是現代詩人注定的命運。「爺」對偽劣詩及媚俗詩人的痛擊猛嘲或許含有納西索斯的自戀意味，而他多年來的私密珍藏無意間暴露的心靈真相倒是令人在黯然神傷之際感到震驚，那是主人公滿卷聒噪喧嘩突然停息的瞬間靜寂帶來的錯愕驚奇，那是卑瑣墮落的生存表象與精神深處殘存的高貴陡然相逢的眩暈不適。這本詩集暗示了人物精神層面的一個不容忽視的向度。它是一個尺規：標刻著「爺」沉淪的底線，在失去了道德自律的「自由」落體中，尚存一線救贖的心念。

　　「爺」攜帶的幾本現代名著顯然不是做為裝飾出現的，它們引導我們走進人物精神世界的迷宮。這幾部著作與《背海的人》之間有著深度的互文關係，啟示我們深入理解後者的主題。尼采讓查拉圖斯特拉從隱遁的山林來到人間，這個強健而充滿激情的傳信者猛烈地抨擊基督教傳統的怯懦道德，呼喚人們「告別奴隸的幸福」，他用兩個寓言向世人宣告上帝之死的消息：上帝死於憐憫心太重或是死於嫉妒心太強，可見尼采是從道德價值的名下行使否定上帝之職。他以超人的勇猛在宗教與道德的禁地摧枯拉朽，向一切頹廢的、弱者的文化價值挑戰，高揚獅子的道德。與此比照，「爺」的詛咒承襲了尼采藐視世俗與傳統的狂人氣概，矛盾的是，「爺」的底氣終有些不足；「爺」不願做上帝的羔羊，反倒從神父那裡騙了一回錢，可他也絕不是獅子，至多是條狂吠的落水狗；「爺」從尼采那兒獲得了嘲笑世俗的勇氣，但也多半停留在行動匱乏的觀念和獨白性話語層次。尼采「解放了存在於一切道德之中的任意性：由此破壞了人們賦予道德的神聖權威。……然而，當他想把自己的意志強加於人時，一方面，卻把一切道德推向虛幻之中」。[12]紀德和尼采一樣起初都是虔誠的新教徒，後來又篤信非道德主義，但不同於尼采的道德家立場，紀德從未把自己看成是超人道

---

[12]張若名，《紀德的態度》（北京：三聯書店，1997 年），頁 25。

德的捍衛者，他的「背德」完全出於生命的需要：一種尊重感官、沉迷於藝術的內在原則。他從福音書中引出審美的真理，在美的祈禱和藝術的信仰裡憧憬著極樂至福。《地糧》是這位在 50 歲之前一直默默無聞的藝術家的代表作之一，它表明了紀德精細而飽滿的感覺力量，「每種當下的感覺，他都讓它保持不變，就像優質的鏡子反射圖象那樣。……每一視覺都保持著當初的純真狀態，它以嶄新的面貌出現在忘掉過去與不知未來這兩種虛無之間」。[13]然而《地糧》的感官沉醉也被非難為赤裸裸的情欲和虛無主義（盧卡奇語），甚至有人指斥紀德是「魔鬼附身的人」（亨利‧馬西斯）。「爺」與紀德間的關係不是單一的，後者從宗教信仰走向生命藝術的朝拜，「爺」卻從詩的殿堂逃離，彷徨於歧路，最終與信仰擦身而過；紀德感官沉醉的純美與神祕也許是「爺」曾經夢想過的，但注定已與他無緣，「爺」的墮落裡缺乏解放的快感和放縱的狂熱，常常演出的是剝落尊嚴的滑稽戲；紀德喜歡耶穌的一句話：「要想救他自己的人，反而失掉了他自己；但是，要想棄掉了自己的人，反而得救。」他像《聖經》裡的浪子棄絕了世俗的幸福安逸到曠野裡找尋自己，遍嘗苦果換來心靈的自由空曠和詩意，在荒野中他發現自己從未忘懷上帝，王文興的「爺」也是自我放逐的背德浪子，但作者沒有模仿這個模式讓「爺」在吃盡苦頭後獲得救贖，「爺」的放逐是徹底的沉淪，「爺」敏感地意識到了深坑澳這個名字的象徵性，它是深淵的代名詞。紀德的象徵主義美學應當讓王文興心儀，這一點另當別論。與「爺」的精神聯繫最為密切的大約要算杜氏的《地下室手記》了，深坑澳裡陰暗的蝸居就是「爺」的地下室，「爺」就是地下室人。他們同樣無名無姓，疾病纏身，自棄自虐，自我放逐，地下室人用來表達自己對別人態度的基礎可概括為一個公式：「我就是一個人，他們就是所有的人。」[14]「爺」性喜孤獨，亦自外於他人，他們的敘述立場驚人地一致，鄙棄歷史上粉飾做作的自傳回憶錄傳統，地下室人宣稱：「我就是要試驗一

---

[13]同前註，頁 29～30。
[14]賴因哈德‧勞特，《杜斯妥也夫斯基哲學》（北京：東方出版社，1996），頁 58。

下：人們哪怕只是對於自己，能夠開誠布公和不怕說出全部實情嗎？」
「爺」在長篇回憶之初也嘲弄了一番回憶錄文體的虛假荒唐：「回憶錄，確
實是一種奇怪的寫作方式，全不靠的『以後』的努力，而倒是靠的以前的
努力——很有點像是整拿一筆人壽保險額一樣的。」兩人在思想上都持懷
疑論傾向，在內省和辯駁過程中體驗痛苦與狂喜，地下室人雖自知不能以
頭撞牆，但卻堅持抗拒二二得四的自明真理和必然性對人類意志的壓迫，
「爺」對何為真正的自由如何實現自由等問題的思考也可謂殫精竭慮；這
二人都呈現出典型的雙重人格，二者的關聯可見張新穎的有關論述[15]，此不
贅言。托翁的《復活》觸及社會批判、道德反思和宗教信仰等主題，對於
「爺」而言，托翁的命題同樣是他安身立命的動力，「爺」雖無聶赫留朵夫
的貴族身分，但他卻私下保持了詩人的精神、貴族的意識，最有意味的
是，王文興又讓「爺」以世俗化的金錢渴望作踐昔日的詩歌夢想，「爺」的
後悔對於《復活》的懺悔意識毋寧構成了深刻的反諷。托翁筆下的人物在
經歷了苦難罪孽的煉獄後終於獲得救贖，「爺」卻無可救藥地沉陷於地獄
（深坑澳）。

　　《背海的人》裡提及的四本書是我們理解「爺」的四條線索，四本書
都深入探討了現代人精神和行為的複雜性以及存在的困境。每個作者都從
各自的角度企圖對這種充滿矛盾的複雜性進行統合，尼采以激進的方式重
估一切價值，紀德以燃燒感性生命的形式抵達信仰，杜氏則讓相互衝突的
不同思想處於激烈的交鋒狀態以展示精神的分裂，而可敬的托翁把難於解
決的所有問題最後交託給了道德的自我完善。實際上幾位大師的意義不在
於解決了問題，而在於將人的複雜性更加豐滿也更加深刻地揭示了出來。
王文興從他們那裡吸取思想和藝術資源，但並未亦步亦趨機械模仿，而是
立足於臺灣知識分子切身處境，通過「爺」這麼一個思想駁雜境遇尷尬的
臺灣外省人形象的塑造，表達作者廣闊的人文視野和終極關懷。「爺」在書

[15]張新穎，《棲居與游牧之地》（上海：學林出版社，1994年），頁190～193。

中自剖：「矛盾！——矛盾！——爺這一個人就是一個大大大大而又大的**矛盾**！——**爺就是『矛盾』**。」（上冊，頁 31）這就是王文興這本書裡最想說的一句話，而這團矛盾終究難以解決，於是王文興誠實地把「爺」交給了死神，他別無選擇！用「爺」的死為這部臺灣知識分子的精神私史劃上了一個蒼涼無奈的句號。

——原載《中外文學》，第 30 卷第 6 期，2001 年 11 月

——選自陳飛、張寧編《新文學・第 2 輯》
鄭州：大象出版社，2004 年 6 月

王文興《背海的人》的語言信仰

◎張漢良*
◎蔣淑貞譯**

一、前言

　　「文學與宗教」這個課題，對比較文學學者而言，的確是個挑戰，縱然他的本行是類比研究。形式主義之後的學術視其爲「外緣」或非文學研究，而加以排斥。唯一的例外則是主題學，不過如今已隸屬於文學語意的範圍。宗教雖說可名正言順地作爲創作者的素材，或作爲作品主題意識的背景，可是它的功能仍限於作品語意所構成的時空裡。在語意層次上，當然有所謂「基督教」作品，或有所謂「佛教」作品一樣。但一部作品以特定方式輸碼完成，卻不能保證它得以同樣方式被解碼。更多的情形是，詮釋作品的人根據自己的信念，強把某種意識形態加在作品上，而不是讓主題自然從作品的語意時空衍生而出。這種現象正可說明，爲什麼有各種「樂園」，「失落」於清教徒、天主教、和佛教等宗教信仰中。一部文學作品中不會有制度化的宗教，也不會羅列一套教義履行作品以外的功用。

　　當我說宗教具有語意的功用時，我並不是指可以把文學當作作品的首要意義系統，而把宗教當作次要系統，因爲這樣的說法經不起嚴密的符號學的探討。以文學（內容層次）和語言（表達層次）的關係來說，文學還是得向語言讓步，自己退居次要系統，如此一來，宗教只不過成爲文學這個含義系統（connoted system）的符旨（signified）而文學則植基於語言的明義系統（denoted system）（耶姆斯雷夫〔Hielmslev〕, 1961: 119；巴特

*發表文章時爲臺灣大學外國語文學系教授，現爲臺灣大學外國語文學系暨研究所名譽教授。
**發表文章時爲淡江大學英文學系兼任講師，現爲交通大學人文與社會學系副教授。

〔Barthes〕，1967: 91）。換句話說，宗教是第三系統，或說是符徵
（signifier）的符旨的符旨。因此它絕不可能是素材。如果我們把文學和宗
教都當作是含義系統，那麼就無法替它們找到一個共有的符徵，因爲宗教
的符徵，不像文學的，未必就是語言。它們共有的「語言」可能就是「批
評的後設語」，用來陳述，或用來顛覆，就像我現在使用的評論文字一樣。

　　文學與宗教的相似點僅在於符號系統。例如，我們把文化看成是一個
符號現象，其中各層面，像是文學和宗教，都隸屬於一個整體的符號活動
（艾柯〔Eco〕，1967: 23）。它們的關係是建立在兩者皆含有一個傳播意義
的過程。不過有一點要注意：這兩者的類似不是因爲語言的關係，更精確
的說法是，因爲有一個包含語言在內，更高層次的符號秩序。

二、語言作爲信仰

　　作家是有他自己的信仰體系，但是那個體系並不一定要符合任何一套
學說，不管是神學的，或是哲學的，還是其他方面的。他透過語言來呈現
意義，而以王文興——（以下簡稱王）來說，他還透過其他的符號系統，
像書寫的方式，以及擬似語言。詭異的是，在王的作品中，語言不再是傳
達信仰的媒介，反而成了信仰本身。因此，本文的目標就在找出王呈現意
義體系的方式（即「表意方式」），並研究這個「意義」——如果能爲吾人
所求——如何與別人分享（「傳播」）。以下我的作法分兩層；一是王如何把
一種容許眾聲喧嘩的內在對話結構，輸進他的小說裡。所謂眾聲喧嘩，包
括書寫的和擬似語言的符號，形成王特別的個人私語。這樣的文字結構洩
露了王對語言的看法：他把語言看成透明的，這種透明的語言既原始，復
具啓示（apocalyptic）意義。一眼即看穿其所指，藉它當下體認上帝的訊息
和最初的含義，另一方面，我要證明王的語言企圖——他對「終極問題的
探討」——與他假定語言有模擬功用的信念不符；同時，追根究柢，我要
指出他的語言使讀者無法以社會公語完全了解他的作品。

　　對話結構的觀念由巴赫汀（Bakhtin）提出，稍晚，流傳於英語國家。

巴赫汀把對話分成兩種：內在的和外在的。所謂內在對話，其過程是把各個異質不相干的因素放在一起，可以調和它們，也可以不加調和。因此，它是一個文字建構的原則。而外在對話的過程則向讀者的信仰和價值體系挑戰（巴赫汀，1981: 283）。依我看來，這種區別只是權宜性的，因爲在社會化的語言中，內在對話過程本身也根植於讀者的認知裡。既然巴赫汀不同意索緒爾（Saussure）的理論——認爲語言在某一時期的結構有一個統一的系統（1981: 264），因此凡是意味封閉的傳播模式的術語，他一概不用（托鐸洛夫〔Todorov〕，1984: 54）。不過，他把對話結構分成兩種的觀念，以符號學的觀點看，倒也可以區分爲「表意過程」和「傳播方式」。這兩種區分都是權宜的作法，以爲分析的方便。目前，我只想訴求一般的符號學觀念。

依照雅克慎（Jakobson）制定的古典傳播模式來看，作爲資訊來源的訊息必須先輸碼，然後再經由受話人解碼。理想上這個語碼應該是一種社會公語，由說話人和受話人共同使用，以達到成功的傳播（雅克慎，1960: 353）。這個模式有點過於簡化了，因爲任何一個訊息，小說那更不用提了，都是一篇正文，「一張有賴不同語碼構成不同訊息的通訊網」（艾柯，1976: 141）。在分析王的個人私語，以及它和社會公語的相互辯證時，我準備採用艾柯修訂後的模式。第一個步驟是：找出藏有王的訊息的各類語碼和次語碼。

訊息和語碼之間的辯證，經常受到爭論。它們唇齒相依的關係可以追溯到索緒爾，他把語言區分爲抽象的語言系統（langue）和實際說出的話（parole），前者是一種社會語碼，而後者則是個體的語言行爲。當索緒爾說，實際說出的話是異質的，而抽象的語言系統是同質的（1966: 15），他兼指語言規範系統（「一種由社會各成員簽署的契約」），以及脫軌的可能性。抽象系統和實際說的話互相如此界定，而個人私語和社會公語亦然。既然語言是經過社會化的，那麼個人私語，以雅可慎的話來說，好像成爲一種「違反常理的虛構」（1971: 559）。不過個人私語的觀念仍然可以保留

著，因爲它可指出作家文體的真實面貌（巴特，1967: 21）。這個理由也只是詮釋性的：分析個人用語和社會用語的互動關係，可以有助於闡釋作品的意義系統。雖說只有作者「徹底」知道個人用語的符號系統（里法特爾〔Riffaterre〕，1981: 2），讀者卻也享有詮釋的空間，運用他和作家共享的社會公語。作家超脫了社會公語的規範，正巧提供了一個「新的制碼可能性」（艾柯，1976: 272）。例如，凡是熟悉王在《家變》和《背海的人》中所用的獨特文體的人，就會同意他的個人私語已經經過一個過程，從單一作品的層次到全部作品的層次，並朝向更抽象的階層模式發展。

三、王文興的語言體系

在分析王的個人私語以及它和社會公語的關係時，我們經常要冒一種危險，那就是用狹窄含義的語言來界定他的語碼系統，雖然這可能正是作家自己相信他正在做的，可是我們要注意：他的所有作品是以書寫的方式輸碼的，到目前爲止，很少有人替他的文字系統解碼。而任何以語言來討論王之文體的人，都忽略了一項明顯的事實，那就是他的文體完全是「書寫的」。這個忽略也許不是有意的，不過卻是基於一個簡化的看法：把書寫看成是「一張口說語言的地圖」（庫馬斯和艾里克〔Coulmas and Ehlich〕，1983: 1）。這種帶有神學和形上學含義的理言中心主義，在最近二十年來，一直遭到攻擊。我現在無意討論這場爭端。不過，我們應該承認語言和書寫之間、口頭傳播和文字傳播之間，都有一系統性的區別。雖然我們借用語言學的術語，如「個人私語」和「社會公語」，但卻用它們來代表文字的現象，而不是語言的現象。在整理王的個人用語的時候，我引用的語言是廣義的，即包括書寫的文字。我相信，可以用語言和文字之間的緊張關係，來辨識王的文體，這也是王在小說中所追求的：期望文字能達到口說語言的效果。因此，王的理言中心信念和西方的並無不同，兩者都信仰語言的模擬作用和透明存在。

本節我將分析王文興的個人私語是如何成一體系。我把他的個人用語

當作是私人的語碼，於是用一系列的語碼和次語碼來區別。首先我要列出五個附屬於主要語碼之下的次語碼，都含有口語和文字的層面，它們分別是 1.拚字書寫、2.國語注音符號、3.黑體字、4.前書寫，以及 5.留白。因爲沒有預先制定的語碼規則可循，所以每一個次語碼都因條件不足，而成爲傳播的障礙（艾柯，1976: 134）。

　　現代中國作家使用拚字書寫技巧的爲數不少，不過王可能是唯一把這個技巧大量地融入多元書寫的中國字的作家。拚字書法是個通俗而且相當模糊的稱呼。耶姆斯雷夫（1959: 41–42）把書寫文字分成兩個層次：凡是源自語彙（lexical）和詞位（morphemic）的文字部分稱爲「字詞書寫」；而源自音節（syllabic）和音位（phonemic）的部分則稱爲「拼音書寫」（哈斯〔Haas〕，1983: 16–17）。這兩種拼字書寫都是實際語言的記號。根據初步的統計，在《背海的人》中，作家用了 47 個拼字單位，而且都屬於「拼音書寫」，像“oh”、“haah”、“ne”、“nh”、“mehh”、“mmmh”、“a”、“ǎ”、“ieh”和“-h-h-h-h”。它們散布在作品各處，大多數是用在「口語」情境，作爲辨音或分音用，目的是表現說話者講話的長度或猶豫（克里斯多〔Crystal〕，1974: 269–270）。例如在 70 頁上，有一個由「我」陳述的間接談話：

　　　　○一　「eh-h-h-……errrh……─」
　　　　「……我是……是要問　要問一件事情，……要來算一下算一個卦看看……」

這裡引出後面一段話的拼音書寫「eh-h-h-……errrh」顯然是擬似語言的寫法，是個分音記號，模仿說話者的猶豫，下面一個例子顯示這拼音書寫如何表現另外一種意義分歧的（構句的）作用：

　　　　○二　甚麼的個的角色纔是我的「角色」nerh？

──頁 54

這裡「nerh」一字是表示問句的字。除了接近實際語言的發聲之外，這 47
個單位好像並沒有遵循甚麼規則，因此用法就無法掌握，如此一來，拼字
書寫這個次語碼就成了條件不足的語碼，它只是把本來不存在的語碼變成
可能存在的（艾柯，1976: 13）。

　　在本質上是多元書寫的文字中，使用拼字書寫會引起幾個問題，應該
在這裡討論一下。首先，它的確是一種「疏離」的設計，侵犯了讀者原有
的自動反應的知覺領域（希克洛夫斯基〔Shkloovsky〕，1917: 13–14）。不
過讀者的語言範圍也要考慮在內。如果他不懂拼字字母──這是有可能的
──那他根本讀不來這種作品。這裡就產生了說話人和受話人之間的互為
主體的問題。就算對有能力解碼的讀者來說，也有無法克服的困難。例
如，區別「a」（頁 110、119、121、159）與「ǎ」（頁 10、43、90、107、
116、129）的發音符號「ˇ」、以及印刷體「Ah」（頁 8、21、58）與手寫體
「Ah」（頁 73、89）的區別，都讓讀者揣測不出其含義，雖然發音符號
「ˇ」那一對是有一個音位和字母的規則可循（哈斯，1983: 17）。這類的設
計除非是當作作家以激烈的手段強迫讀者調整認知領域，否則實在是相當
個人化，非常奧祕難解。當考慮到模擬作用時，另外又產生了一個問題，
那就是有沒有必要以拼字書寫代替多元書寫？理論上來看，沒有理由說多
元書寫文字不能「再」呈現實際說出的話，或說中國文字無法「再」呈現
口說英語。不過在 118 到 119 頁卻有一個相反的例子。這是一段處長所說
的話，他在評價美國食物：

○三　「美國佬他們吃的那一種東西哦，──呒嗯──呒嗯──」
「嗯──就跟　臭把拔　一樣的，ㄏㄞ，還是喀們自己的中國菜最好──
中國菜！　──　喔開！　兀開　！　」

在這個例子中，中國字被用來當作發音符號，代表英文的「OK」和擬似語言的「hm-──hm」。讀這段文字，可能會想到它的諷刺含義，正符合整部作品所要達到的「諧仿」（"parodistic"）和「節慶狂歡」（"carnivalesque"）（巴赫汀的用語）的效果，不過這方面此地無法詳談。這位處長可笑的英文發音表現了作家眾聲喧嘩的技巧，稍後再談。現在回到語言模擬作用的問題，我們可以拿這個例子來「解構」作家所使用的拼字技巧。

　　另外一個密碼條件不足的情形是國語注音符號的次語碼。在 182 頁中就有 95 頁出現，總數有 491 個。這個數字代表的是符號所結合的單位數量，而不是符號本身。使用注音符號的前提是：作家的訊息藉國語語言系統──而不是國字──來傳達，以這樣的方式給讀者一個解碼的線索。正如拼字書寫的情形一樣，注音符號系統的規則也是音位的區別。下面舉四句話為例：

〇四　「你一眨眼功夫便把我的面子全叫牠丟淨ㄌㄜˋ……好ㄌ─你現在可以給我走ㄌㄨㄛ！」

──頁 9～10

〇五　「你把我看成甚麼人的來‧ㄌㄨㄛ？」

──頁 10

〇六　「這裡的黑夜極頂之長，長得恐怕都會令人恐怕牠是否會永遠都天亮亮不ㄌㄧㄠˇ，」

──頁 22

〇七　「初時來ㄌㄚ一個。」

──頁 66

以上的注音符號都是代表「了」這個字，語言學上稱此字爲「完成式記號」（"perfective aspect marker"）（李和湯普森〔Li and Thompson〕，1981: 185–186）。「了」只是個表示完成貌的暫時記號，或說是約定俗成的「律符」，它在真正使用時會生出許許多多複製品（皮爾斯〔Peirce〕，第二冊，1932: 151）。每一個複製品依當時說話的情況而有不同的象徵含義。因此，同形字顛覆了其同音性，而變成了異音字。這個例子足以辯護王對中文書寫中語音符徵的自由遊戲。不過，把國語注音符號的聲母韻母如此拆解以及如此寫法，正揭露了王的企圖：他想解決一個頗受爭議的問題，那就是漢語的「單音節神話」（甘迺迪〔Kennedy〕，1964: 104–118；德芳西斯〔De Francis〕，1950: 147–165 及 1984: 177–188；李和湯普森，1981: 13–14）。這個爭議好像與本文無關，而且非有長文不能討論清楚。不過必須要指出一點：所有這些「破除神話者」，挾帶著他們「拼音語言的帝國主義思想」的信念，一直想使中國文字臣服於口語的暴政之下。這恐怕需要靠德希達（Darrida）的氣魄才能解構他們。

　　國語注音符號屬於另外一種「拼音書寫」。在歷史上它是一個後設系統，使它做爲發音記號，用來標明多元書寫以及官方制定的口說語言。可是，這個後設的系統有它的限制：它只適用於特殊的語言團體，像小學生，或是那些 1918 年以後學注音符號的人。不用說，有相當多的中國人，包括受過良好教育的，看不懂這個符號系統。更令人啼笑皆非的是，那些最有「資格」了解這個系統的人，卻無法看懂王作品中其他層次的文字。因此，要替王的作品解碼，非得要有一個像里法特爾所要求的理想讀者不可，或者可以說不同的語言團體，只能分別解出部分語碼。

　　王的作品中，最令人搞不清楚的次語碼是黑體字、留白，以及前書寫。這裡我只談黑體字和留白兩種。就印刷來講，黑體字稱不上是正宗字，可是因爲作品中出現太多黑體字，於是它成爲一項不得忽視的特徵。黑體標示的字出現的頁數多達 141 頁，大約占了全書的百分之七十七，總數達 1651。這種印刷設計也出現在標點符號（頁 9、130、139、163、

168、172、173、174、177、180、182）以及發音記號中（頁 14、21、94、109）對於黑體字的使用，作家彼此間有個心默契，就是要強調。如此一來，這就成了條件充分的語碼。可是，以它出現的高頻率，以及它和其他次語碼不清不楚的關係來看，所謂強調的規則就不成立了。因此，語碼條件充分又變成條件不足現象了。

如果黑體字是用來強調，那麼問題在於要強調甚麼？強調符號整體嗎？強調視覺符徵嗎？還是強調它的符旨觀念？在回答這個問題之前，我們應該知道，索緒爾的二元對立論（1966: 66-67）已然經過一種媒介的轉換：從口說語言到文字，從「聲音和意義」到「形狀和意義」，因此，我們不能下斷語，說《背海的人》第一人稱敘述者所講的黑體字，是用來強調說話者的音質，如下面這個例子：

　　○八　「最最最最**最最**教人感覺到頭暈目眩，」

　　　　　　　　　　　　　　　　　　　　　　──頁 45

縱然這是「表現的剩餘」（艾柯，1976: 270），我們也無法探知黑體意符的指涉意義，除了前四個「最」字。在有些地方，黑體字是用來強調象徵的觀念或是文字所指的事物，例如：

　　○九　「這兒令人想不到的竟至居然是『**機器房**』！」

　　　　　　　　　　　　　　　　　　　　　　──頁 27

但這個強調所指事物的規則，在別的地方卻又用不上了，例如：

　　一○　「你是一個不可以讓人給予你『**相信**』的人─」

　　　　　　　　　　　　　　　　　　　　　　──頁 9

一個輔助記號可以代表某一個觀念，不過這裡的引號，不像「機器房」那個引號，不但沒有具體的東西可指，在語言上也沒有相應（蓋爾博〔Gellb〕，1963: 113）。此外，我們還可以另作解釋。引號具有一般功能，指的是一個「相異」的聲音，屬於某個特定的價值體系。據此，就有一個可被「相信」的人。在這情況下，引號的意義和引號內的訊息密不可分；事實上，引號的意義也由引號內的訊息來決定。這種解釋言之狀似成理。可是只要把第九句和第十句相較一下，我們就會懷疑爲何第九句的**機器房**也被框在引號中，而此處的引號爲何沒有塗黑加強？引號前後用法不一致，使塗黑引號的任何解碼嘗試都將徒勞無功。留的運用是同樣的次語碼，缺少一個廣被授受的稱呼，只得姑且稱之爲「留白」。

二·五　留白是和黑體字相關的次語碼，兩者都是印刷上的一種安排。當文字輸入時，留白和黑體字用來破壞它的時間性。在王的小說中，留白不算是新的技巧。早在短篇小說〈母親〉中，他就使用過這種方法。在這篇早期的作品中，留白出現在每一個句子的後面。成爲獨特的造句規則。無論對作者或讀者，留白都具有超語言性、或運動性的停頓作用。我們甚且可以發現到，留白也會破壞語句上的線性連貫。

傳統上，句子通常以句點作結。句點是個「韻律學」上的記號，這個補助記號純是空間的（視覺的）設計，在聽講的時間性語言中沒有相對的「聲音」符號。我們沒有成規規定說完一句話後要停頓多久，甚至沒有硬性規定一句話說完之後得停頓一下。一般人說話時，根本沒有意識到停頓與否的問題，更別說去注意標點符號了。起初，標點符號只是說話時一個不太完美的記號。可是這個後設系統一旦相沿成俗，就變成純是書寫符號上的後設系統。

如此，句號已不再是說話時的停頓記號，卻轉變成一個純粹的文法概念，代表句子結束。在這情況下，作者必得來個「陌生化」的技巧，提醒麻痺的讀者一個句子結束時必得要停頓一下。因此，在〈母親〉中，句子（不是說話）結束時的停頓記號是以一個字的留白空間來表示。這種技巧

就是應用二‧四所提的「表現的剩餘」的規則。對作者而言，這可能是個超語言的設計，卻仍是屬於時間性的設計。可是我們注意到，即使沒有符號的介入，這樣的留白空間已篡奪了時間的地位。這種情形在《背海的人》中，尤其如此。〈母親〉裡頭留白規律性已被破壞，我們可在《背海的人》中發現，一個空格至九個空格的留白，穿插出現在標點符號、字與字、詞與詞、句子與段落之間。文章中如此大量地使用留白，讀者勢必會注意到它頗具弔詭意味：留白，卻又有其功能。但這又是什麼功能呢？我們幾乎不可能定出一個留白的使用規則，但以下各項或能使我們有脈絡可尋。其一，留白可能和黑體字、標點符號相互作用。其二，留白可能表示靜止。其三，留白可能受文章中主要符號的語意影響。了解留白這種不確定性後，可能就有會下個悲觀的結論，說留白只是自我反射——一片真空。

　　二‧六　　我們不妨，無傷無諷地說，留白是種非寫作。當人類還不懂得使用語言文字時，留白是人類的原始表意形式。蓋爾博所謂的前書寫（semasiography, 1963: 255）是由留白墮落而成的。我用「墮落」這兩個字，因為它是初民時代溝通方式的起點，是人類失去伊甸園後才引發的需要。「前書寫」涵蓋所有在文字發展之前，一切無聲的「寫作」。原始時代的居民在不能面對面溝通時，就得訴諸於語言之外的溝通方式，比如用些簡單的線條畫些圖形。即使在今日，我們外出郊遊爬山時，也常會在小徑上留下一些記號，讓同行者知道我們的行蹤。比較複雜的文字興起後，取代了原始的前書寫，但其中的要素已成為後來書寫系統中的一部分。雖然王的小說中處處可見直線、曲線、圖點，我卻不認為他任意使用各種前書寫符號。這些符號既沒有肖像符號本身所代表的意義，也不是幫助識別與記憶的標誌。（蓋爾博，1963: 191–192）王把書寫基碼（graphemes）轉化成區分的讀音記號。以下所舉可以為例：

　　一一　　吠，吠

二一　私

二二　花蓮

這種實驗絕非是前書寫的原始符號。更確切地說，這是一種「看得見的語言」。蓋爾博在他的書中題為〈寫作的未來〉篇章中亦見此討論。他說：「在這個系統中，圖表符號用來模擬發音器官的位置，不同的聲音有不同的發聲法。」（蓋爾博，1963: 242）此類實驗最猖狂大膽的例子見之於歐圖・耶斯伯森（Otto Jesperson）及肯尼斯・派克（Kenneth Pike）的單一字母記號，耶斯伯森把 u 這個字母的發音震動轉寫成 a3a β gr3j δ 0 ε 1，其中希臘字母表示發音器官，阿拉伯數字表示器官開合的形式大小，拉丁字母表示發音位置。而派克更把 t 這個聲音記錄成 MaIl De CVveIe Ap Paatdtltnransfs SiFSs。（蓋爾博，1963: 243）王不是專業的描述語言學家，也不是業餘愛好者。但他使用某些看似熟悉的書寫基碼，發展出一套獨特，而今讀者困惑不解的語碼系統。

　　二・七　王的輔助記號從原始的非書寫演進到偽科學的「看得見的語言」，這可說是搬演了一部書寫史。我們還得探討他作品中多元書寫的主要語碼。這些輔助系統尚未被輸碼，我們只能假設作者把他們設計成說話符號的文字，因為它們被輸入「我」這個敘述者的話中。根據索緒爾的看法，我們可以進一步推測，這些輔助記號成為語意和語音的聚合群體，和文中其他文字形成相互替換的關係。我們還可以說，這些聚合群體被納入敘述中的組合段落裡。由於這些輔助記號難以令人理解，因此干擾了正常敘述的進行。

　　談到小說文章本身的地位，則是頗有幾分諷刺。這和溝通管道的形式，或和訊息接收者如何接觸訊息有關。所有的文體設計都受到書本印

刷、出版等實際問題的限制。語碼帶著訊息，透過紙上印刷傳送給受話者。由於這些輔助記號輸入不完全，任何反常規的表現都可能被看做是一種創新。本書中倒過來的 84 頁（－84－）就是個令人喪氣的例子。我們可以把它解釋成 1.排字錯誤（或是誤植），因爲它是本書中絕無僅有的例子，而且它前接 83 頁，後接 85 頁。2.作者的符號設計，藉此向印刷工業的專斷挑戰。3.也可看成是排字者，印刷者故意如此。他們是資本家或勞動工人，挺身反對作者濫用個人語碼，浪費他們的金錢及勞力。4.還可能是任何一種偶發事件。在上述四種可能中，如果只有第一種爲真，則作者就很不幸也碰上一個相當諷刺的情況。此亦即，紙上印刷也可解構作者的風格。有史以來，作者一直得忍受書籍製造業者的任意擺佈。在抄寫文化的時代，作者受的是文抄工的擺布。而在古騰堡（Gutenburg）革命之後，作者受的是印刷者的擺布。

二・八　在前述段落中，我已列舉五個次語碼系統。在中文多元化書寫中這五種次語碼互相輔助主要語碼。利用社會化多元書寫，從基本的文字層面中辨識出實質上的歧異。作者玩弄手寫的注音符號各手寫，來創新人物性格。他大量使用手寫字、同音異義的注音符號，以造新字。中文大量的同音字使他把一個現成的字變成同音異形字。下舉諸例可見一斑：

　　　二三　尋找→巡找
　　　二四　丟盡了→丟淨ㄌㄜˋ
　　　二五　篤定→堵定
　　　二六　背→誚
　　　二七　收聽→蒐聽

王根據語言文字同音的部分，以及文字符號容易識別的原則，來創造異形字。王已在第一部小說《家變》中大量創造，使用異形字，形成字面上的差異。在《背海的人》中，我們可以發現王還是一直經營（雖然已稍減

少）這種眾所公認，屬於他自己的個人私言。因爲造字的既有常規，以及王獨自運用新規則，這種書寫形式最能說明充分輸碼的機械（the mechanism of overcoding）。

第二種字面差異的情形是，在同一段落中夾雜入手寫字體。我在二・二中已提到拼字書寫方式。《背海的人》中亦常見這種變體書寫。以下爲例：

二八　只有這一句還算**还**可以聽。

——頁 100

二九　一**个樣**

——頁 136

除了少數幾個例外，幾乎所有的手寫字體和簡體字都用黑體字形式出現。雖然手寫字體可以在一般普通字體間製造出特殊效果，但我們還是很難對它的功用下個結論。在不同的篇章中，手寫字體有其獨特的暗示意義。然而，在此卻不然。如果我們以較嚴肅的態度，探討先前提過的印反了的「－84－」頁碼，就會另有發現。我們可以說，變形的頁碼表明作者對排字的反對態度。中國人普遍使用手寫方式，據此，上述的解釋可以成立。手寫絕對沒有脫離文書規範的正軌，反而是向文書規範看齊。印刷業者要求整個版面的字型必須統一，第一人稱敘述者主張思想行動自由，整齊劃一正是他的頭號大敵。由此可知，作者利用手寫字體，有其啓示作用——手寫字藉著順應真正的規範而脫離規範，其他字型都是違反真正的文書規範。

談及脫軌，我們得先假設一個常規。這常規顯示出，語言的使用者，包括作者及讀者在內，如何認同語言屬性。這個常規既不具體，也不抽象。它可說是一套觀念化的原則，使我們能夠寫作、閱讀文學。作者在創作時，或是根據常規，或是脫離常規，而讀者亦據此感受其意義，或評斷

其價值。讀者遵循常規，就是一般所說的「常規化」（"normalization", Hendricks 1973: 176ff），或「正常化」（"naturalization", Culler 1976: 134ff）。顯而易見地，讀者會把此書中的手寫及造字和社會語言學的既有標準聯想在一起，因此不會有閱讀障礙。讀者的唯一問題可能是，為何作者要使用這些反常規則。其實，一旦沒有這些規則，前面所提的那些輔助記號便顯得無意義，尤其是那些大量運用的黑體字、留白，和令人不解的「看得見的語言」，更屬無稽。

同樣地，當讀者的角度由口語轉換到文句時亦然。讀者不會意識到社會公語的語構，可是一但把王獨特的用語和一般正規用法相較之下，讀者就會聯想到社會公語規則。比如，讀者接觸下列段落時，必先訝異不置，然又設法把它正常化：

三〇　他們的這一種的揖香行拜就像是 X 光那麼的個的樣的將你那麼樣的個一下子牠來的的的的的的的的個給透射　透射　透射了　過去，把你看成了像是一塊「透明體」那麼的的個的的的的一樣的。

——頁92

這段話的英文翻譯已經「正常化」了，無法傳達原文的語言意味。同樣的，這段話不容改寫，任何改寫後的中文都無法表達原來的意味。這段原文一旦被改寫，就會失去「反常規」的部分。然而讀者並不會因此疏忽那些使他困擾的地方，諸如王的語言中重複，或多餘的特色。這裡提到的重複，就是王的語言反常規的一個例子。它和文體規範產生的衝突，導致語意上的模稜兩可。然而，就美學觀點而言，它卻是語碼的充分輸入。「過分的重複」正是王的語言規則之一。這些規則是語言反常規特色的源頭。這種「過分的重複」導向語碼重組。對於運用社會公語的人而言，它是可以接受的，也是形成新語碼的可能性之一。

三・○　個人私語／社會公語？獨白／對話？

　　王身爲運用反常規語言的前衛作家，此事絕非偶然。他自有其論點，因此才如此扭曲、運用語言。如巴赫汀所說：「（王個人）語言的外在政策決定其內在政策。」意即，內在政策是由其和「他人語言」的關係來決定。（1981: 283）這種他人語言因此成爲王文興極欲駕馭的二頭怪物，怪物的此頭是「標準語言」，彼頭就是衆所認定的美學規範。因此，王的個人私語不僅是違反社會公語的常規，更重要的是，他的語言風格已大異於《紅樓夢》影響下的「流暢文體」。白先勇和張愛玲的作品就是這種流暢文體的明顯例子。王勇於向讀者挑戰，不惜偏離語言常規，不斷翻新創造語言。因此，他設定的讀者是一群美學愛好者，而非使用社會公語者。這種讀者無形中扮演了兩種互相衝突的美學規範的戰場。就此，語言已不僅是政策而已，同時也是一種慾望。

　　如果說王的個人私語是對話式的交談，意欲與另一人有所溝通；那麼，《背海的人》一書中的獨白方式就呈現出一個矛盾現象。書中的第一人稱敘述者「我」；（一個犬儒式的意識形態人物），無時不對著自己「吠叫」，就像犬儒梅尼普斯（Menippus）和他的神犬表親西伯路斯（Cerberus）的交談一般。仔細閱讀王的作品後，我們就會發現作品呈現各種風格，交錯共鳴。書中有高價值層次和低價值層次的文件，其中包括賣弄玄虛話及下流語、方言及「外國」語，以及各式各樣的職業術語。他們爭先恐後在對話中出現，任誰都想位居上風。結果，就是多音並存。可是就在聽者已被這些聲音表演引入歧途時，文字符號卻已偷偷潛入，暗自竊笑它們終歸只是一片沉寂。

　　巴別塔（Babel Tower）傾塌之後，語言就紛雜無比，不再透明，未來的語言也不可能透明。身爲開口說話的人類，我們永遠有衆聲喧嘩的困擾。王把語言當成一種信仰，追尋模擬的語言。這種作法恰似天啓，而且也是有神學含意。然而他的作法似卻在暗示：語言是獨斷的，而語言永遠

會被文字破壞。

引用書目

· Bakhtin, Mikhail, 1981. *The Dialogic Imagination: Four Essays.* Ed. Michael Holquist. Tran. Caryl Emerson and Michael Holquist. Austin: U of Texas P.

· Barthes, Roland, 1967. *Elements of Semiology.* Trans. Annette Lavers and Colin Smith. New York: Hill and Wang.

· Coulmas, Florian, and Konrad Ehlich, eds. 1983. *Writing in Focus.* Trends in Linguistics: Studies and Monographs 24. Berling: Mouton.

· Crystal, David 1974. "Paralinguistics" Ed. Thomas A. Sebeok. *Current Trends in Linguistics.* 12 vols. The Hague: Mouton.

· Culler, Jonathan. 1975. *Structuralist Pwetics: Structuralism, Linguistics, and the Sudy of Literature.* Ithaca: Cornell Up.

· DeFrancis, John. 1950. *Nationalism and Language Reform in China.* Princeton: Princeton UP.

· DeFrancis, John. 1984. *The Chinese Language: Fact and Fantasy.* Honolulu: U of Hawaii P.

· Eco, Umberto. 1976. *A Theory of Semiotics.* Bloomington: Indiana UP.

· Gelb, I.J. 1963. *A Study of Writing.* Rev. ed. Chicago: U of Chicage P.

· Haas, William. 1983. "Determining the Level of a Script." Coulmas and Erlich. 15–29.

· Hendricks, William O. 1973. *Essays on Semiolinguistics and Verbal Art.* The Hague: Mouton.

· Hielmslev, Louis, 1959. *Essais Linguistiqus.* Tuavaux du Cerclelinguistique de Copenhague 12. Copenhagen: Akadmisk Forlag.

· Hielmslev, Louis, 1961. *Prolegemena to the Theory Language.* Trans. Francis. J. Whitefield Rev. ed. Madison: U of Wisconsin P.

· Jakobson, Roman. 1960. "Linguistics and Poetics." Ed. Thomas A. Sebeod. *Style in Language.* Cambridge, Mass M: IT.

- Jakobson, Roman, 1971. *Selected Writings*. 4 vols. The Hague: Mouton.

- Kennedy, George A. 1964. *Seleted Writing*, Ed. Tien-yi Li. New Haven: Yale UP.

- Li, Charles N. and Sandra A. Thompson 1981. *Mandarin Chinese: A Functional Reference Grammar*. Berkeley: U of California P.

- Peirce, Charles Sanders. 1932. *Collected Papers*. Ed. CharlesHartshorne, Paul Weiss, and Arthur W. Burks. 6 Vols. Cambridge, Mass: Harvard UP.

- Riffaterre, Michael. 1981. "Flaubert's Presupposition." *Diacritics* 11.4:2−11.

- Saussure, Fernand de. 1966. *Course in General Linguistics*. Trans. wadBaskin. New York: McGraw-Hill.

- Shklovsdy, Victor. 1917. "Art as Technique." Eds. Lee T. Lemon and Marion J. Reis. *Russian Formalist Criticism: Four Essays*. Lincoln: U of Nebraska p.3−57.

- Todorov, Tzvetan. 1984. *Mikhail Bakhtin: The Dialogical Principle*. Trans. Wlad Godzich. Minneapolis: U of Minnesota P.

- Wang, Wen-hsing. 1970. *Wan-chu shou-ch'iang*《玩具手槍》（Toy Pistal）. Taipei: Chih Wen ch'u-pan she.

- Wang, Wen-hsing.1973. *Chia Pien*《家變》（Runaway）. Taipei: Huan-yu ch'u-pan she.

- Wang, Wen-hsing.1981. *Pei-hai te jen*《背海的人》（The Man Kept at Bay）. Taipei: Hung-fan shu-tien.

——蔣淑貞中譯，《文學與宗教》，臺北：時報文化公司，1987 年

——選自鄭明娳編《當代臺灣文學評論大系‧小說批評卷》
臺北：正中書局，1993 年 6 月

意識流與語言流
內省小說的宗教反思（節錄）

◎周芬伶*

王文興早期小說中的邪惡描寫

　　對於王文興來說，描寫人性的邪惡，恰是表現文學的真誠。

　　王文興的第一篇短篇小說〈玩具手槍〉寫於 1960 年，年方 21 的年輕小說家已可看出他擅長捕捉人心的邪惡暗影，就像小說開頭所寫「無邊無際的黑暗，像潮湧一般，鯨吞了整座臺北市。天氣冰冷，一觸到肌膚，就跟鋼鐵一樣，冷得似乎具有一種刻骨的、腐蝕性的破壞力──也就像化學實驗室裡用的強酸溶液。」作者喜歡以聚會的形式，作為人性展演邪惡的舞臺，這篇小說是一群年輕人為慶祝同學生日群聚在一起，兩個互看不順眼的同學鍾學源與胡昭生槓了起來，鍾以玩具手槍當眾審判逼供，要胡昭生說出寫情書追女同學一事，胡在羞辱中承認，之後悔恨交加，也拿起玩具手槍逼問鍾學源，在緊要關頭卻縮手，衝出人群。雖然是年輕人的惡作劇，可手槍隱藏著實質的暴力，在暴力的世界強欺弱，弱者常是飲恨敗北。強與弱亦是互虐的關係，而一旁的群眾則是盲目的幫凶，作者透過儀式化寫出人性之殘虐。

　　另一篇〈海濱聖母節〉亦是儀式化的殘虐聚會，漁港的聖母節祭典中，一舞獅的原住民薩科落，為在海難中生還發願為聖母舞獅，重達五十公斤的獅頭只比瘦小的他輕一點，他舞得過分盡力而心臟衰竭猝死，薩科

*發表文章時為東海大學中國文學系副教授，現為東海大學中國文學系教授。

洛為自己的信仰與誓願而死,他可說是殉於教,但「節慶終歸是節慶,依舊繼續進行」,像這樣一篇毫無神聖意義的宗教小說,只說明了迷信的無知,與群眾的麻木。在這點上王文興頗近魯迅,越是神聖之物,越想加以撻伐。

〈黑衣〉是一篇具有神祕氣息的小說,在一個聚會中,身穿黑布中國長衫的男人,嘴邊有一顆黑痣,把女主人的小女兒嚇壞了,她說她不喜歡他那一身黑衣服,不願跟他坐在一起,黑衣人明知小女孩怕他,還連續作出可怕的鬼臉,小女孩恐懼大哭,最後黑衣人被請到另一個房間去,這天真與邪惡的對抗儀式,顯然是天真戰勝邪惡,然讓我們印象較為深刻的反而是那如同惡魔般的黑衣男子。

作者事後說明,他的原意是想寫小女孩害怕黑衣人,後來改成「不喜歡」,主要是害怕之後便無勇氣對抗,故改為厭惡,由厭惡轉為對抗,如此更平易近人,黑衣作為靈魂邪惡的隱喻[1],天真足以抗之。作者如此斤斤計較於小節,可見他創作態度之嚴謹苛求。

〈龍天樓〉是一篇極有氣勢的中篇描寫,在臺中一間山西館子,曾經參加太原之戰的同袍聚集在一起,追憶 13 年的往事,大家交換自己死裡逃生的故事,戰爭在這裡無疑是人間最殘酷的暴力,作者以佛寺為集中點,將人間與地獄,慈悲與殘暴作一諷刺性的對照:關師長被敵軍捉住,押到崇善寺的大悲殿等待被處死,但見一梯次六個人輪番遭砍頭,許多人因恐懼在佛殿中奔逃,有的人投環自殺,關師長在最後一批中,劊子手不砍頭改處宮刑,「從此我過著半像人半不像人的生活,受到的羞恥一生除不掉的留在我身上」;魯團長被結拜兄弟出賣,遭敵軍埋伏,苦戰之下犧牲一百多名部下,四隻手指被打掉了;秦團長與一群崇善寺的和尚共同對付八路軍,他的親兄弟擔任機槍手引開敵方,因此受重傷,因他兄弟倆的頭遭匪軍懸賞,弟弟不想讓自己的頭落入敵手,要求哥哥親自斬首埋掉;查旅長

---

[1] 王文興,〈序〉,《十五篇小說》(臺北:洪範書店,1979 年),頁 2～3。

回鄉救自己的妻女，發現女兒遭姦殺，兒子遭槍殺，妻子上吊自殺，渡船的舟子像個神仙，了然一切，勸他「用你的餘生在反共復仇大務上。」每個人的故事皆凶險離奇，說的人隔著時空彷彿在講別人的事，聽的人但覺緊張刺激，尤其是跑堂的張德功「他在樓下便心急如焚的趕上來聽故事，不幸魯團長這故事他一個字也沒聽到，但卻能趕上聽下一個故事，使得他按起要起飛的能力，他退到牆角，一神凝聚的望著秦團長，絕不錯過聽見每一個字的快樂。」當事人的痛苦居然變成聽眾的快樂，這種反差令人驚愕，大時代的悲劇因此具備奇異的視景，那是心靈的視景，且幽深如夜。故小說的最後一句寫著「太陽垂到龍天樓的背後，整座樓落入暗影中」。

　　王文興之才華足可以描寫大時代轟轟烈烈的史詩，但他極力要捕捉的是心靈的視景，與生命的象徵，這種向內的探索，使他被歸為現代主義的代表性作家，他著重黑暗之力，邪惡之心的描寫，常與宗教作陪襯或對照，如果說他有何宗教意識，恐怕反向質疑比正面肯定來得多。有關他小說的宗教意識，張誦聖說：

> 無疑地，王文興的小說主題富含宗教意味。〈命運的跡線〉、〈海濱聖母節〉、〈龍天樓〉，探討的是人類未知的命運；〈寒流〉、《家變》談的是罪惡和良心；《家變》也呈現出兒時感受的死亡經驗。〈命運的跡線〉及《背海的人》探討的是人和上蒼的關係。可是，王文興曾在一封來信中指出，他以文學形式探討這些主題，一者不在呈現他的宗教觀，二者也不是透露近來他研究基督教的心得。[2]

王文興雖然否認他的小說不以宗教為務，但卻常涉及宗教議題，我們可以說他代表另一種關懷終極問題的作家，他們跟宗教家一樣探討人與神、生與死、罪惡與救贖等問題。王文興不談宗教，倒談人文主義，他在演講中

---

[2] 張誦聖著；謝惠英譯，〈王文興小說中的宗教和藝術追尋〉，《文學與宗教——第一屆國際文學與宗教會議論文集》（臺北：時報文化出版公司，1987年），頁421。

談〈「士爲知己者死」的文學〉，認爲：

> 西方的世界殉教與基督教連帶關係是無須解釋的，可以一目瞭然。殉
> 道，如不看成亦是殉教的話，則純係人文思想的所產，歷來殉道者多爲
> 政治理想。人文主義的政治狂熱信徒常以政治理想代替宗教。[3]

他雖以爲中國文人以政治理想代替宗教，然他小說的政治意識確相當淡
薄，他認爲「文字才是作品的一切」，在這點上他會變成文學的文字藝術家
是有軌跡可尋的。

《家變》中的追憶與懺悔

討論《家變》的大都集中在文字表現與人性之真實表現兩點上，尤其
是對傳統文字與孝道的反叛。書中的主角范曄看起來是離經叛道的人物，
小說由失父、尋父與童年追憶兩條線組成，共由 172 小章節組成，失父尋
父的部分由 A、B、C……組成，回憶的部分以阿拉伯數字標示寫至 157，
前者僅 15 小節，後者顯然是本書的主要部分，可以說此書爲回憶與懺悔之
書。

回憶的部分前段是愛與完整的，他甚至愛父親比母親多一點，父親教
他認字，抱著他上街，在他生病想吃昂貴的香蕉，父親爲他買回來，父母
戲問他愛爸爸還是媽媽，他想了好一會，終於走向父親，晚上他與父親共
睡一牀：

> 這是個安適恬寧的角隅。他彷彿臥在人間最最安全的地域，父親偃臥之
> 身像牆垛般阻住了危險侵害。父親和母親的情形不一樣；父親的身體較
> 暖，呼吸聲也粗嘎悠緩，全夜並甚少轉側。未饜他呼吸的聲響便隨著他

[3]王文興，〈「士爲知己者死」的文學──王文興演講詞〉，《文學與宗教──第一屆國際文學與宗教
會議論文集》，頁 465。

父親的鼾聲共同昇伏。

——頁 27

他與父親是不可分的完整世界，那世界是充滿依戀的田園牧歌，有大自然的奇異異象，幼小的范曄戀父亦戀母，當他意識到父母有天將會死去，他祈求「天啊！菩薩 ah，觀音大娘啊，請別讓我所親愛的爸和媽早死，讓我還能很久很長的跟他們一齊，哦，我是多愛多愛他們噢，淚水迷濛了他的視覺」，而且迷信嚴行懲處自身，可以使父母的去世不致太快發生，竟猛摑自己的臉頰；又因父母買來他不喜歡的球鞋鬧彆扭，父母感歎他的不孝，他竟有深深的罪惡感：

> 聽得這些話言他便感及心內如刀戟相刺一樣的難，感到有種深重重大罪錯的感想。……而父親母親還在繼接歷責他的不順與反念。他深然為自個兒的罪錯感到異常自疚，疚罪地勾下了下頰。

——頁 96～97

罪疚感與神聖感是同在的，當一個人自覺不敬不潔，相對的他心中的虔信尚在，他的世界尚未分裂，與父母同為一體。這個完整的世界到他父親 53 歲生日，他也邁入青少年時期，首先在祭拜祖先上爭辯，母親強迫他祭拜祖先與為父親拜壽，並嚴厲地指責他不孝，這時范曄想的是「這種迷信根本不應當存在！這一種的孝道也更更不應當存在」。漸漸叛逆的范曄看出父親的軟弱無能，直到父親被老同事騙錢投資作生意，他是徹底失望了：「自從嚐這一次的波折昇落以後，他就改以另一種的——不是憐憫——而是卑夷的眼光去看側他之父親」，此後的范曄完全變了一個人，不能忍受父親的每個舉動，並出言忤逆，嫌棄，唯獨跟母親關係和諧，因為她還能曲意順從他，跟父親的衝突則越來越激烈。在一次爭吵之後，范曄寫出他對「家庭」與「孝道」的抨擊：

「家！家是什麼？家大概是世界上最不合理的制度！它是最最殘忍，最不人道不過的一種組織！在一個家庭裡面的人們雖然在血統上攸關密切，但是同一個家庭裡的構成的這一撮人歷來在性格上大部都異如水火——怎麼可以三七二十一的把他們放在共一個環境裡邊？……今日的年紀耄老的人彼等之所以高張孝道是因為——一概是因為需要『積穀防飢，養兒防老』。祇是這麼的為著自己自私己利的計算而已。……我將來，我現在發誓，我不要結婚！即使我或者背叛了是一誓矢的話，我也一定斷斷不會去生養子女出來，我是已經下定了決心不再去延續范姓的這一族線的族系流傳——」

——頁 181～183

范曄的「忤逆」至此到達頂點，此後他嚴懲父親，讓他餓肚子、關緊閉，直至父親病倒失蹤為止。這一切過程有因有果，一環扣緊一環，如同人性實驗室般精密，如此「背德」的描寫，可能恰恰是合於道德的，蓋道德的內涵不僅僅教條而已，而是以良心為戰場，善有善德，惡有惡德，此書懺悔與追憶的成分居多，如無幼兒對父母之依戀崇拜，則無長大之分裂質疑，范曄對「家庭」與「孝道」之質疑，可視為對儒家及傳統道德之反叛。從另一方面說，他的「罪疚感」非常深重，他不像哥哥早早棄家而去，甚至因此痛恨哥哥無情，他無選擇地與父母同住，他也並不排斥母親，而是漸漸地取代父親為一家之主，他心靈上的弒父似乎是必然，因為他與母親的生活比以前更加愉快。

　　康德討論道德，不談形式，也就是外在的行為或道德規範，他談的是「自愛」與「自負」，無限制地「自愛」會變成唯我主義與「自負」，因此他主張「理性的自愛」，此即真正的良善：

純粹實踐理性因為一味地限制自愛——站在被視為自然的道德法則之前，並在我們之間蠕動，使之符合與道德法則一致的條件，於是自愛因

此崩壞。此時的自愛被稱為理性的自愛。然而，純粹實踐理性卻徹底駁斥了「自負」。[4]

范曄的心靈處境之所以真實，因為他代表著一般人，因為無限制的自愛導致無限制的自負，過度地自我中心，他沉湎於自我的世界，沉湎於過去，渴望孤獨，不願背負任何道德責任，與其說他是「逆子」，不如說是「異鄉人」，如同卡繆描寫的異鄉人，他疏離於外在世界，遵從主觀世界的非理性力量，而走向自毀毀人的下場。

　　他也是一部現代人的「追憶之書」與「時間之書」，文筆之抒情與細膩，可稱一時之翹楚，被切碎的時間與記憶，與寫實相抗，與傳統作切割，作者的前衛姿態十分明顯。

《背海的人》的文字魔陣

　　了解王文興的創作意圖，《背海的人》就沒有那麼難理解了。倒是這部長篇小說寫作時間長達二十三年，從中途腰斬到停筆，從遭到口誅筆伐到終於完篇，過程可謂曲折，作者曾說《家變》的出版史，「真可以說是驚濤駭浪」，那麼，《背海的人》的出版史可說是「長夜漫漫路迢迢」，這篇以獨白形成的小說，其實有完整的情節與主題。「爺」這代表疏離現實的人物，處於異質時空，所感到的生命的痛楚：「生病，的痛苦，由於，是，每一秒，每秒，都在忍受，都在熬度，——以是，可以這麼的說，——這也就是，也就等於，了解到：生命的本質。——但是，的確的，也確實令人懷疑，——所體會到的或者應該是『痛楚』，——不是『生命的本質』。——這樣的說來，『痛楚』，就是『生命的本質』」（頁 276）。

　　沒說出來的可能比已說出的重要，這裡面最明顯的是不同字體，特別標示的黑體字與空白，有的空一字，有的空兩字，最多空三字，然後是標

---

[4] 康德，《純粹理性批判》，轉引自中島義道，《關於惡》（臺北：小知堂文化公司，2005 年），頁44。

點符號，尤其是破折號的使用。作者是以版面效果的呈現為前提，因為這在草稿上效果並不強烈，比較像是原始的草稿，然而作者是特意精算過的。

如果作者是使用電腦寫作，倒像是青少年的火星文，因為它還大量使用注音符號並創新字，這也是為什麼當他在 1980 年代刊載時，令人駭異，被稱為是文字的浩劫或災難片，現在讀來卻很熟悉，如「你給我ㄔㄨㄑㄩㄟ！我跟你說，──你，你這是妨礙公務，──我跟你說，──你，要，不走，我，就，叫人，是的，叫人，來把你抓去ㄕㄨㄛㄟㄌㄠˊ。」

對照他早期的實驗文體〈母親〉中詩化的語言，已有空白與標點的大量使用：

> ……？……他跟小時候完全不同哦你是媽媽的小寶貝你氣嘟嘟地噘起小嘴巴的模樣兒真疼死人讓媽媽再親親你再親親你。他現在能和我們一樣說話寫字……？……他看起來有他自己的思想。媽媽開始猜不透你的心思。你豎了一道牆把媽媽隔在外面。是真的是真的是真的。
>
> ──頁 30

空白與刪節號、問號在這裡的使用有中斷、延遲的作用，長句與重複句有強調的作用，作者的寫實功力不弱，且能處理鄉土題材，但漸漸拋棄情節，把焦點放在文字上，《家變》一書出現黑體字、注音符號、與拼音書寫及前書寫，「前書寫」是在文字以前的記號與符號，如：

> 他（二哥）暴紅著眼睛稱，「你看不起我的女朋友是不是！你看不起她因為她是，第一，是個臺灣人、第二──她是個──曾經做過──酒家女！然而我要告訴你的事實是，你遠比遠比臺灣人不如，你還比不上做個酒家女的！」
>
> ──頁 146

必須注意的是這些實驗文字大都出現在對話與內心獨白中，也就是作者對口頭語言的特別關注與鑄造。在一個語言大變亂的時代，書寫的語言變化不大，口頭語言變動較劇烈，小說的語言分為敘述語言與人物語言，敘述語言是間接語言，人物的語言為直接語言，王文興的小說抽離敘述語言，最後只剩下人物語言。「爺」是一個神人混合的矛盾體，他就說：「爺這一個人就是一個大大大大而又大矛盾！——爺就是『矛盾』。」(《背海的人》，頁 31)，爺有時像英雄，有時像狗，這是作者創造出傳達聖旨的使者，而語言就是上帝，也是真正的神。

爺的無神論與語言流

爺既是帶著神意的語言使者，自然要說的是非常人的語言，他分別批評了基督教、道教、佛教、希臘多神教、回教及宿命論。他對天主教堂與媽祖廟的質疑；那些華麗的聖殿與老百姓破落的矮屋形成強烈的對比，媽祖是民間的道教信仰，爺見了媽祖廟中眾神並列，揶揄它是「深坑澳第一觀光大酒店」，並比作「希臘多神教」；爺為挑戰宗教，替人相命，享有神明一樣的地位，並遇見三次貌似觀音的女人，他隨身帶著尼采的《查拉圖斯特拉如是說》、紀德的《地糧》、托爾斯泰的《復活》、杜斯妥也夫斯基的《地下室手記》，這四本書除了是文學經典文本，也是反基督教信仰的重要宣言。爺與觀音女人的邂逅，更是諷刺，他根據紀德的說法建立了「宗教＝詩＝性交」的公式，觀音在書中卻是個性虐待狂；中國人迷信相術，爺的相術是半吊子，完全是騙人的玩意。爺的尋道歷程是挫敗的，這世界上完全無神聖可言，任何宗教都是假的。

爺帶來的真／箴言是：「一切皆虛假」，它解構了宗教，也解構了語言，卻無法解構自己，因為他自己就是語言，語言才是神。如果爺以「宗教＝詩＝性交」來解構宗教，那麼他又以「爺＝語言＝宗教」建構話語的天國。

　　《背海的人》由爺一個人的話語組成，這麼龐大的話語群，使語言成新的宗教。高行健改「意識流」為「語言流」[5]，他認為，文學的唯一表現手段乃是語言，因為作家無論多努力都無法表現「意識流」，而生動的漢語非常難尋，他的寫作一直努力規避歐化漢語，也避免使用「成語」、「套話」。「身為作家，我回到語言本身，而語言並非指語言結構或語法分析，因為語言的背後還有『真實』，真實乃從感知出發，是客觀存在的。創作即是透過審美觀展現出所感知到的真實。」據此他標舉「語言流」，即是根據既有的不自由的語言，追尋更自由的語言。語言附著意識而行，隨意識探至心靈深處。

　　高行健更指出，語言非語法結構的遊戲，而是感知的表述，也就是「意識」，但他不贊成如法國作家普魯斯特的「意識流」寫作方式，因為那將使讀者落入一堆混亂的語詞中，無法傳達作者的意念。「語言的自由必須先承認語言的不自由，因為所有的創作應該在遵守語法規則下進行，而語法規則並非任意的建構，乃是文化積累的結果，具有共通性。」所以，高行健主張以「語言流」取代「意識流」。

　　高行健提出的語言流，有形式的，也有意識層面的；然王文興的「語言流」形式的層面較多，與意識並不完全貼近，故在形式上的表現極為誇大，意識的內容還是傳統，或存在一傳統與蒼老的聲音，然基於對語言的高度要求，早在 1970 年代王文興就作語言流的嘗試，雖然其間困難重重，爺的語言是歐化的鄉土語言，五四狂人的再現，然爺的「宣言」，無疑是時代的「先聲」。

　　作者的「語言流」源於作者對漢文字的貧乏，或者是對文字中心感到不耐煩，如果用符號學與解構主義解讀，這些文字的「衍異」與「縫隙」，正是意識的偏移與空洞化，充滿空洞與阻礙的語言，抗拒任何語言權威與教示，「爺」是一個什麼也不是的人，到一個什麼也不是的地方，做一些什

---

[5]高行健，「我的寫作」，臺北國際書展專題演講，博客來，2001 年。

麼也不是的事，沒有真正的主體客體，也沒有什麼真正的事發生。作者精心設計的文字陣，是一種對傳統小說頑拒的姿態，只有姿態，而無作品，這個割裂的文本與其說是作家在文字上的「橫徵暴斂」，不如說是「文字宗教」的擴大表現；他要寫的與其說是「新小說」，不如說是「反小說」，在這裡我們也看到某種邪惡與暴力的嘉年華會，作者在早期探討人類的殘暴行為，至此書則探索文字的殘暴極限。

好的文字可以生死人而肉白骨，不好的文字死生人而白骨肉，「爺」是個生死人，也就是活死人，本書的文字也是活死字，我們不要問作者為什麼把小說寫成這樣，而應問作者處在什麼時代，什麼文學環境，此書成書不久，網路文學啟始，王文興是否預見未來文字的浩劫？

此書中時間與空間相互抵毀，變成無時間性與空間性的小說世界，只有地名而無場景，只有光線而無時間感，處於真空地帶的小說，只有作者的文字戀無止盡地蔓延。

——選自周芬伶《聖與魔——臺灣戰後小說的心靈圖像（1945～2006）》
臺北：印刻出版公司，2007 年 3 月

翻譯王文興小說的原因

◎Sandrine Marchand*

　　決定翻譯王文興的《家變》特別是對他風格、語言感興趣，但我不認為語言屬於形式，也不認為形式和內容是分開的，我覺得語言的問題就是節奏的問題。在《家變》前言，王文興強調節奏的重要性，他寫讀者應該慢慢地讀，翻譯也是讀，所以王文興的建議更有價值，而且翻譯的工作一定很慢，可能比寫更慢。但節奏也不是慢或快的問題。最重要的特點就在翻譯節奏裡。

　　節奏一邊是音樂的節奏，一邊是作品內在的理、變化裡的繼續（按照 Henri Meschonnic 在《翻譯的詩論》裡面的語言學理論）在如此節奏性的文學裡更可以說是句子的步調。

　　我不能個別地分析王文興自創新字，顛倒語句等等。每個作家有他自己的語言，自己的句子。非創新字，非顛倒語句也是王文興自己的語言，新的，不一樣的語言。

　　用創新字、注音等，這種方法不是翻譯的特別困難所在。翻譯一本書，最重要是涉及原文時沒有偏見。先要忘卻一般的、正常的、標準的語言。後要遵循原文的節奏，才可以開始翻。

　　文學的語言不是完全人工的。也有它的自然文理。這部分是原文的節奏。

　　當然我不是說我會了解王文興寫的方法和原理。我只說我翻譯的時候

---

*桑德琳・馬爾尚，發表文章時為法國奧托大學外國語言與文化學系講師，現為法國奧托大學外國語言與文化學系副教授。

有這種想法。

翻譯總是解釋。

現在想繼續考慮節奏。

在王文興的小說裡可以說有三種節奏：視覺的、聽覺的、觸覺的。

一、視覺的節奏

特別是在《背海的人》下冊。

讀這本小說以前先可以出神地看字之間的空間。

翻譯前先要理解這個空間的節奏。有書法，特別是草書的感覺。印象很大也很激烈。

空和字的安排並不是偶然的。好像是呼吸的節奏。呼吸有時寬闊，有時束緊。

在《背海的人》下冊，呼吸在句子的表面出現。在別的小說也可以感覺原文的呼吸。

二、聽覺的節奏

呼吸也可以聽覺，在口語的印記之間可以聽到注音、英文拼音、象聲詞和其他方法。口語在文學裡有生活的價值。聲音表現人物和事物的內在的音樂。無論是好聽不好聽的都表現人情，所以翻譯口語的印記特別重要。文言和口語混在一起是王文興小說的力量，舊和新的混合也是現代文學的一個特點。

確實，一個語言裡總是有很多語言混合在裡面。現代主義的一個原則是反映語言的繁多等級、豐富變化。這樣也可以表現活和死、沉默和吵鬧、東方和西方的碰見。

舊和新詞也有詩的味道。Verlaine（韋萊納）已經用這種方法表現語言的音樂和節奏。

三、觸覺的節奏關係到全部的身體

目、指、耳朵、鼻子、皮膚。爲了翻譯原文的節奏，先要讓節奏進入身體。如此原文的呼吸變成我自己的呼吸，如果想吹入生命在譯文裡，原文的生命先要穿過翻譯家的身體和聲音。

節奏也是運動。翻譯原文的運動也需要感覺到在自己身心裡語句的步調。語句有長有短，有重說也有斷絕，無論如何變化，都可以感覺到節奏的繼續。讀原文或者譯文，都要觸覺語句的脈搏。

而且每個字，每個語句的味道不一定是直接地感覺到。各個有自己的速度節奏。翻譯原文的每個語句也是翻它們的餘味。

總之，翻譯王文興的小說是保養一個不會滿意的激起。跟在翻譯詩一樣，最重要、最難的是傳送音樂性和節奏。

——2001 年 8 月 8 日

註：Sandrine Marchand 是王文興《家變》的法文譯者，此爲其以中文寫成的文字，部分文字經林秀玲修訂，但盡量保持 Marchand 原文的用法。一如 Marchand 所論，翻譯是一種詮釋，編修又何嘗不是？特爲此註。

——選自《中外文學》，第 30 卷第 6 期，2001 年 11 月

《背海的人》以及翻譯準則

◎ 耿德華[*]

◎ 李延輝譯^{**}

序言

在文化計畫與發展委員會支持下，我於日前完成了當代小說家王文興所著《背海的人》之英譯本。該小說背景設定於 1962 年，敘述者為一退伍國軍。回歸平民身分後，他盜用公司公款想償還賭債卻未能如願。他逃到一個小漁港，以算命為生，周旋在當地居民與安置來自大陸老弱殘兵的政府機構分部成員間。英譯本由康乃爾東亞系列出版。

一、不一致

翻譯研究中，有些譯者不會恪守自己提出的準則，但另一方面，也有些譯者遵守其中一項準則，卻因此犧牲了原文中某些「刻意的」特色，而兩者皆屢見不鮮。舉例而言，布勞爾（Reuben Brower）就提出了德萊登（Dryden）對翻譯方法的分析：直譯（「逐字」或照字面翻譯），意譯（或自由翻譯）以及模仿（譯者因為「自己認為合適」而捨棄字或原文的感覺）。他還說：「雖然德萊登對直譯和模仿嗤之以鼻，他自己卻常有使用這兩種方式的嫌疑」（Brower, 2）。相反的，桑狄（Peter Szondi）分析了莎士比亞十四行詩修辭技巧和主題間他發現的關係，並和席藍（Celan）的譯本

---

[*]Edward Gunn，發表文章時為美國康乃爾大學亞洲研究學系教授兼系主任，現為美國康乃爾大學亞洲研究學系名譽教授。

^{**}發表文章時為臺灣師範大學翻譯研究所碩士生，現為桃園創新技術學院語言中心助理教授。

比較。桑狄的結論是,席藍轉化了莎士比亞的「意圖」,後者以多變修辭表現出恆常不變主題,而前者則以同樣一致的修辭形式,表現恆常不變的主題:「和莎士比亞不同,莎士比亞的原作中,恆常不變以各式各樣的表達方式歌頌描寫出來,但恆常不變則是席藍詩中的組成要素。席藍版本的莎士比亞第 105 首十四行詩中,席藍對語言的目的就是詩歌中恆常不變的實踐」(Schulte and Biguenet, 179–180)。翻譯王文興《背海的人》也無可避免必須面臨這些問題。正因為這是一個高難度的特例,因此值得討論。同時,這也引發了翻譯批評之中以及翻譯批評背後假設的一些問題。上面談到的學者都證明這是一種文學批評的有效途徑。

翻譯《背海的人》(1981 年)困難始於書名,因為書名本身就很曖昧(這是說書名如果想表現出什麼的話)。翻譯目標是「逐字逐行」照字面的翻譯,但光書名就打敗了選擇 *Backed Against the Sea* 為題的譯者。究竟是誰或究竟有多少人「轉身背向海」或「背面對著海」呢?答案並不清楚。這可以和有固定答案的問題一樣引起批評討論。但敘述者的論述對依照字面詮釋的原則來說,也是極大挑戰,因為敘述者以俚語「爺」代替「我」稱呼自己。中文在很多情況下,故事角色和敘述者可以以各種不同方式表達「我」的概念,英文則不具有這項特色:中文翻譯裡華生博士敘述柯南道爾(Conan Doyle)的「最後問題」("The Final Problem")時,隨意稱自己為予、余和我。當然,英文譯者可以注意學者潘威茲(Rudolph Pannwitz)的告誡,如班雅明(Walter Benjamin)所引:「我們的翻譯從錯誤的前提開始,即使最好的翻譯也是如此。它們想把印度文、希臘文、英文(或中文)變成德文,卻不想把德文變成印度文、希臘文、英文(或中文)」(Schulte and Biguenet, 81)。譯者因此可以透過外語「擴充並深化自己的語言」,將「爺」照字面翻成「Dad」或「Daddy」。這裡的問題並不是在英文中找不到文本中「我」的同義字,而是敘述者「爺」和「我」在他的論述中,引起讀者對佛洛伊德精神分析對儀式和象徵的可能解讀。這在英文中可以加強和敘述者自我指涉的「Dad／dy」之間的連結,但在中文文本

中，這樣的關聯可能會加以探討，也可能受到忽略。因此，英文必須加強讀者對這種關聯的認知，或者將精神分析閱讀的可能性放在文本的其他特徵上。

　　無論如何，文中大量使用了俚語、地方方言的記號、術語，這些問題都無法一致的照字面翻譯。中文文本出現了許多地方方言的形式，例如「揚州國語」（頁 8）、「四川話」（頁 119）以及「閩南語」（頁 63），另外還有各種真實或仿造的地方方言說法：幾多時辰（頁 22）代表「幾點」；龍門陣（頁 128）代表「閒扯淡」；兀開喔開（頁 119）代表「Okay! Okay!」。若要以英文地方方言表現這些說法，會使讀者猜想某個美國南部或英國蘭開夏郡人在小說裡做了什麼。像披老虎皮（穿工作服當雜役兵）或三根油條（陸軍上尉）之類的術語，今天已經鮮有中國人知道，遑論各種麻將術語。例如「門清」無論如何翻譯，都必須加上尾註。就算將「三根油條」翻成「鐵軌」（"railroad tracks"）這種美國軍事術語中上尉的佩章，大多數的美國讀者也需要尾註說明這是「上尉階級的佩章」。看起來，照字面的翻譯被迫將很多異質語言的特色標準化或同化。這不是很好的趨勢，英文一旦有機會，這種趨勢就會被打破；反之，在「不翻」比翻要好的情況下，這種趨勢也會打破。畢竟，像「八」這中文字的鬍子，會比倒轉過來、上面再開口的「v」來得好，「椪柑」的「柑」也不是橘子的一種，單純就是椪柑的柑。像引用地方方言，以及和特定次文化稍有密切關係的美國俚語和術語的例子一樣，「不翻」是一種策略，呈現出在中文獨白體裁中注入異質論述形式。

二、期待

　　這次的翻譯過程中，有很多切中布勞爾提出的準則，也就是有效的翻譯必須符合讀者閱讀目的語的期待。在這本小說中，他們期待讀到受過教育但粗野鄙俗的語言：「一個版本越確定能獨立成詩，就越少有沾染諧擬痕跡的風險，也越少有使讀者因某種寫作風格過度分心的風險，寫作風格看

來會有趣，是因為我們注意到了，而且常是在錯誤的時間注意到」
（Brower）。主張這種方法的除了布勞爾，還有《背海的人》作者本身。他
希望翻譯成品讀來像口語英文，符合目標語讀者對受過教育但粗野鄙俗語
言經驗的期待。

　　這項準則有多重問題。首先，敘述者的獨白包含了許多不同用途的古
文言文、公文和祭文，作者多多少少有自覺的使用這些文體，將其作為諧
擬，這些文體多多少少也能翻成符合目的語讀者「期待」的文字。將仿文
言的語句，例如「何耶我不他去呢？」翻成「Wherefore depart I not
elsewhere? 」是否妥當？這段話沒有上下文，而英文模仿的風險是，可能
讓讀者因為這和伊莉莎白時代作品間突兀的關聯而「過度分心」，無法一致
的產生和中文讀者相等的經驗。誠然，在文中有其他地方矯揉造作的英文
可以發揮功用，例如公廁的門貼著一個牌子，以優雅的書法寫著「隨手關
門」，但這裡就是上下文和與正式公文間的關聯讓這段話發揮作用。同理，
可能也有為數不少的讀者熟悉諧擬哀悼的方式，會同意將如「嗚呼哀哉嗚
呼哀哉尚饗」之類的祭文翻成「Oh woe ohwoe accept ohwoe these ohwoe our
woeful offerings」。這裡問題始於仿祭文的段落超過了中文讀者對說話方式
的期待，那種說話方式可能超過讀者的期待，也可能聽起來類似或諧擬語
言的其他面向。而在諧擬的例子中，譯者目標是處理僅存在原文語言某種
面向的特定習慣。既然這樣，翻譯應該嘗試「獨立存在」嗎？令人振奮的
是，在某些例子中答案是肯定的。小說中有一個角色有誤用成語的習慣。
成語在英文中很難找到對等的用法，因為格言在英文中常被視為是了無新
意的陳腔濫調。反之，在中文中，適當的使用格言常會令人肅然起敬。因
此，成功翻譯中文成語的誤用代表的不只是找到英文中對等的表達方式，
也代表某種方式破壞這種成語，粉碎英文讀者的期待。常表達錯誤的中文
角色說：「我想你們大家都也差不多已經的腦滿腸肥了」（頁 125）。如果這
在英文中要有機會獨立存在，成為一段有趣的話，就必須重新加工變成：
「I imagine you all have eaten enough to have *swelled shirts and stuffed*

heads」。其中的反諷在於中文文本有時是來自英文慣用語的翻譯，但文法會使其難以重新恢復英文讀者對自己慣用語的期待。在小說中，醫生對一個妻子生病的角色說：

> 這個醫生他看到我的樣子像有一點為難，他就問著我道：「你到底是要命，還是要錢？」

在英文中，表達方式會因為文法型態的關係，變得疲軟不堪，回到英文讀者會變成無力的：「The doctor saw I looked like I was having a hard time of it, so he asked me, he said: "Just what do you want, her live or your money?"」此處原來的英文慣用語翻回去時，既無法保留也無法捨棄，因為文字無法扭曲成原始高速公路上的警告標語：「要錢還是要命！」（"Your money or your life!"）小說中表現了諧擬，這不僅是一種中文形式書寫的特徵，也是來自於英文的特徵。但語言發揮了干擾來源語期待的作用，但在借用的語言中加以補償。

符合期待這個準則的另一個問題是，在單數形中，沒有確定「it」的準則。畢竟，目的語中不同的讀者有不同的期待。舉例來說，小說背景是1962 年，因此小說裡有多處提到當時的臺灣社會。實際上，以社會和物質詞語來說，小說中的環境不會被誤認為是後來幾十年的環境，在某些情況下甚至也不會弄錯是後來幾年。所有這些提到時代的地方很顯然都照字面翻譯，符合實際上熟知該時空的讀者期待。中文裡有這麼多論述針對這個時空點，英文中語言選擇也應該針對這些特色嗎？在英文用法中它應該變成時代作品嗎？誠如上述，這些特色的本義無法避免這樣做。但這無法一直發揮作用表示語言效果。舉例來說，出現貶義詞的例子時，如果要求效果是要粗俗刻薄，當代英文會比 1960 年代的英文適合。那麼，什麼是渾忽忽的小子？（頁 86）就像我原本要說的，這當然不是「dumb turkey」。擔任我文字編輯的得意門生告訴我，「turkey」現在是一種陳腐如中年人的詞

語。我必須同意，這會讓讀者因爲這「在錯誤時間出現」而分心：「dumb turkey」現在應該是「dumb bozo」。

很顯然在這一段話中，「dumb bozo」最主要關切的是，以目標語中想像讀者期待的角度，處理照字面詮釋的需求，而「渾忽忽的小子」這段話是以目前俚語解釋，意思是「bumbling little guy」，爲典型辱罵語。這裡所介紹的「小子」（"little guy"）實際上恰好身形巨大，既高又胖。如果這是反諷的話，它便是在追求想像中的期待，看罵人的名稱在英文裡聽起來像什麼時，翻譯可能忽視了桑狄所建立，可製造修辭形式和其主題間可定義關係的作品「意圖」理論。我在本論文開始時即提及這種理論。

三、意圖

以這種意圖解讀文本的翻譯，必須一直努力使翻譯和詮釋學一樣，並將翻譯（及譯者）置於逐字逐句解釋說明的翻譯，以及達到重建修辭效果的翻譯之間，最高的緊張狀態。前者可以符合目標語讀者的期待，後者則是建立與原文中主題對等翻譯。其中一個例子是 *Backed Against the Sea* 如何重建《背海的人》。最常見的關注焦點（例如意圖）出現在句末，這是句子最強調的部分，例如「王文興是這本小說的作者」和「這本小說的作者是王文興」的不同。接下來的例子以風格一貫的特色，說明某些關注焦點：

而後爺再ㄋㄚˊ起了一塊肥皂來就就著在這一付猶如宛似三花丑的——是一個鏡子的鏡面上頭的——臉貌上ㄏㄨㄚˋ上一把互揮黄叉叉。
（翻譯版本 A）
As then I pikt up a cake of soap again and salshed a yellow X through that clown's face, the one in the mirror.
（翻譯版本 B）
and then I pikt up a chunk of soap again and this time right across that

clownlike clownish feyce—the one in the mirror over the surface of the mirror
—I dru: a yellow crisscross X.

　　句末夾帶強調和焦點的重要性，中文和英文皆然。然而版本 A 的翻譯
捨棄了中文句末位置的強調和焦點，讓主詞和動詞片語靠近，以獲得更容
易理解的英文句子。如果這些字有暴力意味，該翻譯的效果不僅讓句子更
清楚易讀，也迅速表現出象徵性自殘、抗拒的舉動中，憤怒和好鬥的力
量。在版本 A 中，句子以臉遭到破壞是「the one in the mirror」這種不必要
資訊的反高潮方式結束。事實上，小說中有許多句子玩弄這種句末位置反
高潮的把戲，在英文架構中這可以在很多句子發揮功效，但這裡並非如
此。版本 B 更貼近中文，使最高潮鏡子上的 X 可以保留到最後，就像在原
文一樣。因此，主詞位置和動詞片語中間會隔開一些距離，加入了設計好
的廢話。結果是爲了呈現一種扭曲的、不自然的感覺，沒有（抑制了）版
本 A 好鬥敏捷的好處。而這種結果可能更忠於中文文本的意圖。

　　以句末位置的觀點來看，中文和英文文法的差異，阻礙中文在英文中
製造修辭效果。舉例來說，長串介係詞定語句法結構出現在中文中它們修
飾的「頭」字或「頭」片語中。這些定語翻成英文通常都是長的後置關係
子句，英文翻譯被迫在妥協中選擇效果，無論哪種妥協都是翻譯繼續下去
的方法。因此，可能有人會提出符合英文期待這項原則，解釋偏離中文意
圖的理由。然而，除了這種常見的問題外，上面所引的例句因爲有更特別
的手法，所以也很與眾不同，例如國語注音符號代替了最常用的國字，在
翻譯中則以國際音標表示。基本上，這就是中文文本幾種特別的手法，迫
使譯者思考並面對意圖的問題。

　　除了注音符號以外，中文還有幾項特徵，包括極具特色的標點符號、
簡體字或粗體字、羅馬字母、空格、標於下方的點或線。比這些圖象技巧
更有挑戰的是，重複語言或虛字（中文中有文法功能的字）、實字（有內容
字）的連續重複。重複語言是中文文本長久以來特別不一樣的特色，最能

引起注意：

> 但是這一隻左面的手牠卻又的個的的的ㄅㄟㄟ包匝了的的個的著了來的個的的了個的的的的了個。
>
> But his left hand, you know itititit was all like wrapped up so itso itit, see, um like raeped up so you know.

像這樣的句子就是小說段落典型的例子，中文裡一串「虛字」一再重複，已到了「重複語言」的地步。在英文中沒有對應字，提供妥當的對等翻譯，呼應中文一長串功能性虛字。製造這些言辭的敘述者也沒有提出綜合語言學的評論，解釋自己的語言。我們知道他有點醉了，但不知道到底有多醉。我們當然可以推測他很緊張，但無法知道他是否是經常性的口吃。我們可能會猜在他描述的臺灣寒冷多夜裡，他一邊伴著寒意一邊說話。文中明顯處理到節奏，但音樂並沒有加入文本中，作為故事世界的一部分（它的 diegesis）。敘述者所描述在他房間隔壁的熱水爐既沒有運轉，在文中也和這種重複語言的開始有一段距離。我們只知道這是胡說八道，強加於文本的意義中使其無法忽視，無論目標語讀者的期待為何。

重複胡說八道的翻譯在英文中，以將精神分成兩套可定義字組的方式繼續下去。第一套是限定詞，例如「the」，以及有存在、指示功能的字，像「it」。第二套字組是英文會話（或論述）中所謂的「障礙」字：sort of，kind of（sorta，kinda），like，well，you know，see，um，I mean，ah。上面那段話就包含了兩套字組的例子。該段也重複了動詞片語「wrapped up…raeped up」，方式和所引的中文句子並不一致。這例子這樣做的理由是在英文句子中提供足夠的架構，以安插重複的虛字，提供夠長的架構以支撐如此長串的無意義音節。雖然英文句子中動詞片語的重複和中文模式並不一致，但和文本中的通用規則一致，重視其他句子中實質「有內容」的字。舉例而言：

這一個張法武，張大胖子，是那麼的的個喘吁吁，唏咻咻的大個個，小
鬈子小鬈鬈鬈鬈曲曲勾勾的烏油油墨黑漆黑頭髮……。（頁88）

This Chang Fa-wu, Burly Chang, a big, gasping, panting wheezer of a guy, he
was, this dark slick oily black black hair all kinked up into coils, coils of coils
of tight little, tight kinked up kinky cutls⋯

另一個例子是：

這就是我之個人之針對諸於「佛教」（──其實又是什麼「禪宗」之類甚
麼的甚麼的甚麼的，──）所了解到的全部憨八朗籠籠統統林林總總一
切在內了！（頁93～94）

That just about includes the whole sum of the sum total of the total
understanding I've got of the whole sum o this total doodaedal about Buddhism
(−and that goes as well for Zen and all that other stuff whatever they call it
whatever,−) that personally I'm squarely opposed to!

　　英文無法複製出和中文所採用一樣的重複形式，除非字裡面爲了產生
口吃的效果而重複音節。正常情況下，英文必須佈置好重複的形式，這些
形式根據期待的準則，在英文中可能隨時會遇到。有人可能會問這種翻譯
形式是否可以滿足意圖這項準則。首先，上面的句子必然改變了陳述的排
列方式以及句末位置的字。再者，這些句子表示陳述的意圖很可能不只一
個。我們已經指出促成重複語言使用的動力或動機絕對不明顯。使用英文
中的障礙字模仿中文虛字的重複語言時，英文讀者很容易將英文的重複語
言和女性化表達方式聯想在一起，正如最近女性語言學研究所討論並闡釋
的，而其中一項研究正是翻譯的模式之一。下面的段落企圖說明對話的不
安：

女人：啊，有點土，嗯，而且你也知道你有一———，我告訴你喔，我知
　　　道理查受過非常好的教育，但是他話很少，而且他很討厭很討厭
　　　別人對待他最近我遇到的男人令人難以置信的都的方式。他很
　　　———，你知道受尊敬的老家族

男人：嗯哼

女人：那麼你知道有些人被困在裡面，我是說

男人：

女人：你知道我是說我確定我是說他很保守，對吧？我是說我他恨所有
　　　東西，而且我確定他以前不但不管什麼時候你和他吧說話，他都
　　　很。我是說很顯然他，他非常活躍討厭德國而且之後沒有轉過來
　　　你知道有點。

　　　　　　　　　　　　　　　　　　　　　　　　——Fishman，頁239

語言學家對這段摘錄下來的話分析中心點，爲男性拒絕在女性試圖建構的
對話中合作，因此使女性置於非常不安的地位。如果 *Backed Against the Sea*
的讀者察覺到這種說話模式專屬女性（當然他們並沒有察覺到），那他們就
會因爲一種疏忽的連結而分心。另一方面，一個使用女性論述的評論家，
可能會使用這種所謂論述女性化方式的解讀策略，將敘述者的獨白視爲審
視其經驗和存在的嘗試，但敘述者企圖分辨模式和熟練感的努力徒勞無
功，一再遭到拒絕則會強化他的不安全感和心理不正常的言詞。如此一
來，採用作爲處理讀者期待翻譯技巧的方式會再重讀，作爲重建中文意圖
的機制，而且理當如此。

　　重複作爲說話和書寫的特徵，在數量上，中文比英文中更常見。由此
我們可以問一個更大的問題：這種重複語言是否應該以這種持續注意的方
式翻譯？換句話說，英文模仿中文的冗句，超過中文中對應重複語言會有
的效果，把翻譯的文本當成病狀處理，嚴重扭曲原文的言外之意。然而，
在中文其他地方有刻意重複語言的例子，顯示了至少某些中國人會認爲小

說的風格極為冗贅。一個簡單而受歡迎的例子出現在電視製作的動畫卡通中，約和小說同時（1981 年），目標觀眾群是中國大陸的兒童。在一個場景中，想成為木匠的熊寶寶遇見了一群垂頭喪氣的猴子，他們告訴他：

> 我們我們我們猴子
> 愛吃愛吃愛吃桃子
> 可是可是可是最近
> 老鼠偷桃
> We are we are we are monkeys
> Who like who like who like peaches,
> But the but the but the creatues
> We call mice just stole our peaches.

──《小木匠》

幾乎毫無疑問的，這對話段落模仿了猴子間的吱吱對談，很像冗贅的談話，而造成結果和小說中敘述者言談的不斷重複極為相似。在這麼小的例子中也很明顯可以看出，翻譯必須以某些方式模仿這些重複語句。在英文中這樣做必須修正某些逐字翻譯，以符合英文中的讀者期待和作者意圖。

四、優先順序的取捨

不過，小說中的某些地方，英文的重複很顯然會和中文的言外之意大相逕庭，而至此意圖必須犧牲。很好的一個例子出現在小說中的「葉葉葉」（yeh-yeh-yeh）此一詞組。這是一個妓女角色最喜歡的說話方式，敘述者因此稱她「葉葉葉」（頁 153）。這在英文中很容易保留，可視為一個冷漠的人出自無聊、失去耐心的話語。但在中文中，「葉葉葉」很顯然表示兒童般憎惡的表達方式，因此在翻譯中，這詞組和妓女的名字應該從「yeh-yeh-yeh」改成「Yuck」。

「葉葉葉」的例子進一步引出意圖重建時，翻譯過程的新障礙。意圖很可能永遠是多重的。「葉葉葉」很可能指涉到古老的文學作品，例如古典詩：

金風細細
葉葉梧桐墜
Golden autumn breeze blows gently, gently.
Leaf on leaf falls from the Wu-t'ung.

——晏殊，〈清平樂〉。11 世紀

如果快速搜尋宋詩可以找到「葉葉」，那麼從宋詞和元曲仔細尋找找到「葉葉葉」也不會多出人意表。這樣的重複不僅和各時代抒情詩有共通點，小說本身也一再利用了古典詩。特別是敘述者自稱是潦倒的詩人，常長篇累牘論及古典詩和現代詩，通篇小說引用和誤引名詩人句子的情況所在多有。古典詩的諧擬延伸至挪揄其同事筆名的陳腐比喻：

山上青，狗屎，雷天，狗屎，盧飛霜，狗屎，狗屎，江河人，狗屎，何蕙萱，狗屎，狗屎燈心草，大狗屎，大狗屎，臭狗屎！
Shan-shang "Grass Knoll" Ch'ing dogshit, "Lightning" Lei T'ien, dogshit, Lü Fei-"Floating Frost"-shuang, dogshit, "Riverman" Chiang Ho-jen, dogshit, dogshit, "Lily" Ho Hui-hsüan "The Orchid," dogshit, dogshit, Teng hsin-ts'ao "The wick," double dogshit, a pile of dogshit, stinking dogshit!

這樣的論述可能嘲弄了熟悉的經典比喻：

茅房三万八千里（頁 99）
Twelve thousand miles of outhouses.

再者，在文字上或地理位置上和 Yeh-yeh-yeh 或 Yuck 相去不遠之處，
讀者可以發現敘述者身處另一個妓院，這一家妓院有：

庭院深深深幾許

a courtyard deep, deep, who knows how deep

——歐陽修，〈蝶戀花〉。11 世紀[1]

在小說中諧擬很明顯，但目標語中，必須爲讀者加上註釋，而在中文中這
不太容易包含進去。引用詩的諧擬不容易限定範圍，因爲一旦諧擬插入小
說中並一再重複，這種特色就不得不在小說中其他部分繼續糾纏著讀者。
詩諧擬的散布會引發翻譯上特殊的問題，問題尤甚於 Yuck 小姐的例子。在
某些地方（頁 153、163）敘述者會引用古典作品中的「燕」、「鶯」以及其
他植物，描述他在尋找的女人：

爺不斷的想到著的個這一個長得恍惚就像是是觀音那樣的女子，當著爺
走向那鶯鶯燕燕，鶯鶯燕燕，花花草草，花花草草的地域的時候——
（頁 153）

I was thinking constantly about the woman, how she looked so much like Kuan
Yin, until when I walked toward the vicinity of those sleek little slick chicks
Chickychicky chicks hussypussy hussypussy nestled in their nests－

這樣的翻譯至少是很自由的。一方面，中文名詞不限於任何特定詩作。但
另一方面，它們在小說中的重複讀起來就像小說中其他地方使用的詩的技
巧諧擬一樣，也就是說，小說中中文對話模仿的使用本身就已經是一種指
涉。舉例來說，在元曲中我們可以找到：

---

[1]亦見於李清照詩中，胡品清譯，《李清照》（波士頓：Twayne，1966 年），頁 51。

鶯鶯燕燕春春，花花柳柳真真，事事風風韶韶，嬌嬌嫩嫩，停停當當人
人。

——喬吉，〈天淨沙〉

因此，小說中中文部分可以解讀爲是口語現代語言的諧擬，及／或中國詩
比喻的諧擬。英文翻譯本身也難以發揮得很好，因爲中英文日常用語和古
典詩的比喻鮮有相同之處，從英文中擷取詩喻僅會使英文諧擬不得其所且
分散讀者注意力。英文至多利用節奏的重複並使用某些俚語婉轉說法的形
式。

　　「鶯」、「燕」及「花花草草」的問題點不單純是技術性和區域性的問
題。就像很多其他段落一樣（包括幾個明顯甚或根本和古典詩詞有關的段
落），該段落提出了作者對其文化遺產面向曖昧態度的問題。文化遺產雖然
仍存在但卻不可得，令人嚮往但一文不值，而且在這裡不用說，這種遺產
和神聖及世俗、支配和順服的性別歧視態度緊密相關。如果小說中說話的
修辭形式以某種象徵方式和主題連結在一起做爲意圖，這裡的意圖便是多
重的、假設的，而且實際上不可譯的。

五、語言內部異質性

　　重點不應該到此爲止。接下去要問的是，在中文小說中我們讀的終究
是「單一」語言和「單一」文化，或者是多重語言和多重文化。米樂（J.
Hillis Miller）最近撰文討論翻譯，和路得聖經故事有關。他說明路得置身
猶太文化之外，但透過聖經的故事，路得其人其事「翻譯」並「搬運」至
希伯來文化和論述中。但米樂也顯示了希伯來故事本身固有的解釋段落，
以及後來的希伯來文註釋和外文翻譯，如何詮釋重建該故事，或者建構該
故事。雖然在某一個論述的層次上，米樂可以清楚寫出「西方文學理論」
和其與「一個特定的語言和文化」（Miller, 34）的關聯，但他的文章也提供
了質疑這些詞語價值的方式。也就是說，他的文章提到從古至今，沒有任

何語言或文化是非異質性的，沒有任何語言或文化不需要說明解釋過去的、為人遺忘的、陌生的、「被誤解」的東西，因此以任何同質的意義來看，永遠不會有「單一語言」或「單一文化」這種東西。在米樂的論述邏輯中，如果「文學理論」和「特定的語言和文化」連結在一起，就沒有「西方」文學理論這樣的東西，除非有「單一」西方語言這種東西。同樣的，也沒有任何理論是純粹屬於某種文化或某種語言的，雖然沒有任何理論可以避免與建構這些東西的過程結合。幾乎沒有任何方式可以摒除對語言或理論必要的習慣性並受常規規範，也很難證明這些常規是合理的。

或許翻譯《背海的人》的價值之一是參與小說透過其風格所欲強調的問題。這本小說的解讀和翻譯，使讀者沒有片刻能忽視其以最特別和最強烈的方式和中文的「連結」。但無論就字面上或以期待、意圖的觀點來看，沒有任何解讀會得出「單一」中文的結果。反之，在探討與異質性常規緊密相連的多樣可能性時，對於字面、期待和意圖的關注是不可或缺的，而我們有必要將這些異質性常規與中文連結在一起。回到小說中使用國語注音符號的設計，這問題便可更清楚解釋，而國語注音符號是通篇小說各種圖象技巧鮮明的例子。

國語注音符號在中文文章中，通常出現在國字旁邊，指導標準發音，所以最容易在學校教科書中找到。因此，它們對於讀者是種補充。然而在小說中，這種補充移至和國字本身等量齊觀的地位，而國字隱身於無形，就像在德希達解構的教科書範例一樣，國字的意符被置於「消除之下」，而其補充取而代之，指涉已被置於消除之下的國字。而國字由符號所指涉的聲音和在言辭的上下文位置決定。但作為言論特徵的「言辭」正是這裡形成的問題。從一種圖象符號變成另一種圖象符號，可使他們讀者敏銳的察覺到他們讀的是以書面文字表示的詞語日常用法，儘管有許多和言論有關的風格技巧，以及早在敘述開始敘述者自己的聲明：「所以、爺現下所說的純粹都只說給爺自己聽──不，不，爺連自己都不要聽，爺只單單願要說說，不，也不是說說，爺只要吆一吆！」（頁 2）。總之，圖象設計表示了

將小說解讀爲言論（無論是內心獨白或說出來的話）或書寫時，兩套符號之間的緊張關係：一爲表現說話習慣或特色引起注意，另一爲強調文字的視覺本質而將其圖象化。

在翻譯過程中，某種程度上無法避免這種矛盾中推論出來的結果。使用的多重圖象符碼可能表示語言（無論是作爲想法的內心獨白而不說出來的、說出來的或書寫的）並不是單一的活動，而是多種活動的結合。因此，敘述產生的活動會引出一些問題：呈現的東西爲何而又如何呈現、開啓本體論的問題以及探討自覺的虛構性。使用多重圖象符碼，加上其他形式特徵（例如我們探討過的字的空洞重複或虛字的重複）時，會創造出命題上的虛無感。這種虛無感可以解讀爲語言的意圖，因爲它敘述了一連串的段落，敘述者達到令人不解之處或無法解決的矛盾時，段落就戛然而止。這種過程延伸至小說的結尾，此處作者有一妓女相伴，氣氛或輕佻或無聊、或猥褻或神聖、或愉悅或與道德無涉。作者和妓女待的小房間在他們身邊逐漸倒塌，如果我們可以借用這小房間分割描述的隱喻，單一、有秩序的準則就會崩解。

然而到了小說結尾，所有的國語注音符號都早已從文本中消失，雖然某些重複語言仍持續到最後。換言之，如果這些設計解讀爲是命題式意圖的形式特徵，就應該明確解釋各種特徵何以會出現或消失。從桑狄的例子判斷，決定意圖需要一個模式，一個文本中系統化、命題上相關的形式運用。然而在小說中，重複語言和圖象設計的運用刻意非系統化、非模式化，缺少任何在修辭上可以定義這些技巧出現或變化的規則性。因此，這就缺少了整體模式或有規則規範的步驟，定義各種符號系統使用的特徵。唯有回歸桑狄對秩序的看法以及回歸缺少的東西，才能加以解釋。理論必須重建於缺少的東西，而這過程是對原先論點的否定。

在目標語中依照期望的準則翻譯國語注音符號也是種挑戰。這項準則要求的是目標語中，文本已爲英文的詮釋社群熟知，社群的任務是提供和中文對等的解釋，而且不會分散讀者在中文文字世界裡的注意力。暫時不

理會中文本身這種詮釋社群存在的假設，很明顯的在英文中找不到對等的用法，如果要用來翻譯國語注音符號，就必須將這些符號改成某些羅馬字母的變形。

在這裡我們遭遇了某些像雅克慎（Roman Jakobson）的文章〈論翻譯的語言學面向〉（1959 年）忽視的翻譯範疇問題。雅克慎設定了三種範疇，定義可稱為翻譯的活動：*重述*，或語言內詮釋；*正翻譯*，存於語際間；*變化*，或是透過非語言符號系統詮釋語言符號（Schulte, 145）。雅克慎的第一種範疇，語言內重述，是破除諸多界線的重要聲明。這些界線區別出在「單一」語言內的活動，這種活動因其同質性，無法和「語際間」活動連結在一起，儘管雅克慎已區分出兩者的不同。而*正翻譯*的範疇將所有「語言符號」變成相等的狀態，沒有考慮這種符號的各種形式會如何被干擾，或從一語言轉換到另一語言的不同過程中，如何缺少某些東西。實際上，「一種語言」的正確說法，表示了基於說話或以聲音為中心的討論方式。在詩學理論中，雅克慎貢獻驚人，解釋了去普遍化占了如此中心的地位的原因，但達成去普遍化可能的圖象方式並沒有被歸類。小說中的國語注音符號似乎是要讓語言去普遍化，但雅克慎的理論僅讓這些符號和其他符號對等，而翻譯語言符號的「變化」系統並不被視為是特殊問題。

在這例子中，問題來自將國語注音符號「翻譯」成和國字迥異的圖象系統時，譯者可採用的選擇。在國際語音字母表（IPA）和一般讀者用英文字典所採用的該字母表簡化版中，必須選擇其一，減少不常見符號的數目，修正怪異之處以供一般讀者使用。若選擇簡化版，便會減少圖象的視覺衝擊，以及其與標準化系統的呼應，而標準化系統代表的聲音和羅馬拼音的習慣拼法不同。這種選擇會破壞翻譯企圖模仿中文的重要效果。當然，對臺灣受過教育的中文讀者來說，對國語注音符號的熟悉程度會比英文一般讀者對 IPA 的熟悉程度為高。使用 IPA 最終的問題會再回到詮釋本身：選擇 IPA 等於抹滅了國語注音符號對特殊民族性和文化認同的識別作用，等於以國際性交換民族性。

六、語言和民族性

　　的確，必然有一種解讀小說的方式，不需要譯者分辨符號作為國際性和符號作為民族性的不同。封面書套以舉世通用的詞彙介紹這本小說，稱這本小說「透過現代寓言的形式，描述一個人遭遇失敗而突破困境，反映出人性和社會的基本問題。」這本小說由找尋個人自由的敘述者引出，反映他無法找到存在的秩序，也無法建構出條理清楚的敘述方式，或使自己為生命中特別有意義的課題努力。他要找尋可以指引他到有意義生命的秩序，也要找尋對那種可以遂其所願的秩序之控制權，他「所願」的和本身性慾的無理性有密切關係。因此，這種意願無法從困惑他的非理性中解放出來。這本小說讀來頗有存在小說的味道，使用的語言努力自成系統，但就像其他語言一樣，永遠無法系統化。這本小說充斥著漁夫、官僚、專家和妓女。他們會做出愚蠢、冷酷的決定，似乎不曉得什麼時候應該哭，什麼時候應該笑。他們玩幼稚的遊戲、相信無稽之談、誘過，甚至欣然接受其他人嚴重的不負責任和不理性。根據這樣的描述，他們可以出現在從地球這端到另一端的任何小說中，可辨識出是有人性的，在舉世皆然的背景下，鉅細靡遺呈現出特定社會及該社會的行為習慣。

　　同時，無論一個譯者多希望使小說中普遍的元素讓最多的英文讀者了解，語言的問題還是充斥整個作品，而且整體說來和中文語言習慣有關。因此，敘述者也可能抗議說他的敘述不為任何人，所以會製造出無法說出的句子。但翻譯也必須處理否定上述說法的理論。誠如傑奈特（Gerard Genette）所言：「敘述就像任何論述一樣，必然是對某人說的，在敘述表面之下也必然隱含對受話者的請求」（Genette, 260）。一旦一段敘述以論述來定義，就必須假設出說話者和受話者的模式。進一步的假定則是敘述就像加工品一樣是一種行動，敘述者作為行動者及主要角色都必須說明，並且以其和中國人的關係說明。

　　有些批評運用論述分析到民族性（Young, 1990）及後殖民（Bhabha,

1990）的問題上，而譯者的任務並非強行解讀小說，使解讀結果能完全應付這種批評。這些問題純屬推測，並沒有刻意加上其他層次的推測。然而，像 *Backed Against the Sea* 這種當代作品的翻譯，不應該將小說隔絕於這種批評途徑之外。在這些途徑中，論述作爲語言行動的習慣，組成主體和其權力這樣的命題，延伸至（並涉及）推論命題和稱爲國家的行爲之歷史研究，而國家則是由殖民主義論述在歷史中建構成的：西方的民族主義及民族國家在過去及現在都是推論出來的反應，是將自己重新建構成帝國主義者的社會之產物。由此觀之，殖民地就像補給品一樣，建構出國家，而透過殖民地的概念，民族國家的概念及其論述（包括對時空的建構）才得以解構。

　　透過這種模式探索東歐文學的方式呈現出這種概念的重要問題。中國和日本會同時被視爲是殖民者／帝國主義者和被殖民者／下屬嗎？非推論式的範疇就像推論式的範疇一樣扮演某種角色？在殖民和後殖民之間，甚至民族國家和殖民地之間有特定的界限嗎？

　　像《背海的人》這樣的小說無可避免引來對這些問題的解讀。小說敘述者是退伍國軍，是從中國大陸放逐出來的人，然後又從臺北放逐到臺灣內地。他受過教育的論述方式，使社會和他的認同在西化位置和對西化位置的抗拒之間游移。他必然會以某種方式被貼上大陸人的標籤，因爲他以國民政府下屬的姿態參與了臺灣的再殖民。臺灣當地社群和像他一樣的流亡者重新建構他的認同，這是他面臨的問題，而他就在中央政府機構裡的地方分支裡大吃大喝。這些都是這本小說凸出之處，使得譯者無法忽視敘述者的論述和小說的形式問題。

　　敘述者引用了陪同他到漁村度過流亡歲月的四本書：杜斯妥也夫斯基的《地下室手記》，紀德的《地糧》，托爾斯泰的《復活》和尼采的《查加圖斯特如是說》。他鼓勵我們想像他作爲一個自由追尋者的處境，這種自由很像他提到的小說呈現的，是從整體理性、民族性、罪惡以及所有在存在孤獨中奴役我們、撫慰我們的偶像中解放出來的自由。巴赫汀（Mikhail

Bakhtin）的作品提到，敘述者的語言奠立了敘述者推論式狂歡破壞的形式象徵，這種破壞是針對國家，針對「定案」和整體理性，針對罪惡，針對控制的撫慰方式。各種系統（圖象、地域、術語、古體）的多重聲音互相推擠，拆解了民族國家的統一性，就像角色拆解了思想中的理性決定性，也像角色舉止幼稚、頑皮又殘酷，解構了對民族國家作為一致詮釋社群的憧憬。然而除了巴赫汀之外，小說也容納了解構性反叛系統的可能。狂歡也沒有移除受規則規範的語言或有秩序的民族國家。敘述者重複及在圖象上變化的論述產生的空洞表示他企圖強加一個自我指涉的獨白式秩序。他無法達成願望，而他找尋自由的反面使他退回去肯定一種失序的秩序，適應缺乏秩序證據的情況，也適應他持續的困惑。因此，在敘述的語言中，形式的多重聲音逐漸褪去，而產生於自我之外的語言秩序理想化習慣，開始以受規範控制的秩序主宰一切。民族國家即使本身解構，仍是不可或缺的建構，但不再是自我建構所形成。

　　不管這種批評途徑受到多大重視，或以何種方式呈現，翻譯可以以文本中無可否認的民族性角度來回應嗎？也許到最後，一套國際性的符號系統（像國際音標）僅僅是國語注音符號這種國家系統的另一面：一套系統建構了另一套。而和民族性敘述一樣致力於解構的批評，應該也能夠互依互存。

引用書目

- Benjamin, Walter. "The Task of the Translator." In Schulte and Biguenet 1992.

- Bhabha, Homi K. *Nation and Narration*. New York: Routledge, 1990.

- Brower, Reuben A. *Mirror on Mirror: Translation,Imitation,Parody*. Cambridge: Harvard UP, 1974.

- Fishman, Pamela. "Conversational Insecurity." In Deborah Cameron, ed., *The Feminist Critique of Language: A Reader*. New York: Routledge, 1980.

- Genette, Gerard. *Narrative Discourse*. Ithaca: Cornell-UP, 1980.

· Jakobson, Roman. "On Linguistic Aspects of Translation." In Schulte and Biguenet 1992.

· Schulte, Rainer and John Biguenet. *Theories of Translation: An Anthology of Essays from Dryden to Derrida*. Chicago: U of Chicago P, 1992.

· Szondi, Peter. "The Poetry of Constancy: Paul Celan's Translation of Shakespeare's Sonnet 105." In Schulte and Biguenet, 1992.

· Young, Robert. *White Mythologies: Writing History and the West*. New York: Routledge, 1990.

· Conan Doyle 著；Shuh-wu Pao 譯，〈唔爾唔斯緝案被戕〉（"The Final Problem"），*The Chinese Progress*，1897 年。

· J. Hills Miller 著；單德興譯，《跨越邊界：翻譯的旅行》（*Crossing Boundaries: The Travels of Translation*）。《當代》第 75 期（1992 年 7 月），頁 28～47。

· 王文興，《背海的人》（臺北：洪範書店，1981 年）。

——選自《中外文學》，第 30 卷第 6 期，2001 年 11 月

《家變》裡的變寫不為文變

關於未來《家變》編訂本之思考

◎馮鐵[*]

◎黃桂瑩譯[**]

代序：關於中國大陸現代中文手稿研究現狀的思考

正如現代中國文學研究所面臨的普遍情況，在中國大陸，作家手稿的相關學術研究仍屬邊陲領域。但由於研究者眾多，加上這個知識體系相對較為保守——雖然研究者不必然跟其他依循蘇維埃模式的相關機構類似——使得中國大陸的手稿研究有著與其他華語世界相當不同的特質。

手稿變異的系統性研究可溯及莫約一千年前的宋代。當時的版本研究已然發展完備。富有的藏書家開始出現，他們對於善本真偽的疑慮，使得考證專業成為顯學。雖然在宋代手抄本並非考證重點，但當時發展出來的許多術語仍然被廣泛運用於目前的手稿研究。

學者對於現代作家手稿的興趣，起源相對地早。由劉半農編輯，針對詩人手寫稿的複印版選集《初期白話詩稿》（1933 年），具有相當的指標性意義。[1]然而，相較於研究這些詩作的文本淵源，劉半農更有興趣的是手稿本身的書寫性藝術——就像出版詩稿的「星雲堂」一名所強調的，他們所做的，是為傳統文化的追隨者提供一個庇護所。也由於當時對於晚近文學所面臨的危機具有相當共識，便有研究者指出《初期白話詩稿》的出版必

須被放在當時保存文學資產，建構傳統的特殊脈絡底下檢視。[2]

　　由此可見，手稿研究在一開始並未享有一個穩定的學術地位，時至今日仍處於一個頗爲混雜的情境之中。在現代文學研究裡，我們發現到傳統版本研究的後繼之學在已然小眾的史料研究中，發展出另一小塊專精領域。另一方面，歷史學者，以及實地參與 1990 年代以來新興手稿市場的收藏家[3]，則特別關切手稿的書法美學價值。他們窮盡心力研究並整理出版個別作家在其手稿與書法作品中的各種形式變化（雖然未必限於寫得一手好字的作家）[4]。收藏家不必然是學者，他們在《書屋》[5]（1998 年 10 月初刊）、《藏書家》[6]（1999 年 10 月初刊）、《萬象》[7]（1999 年 5 月初刊）等刊物上所發表的專業性研究文章，訴諸的是有別於文學研究的另一群藏書家或知識分子。這群專家對於手稿做爲見證創作歷程的證據物並無太大興趣，他們所關心的毋寧更是手稿裡的書法藝術，以及手稿本身所具有的商品價值。相較之下，學術研究者固然關切文本內容在不同階段的演變，但對於做爲文本產出前一階段的手稿，則少有關照。當然，這僅是針對那些未曾出版但即將進行編輯的作家手稿而言。一個明顯的例子，便是之前在中國大陸現代文學課程中所廣泛採用的史學研究教科書中，手稿研究僅被簡略帶過。[8]諷刺的是，其中最被詳細討論的例子，就是一個關於出版手稿的失敗例子：在 1950 年丁玲計畫整理出版其前夫胡也頻（於 1931 年被國民黨殺害）[9]的詩篇手稿，但終究未能盡其功。

[2]見劉禾（Lydia H. Liu），"The Making of the 'Coompendium of Modern Chinese Literature,'" ch.8, *Translingual Practice. Literature, National Culture, and Translated Modernity-China, 1900–1937*, Stanford, CA: Stanford University Press, 1995, pp.214–238.
[3]參見馮鐵，《茅盾著《虹》與顧城著《英兒》：兩部模糊不清的伉儷「合資事業」》（Two Works—*Hong*（1930）and *Ying'er*（1993）—as Indeterminate Joint Ventures），收錄於李俠主編 *The Poetics of Death. Essays, Interviews, Recollections and Unpublished Material of Gu Cheng, 20th Century Chinese Poet*, Lewiston, NY; Lampeter/Wales: Edwin Mellen Press, 1999, pp.135–178.
[4]中央檔案館編《毛澤東書法大字典》（北京：人民出版社，1993 年）便是一例。
[5]長沙：湖南省新聞出版局。
[6]濟南：齊魯書社。
[7]瀋陽：遼寧教育出版社。
[8]朱金順，《新文學資料引論》（北京：語言學院出版社，1986 年），頁 21～26。
[9]丁玲，〈一個真實人的一生〉，《人民文學》第 3 卷第 2 期（1950 年 12 月）；參見朱金順，《新文學

　　整體來說，目前僅有少數大陸學者以系統性的方式研究現代作家的手稿。相當可惜的是，其中有兩位學者不克前來參加「手稿、文本與數位文獻國際研討會」。爲彌補這項缺憾，接下來我將以關照上述背景的角度，分別介紹他們兩位的學術研究。

　　陳子善（1948 年生），曾參與 1981 年出版的《魯迅全集》日記部分的編註工作。在那個郁達夫仍因作品中的「情色」成分，以及終生所擁之國民黨官職而飽受污名的年代裡，陳子善便發掘、考證了許多郁達夫先前不爲人知的作品，並與王自立合編了長達 12 冊的《郁達夫文集》[10]（1984 年出版）。在完成這部鉅作之後，陳子善更考察了其他較不爲人知的作家，或是編輯像周作人那樣因其筆名多變而考證困難的文學作品。在陳氏的短篇論文中，也常針對手稿研究提出獨到的敏銳洞察。[11]由於陳氏長期擔任上海華東師範大學圖書館館長，有許多機會接觸未曾出版的手稿資料。而在編輯魯迅日記的過程中，藉著訪談魯迅故舊的機會，陳子善更得以生產出另一批嶄新史料。這些豐富獨特的經歷，都使得陳子善成爲手稿研究中以史料研究取徑爲主的代表性人物。

　　另一位學者龔明德（1953 年生），則可被視爲關注版本研究的代表。龔明德原本非學術中人。他在成都四川文藝出版社編輯巴金選集時期，面臨了一個重大問題：如何在眾多混雜的巴金出版品之中，選出適於編入這十冊鉅著的版本。[12]龔氏本人是著名的藏書家，數十年來針對 1919 至 1949 年間出版品從事大量蒐集，使他在這時期的版本收藏無人出其右。他清楚體認到，版本中所牽涉的問題，不僅僅是文字本身的，更多的是政治性以及意識形態上的。也因此，他開始針對現代文學出版一系列經過詳盡考證的匯校本，包括郭沫若、丁玲、錢鍾書等人的作品。在出版《圍城》的過

資料引論》，頁 22～23。
[10]陳子善、王自立合編，廣州：花城出版社，1984 年。
[11]收錄於《遺落的明珠》（臺北：業強出版社，1992 年）、《海上書聲》（江蘇：東南大學出版社，2002 年）、《發現的愉悅》（湖南：湖北人民出版社，2004 年）等等。
[12]《巴金選集》（成都：四川文藝出版社，1982 年）全十冊。

程中，龔明德曾受到來自老作家提出的侵權訴訟，這個頗為難堪的經驗讓他明白到，有些作家並不願意把自身的創作過程公諸於世，即便公開的已是印刷本而非手稿。在龔明德的文集作品中，可以看到其他相關的發現，有些也涉及手稿的出版與研究。[13]湖南大學的金宏宇便由此著手，系統性地研究幾部現代小說名著的版本源流。[14]他的研究不無驚人地呈現了 1950 至 1960 年代文學界的暗角，揭露當時幾位作家特意干預出版的投機舉止。然而，金氏的許多結論仍有過於武斷，證據不足的問題，這也顯示出現代版本研究仍處初期階段，尚待發展成一個紮實的專業學科。

　　在談論版本的脈絡下，不得不提的還有王錫榮這位學者。王錫榮可能是將現代手稿詳加評註、編輯出版的第一人。身為上海魯迅紀念館副館長，王氏也管理著一批重要的手稿資料。他曾主導編譯匈牙利作家卡爾曼・米克扎特（Kálmán Mikszáth，1847～1910）的中篇小說《神蓋記稿》（*Szent Péter esernyöje*，1895）[15]，內容描述在匈牙利統治之下斯洛伐克鄉村生活，在編輯過程中，王錫榮首度做出具有實際意義的編輯抉擇。由於這篇作品不曾發行過中譯版，內容也以歷史情節為主，不涉及任何意識形態批評，使得出版工作相對單純許多。然而，由於這份小說手稿是由周作人翻譯，魯迅校訂，兩位長久以來公開敵對的作家一同合作翻譯一部手稿，便成為這件翻譯工作最獨特之處。基本上，這份紮實的小說版本是以方式性編寫的作法進行編輯，這項創舉也為眾多手稿的出版形式——無論是否已被出版——立下了標竿。而這篇意義非凡的譯本，竟然是以未掛名的方式發表的，而且僅僅刊載於一份流通率極低的專業文學刊物上。

　　在此，我想為這領域的相關研究做出幾項小結：普遍來說（不僅限於中國大陸），手稿研究必須結合既有的學術成果，以及其他由收藏家、書藝家、手稿愛好者等群體所積累的相關知識。其他華語世界或許會有不一樣

---

[13]其中，可特別參見《昨日書香》（成都：天地出版社，1996 年）。

[14]金宏宇，《中國現代長篇小說名著版本校評》（北京：人民文學出版社，2004 年）。

[15]王錫榮編；周作人譯；魯迅校訂，《神蓋記稿》（1904 年），《上海魯迅研究》第 4 卷（1991 年 6 月），頁 29～57。

的情形，但大體來說是依循類似的模式。

更重要的是，手稿檔案取得的方便度必須被提升。臺灣已有一個發展良善的機構性網絡，在其中手稿除了得到妥善的保存與維護（以臺南的國立臺灣文學館爲例），相關的專業課程教學與研究工作也能夠一併進行。相反地，在中國某些機構檔案資料的取得往往困難重重，甚至直接受到作家身後家族捐獻者的干預（北京現代文學館即爲一例）。[16]因此，如何盡可能地結合、促進海峽兩岸在相關研究上的合作與交流，實爲吾人深切期待的當務之急。

我認爲，唯有妥善彌補這兩項落差，才能使現代文學手稿研究真正成爲一個成熟發展的學科，不僅擁有完備的研究方法，同時也能納入手稿編輯的實務經驗。

讓人特別欣慰的是，由於王文興先生的慷慨捐獻以及館藏的便利性，使得我能夠接觸到《家變》這批珍貴手稿。接下來，我將討論《家變》手稿中某些普遍可見或是較爲特殊的指涉，特別是這些指涉是如何被特意轉化，形成評訂本（critical edition）。

一、手稿以及出版情況簡介

1.0 術語

已有研究指出[17]，在形容創作過程中手稿的不同階段時，有一套相當複雜的術語。這些術語本身差異甚大，但通常盡量避免針對特定物件（也就是手稿）在創作過程中的狀態做出任何評斷。因此，在下方我將舉出幾組中文術語，在上方則列出與之約略相對應的英文常用術語，在最右邊則附上我建議使用的一組術語。由於讀者通常無法切確得知作家究竟產出了多

---

[16]北京現代文學館不僅收藏超過兩百萬份現代作家的手稿資料，也容納了龐大的私人藏書捐戲。所發行《新文學史料》（北京：人民文學出版社，1979 年迄今），內容經常涉及到作家未曾發表的文學作品，偶爾也討論到作家手稿的部分。

[17]R.D.F., "Modern Chinese Writers' Manuscripts—Or: When Did Authors Start to Keep Their Drafts?," *Asian and African Studies* NS 18, 2（Bratislava, 2009），pp.265–292. 特別參見頁 273～279。

少種不同的手稿版本，他們只能盡可能地以粗略而抽象的方式運用這些術語。在這種特殊的情況下，我認爲應該回歸到作者本人所使用的詞語，因爲他們往往不確定手邊的「草稿」（"drafts"）是否能夠真的付梓出版，所以多使用簡單的數字來標記他們在不同階段所生產的手稿。

"draft"	"revised"	"clear copy"	"copy"
草稿＊[18]	修稿	謄清稿	一稿
原稿	複製稿	清稿	二稿
初稿	抄稿	正清稿	三稿
	改稿	抄正稿	…
	謄修稿＊	繕稿＊	定稿
	修改稿	列印稿＊	訂稿
	列印修改稿＊[19]		

　　下面這份清單所羅列的資訊，參照了《家變》的寫作過程，包括未經組織的速記、草稿，以及爲尋求出版而提供給編輯參考的試閱版。[20]換句話說，也就是文本發生學（genetic criticism）所說的譜系式檔案（dossier génétique）。

---

[18] 這些附加星號的術語，是引自解昆樺研究中所做出的詳細區分。有些可以做爲一般「通用」，有些則有特殊意涵，用以指明一份稿件從最初的手寫稿，經過初印，以及之後校正修改的整個流程。

[19] 這個用語指涉了刊印版的意涵，因此多多少少模糊了出版前（也就是文本公開前）與出版後的區隔。

[20] 舉例來說，茅盾便曾爲其小說《子夜》（1932 年）的出版提供過兩份草稿，內容提要以及某一章的情節架構大綱。參見 R.D.F.，〈由「福特」到「雪鐵龍」——關於茅盾小說《子夜》（1933 年）譜系的思考〉（Von Ford zu Citrën—Überlegungen zur Genese des Romans *Mitternacht*（1933）von Mao Dun），*Bochumer Jahrbuch zur Ostasienforschung* 28（2004），頁 159～181，特別是頁 164～165，譜系式檔案見頁 179～180；收入馮鐵，《在拿波里的胡同裡——中國現代文學論集》（江蘇，南京大學出版社，2009 年），頁 456～479。

1. 1 內容為手寫

〔PP[21] 1-n　　　　　　　　　飛頁試寫記錄〕

M1－30*十[22]　　　　　　　　飛頁試寫記錄
　　　　　　　　　　　　　　　*推測性[23]

M31　　　　　　　　　　　　「原稿」，259 張，標號 1～257，
　　　　　　　　　　　　　　第 54～55 頁有兩個版本，第 247
　　　　　　　　　　　　　　張僅存有翻拍版本（或許由作者拍
　　　　　　　　　　　　　　攝？）部分反面有試寫紀錄

M32　　　　　　　　　　　　「抄正稿」共 220 張，標 1～220，
　　　　　　　　　　　　　　橫向稿紙上，國立臺灣大學，平均
　　　　　　　　　　　　　　區分爲兩個 2x12x25，共 600 字格
　　　　　　　　　　　　　　的區塊，稿紙爲金山牌

　　我在這裡所說的「試寫」，指的是一種極度抽象，包含速記縮寫的寫作方式，就像奧地利作家穆瑟爾（Robert Musil）所說的 *Sudelblätter*（塗寫）──這些初期階段所寫下的隻字片語，可能會被加進後來的文本中。[24]如果作家在稿紙背後試寫，這些試寫內容與後來成熟發展的文本之間，通常有著約略一致的疊合關係。也有作家自承，如果他是一邊在「作業手稿」（"working manuscript"）上發展小說內容，一邊在手邊其他紙張上做試寫，這些試寫稿通常在第二天就會被毀棄。[25]然而，我將繼續指出，儘管作家宣稱在創作之後，通常連自己也無法辨識這些凌亂的試寫內容，這些試

---

[21]指古希臘詞語 *parerga* 和 *paralipomena*（「附錄」與「補遺」）。
[22]在在以下的清單中，星號代表仍有相關重要資料尚待考證，十字標指的則是相關文證已軼失。
[23]參見本論文集所收錄桑德琳・馬爾尙（Sandrine Marchard），〈手稿，一個異質空間〉。
[24]參見范華（Walter Fanta）的文章〈德語傳統的歷史評論版本學及其數位化之應用〉。
[25]這項資訊是來自與王文興先生在 2010 年 9 月 24 日（於中壢）及 28 日（於臺北）所做的兩次訪談內容。目前在其他資料中，尚未有這方面的相關紀載。王文興新近出版的《家變六講——寫作過程回顧》（臺北：麥田出版公司，2009 年）並未如書名所示，記錄小說創作的實質過程，而是著重於以精讀的方式引介小說內容，回顧相關評論，強調的是這部小說的概念性。

寫還是必須被視爲成熟手稿的先前階段，因爲每一部分的試寫稿與手稿內容之間，都存在著一種特殊的關係。

根據作者的回顧，大約共有三十多份試寫稿。我將這些文證（witnesses）另區隔爲一組並以「PP」命名，採用的是語文學中所運用的古希臘詞語 *parerga* 和 *paralipomena*（「附錄」與「補遺」）。[26]這種做法，不僅能避免弄錯這些試寫稿的數量，但也頗能適恰地展現作者進行試寫的過程。

在最初，作者曾計畫藉著油印的形式，讓「諸親友」得以傳閱這部小說[27]——我們大約可以猜測到，此階段指的應是手寫稿。因此，從 M31「原稿」到 M32「抄正稿」這份預備送印的稿件之間，發生了最爲顯著的變化。作者不僅採用了一般的標點符號，也捨棄了大量精微多變的自創新字以及特有的語法結構，包括了簡體字、中粗黑體、疊字、標號、各式重點標記、還有可量化空格的運用等等（參考下圖 5.1）。[28]換言之，在此時作者所考量的是如何盡運用既有的文字形式，以避免因使用特殊鉛字造成高昂的出版代價。另一項特殊的作法是，作者在那些原本以空行所標記的區塊之間，以大寫的「A」至「O」等拉丁字母作標記。這說明了在當時的審查制度底下，創作時有受限的情形；而在付印與正式出版之間，也有許多可能發生變動的階段。

然而，在手稿 M31（f257r〔MF0001_01_264〕）中以英文記載的完稿時間「6:10 p.m.／July 21／1972」在手稿 M32（f220a〔MF0001_02_435〕）中仍被保留著，只不過在這裡被譯成中文「（全文完畢）／一九七二年七月廿一日」。由於初印版在兩個月內便已出現，我們可以推測：1.真正完稿的

---

[26]德國哲學家叔本華曾出版 *Parega und Paralipomena*（2 vols., 1851），就《作爲意識和表現的世界》（1819／60）一書做出補充。此書一般被譯爲《附錄與補遺》，適切地傳達了這些內容原本並非以出版爲考量（至少在作者生前）的意涵。

[27]參見《家變》新版序（1978 年 10 月 16 日），收錄於《家變》（1978 年），頁 1。

[28]參見易鵬，〈易義，書——王文興《家變》手稿〉，他相當成功地試圖類型化圖文以及從符號語意化的角度，爲這些圖文呈現提出了引人深省的詮釋。

時間並不是這個日期；2.作者與刊物主編之間在文字上的折衝妥協，包括字型安排，以及最終的完稿等等，是在相當短促的時間內完成的。

1. 2 印刷形式的文證

P1　　王文興，《家變》，《中外文學》第 4 卷（1972 年 9 月），頁 140～173〔段落 A 至 22〕；第 5 卷（1972 年 10 月），頁 150～184〔23 至 63〕；第 6 卷（1972 年 11 月），頁 133～162〔64 至 94〕；第 7 卷（1972 年 12 月），頁 152～188〔95 至 117〕；第 8 卷（1973 年 1 月），頁 124～153〔118 至 129〕；第 9 卷（1973 年 2 月），頁 143～176〔130 至 O〕。

P2*　　作者手上的連載版或修訂稿

P3　　臺北：寰宇出版社，1973 年 4 月；二版，1973 年 6 月；三版，1973 年 8 月，～201 頁。負責人：陳達弘（下文以「寰宇版」代稱）。

P4　　「勘誤表」，寰宇版，〔203〕。

P5*　　作者手上校正過的寰宇版。

P6　　臺北：洪範出版社，1978 年 11 月；二版，1979 年 2 月；三版，1979 年 5 月；〔…〕；第九版，1983 年 3 月；〔…〕；第 18 版，1985 年 6 月；〔…〕；第 25 版，1993 年 2 月（附錄內政部版權證明第 11916 號）。負責人：孫梅兒，編輯：張力（下文以「洪範版」代稱）。

1. 3 中國大陸發行之版本

・瀋陽遼寧大學，1988 年 6 月，至頁 186。

・北京：人民文學出版社，1992 年 2 月，至頁 238。

根據作者指出，最初發行的 P3 版本（寰宇版）所記載的再版次數並沒有反映真正的情況，因為出版社擅自將這本成功的小說再版了將近二十次之多，以藉此攤平作者的版稅。[29]若考量到文章本身所發生的變化，有一點

---

[29]Lachner 曾以一般一版 2000 本的發行量來估算，認為這個寰宇版大約發行了四萬本之多。若再進一步推算，僅僅在臺灣，便至少有十萬本《家變》在市面上流通。參見 Lachner, *Die familiäre*

引人注意的是，在寰宇版裡勘誤表是印在無頁碼的附錄頁上（參見以下第二部分的討論）。這是因為此時發行版已經完成打字印刷的程序，因此即使文章只有少數變動，勘誤表也只能以獨立文件的形式附加於上。

　　然而，更值得注意的是，作者特別在另頁上（寰宇版，無標碼的第 5 頁），以相當顯著的方式陳述：

> 《家變》曾在《中外文學》月刊連續刊載，現經作者稍加更動，與前文小有不同，耑此敬致讀者。作者謹誌。

　　這段文字不止對於研究文本產生重大意義，也讓人推定可能有另一份 P2 文件，運用在連載的 P1 中，或是運用於依據 P1 所做的寰宇校稿（兩者皆為手寫），或是用在類似 P4 的勘誤表上（可能是手寫或刊印形式）出現。在準備出版洪範版的 P6，也出現類似的情況：因為從頁碼變動的情況，可明顯看出文章已經被重新打字編排過。

　　這些文件（這裡以 P2 和 P5 標記）分別構成了解昆樺所說的「刊印樣稿」及「刊印修潤稿」，這兩個術語都指出了作者希望以手寫的方式，進一步修改刊印稿的意圖。藉這些樣稿，作者說明文章排版應該如何調整，或者直接提出一個全新的編排建議。

　　而那兩份在 1988 至 1992 年間中國大陸發行的兩個版本（雖然我無從得見），更應屬《家變》出版史的一部分。作者並不知道有 1988 年版本的存在，使得這份版本和寰宇四版（以及之後更多版）還有其他盜印版等等，都屬於非法印行。不待說，在臺灣版中那些作者以特意選用的簡體字所架構的詞義變化，在這兩份版本中都變得蕩然無存，因為中國大陸的出版社在出版現代文學作品時，幾乎只發行簡體字版本。

Katastrophe, pp.20–21.

1. 4 外文版

德文　刊載於 Anton Lachner, *Die familiäre Katastrophe—Wáng Wénxings literarischer Bildersturm: [...]* Frankfurt a.M. [etc.]: Peter Lang, 1988 Europäische Hochschulschriften. Reihe 27: Asiatische und Afrikanische Studien; 26），217–313〔段落 A 至 C，1 至 9，M 至 O，以及 147 至 157 的部分〕。

英文　*Family Catastrophe*, Susan Wan Dolling 譯. Honolulu, HI: University of Hawaii Press, 1995（Fiction from Modern China）—259pp.

法文　*Processus familial*, Camille Loivier 譯〔Sandrine Marchand 的筆名〕. Arles: Actes Sud, 1999（Un endroit où aller; 66）—393pp.

　　讓人驚訝的是，這三份翻譯版不僅都取得正式授權，在翻譯過程中更直接獲得作者的密切協助。作者以其外文修養，盡可能地針對翻譯問題提出明確的看法[30]，也因此，這些翻譯版也展現了作者在面對文本跨語言的變異性上，所提出的美學觀。而小說中處處可見的由中文字形而來的雙關語，經典成語的字詞倒置，與拉丁符號截然不同的注音符號以及方言成分等等，都是構成翻譯困難的最主要因素。

二、手稿中的層級與階段

2. 0

　　就本質而言，作者對一份手稿所做的各種介入都產生一個新的層次。這是就手稿的空間性來分析所得出的結論。但是如果特別考慮到其他特殊的面向，像是不同的寫作工具，暗示著寫作速度的各種筆觸，以及修改相關日期紀錄等事實，我們便能從時間性的角度考察作者介入手稿的意義。時間性的視角得以將不同的層次聚集起來，幫助辨識不同的寫作時期，以及手稿的各個階段等等。當然，任何能夠與單一「著作」發生關連的實存

---

[30]參見 Susan Wan Dolling, "Translator's Postscript," *Family Catastrophe*, pp.225–285.

物（特別是被出版印行的），都足以構成階段（stages）。由於這些基本用詞
在中文中少有發揮，我特別提出「層級」與「階段」來強調空間與時間所
分別扮演的角色。

2.1 《家變》的書名

這部小說的書名便是一個極為獨特的例子。

在最後定調為我們目前所見到的《家變》之前，王文興至少曾寫下過
八個不同版本的書名。這些書名是以下列次序出現的：

（1a）《出亡的父親》

（1b）《逃亡》（以別名或副標的形式同時出現）

（2）《出走》

（3）《棄家》

（4）《四人之家》

（5）《父親》

（6）《范曄》

（7）《家的分裂》

（8）《家變》

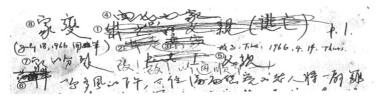

圖 1：「原稿」第 1 張正面最上部分（MF0001_01_001）

「改！改！以通順第一！」這些斷然的紅筆字，出現在有著相似筆跡
的（2）與（3）底下。《父親》較早出現，「改了：Time:1966.4.14 Thurs」
這一行文字則是用另一枝筆寫成。從中我們可以做出以下幾點推測：1.在
1966 年 4 月 14 日先前一段日子，作者就已經考慮過第一個書名；2.這些自

我激勵的文字是在第六個書名《范曄》出現之前寫下。第五個書名《父親》沒有被刪除，但在最終定案的書名底下作者寫下「開筆」以及英文日期「July 18, 1966」。我認為這足以證明《父親》與《范曄》是在同時間所寫下。[31]

我們可以確定，在 1966 年 4 月 14 日到 7 月 18 日這段期間，也就是作家開始動筆寫作之前，他可能考慮過多達七個書名。在這個情形下，我們可以辨認出至少九個層次，包括作者對第六個書名的刪除。關於這些草擬書名的特徵，我想特別指出（5）和（7）這兩個書名雖然最終沒有被採用，作者從不曾以任何方式將他們刪除。針對這張草稿上方的空間排置所做的概略性研究，固然指出了《家變》保留未言的部分，但若要找尋更多證據，我們便不能忽視一件重要事實：在最終，是書名（8）成為之後所有文證（witnesses，包括手寫以及印刷版）的唯一標題。

從寫作的工具以及符劃的運用，大約可以區分出五個寫作階段。但是，由於這段預寫時期帶有濃厚的試驗性質，並且明顯區隔於手稿寫作（特別以日期標示），是否應該將之納入整體的手稿分析，或是以獨立的方式進行研究，便成了有待商榷的問題。[32]

2.2 結構

相互交織、雙線進行的敘事結構可能是《家變》最為凸出的特點。小說的情節框架莫約跨越了 1967 年 4 月 14 日到同年的 7 月這四個月，涵蓋

---

[31]王文興並非如 Lachner 在其 *Die familiäre Katastrophe* 第 42 頁所言，自行創出《家變》一詞。在其之前，清代學者錢孺飴（清初人，確切年代不詳）曾寫下《錢氏家變略》。參見《錢氏族譜後錄二卷》，及錢謙益（1582～1664）《海虞錢氏家乘》；參考日本所藏中文古籍數據庫（*Kanseki Database*，http://kanji.zinbun.kyoto-u.ac.jp/kanseki，Sep. 17, 2010）以及 *Eminent Chinese of the Ch'ing Period*, Ed. Arthur W. Hummel. 2vols. Washington DC: Government Printing Office, 1944, 1:148a–150a。值得注意的是，雖然錢氏將家變與身為前明遺臣所經歷的政變互相連結，家變一詞的使用仍有其特殊的脈絡。

[32]在文學領域裡，這種作者依據對作品的初步想像，另行草擬書名的作法已有一些著名例子。這些書名往往只和作品內容關係極為模糊，要不無法判定，或者不存在。以《權力意志》（*Der Wille zur Macht*）一書為例，尼采不曾寫下此書（如同其他被歸諸於他的作品），但書名卻成了他人特意操弄的結果。參見 Erich F. Podach, *Ein Blick Notizbücher Nietzsches*（《尼采筆記讀本》，Heidelberg: Rothe, 1963）。

了主角對其九歲童年到 1969 年敘事當下的回顧。可以確定的是，這個時間
點與 1966 年 4 月 14 日這個日期密切相關——在正式寫作之前，作者終於
對於小說的內容有了突破性的構思，使得他特別記下這個改標題的日子。

　　德文版譯者曾根據小說的部分內容畫出以下這幅示意圖，極為清楚地
呈現出《家變》的敘事結構：

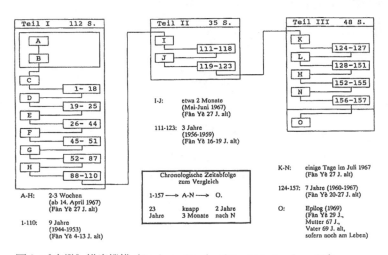

圖 2：《家變》描寫機構（Lachner, *Die familiäre Katastrophe*, p.28）

　　在《家變》整體架構的過程中，最關鍵的影響可能是一連串雙重而平
行發展的信件與數字。這不僅成為敘事模式的特點，也使得敘事得以透明
化。這種結構也明確指涉了整部作品，因此可以被視為是在「階段」之上
另一層次的創作。當然，這也可能是為了順應期刊編輯的要求而生。

2. 3

　　若以一個全面性（但尚未系統化）的方式進行分析，可以發現草稿
M31 具備五個層級，而列印稿 M32 則至少有三個層級。而作者在校正稿
（P2 和 P5）中手寫插入的更動部分，則明顯地構成了兩個層級。我用以下
圖表來說明相關推論，在其中校正稿中因手寫更動所產生的第二層級，也
存在於其他先前發生的文證之中。

Stage 1			P 6
Stage 1	Layer 2		P 5*
Stage 1			P 4
Stage 1			P 3
Stage 1	Layer 2		P 2*
			P 1
	Layer 3		
	Layer 2		
Stage 1	Layer 1		M 32
	Layer 3		
	Layer 2		
Stage 2	Layer 1		
	Layer 5		
	Layer 4		
	Layer 3		
	Layer 2		
Stage 1	Layer 1		M 31
Stages 1–n			PP 1–n/M 1–30

圖 3：層級與階段的抽象圖表

三、編寫的方式與性質

3.0 術語

　　假定文本是以線性進行，文章的操作便只有兩種基本模式——移除或增添。文字多寡並不構成影響，即使作者從文本中將大量的文字轉移到另一個部分，也仍不脫出這種模式。我特別強調這點，因為在編寫中會使用到許多表達方式（在其他語言中亦然），有些互相同義，有些含糊不清，更有些是看似同義卻模糊難解。

"intervention"

改變	更動	修改	改寫
改動	更正	修寫	調動＊
改正	訂正	修辭	
改善	改為…		

"deletion"

刪改   刪除

刪修   減+[33]

"insertion"

加進   補充   添加

插入   加＋

　　在某個程度上，中文特有的語言脈絡以及批評傳統多少對這些術語的運用產生困難。許多用語涉及傳統修辭學中的規範性語言，而不免帶有強烈的目的論暗示。這種傾向，在那些由帶有價值觀批評的字眼所組成的術語中，更為明顯，像是「善」（相對於「惡」），或是「正」（相對於「曲」或「歪」）。

　　接下來，我將特別討論王文興在更動文章時所使用的一些標記方式。

3.1 刪除

　　在以下這兩份手稿頁中，我們可以發現各種用於刪改的標記方式。像是在括號中的一連串文字（f68r，第 4 行與第 18 行）在之後被作者以畫曲折線的方式刪除，這顯然是得自傳統書法中，以毛筆將局部塗黑的手法。有時作者會直接將字句劃除，其筆法則依刪除的輕重程度而有不同（f684，第九行）。在某處我們也發現到層層疊疊的刪改痕跡，至少構成了五個層級（f245r，第一行）。

　　這些刪改大部分都是在寫作當下立即發生的，像是在 f68r 的第九與第十行之間，因為兩次刪除使得中間的空距加大（這兩行最後也被刪除）；在 f245r 的第 21 行結尾作者插入了兩個字，這也造成第 22 行在後半部逐漸往

---

[33]術語上標記加號「＋」的方式得自於李萍"Autorintervention bei modernen chinesischen Autoren"，現代作家著作版本上文字調動研究（博士論文草稿 Bochum, Ruhr University, 2007）這種簡潔的方式，有助於清楚地表現這些操作手法的根本性質。

底部偏斜。

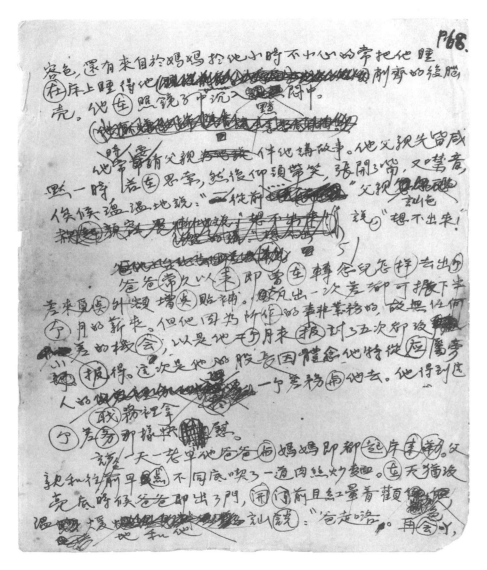

圖 4：f68r（MF0001_01_071）

p. 245

3.2　添加

在評估一份手稿時，確定其中的更動是「立即改寫」或是「事後改寫」是至爲重要的，因爲這能幫助我們界定包含了不同層級的寫作階段。

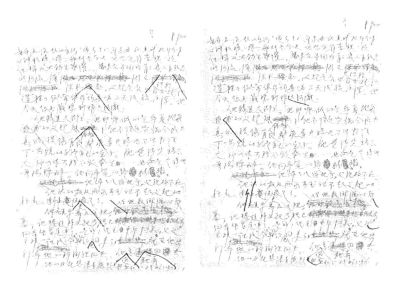

圖 6：添加符號　　　　　　　圖 7：跨越數個文句的「撇」

f13r（M0001_01_013）　　　　　和「豎」

在許多例子中，我們可以清楚區分是立即或事後改寫，因爲作者基本上使用兩種形式的添加符號。首先：1.如果是從句子的上方加入字句，便使用「V」形的對角線（f245r 第一行便有數個），如果是從下方加入，就使用倒「V」形，當兩者均使用時，代表數個字的片段。這種「V」形通常代表了立即改寫，但在手稿的第一行與最後一行出現的「V」則未必如此。此外，2.在手稿白邊有些文字被圈起來，再以一條劃線連到相關的段落中（f245r 第 22 行，左邊空白處），這些應屬於事後修改。在這個情形裡，兩種記號被逐步添加於上，因此構成了三個層級。

從倒「V」形添加符號的長度，可以推測出作者寫作時的心緒。在接近 M31 結尾處，可以看到筆觸較短的「V」形從文句底下劃出，反映出作

者較爲自持的心情。而藉著研究倒「V」形添加符號的右半部，也可以發現作者特有一些的筆觸風格。例如，在手稿 f13r 裡我們可以清楚看到作者在標記添加符號以及「撇」和「豎」時，通常會跨越數個文句，也因此造成辨識上的困難。以下，我將同一張手稿複印兩次，一張標出添加符號，另一張則標出「撇」和「豎」的部分。

3.3 變序式

雖然運用在考察「刪除」與「添加」的方式也足以用來討論變序式的概念，但在王文興的作品裡，變序式值得我們特別關照。因爲這部作品最凸出的風格手法之一，便是藉由倒置文詞的秩序——許多是二個字的詞組，但也有四個字詞組以及多字組成的成語——來調整甚至翻轉語義的內涵。大約有一千個類似的例子在整部小說裡出現過，幾可視爲整部作品的範式。[34]

但通常這些變序式有其獨特的標記方式，像是以雙彎線將相互變序的字詞框住，如果線條伸展，則暗示字詞的挪動。在 f12r 的例子中，作者幾經考量，最後刪除了這個變序，因此產生了三個文本層級。

圖8：f12r（MF0001_01_12，第九行：張曉〉曉張〉張曉

這種變序符號也可以用於數個字詞上，像是在下面這個例子裡出現的：

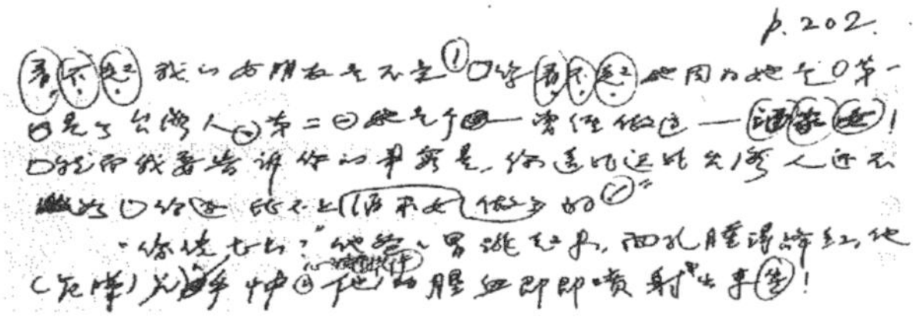

圖9：f202r（MF0001_01_205），第四行：酒家女做個的〉做個酒家女

[34]參見 Lachner, *Die Familiäre Katastrophe*, pp.103–119.

3.4 標點符號，重點標記以及排印方式

　　以上方 f202r 手稿中的寥寥幾行文句，便已清楚地展現了一些專屬於作者的特殊寫作技巧。我曾在第一小節中簡短討論過這些技巧，而在草稿的後半部，作者越來越頻繁地使用這些技巧。特別引人注意的是，作者對於既有的標點符號所做的修改，像是在第一行句子上方疊加的驚歎號，或是在第四行用斜體字另加上驚歎號。另外在第二行也出現了粗黑體的頓號，或是整個字詞。在第一行裡作者兩度在文字下方加上強調性的小黑點。在前面四個句子裡，我們還可以發現一些方格，用以表示空格，數目與其多少相對應。最後，在第六行有一個字是以注音符號寫成的。除了那些留白且無另做標記的空格，作者大多是以在畫圈寫字的方式來表現強調的語氣。

　　如果寫作過程是可見的，便會有兩種文本編輯的基本策略。一種是以靈活變通的方式編寫，盡可能保持手稿中空間配置的樣式。另一種編排方式則特別強調文本的因果起源，不僅重視整體的創作歷程，也將所有可取得的相關文證（無論是手寫版或是印刷版）一併納入考量。針對這兩種基本策略，我希望提出方式性編寫（謄寫）以及系譜性編寫（謄寫）這兩個用詞。雖然一般常認為「謄寫」即等同於「編寫」（"transcription"），但編輯工作並不僅僅是傳統版本研究中所說的「抄印」（"copy"）——也就是製造出原著以外的其他份「樣本」（"exempler"）。因此我特別傾向以「編寫」來強調編輯過程中概念與構思運作的部分。[35]

　　以下附錄的兩份編輯樣稿，便呈現出這兩種編寫方式相互妥協的情形。因為這是首次印行，真正的「王文興語言學」也尚未出現，這兩種編寫都以文字的可讀性為主要目標。

4.1 回復作者原初的編排意念

　　在《家變》中，作者已經發展出一套獨特而複雜的綜合語言學系統。

---

[35]參見 Harold D. Roth, "Text and Edition in Early Chinese Philosophical Literature," *Journal of the Americal Oriental Society* 113, 2（1993），pp.214–227.

但在小說首次出版時，顯然有一些技術性、經濟性、甚至是意識形態的考量迫使他放棄這套系統（就簡體字而言，這些字是中國大陸通行簡體，或是個人化的形式）。此外，王文興曾數度提及他擔憂新的評訂版可能會影響洪範版的銷售，在這些考量之下，回歸以 M31 爲主的手稿狀態，是頗爲合理的選擇。

圖 10[36]：這裡採取的方法，基本上是將手稿的最後一個層級複製出來（包括所有的立即編寫），但作者之後在空白處所記下的評述內容則不含在內。

囦所標示處為被圈選字 ■所標示處代表未認字 ▨所標示處代表該位置有手寫之刪除 〔口、鷗〕為自創之複合字

來源：頁面/頁數.行數.層級
M 31: f102rr [MF0001_01_105]　　M 31: f103rr [MF0001_01_106]　　M 32: ff85a [MF0001_02_168]

M 31: f102r.16.1	陡间旱陽從山背冒尸乚囗芒囗芒ㄐㄧㄥ
M 31: f102r.16.2	陡间辰陽從山背冒乚⌒囗芒囗芒ㄐㄧㄥ
M 31: f102r.16.3	陡间辰日自山背冒尸乚囗芒囗芒ㄐㄧㄥ
M 31: f102r.16.4	陡间黃日自山背冒尸乚//芒ㄐㄧㄥ
M 31: f102r.17.1	囗乱放、照得大地一流金色、在囗东
M 31: F102r.17.2	乱放放、照得大地一流金色、在囗东
M 32: f85a.5.1	陡间黃日自山背冒昇，芒光乱放，照得大地一片金色
M 31: f102r.18.1	方的天穹尸尢、有彩霞伴麗。⌣〔口、歐〕/多妙多多妙！
M 31: f102r.18.2	方的天穹尸尢、有彩霞伴麗。⌣〔口、歐〕/多妙多妙！
M 31: f102r.18.3	方的天穹尸尢、有彩霞伴麗⌣〔口、歐〕/多妙！
M 32: f85a.6.1	·在东方的天穹上有彩霞伴麗。〔口、歐〕，多妙！每樣景物都是
M 32: f85a.6.2	。在东方的天穹上有彩霞伴麗。〔口、歐〕，多妙！每樣景物都是
P 1 (no 6): 148.10	陡間黃日自山背冒昇，芒金亂放，照得大地一片金色！在東方的天穹上有彩霞伴麗。〔口、鷗〕，多妙！每
P 3: 89.10	陡間黃日自山背冒昇，芒金亂放，照得大地一片金色!在東方的天穹上有彩霞伴麗。〔口、鷗〕，多妙！每
P 6: 83.10	陡間黃日自山背冒昇，芒金亂放，照得大地一片金色!在東方的天穹上有彩霞伴麗。〔口、鷗〕，多妙！每
M 31: f102r.18.1	，囗每品ㄉㄨ是金鍍ㄅ一 · · 囗金岩岸 丶金島
M 31: f102r.18.2	，囗每品ㄉㄨ是金鍍ㄅ一 囗金岸 丶金島
M 31: f102r.19.1	：囗金捌 '甚而尸、金水：口囗 "讴一一
M 31: f102r.19.2	：囗金樹 '囗甚而尸、金水：口囗 "讴
M 32: f85a.7.1	金鍍的，金岸，金島，金樹，甚而是金水。「謳――」某一个
M 31: f102r.19.1	//˘ " 某一个处所出一声呼
M 31: f102r.19.1	/˘ " 某一个处所出一声呼
M 31: f103r.1.1	ㄈㄠ叫囗' 、ㄅㄨ·囗知来自大地上，还是自
M 31: f103r.1.2	叫囗'、ㄅㄨ·囗知来自大地上，ㄏㄞ/是
M 31: f103r.1.3	叫囗'、ㄅㄨ/囗知来自大地上，ㄏㄞ/是從水出ㄨㄥ。ㄊㄛ囗

---

[36]編按：原圖之彩色印刷與比例，因本彙編整體編排與版面因素，略有改變。

M 32: f85a.8.1　处所出一声呼叫，不知来自大地上，还是從水中。他再傾

P 1 (no 6): 148.11　景物都是金鍍的，金岸，金島，金樹，甚而是金水。「謳——」某一個處所出一聲呼叫，不知來自大地上

P 3: 89.11　景物都是金鍍的，金岸，金島，金樹，甚而是金水。「謳——」某一個處所出一聲呼叫，不知來自大地上

P 6: 83.11　景物都是金鍍的，金岸，金島，金樹，甚而是金水。「謳——」某一個處所出一聲呼叫，不知來自大地上

M 31: f103r.2.1　ㄗㄞ、傾耳細聽已得不到着。这'時一隊白鸟

M 31: f103r.2.2　ㄗㄞ、傾耳細聽已得不着。这'時一隊白鸟

M 31: f102r.3.1　振翼飛上高空。是时有一条擺船出面漂出，

M 31: f102r.3.2　振翼飛上高空。是时有一条擺船漂出，

M 32: f85a.9.1　耳細听已得不着。这時一隊白鸟振翼飛上高空。是時一條

M 32: f85a.9.2　耳細听已得不着。这時一隊白鸟振翼飛上高空。是時有一條

P 1 (no 6): 148.12　，還是從水中。他再傾耳細聽已得不着。這時一隊白鳥振翼飛上高空。是時有一條擺船漂出，船上站一個

P 3: 89.12　，還是從水中。他再傾耳細聽已得不着。這時一隊白鳥振翼飛上高空。是時有一條擺船漂出，船上站一個

P 6: 83.12　，還是從水中。他再傾耳細聽已得不着。這時一隊白鳥振翼飛上高空。是時有一條擺船漂出，船上站一個

M 31: f103r.4.1　船上站一个船伕搖船，——整隻船是閃金ㄉㄜ

M 32: f85a.10.1　擺船漂出，船上站一个船伕搖船。——整隻船是閃金的，

M 32: f85a.10.2　擺船漂出，船上站一个船伕搖船——整隻船是閃金的，

M 31: f103r.5.1　、上面的那人也'是發金的、這金船和金人

M 31: f103r.5.2　、上面的那人也'是發金的、這金船和金人

M 32: f85a.11.1　上面的那人也是發金的。这金船和金人向上游搖去，天穹

M 31: f103r.6.1　向上游搖去、天穹更加发煌·。

M 31: f103r.6.2　向上游搖去、天穹更加发煌·。

M 32: f85a.12.1　更加發煌。

P 1 (no 6): 148.13　船伕搖船——整隻船是閃金的，上面的那人也是發金的。這金船和金人向上游搖去，天穹更加發煌。

P 3: 89.13　船伕搖船——整隻船是閃金的，上面的那人也是發金的。這金船和金人向上游搖去，天穹更加發煌。

P 6: 83.13　船伕搖船——整隻船是閃金的，上面的那人也是發金的。這金船和金人向上游搖去，天穹更加發煌。

f102r　[MF0001_01_105]

16　陡间黃日自山背冒ㄕㄥ／／芒ㄐㄧㄥ
　　□□乱放放、照得大地一流金色、在□东
　　方的天穹ㄕㄤ、有彩霞伴麗 ⌒（口欧）／多妙多多妙！
　　，□每品ㄉㄨ是金鍍ㄉ一，·□金岩岸、□金島
20　·：□金捯，□甚而ㄕ、金水；□□"讴—
21　／／⌣"某一个处所出一声呼

f103r　[MF0001_01_106]
　　匚ㄠ叫□'、ㄅㄨ·知来自大地上，
　　ㄏㄞ、是？從水ㄓㄨㄥ。ㄊㄜ□
　　ㄗㄞ、傾耳細聽已得不到着。这'時一隊百鳥
　　振翼飛上高空。是时有一条擺船出面漂出，
5　船上站一个船伕搖船、——整隻船是閃金ㄉㄜ
　　、上面的那人也'是發金的、這金船和金人金人
7　向上游搖去、天穹更加发煌煌·。

畫圈重點　　特殊字或符號；亦有圈點　　刪除

4.2 發展成熟的系譜編寫版

　　相對於上述的方法性編寫，系譜性編寫的作法則將出文本所有的層級呈現出來。這些層級除了來自手稿本身，也源於三個不同的刊印稿。在這些刊印稿中，作者直接寫上更動的文句（構成新的層級），因此在修正版上出現了一個矛盾現象：在編訂版所出現的文字，遠超過作者真正寫在小說正文裡的數量。[37]然而，這種編寫法呈現出各個層級和階段，有助於清楚地呈現文本進展的每個過程。

——選自易鵬編《開始的開始》

臺北：行人文化實驗室，2010 年 11 月

---

[37]參見 Wolfram Groddeck 和 Michael Kohlenbach，〈與尼采文學遺產出版相關的初步思考〉（Zwischenüberlegungen zur Edition von Nietzsche's Nachlass），《文本批評論叢》（*Text. Kritische Beiträge*），第 1 冊（1995），頁 61～76。

桌燈罩裡的睡褲與拖鞋
「家變」—「時間」

◎陳傳興*

　　小說《家變》具有兩樣特質令人難以將它定位與同時化於文學史中，它欠缺一般所謂的時代風貌，共同性。這兩種特質分別是零碎的斷片敘事形式，以及獨創一格的書寫文字。在小說發表出版（1972 年）之後最先引起激烈反應與批評的是後者，至於前者的斷片形式除了少數幾位批評者曾經注意到之外（但也未作任何更深層的分析），未曾吸聚任何反響。《家變》的作者自己也似乎特別強調語言文字的重要與優越性，在新版序言中有一段話明白表示此意——「因爲文字是作品的一切，所以徐徐跟讀文字纔算實實閱讀到了作品本體」[1]，這種文字至上的絕對論點，作品本體即是文字；王文興意想用此去強硬回應當時各界對《家變》的書寫文字之責難與批評。在這一篇序言裡他甚至很直截地借用了「白馬非馬」的名家哲學駁難弔詭去凸顯他的唯名論立場——「我相信拿開了《家變》的文字，《家變》便不復是《家變》。就好像褫除掉紅玫瑰的紅色，玫瑰就不復是玫瑰了。」（同上）——失紅的玫瑰不再是玫瑰，反事實命題（counterfacture proposition），錯置一般自然語言符號的名實指稱關係，顛倒拋棄邏輯範疇。從這種新的書寫文體中衍生出來的「作者—作品—讀者」的「生產—收受」關係當然不同於以往的傳統模式，作者與作品不再是透明隱形，借用王文興他自己所說的話——「作者可能都是世界上最屬『橫征暴斂』的人」（同上）——作者與讀者的關係是透過作品所共同建構出來的專制暴力

---

* 發表文章時爲清華大學外國語文學系副教授，現已退休。
[1] 王文興，〈《家變》新版序〉，《家變》（臺北：洪範書局，1996 年 10 月），頁 2。

機制，一種類似施虐與被虐的倒錯情慾關係，依此理，《家變》的作者在上述句子之後又再補上一句——「比情人還更『橫征暴斂』。不過，往往他們比情人還更可靠。」——更橫暴但也更可信賴的情人，作者—讀者間的專制政治經濟關係混摻著愛憎交纏的情慾雙重矛盾。從《家變》出版之後所引起的兩極化收受支應去思考，這些現象頗能呼應了王文興在此所構想的「作者—作品—讀者」三角關係。王文興在《家變》裡運作使用的唯名論策略，或更正確地說，偏執性唯名語言，破壞、重構書寫語言；這些都是建立在他所預設的開明專制（despotism éclairé）政治策略和施虐與被虐的情慾經濟此種雙重機制的基礎上。序言裡王文興所謂的「作者—作品—讀者」三角家庭倫理，它先行鏡像迴映《家變》正文中的某些敘事特質。「徐徐跟讀」、「橫征暴斂」、「情人」、「可靠」這些種種詞語不僅只是某些意向指令。倫理規定，也不是一種凝滯不動的隱喻被作者用來比擬讀者面對作品與作者之態度。「徐徐跟讀」的讀者，理想的讀者在王文興的設想下是一種被規定制約的讀者，他有一定的理想速度（每小時 1000 字上下），一定的閱讀時間（一天不超過二小時），實踐這種閱讀哲學的讀者是否能有所謂的閱讀之愉悅與自由？閱讀或許已經不能再被稱為是閱讀，它更接近訓練、儀式行為，一種身體實踐，以及透過這種實踐完成的自我體認。從王文興的理想讀者規定中可以讀出作者面對現代性的不安矛盾，一方面他似乎相信並接受現代「時間」的計量與工作效率的絕對關係，極端精準的時間經濟。但另一方面當他將這個現代性生產時間原則絕對地規定在非物質性的（廣義）美學生產範圍上，他不考慮範疇差異性所造成的悖詰，原則的絕對性所朝向的非時間性才是他所希冀慾求的。理想的讀者的規定裡存在著上述的雙重時間性矛盾，極端的日常與公共時間以及對這種時間性的否定，它們彼此相互否定以存否（déni）方式共存於理想規定內。序言裡王文興提出什麼是理想的閱讀與讀者的問題，同時他也設想了上述的規定去回答問題，但是這樣的讀者不可免地一定會面對以存否方式相互對峙雙重時間性矛盾。既然是「理想」讀者，一種想像構築出來的人物存在於作

者的慾望領域內，那麼誰是理想讀者？范曄。《家變》裡逆倫的兒子，小說的主要敘事焦點所在，閱讀的主要對象與場所。王文興在《家變》裡非常強調范曄的閱讀與書寫經驗。小說開頭的 A、B、C 三場序幕，A 場描寫父親離開家門前的最後一刻場景。B 和 C 場兩場都和范曄因為母親一再探問知否父親去處而致中斷原先的研讀，生氣不悅地和母親爭執。C 場以范曄的主觀觀點閱讀尋父啓事開頭回憶的段落部分，最早的回憶，第一個回憶場景（頁 17）緊隨在 C 場序幕之後的也是一個閱讀認字的場景，父親牽著小范曄的手走在廈門市街上，沿街指著商店招牌教小孩認字辨讀。《家變》文中一再出現類似的閱讀與書寫的自我迴映場景，凸顯書寫者—作者的後設自我迴映性。這些描寫閱讀與書寫的眾多場景中，作者又特別重複安排閱讀的場景出現在小說三部曲結構形式的回憶起始點處。類同第一場回憶，編碼（I）描述認字學讀，第二部在（I）尋人啓事後的第（111）段，16 歲的范曄，他專心臥在他二哥的竹床上閱讀小說。他看的是俄國舊俄小說，「《貴族之家》，屠格涅夫著，……」（頁 115）。但是就像前面序曲 B 場景裡范曄被母親持續不止的問題干擾而中斷閱讀，這裡，16 歲的范曄也得不到安寧去專心閱讀，因為母親在屋外粗暴無理地斥責鄰居把竹竿衣物跨架在他們家的竹籬笆上。被母親很刺耳叫罵（……像杯砸地一樣的斥罵聲……）所刺激范曄的拋開書本的同時心理所意識到的是羞辱感。王文興很詳實地描寫范曄當時不安焦躁身心狀態——「他為此臊紅了顏，……他一人在屋裡走廊內來回蹀轉著，他臉上慍慍發熱，雙手則是冷冷的。……一面步一面他將面部收進手上。」（頁 116）。小說第三部的結構形式也完全類同先前二部一樣，在尋人啓事（K）之後的過去往事第 124 段裡也安排描寫范曄閱讀場景和阻擾他閱讀的外因，當然還有隨之而生的范曄反應。藉由此種反覆出現的基題，作者營建出「家變」三部曲的複格遁走形式。複格、遁走與閱讀，「家變」的隱密三重奏。這或許也是王文興在序言裡另一個隱喻理想讀者的意義——「理想的讀者應該像一個理想的古典樂聽眾」。第三部，第 124 段 20 歲的范曄，已進入 C 大歷史系第二年就讀，

對於閱讀看書的經驗有一種近乎偏執性的念頭，堅持閱讀行為的完整與連續性而不容許任何外來的雜音干擾中斷。范曄甚至以「氛圍」、「軀體」等意念去形容他理想中的那種閱讀行為，閱讀對他而言是有若去碰觸另一個軀體──「往往一滴滴干介的聲音都會使他於一個句子的中間中斷，等待一下再重新續上去唸上時，唸畢的那片氣氛已然忘掉，再接上去已不再像那麼一回的事，有若是把一個人的下軀接到另一個人的上軀上去一般。」（頁 149）。《家變》的作者在三部曲裡分別安排呈現三種不同的閱讀狀態：辨認文字圖形的識字學習，閱讀小說敘事，閱讀的偏執性習慣。前面兩種閱讀是一般日常行為，閱讀的對象物和目的意向都很清楚。第三種閱讀就不是前面兩類的一般閱讀行為。那種由閱讀者所選擇運作和掌控的日常事項，它是獨立於閱讀者之外的另一個軀體，一個不能被閱讀者的自由意志所任意改變組合的「他者」；作者使用「氛圍」、「軀（體）」、「不能被領群」、「過界」等等詞彙去形容范曄想像的理想閱讀的特殊模態，它只能存在於范曄和閱讀之間而不能和第三者共享。這樣的閱讀怎麼可能產生？范曄如何去體現這個所謂的理想閱讀？這一段章節（124）從飛機飛過打斷范曄的閱讀開始，而引出關於理想閱讀狀態的聯想，然後當范曄想再接續先前的閱讀時他父親又在他背後進進出出房間造成極大的干擾，閱讀再次被中斷，范曄被激惱但因為先前時日和父親一再爭吵的挫敗經驗──「倦弱」與「慄戰」──他只能被動無力的等待擾亂自行中止；在等待的當中他回想最近時日中父親種種讓他惱怒的行為，經過這一番回想原本「疲懶」的憤怒再度被點燃，好不容易他才將它平熄抑制下來，等到想再續先前的閱讀，他父親又再進房而惹出更大的爭執鬧劇，終歸到這章節結束為止，范曄的閱讀行為都不得完成，一而再反覆地被阻擾。近乎是強制性反覆行為，完全的閱讀始終無法達成，它只能反覆不斷地開始與中斷，一再延遲等待，范曄的閱讀慾望始終不能得到滿足，但是這個欠缺實際上是一種替代折衷的症狀表現，一種偏執性精神官能症者常有的行為。佛洛伊德在「鼠人」病例的分析以及幾篇關於偏執性精神官能症的文章裡，曾經詳

細解析此類症狀的一些思維模式，懷疑和偏執，強制性思維是其中最為凸顯的兩種矛盾雙重性，互補思維模式。「……透過一種『回溯』（"régression"），準備的行為替代最後的決定，思維替代行為，並且某些行為的預備思維會以強制力方式取代替換行為。依照由行為回溯到思維的程度，偏執性精神官能症帶有（偏執性）強制思維特徵或是一般所謂強制行為之特徵。」[2]從強制思維與行為的回溯替換關係可以幫助解釋范曄等待父親的擾亂停止，以便重新開始閱讀時的回想中他為何會因為父親的一些近乎儀式性的日常行為而惱怒不已。范曄覺得他父親平日的刷牙和清掃這些像和尚唸經的每天應作儀式其實「……只是為著要避躲開思考，純然是為的懶得去用腦子，始移駐到這暗含催眠性的行止上去。」（頁 150）。父與子各有不同的強制性症狀表現。父親用日常生活的儀式化行為去逃避思考，自我催眠；范曄偏執於理想閱讀的念頭，不停地以各種延後閱讀的實行完成，在每次的中斷時候又用種種思慮去替換和延隔，等待重複開始理想閱讀（念頭）。范曄父親的空洞、單一沒有替代與延遲的反覆中隔，一方面拒絕思考的可能，以被動逃避的方式；另一方面又自我催眠，不讓自我形成。他的純粹行為似乎在反諷范曄只有思維而無法落實完成的偏執性慣習。但是思維／行為的對立意義不僅僅只停留在這層表面而已。偏執性精神官能症者思維的「強制性」特徵和懷疑兩者都是一種抗拒、防禦的技術去轉化內在雙重矛盾慾力的衝突。范曄與父親的施虐／被虐經濟關係在《家變》中不停輪轉兩人的主動／被動角色，這一段章節（124）裡推展此種倒溯退回施虐攻擊和被虐的同時共存狀態。范曄以思維替代行為的偏執表現，實質上是一種婉轉的被虐修辭，范曄在根底是和父親一樣的處於被動的地位，所不同的是父親更為被動地停留在「固定點」的純粹行為而不願去作任何回溯或懷疑，也即是說，沒有任何抗拒，即使這是一種被虐形

[2]S. Freud, "Remarques sur un cas de névrose obsessionnelle (L'homme aux rats)," 1909, in *Cinq psychanalyses*, traduit par Marie Bonaparte et Rudolph M. Loewenstein, 1954, II édition, Paris. Presses Universitaires de France, 1982, p.258－SE Vol. X "Notes upon a case of obsessional neurosis", p.244.

式的抗拒。因此，當范曄心中暗想到父親的日常儀式性行為時所生出的不滿怒氣是多重意向的；他父親的極端被動態度反映出范曄自己的被動角色，他想拒絕這種認同而不能實現，潛存在被虐源頭的施虐攻擊性轉而以自己為施虐的對象，范曄的怒氣是對自己而發，但也由這裡他同時得到雙重滿足，施與受同時在自身上完成。對父親的認同也以這種存否方式留存在思維之中。然而原本要是藉著回溯與思維替換這些延遲效用的「反投注」（"contre-investissment, anticathaxis"）抗拒工作會因為這改變而遭到逆轉，范曄的「自我」吸聚更多的精神能量投注，所以才會在這一陣回想之後「潑上來一潑克抑不下的憤氣！」（同前），先前以自虐形式暫止的攻擊性就會爆發投射出去施虐對象物，造成後面激烈但又可笑的鬧劇衝突，即使連這個施虐的逆倫攻擊，范曄最後仍然要屈服而無法徹底實行，這個妥協的主因不是來自於道德上的愧疚——面對父親突發的高血壓暈眩症狀——它毋寧是延續偏執性精神官能症者的折衷延遲邏輯，他不可能實現徹底的施虐攻擊，范曄只能永遠的擺盪在主動與被動之間；范曄在脫口喊出「爸爸」之後所「感覺到無盡的羞恥」，是對自己的無能被動而發，不是道德自責的情感表現，但同時它卻也是對自己的抗拒運作挫敗，無法，懸置移後施虐攻擊性而生出的羞恥感。當這些強制性反覆思維的替代策略被瓦解，原本被替代延後的施虐攻擊性復返，被隔離切除情感聯繫的思維又再次被附上情感表現，范曄在這個巨大的挫敗之後，更為不確定，不確定的懷疑成為最後他們拿來彌補替代先前的強制性思維策略，這段章節最後就結束在范曄的一個根本疑問：「他根本還不知道他父親的暈眩是真的暈眩還是假的喬裝？」這個懷疑讓先前帶道德面貌的「羞恥感」動搖不確定，揭顯其下隱藏的偏執性症狀意義。那它是什麼樣的一種懷疑，如果它不僅只是事物狀態的語詞判斷；佛洛伊德在「鼠人」病例中說明這類懷疑的起因在於病患的愛戀表現被憎恨所克制，因此每當他想去愛戀時，彼此相互矛盾的

兩種感情就會造成「內在統覺的不確定」（"la perception interne de l'indécision"）。[3]所以佛洛伊德歸納認為偏執性懷疑，基本上是對愛戀的懷疑，將這個懷疑延伸到其它次於愛戀的事物上，而且偏執患者又特別偏好針對記憶不明確性這個弱點著手無限延伸懷疑到過去所有的事物行為，甚至包括那些完全無關愛恨情結的事物。[4]記憶不確定性，讓懷疑有更多的中介延遲展緩的可能。可以這麼說，偏執性精神官能症者由記憶的縫隙衍生懷疑，一再衍生的懷疑腐蝕動搖記憶、但同時卻又憑藉「反覆」與「隔離中介」的方式想要延緩記憶的遁失，並將之固定。范曄的偏執理想閱讀的焦慮不外是恐懼閱讀的記憶不確定。閱讀與記憶的關係，佛洛伊德在失語症研究裡對於不同種類的閱讀障礙（不論是失語性質的腦部創傷，心理因素，抑或單純的生理疲倦因素引起）的解析中都可以見到關係的絕對影響。有一類失語症其語言機制的記憶極為短暫，短到幾乎無法留存任何閱讀的印象，隨念隨忘，連一個字也無法拼讀到底，「失憶失語症」（"aphasie amnésique"）[5]的代表症狀之一就是患者無法使用名詞去指稱他認識的事

---

[3]同前註，p.256; SE., p.241。

[4]同前註，p.257; SE., p.243。

[5]S. Frued, *Contribution à la comception des aphasies* 1891, traduit par Claude Van Reeth, 1893, Paris: Presses Universitaires de France, pp.83–93. 佛洛伊德借助並解析 Grashey 在 1885 年提出的有名病例，一個 27 歲的病患從樓梯上摔下來後頭部受傷造成語言機制受損，聽覺、視覺、味覺、嗅覺全部受到重創。受傷後病患由當時的語襲狀態逐漸恢復語言能力，但是殘留一些特殊的失語症狀。病患可以毫無困難地說話，對於動詞與形容詞的使用非常輕易，但是一碰到名詞就發生問題。經常他需借用一些迂迴語助的方式去幫忙簡單的指稱。他可以辨認事物，但無法說出名稱。不能使用名詞去指稱認識的事物，這是失憶失語症的代表症狀之一。此類失語症出現明顯的名實之間的命名關係斷裂。Grashey 的病患還有一個重要症狀，他沒有辦法記得住「物體形象，（語言）聲音和符號的形象」，他幾乎是隨看隨忘，同樣情形，他也無法完整閱讀，一個字好不容易才念到最後一個字母時，先前念過的已經全忘掉。他只能逐字母拼念，但無法完整合成一個字。他只有很短暫的記憶，因此既不可能重複，也無法組合合成，更談不上重組。Grashey 從記憶所需的時間短長不同去解釋失憶失語症的名實分裂，無法使用名詞去命名的症狀。物體形象的記憶形成所需時間比語音形象的來的短，因此對 Grashey 而言造成失語症主因不在於腦部區位的創傷而是語言機制的生理結構秩序被破壞。此種病理解釋受到 Wernick 的批評，他提出腦部區位受損影響語言機制的記憶之說法。而佛洛伊德則折衷的再添加上語言中心功能互動受影響去補充解釋。一般人在閱讀時其語言機制中心依照不同功能階層去運作在不同的時候。在結論時，佛洛伊德提出幾點假設關於閱讀的障礙；閱讀時毫無例外，所有人皆是透過拼讀去固定印象。但有時候，對某些特殊類型的閱讀，完整的「文字物體形象」有助閱讀。范曄偏執於完整閱讀，王文興的造字創語逼迫讀者逐字重新學習閱讀是否接近此處所言的閱讀假設。

物，至於其它語詞範疇或語言的了解患者卻又完全沒問題。名稱不斷流失在記憶縫隙中，即使將物品放在他眼前，觸手可及，仍然每一次碰觸之後總是一個失憶。[6]所謂學習閱讀的反覆重讀方式也毫無幫助，他的記憶短暫到連一個字母唸完接續下一個字母的時間，都不夠。因爲這個緣故，失憶失語症患者無法閱讀。時間的短缺造成失憶與失語，范曄的強制性反覆閱讀的症狀表現到最後也是無法達成閱讀，只有「閱讀」這個意念、思維在那裡一再重複，閱讀的行爲被無限擱置延後。但它不是因爲時間不足與失憶，理想閱讀的相對無法獲得，在於記憶的不確定性之特殊時間模式：「反覆」。「反覆」的經驗性時間，其症狀的時間機制展現在焦慮的未來與不斷倒溯的過去交互滲透模糊化經驗性時間意識。否定這層經驗性時間意識，閱讀的「行爲」（或任何的行爲）自然也跟著被擱置而無法實現。「反覆」的時間，（能否說是非—時間？），無法衡量，沒有所謂欠缺或過多的問題。在這一段章節（124）范曄被父親阻擾中斷閱讀後回想父親在最近時日中激惱他的種種行爲時，其中一事就牽涉到閱讀與時間的關係，隱約呼應了作者在新版序言中所說的那種理想的時間速度狀態，范曄似乎代表了作者的理想閱讀者，精準衡量閱讀的時間——「他那時正正把腕錶解下攤在座椅的平版扶手上，擬像在他一邊看書的時候同時也可以認到時計」（頁150）。前面已討論過王文興此種理想閱讀的時間經濟所含的範疇性矛盾，將這移到范曄身上，問題顯得更複雜。既然，「反覆」的時間是不能被計量，那麼范曄此處拿鐘錶計算的時間一定是經驗性時間而非「反覆」，是否可以將范曄的這個舉止視爲對「反覆」的一種否定？將非時間轉變爲觸手可及的時間物，想借用時間物的中介暫止無盡的「反覆」？但是范曄的這個舉動和他的閱讀一樣，隨即被父親打斷取消——「未料他的父親看見了就趕過來把他的腕錶給牽走，申稱這樣的放法會叫錶給掉到地上去底。」——范曄與父親對於時間計量、時間的爭執，類似場景作者還安排出現在

---

[6]同前註，頁86。

其他幾個章節，像（143）范曄父親善忘，經常會多撕掉日曆幾天張數而不知。范曄的父親對於時間的計量，不論是透過手錶、電鍋、日曆或任何一種器具，他都是以否定的態度待之。而范曄呢？他似乎頗為在意時間計量的精準，他的職業與知識活動，C　大歷史系助教，更是不離某種特定時間性與時間的計量。他父親的漠視，否定時間的精準計量，不可避免地必然會和范曄起大衝突。

　　《家變》裡范曄作了兩場夢。第一場夢發生在他父親離家出走的當天深夜，第二場夢的時間較不確定，文段第 149 號的這場夢和第一場夢前後相互呼應點題，各以序曲尾聲方式浮現「弒父迷思」的雙重矛盾性，范曄對父親的愛憎情懷在夢中更能便利直陳而不需再憑依記憶的選擇鋪排那般的枝節蔓生，延緩但逼真的擬聲敘事形式讓位給夢的戲劇場景與謎語。第一場夢，夜裡范曄百思不解父親為何不告而別，眠夢間他看到父親回復年輕時的愉悅容貌由門外返家，走進范曄的臥室和躺臥牀上的他交談。當范曄問起父親他離家時身上穿著的衣物，睡褲與拖鞋，在那裡。他父親以謎語回應──「在桌燈罩裡。」（頁 6）范曄心領神會地重複他父親這句燈謎──「哦，在桌燈罩裡。」──而且似乎極為滿意。「桌燈罩裡的睡褲與拖鞋」的謎底，其意義和指設是否真的為作夢者范曄所全然了解與掌握，無人能知，但可以肯定的是這個燈謎滿足了范曄的某種慾望，認知的慾望；同時它也開啟了夢的特殊時間性。夢一開始時候的倒溯時間性，父親以年輕樣貌出現，但是在謎答之後，作夢者卻突然「記得父親從離家起迄今快有六年了」。被擾動，夢境的時序頓然淆混不再是那麼肯定確切，多重時間性同時並現，此時此刻的過去未來。稍後母親也跟著緊隨上場，夢的時序又再恢復到最早的倒溯過去形式。這個時間形式一直持續到他被母親搖醒時，精準的時間「已經半夜一點半了」（頁 7），中止夢境的一切時序顛倒，標出清醒的時刻。「桌燈罩裡的睡褲與拖鞋」，時間性的記號，范曄當時那刻的滿足與領會是否就在於時間性的展露，抑或時間性顯露的慾望化成可計量的時間以此去具體隱喻某種慾望，以未來的記憶去否定夢境中過

去的父親的過去。總之,「桌燈罩裡的睡褲與拖鞋」同時涵指了時間性和時間慾望,雖然時間性既不是睡褲也不是拖鞋,更不是那容藏兩者的燈罩。然而范曄之所以會是《家變》裡的范曄是因就時間性而成,《家變》其實是一本時間之書,描寫時間變異的小說,書寫時間,閱讀時間。「家變」的譯名不正好貼近佛洛伊德所分的德文「umheimliche」字源意義,原本那些該屬於「家」的「熟悉」事物突然變成陌生讓人不安,造成離異的原因不外是因為它揭露了原本該掩埋、隱藏的事物以貌似熟悉的外形出現,「家變」時間,時間家變,小說家變引領我們碰觸徘徊的時間幽靈,但是,什麼是時間?我們「有」時間嗎?

　　——原發表於「青春時代的臺灣——鄉土文學二十週年回顧研討會」
　　1997 年 10 月 24～26 日

　　　　　　　　　　　　　　　　　——選自陳傳興《木與夜孰長》
　　　　　　　　　　　　　　　　　臺北:行人文化實驗室,2009 年 2 月

輯五◎
研究評論資料目錄

作家、作品評論專書與學位論文

專書

1. 康來新編　　王文興的心靈世界　臺北　雅歌出版社　1990 年 5 月　190 頁

本書收錄多篇文章，藉由綜合性的評論，體現王文興良知與心靈上的深邃世界。全書共四卷：1.「信仰之旅」，收錄陳佩英、林振川採訪，崔國容撰稿〈眾裡尋他千百度〉、康來新〈譜讀神曲——王文興教授的新里程〉、彭海瑩〈王文興眼中的路益師〉3 篇；2.「文學之路」，收錄王文興〈為何寫作〉、〈無休止的戰爭〉、林水福即席口譯，何卓紀錄整理〈從《沈默》到《家變》——遠藤周作與王文興的文學對話〉、李昂〈長跑選手的孤寂——王文興訪問錄〉、單德興〈文學對話——王文興談王文興〉、安立〈孤絕的人生——評介王文興的《十五篇小說》〉、吳達芸〈〈玩具手槍〉和〈寒流〉的簡析〉、張誦聖著，謝惠英譯〈王文興小說中的宗教追尋〉、鄭恆雄〈《背海的人》的宗教觀〉9 篇；3.「作品選粹」：收錄王文興等相關創作及評論文章 13 篇；4.「附錄」：收錄康來新文，漁夫圖〈漫畫文學家：王文興〉、陳東榮，陳美金〈王文興資料參考〉、康來新〈後記——沿著命運的跡線〉3 篇。正文前有王文興〈序〉。

2. 王文興　　家變六講：寫作過程回顧　臺北　麥田出版公司　2009 年 11 月　329 頁

本書為王文興受中央大學之邀，於 2007 年設「《家變》逐頁六講」研讀班之講演紀錄。全書共收 6 篇：1.〈第一講：舞臺布景的借用〉；2.〈第二講：舞臺型的對話與獨白〉；3.〈第三講：表現主義的獨白〉；4.〈第四講：偵探推理的雛形〉；5.〈第五講：寫夢〉；6.〈第六講：偵探雛形的延續〉。正文前有康來新〈王文興慢讀王文興——關於複數作者版的《家變六講》〉。

3.〔行人文化實驗室，洪範書局〕　　作家小傳：王文興　臺北　行人文化實驗室，目宿媒體　2012 年 3 月　79 頁

本書為「他們在島嶼寫作——文學大師系列電影」之王文興專輯《尋找背海的人》所附小傳。全書共收 6 篇：1.童子賢〈夢想與文學歷史記憶——「他們在島嶼寫作」總序〉；2.黃恕寧〈勇敢邁向孤獨的實驗創作之路——王文興〉；3.〈小專題——同安街與紀州庵〉；4.〈作家年表〉；5.伊格言〈在一個房間裡：與王文興的對話模擬〉；6.〈小專題——寫作的原初〉。

學位論文

4. Chang, Sung-Sheng（張誦聖）　　**A study of "Chia pien", a contemporary**

　　　　Chinese novel from Taiwan　The university of Texas at Austin

　　　　Comparative Literature　Ph. D. Thesis　Jeannette Faurot　1981 年

　　　　8 月　162 頁

The present study examines the novel Chia Pien from several different angles： literary convention, author, text, and reader. It is divided into four chapters：1.Convention-- Realism or Anti-realism；2.Tex（Author）I--Some Problematic Rhetorical Features；3.Text（Author）II--Narrative Mode, Point of View, and Plot Development；4.Reader-- Interpreting the Theme。

5. 施素卿　　從中德文學作品看童年創痕及其影響（UNGLÜCKLICHE

　　　　KINDHET Bewältigungsversuche in der deutschen und chinesischen

　　　　Literatur）　輔仁大學德國語文研究所　碩士論文　彭迪樂（Dr.

　　　　Thilo von Bremen）教授指導　1985 年 6 月　84 頁

本論文以王文興《家變》一書，探討其「親子關係」破裂之形成原因及所代表之意義，另從幾部不同的德文作品中看童年經驗影響人一生之巨；包括赫塞的《徬徨少年時》、《車輪下》，卡夫卡的《給父親的信》以及佛烈茲‧充的《馬斯》。在概述各作品內容後，逐一探討各作品中之問題並進行比較東、西思想方式的差異。全文共 8 章：1.Einleitung；2.Charakterisierung der werke；3.Familienaufbruch（家變）；4.Mars；5.Unterm Rad；6.Demian；7."Briefan den Vater"；8.Schlu β betrachtung.

6. 陳瑤華　　王文興與七等生的成長小說比較　清華大學文學研究所　碩士論文

　　　　呂正惠教授指導　1993 年　123 頁

本論文以王文興及七等生筆下的主要角色爲基礎，討論他們在成長過程的各種經歷，並以比較的方式研究臺灣成長小說的類型與要素。全文共 6 章：1.緒論；2.基本人物的性格；3.父親意象的探討；4.性啓蒙與女性經驗；5.反叛與隱遁；6.結論。

7. 董淑玲　　白先勇、歐陽子、王文興小說觀念之形成與實踐　高雄師範大學國

　　　　文學系　博士論文　江聰平教授指導　2002 年 12 月　391 頁

本論文以《現代文學》雜誌主要創辦人白先勇、歐陽子、王文興爲主要論述對象，

以創刊者與創作者的角度，探索三人對小說的觀念，並分析《現代文學》所選擇刊載的小說作品。全文共 6 章：1.緒論；2.《現代文學》內涵探析；3.白先勇、歐陽子、王文興小說觀念之形成；4.白先勇、歐陽子、王文興小說創作之實踐；5.《現代文學》其他小說創作之考察；6.結論。

8. 龔炳源　　王文興小說中的文化認同研究　靜宜大學中國文學系　碩士論文　趙天儀教授指導　2004 年 6 月　129 頁

本論文探討在歷史的脈絡下，王文興小說中「國族」、「身份」的認同議題。全文共 7 章：1.緒論；2.現代文學與鄉土文學論戰；3.小說中的文化認同；4.《家變》；5.《背海的人》；6.文學語言問題；7.結論。

9. 劉采榆　　叛逆者或改革者？——王文興小說研究　政治大學國文教學碩士在職專班　碩士論文　陳芳明教授指導　2007 年 1 月　254 頁

本論文全面閱覽王文興的小說與其他非小說的創作，捕捉王文興創作風格；並且彰顯他強調文學藝術功能的文學觀，與展現宗教情懷、人道關懷，架構於現代主義思考下的小說創作觀。全文共 5 章：1.緒論；2.王文興與他的時代；3.生命中的欠缺：以短篇小說為中心；4.出走與再出走：以長篇小說為中心；5.王文興與語言：鍛鑄變革；6.王文興的心靈世界；7.結論：王文興的藝術成就。正文後附錄〈訪談紀錄：尋訪文字雕琢師——王文興〉、〈王文興寫作年表〉、〈王文興實際主持編務之《現代文學》篇目表〉。

10. 馬　敏　　王文興成長小說研究　鄭州大學中國現當代文學研究所　碩士論文　樊洛平教授指導　2008 年 4 月　44 頁

本論文視《十五篇小說》、《家變》和《背海的人》為王文興三部代表作，彙聚了他在人生的不同階段對於生命的深刻認知；藉此發掘王氏思想演變。全文共 3 章：1.《十五篇小說》：內向羞澀的少年；2.《家變》：憤怒反叛的「鬥士」；3.《背海的人》：逃離社會的畸人。

11. 楊舒茵　　王文興小說中現代主義特色之演進　臺灣大學臺灣文學研究所　碩士論文　郭玉雯教授指導　2009 年 7 月　142 頁

本論文探究王文興小說中內容、形式和語言在現代主義美學特色上之演進。內容上，王文興秉持著現代主義的質疑與思考精神，對命運、社會種種進行深刻的反思與質問；形式上，跳脫傳統小說重視的人物與故事的完整性，以雙時間軸或打亂時序的形式整建讀者對世界的觀感，和創新小說形式；語言上，力圖求「真」——敘事者說話時的心理與情緒真實的反應，因而採取斷裂的語式、自創新的語彙等。全

文共 6 章：1.序論；2.從〈守夜〉到〈龍天樓〉；3.家的演化與變革──《家變》探究；4.《背海的人》探究之一；5.《背海的人》探究之二；6.結論。

12. 張佳瑤　　王文興小說創作的一貫與深化　臺灣師範大學國文學系在職進修碩士班　碩士論文　胡衍南教授指導　2009 年 7 月　178 頁

本論文釐清過去認為《現代文學》立場過度西化的質疑批判，以及現代派小說曾經引發「現代」與「鄉土」對立的爭議誤解，肯定現代派小說以疏離異化的反叛與內視的自覺書寫，作為傳達時代感受與無言抗議的文學表現，並進一步強調作品中以現代主義技法書寫鄉土情感所呈現的現實性。其後，聚焦且系統性地整合王文興獨樹一幟的創作文藝觀，藉此否定外界將王文興評之為極端西化、叛逆者的負面評價，更客觀地將王文興定位為力圖接軌中西的推展者。全文共 6 章：1.緒論；2.臺灣現代主義文學與王文興的創作文藝觀；3.王文興小說創作的現代主義實踐；4.王文興小說創作的一貫；5.王文興小說創作的深化；6.結論。

13. 李時雍　　局內局外：王文興小說論　清華大學臺灣文學研究所　碩士論文　陳建忠教授指導　2009 年　100 頁

本論文以臺灣現代主義作家王文興的小說作為思考的起點，關注語言如何敞開一個可視與可述的問題領域，令原本沉默的事物從中解開？人如何在秩序座架中擺置自身，將自身表象為對象從而成為主體？又如何得以透過「我說」的不間斷過程，趨散主體的實存，並在極限經驗中切近遠離的自身？全文共 5 章：1.緒論；2.《十五篇小說》的悲劇內外；3.《家變》的秩序內外；4.《背海的人》的語言內外；5.結論。正文後附錄〈語言就是一個理由──王文興訪談錄〉。

14. 楊俐瑩　　王文興小說的孤獨書寫　臺北教育大學臺灣文化研究所　碩士論文　應鳳凰教授指導　2010 年　126 頁

本論文研究王文興小說中的孤獨書寫，並探討其孤獨書寫的策略；同時肯定作家孤獨書寫的價值與孤獨書寫的時代意義。全文共 6 章：1.緒論；2.孤獨書寫的定義與背景；3.孤獨書寫的主題類型；4.孤獨書寫的營造：人物與環境；5.孤獨書寫的意象；6.結論。

15. 白依璇　　場域、論戰、接受：王文興小說《家變》的典律化過程研究　清華大學臺灣文學研究所　碩士論文　陳建忠教授指導　2011 年 1 月　138 頁

本論文藉由王文興《家變》典律化過程中，思考每個年代的文學觀與美學標準。並

討論在臺灣文學史上，王文興如何被定位、被典律化，進而思索臺灣文學中多元多
中心的典律狀況，於此安置與詮釋「學院現代主義文學典律」的生成問題。全文共
6 章：1.緒論：王文興與典律意義；2.學院現代主義的文藝批評體制與典律化：論
臺灣文學場域與王文興《家變》；3.文化意識中倫理價值、美學視野的文學角力：
論七〇年代前期《家變》論戰；4.從美學品味到政經觀點的差異敘事：論七〇年代
鄉土文學論戰與王文興《家變》；5.經典選拔與知識論述共鑄的典律現象：論媒
體、學院與八〇年代後的《家變》；6.結論：從王文興《家變》接受過程論典律作
家、文學經典的生成問題。正文後附錄〈王文興《家變》典律化過程大事年表〉、
〈王文興《家變》評論資料彙編〉。

16. 黃佳淑　　臺灣現代派小說的身體敘事──以白先勇、歐陽子、王文興爲個案
　　　　　　研究　福建師範大學語言學及應用語言學研究所　碩士論文　朱立
　　　　　　立教授指導　2011 年 5 月　90 頁

本論文選擇「臺灣現代派小說的身體敘事」這一論題，以白先勇、歐陽子、王文興
爲個案，在文本細讀的基礎上，討論臺灣現代派知識分子如何通過自身的體驗、理
解與表達，展現現代人特殊的身體存在形式，進而傳遞出內在的價值傾向與精神世
界。全文共 3 章：1.臺灣現代派小說身體敘事的歷史語境；2.身體敘事的主題構
成；3.身體的展演：現代派小說的人物書寫。

17. 洪珊慧　　新刻的石像──王文興與同世代現代主義作家及作品研究　中央大
　　　　　　學中國文學系　博士論文　康來新教授指導　2011 年 6 月　338 頁

本文以「王文興與同世代現代主義作家及作品」爲範疇進行研究，將王文興與同世
代現代主義作家，如白先勇、歐陽子、陳若曦、郭松棻、王禎和等人的作品，作一
「對話」參照研究，突顯王文興與同世代作家在臺灣現代小說發展里程中的創新與
時代意義。全文共 7 章；1.緒論；2.挑戰禁忌・追求真實；3.傳統的・現代的；4.艱
難探索的詩性語言；5.多元流動的語言腔調；6.城市離散・在地根著；7.結論。

18. 許喬凱　　王文興小說中的日神與酒神　東吳大學中國文學系　碩士論文　鄭
　　　　　　明娳教授指導　2011 年 7 月　119 頁

本論文以德國哲學思想家尼采所提出的日神與酒神概念，探討王文興小說中透露的
哲學思維。全文共 5 章：1.緒論；2.日神與酒神的意義；3.王文興小說中的日神；4.
王文興小說中的酒神；5.結論。

19. 林品軒　　王文興小說的叛逆主題與結構　臺北教育大學臺灣文化研究所　碩
　　　　　　士論文　林淇瀁教授指導　2011 年 12 月　182 頁

本論文以主題研究的方法，從人物、敘事與情節三個面向，探究王文興小說中的叛逆主題。其中著重人物部分，以這些叛逆人物的立場，探究小說的叛逆意涵，提供一種新的閱讀王文興小說的視角。全文共 5 章：1.緒論；2.憤怒與絕望——叛逆人物研究；3.叛逆感的生成——敘述策略研究；4.困境與造反——小說結構研究；5.結論。

20. 楊昌賓　王文興與國共內戰：論《龍天樓》　中央大學中國文學系　碩士論文　康來新教授指導　2012 年 6 月　170 頁

本論文透過研究方法及閱讀相關書籍，探討《龍天樓》的時代背景以及角色的創傷與糾葛，論證五百完人的真實與虛妄，揭開神話的謎團，還原歷史的真相，也讓王文興寫作的苦心得到表露的機會。全文共 5 章：1.緒論；2.映照於個體中的集體記憶：從集體記憶來看；3.在靜止中的思想流動與傷痕：從意識流與創傷記憶手法來看；4.戒嚴下的自保：從象徵與隱喻手法來看；5.結論。正文後附錄〈王文興年表〉。

作家生平資料篇目

自述

21. 王文興　後記　龍天樓　臺北　文星書店　1967 年 6 月　頁 181

22. 王文興　後記　龍天樓　臺北　大林出版社　1969 年 6 月　頁 181

23. 王文興　後記　龍天樓　臺北　大林出版社　1982 年 3 月　頁 181

24. 王文興　《新刻的石像》序　現代文學　第 35 期　1968 年 11 月　頁 218—219

25. 王文興　《家變》新版序[1]　家變　臺北　洪範書店　1978 年 11 月　頁 1—2

26. 王文興　《家變》新版序　家變　臺北　洪範書店　1981 年 3 月　頁 1—2

27. 王文興　一九七八年洪範版序　家變　臺北　洪範書店　2000 年 9 月　〔2〕頁

28. 王文興　《家變》一九七八年洪範版序　洪範雜誌　第 63 期　2000 年 11 月　4 版

29. 王文興　一九七八年洪範版序　家變　臺北　洪範書店　2003 年 12 月

---

[1]本文後改篇名為〈一九七八年洪範版序〉。

〔2〕頁

30. 王文興　　一九七八年洪範版序　家變　臺北　洪範書店　2009 年 10 月
　　　　　　　〔2〕頁

31. 王文興　　序　十五篇小說　臺北　洪範書店　1979 年 9 月　頁 1—3

32. 王文興　　序　十五篇小說　臺北　洪範書店　1981 年 2 月　頁 1—3

33. 王文興　　我爲什麼要寫作　聯合報　1986 年 2 月 18 日　8 版

34. 王文興　　序[2]　王文興的心靈世界　臺北　雅歌出版社　1990 年 5 月　〔2〕
　　　　　　　頁

35. 王文興　　《王文興的心靈世界》書後　小說墨餘　臺北　洪範書店　2002 年
　　　　　　　7 月　頁 87—88

36. 王文興　　爲何寫作　王文興的心靈世界　臺北　雅歌出版社　1990 年 5 月
　　　　　　　頁 48

37. 王文興　　無休止的戰爭　王文興的心靈世界　臺北　雅歌出版社　1990 年 5
　　　　　　　月　頁 49

38. 王文興　　爲聯合報小說獎擊鼓——我的人生　聯合報　1991 年 5 月 11 日
　　　　　　　25 版

39. 王文興口述；許慧蘭整理　　王文興略談文學佳釋　藝術家　第 222 期　1993
　　　　　　　年 11 月　頁 352

40. 王文興　　《背海的人》序　洪範雜誌　第 62 期　1999 年 9 月　1 版

41. 王文興　　序　背海的人（上）　臺北　洪範書店　1999 年 9 月　頁 1—2

42. 王文興　　序　背海的人（下）　臺北　洪範書店　1999 年 9 月　頁 1—2

43. 王文興　　新版序[3]　家變　臺北　洪範書店　2000 年 9 月　〔2〕頁

44. 王文興　　《家變》新版序〔2000 年版〕　洪範雜誌　第 63 期　2000 年 11
　　　　　　　月　4 版

45. 王文興　　新版序　家變　臺北　洪範書店　2003 年 12 月　〔2〕頁

---

[2]本文後改篇名爲〈《王文興的心靈世界》書後〉。
[3]本文後改篇名爲〈《家變》新版序〉。

46. 王文興　　新版序　家變　臺北　洪範書店　2009 年 10 月　〔2〕頁

47. 王文興　　《小說墨餘》序　洪範雜誌　第 67 期　2002 年 7 月　1 版

48. 王文興　　序　小說墨餘　臺北　洪範書店　2002 年 7 月　頁 1—2

49. 王文興　　《家變》韓文版序言　小說墨餘　臺北　洪範書店　2002 年 7 月
　　頁 89—90

50. 王文興　　《家變》後序　小說墨餘　臺北　洪範書店　2002 年 7 月　頁 91
　　—94

51. 王文興　　《現文》憶舊　小說墨餘　臺北　洪範書店　2002 年 7 月　頁 171
　　—175

52. 王文興　　《現文》憶舊　白先勇外集・現文因緣　臺北　天下遠見出版公司
　　2008 年 9 月　頁 101—105

53. 王文興　　自傳　小說墨餘　臺北　洪範書店　2002 年 7 月　頁 179—180

54. 王文興　　代序（〈書法是藝術的頂顛〉）　星雨樓隨想　臺北　洪範書店
　　2003 年 7 月　頁 1—5

55. 王文興講；毛雅芬記　　王文興——讀小說，體驗生命的精華　誠品好讀　第
　　39 期　2003 年 12 月　頁 18

56. 王文興　　新序　書和影　臺北　聯合文學出版社　2006 年 11 月　頁 7—8

57. 王文興　　給歐陽子的信　白先勇外集・現文因緣　臺北　天下遠見出版公司
　　2008 年 9 月　頁 298—301

58. 王文興　　前輩的成就　臺大八十，我的青春夢　臺北　臺灣大學出版中心
　　2008 年 11 月　頁 122—128

59. 王文興　　慢讀系列總序　玩具屋九講　臺北　麥田出版公司　2011 年 1 月
　　頁 4—6

60. 王文興　　《玩具屋九講》序　玩具屋九講　臺北　麥田出版公司　2011 年 1
　　月　頁 7—8

61. 王文興講；施俊州記錄整理　　《家變》例講　人文心靈的跨越與回歸——府
　　城講壇 2010　臺南　國立臺灣文學館　2011 年 7 月　頁 59—95

62. 王文興　　憶紀州庵舊事——兼談對紀州庵文學森林發展的期待　文訊雜誌
　　　　　　　第 311 期　2011 年 9 月　頁 58—59

63. 王文興　　憶紀州庵舊事——兼談對紀州庵文學森林發展的期待　城之南——
　　　　　　　紀州庵與臺北文學巷弄　臺北　臺灣文學發展基金會臺北市紀州庵
　　　　　　　新館　2012 年 12 月　頁 139—142

64. 王文興講　　我如何寫小說　臺灣大學新百家學堂文學講座 1：臺灣文學在臺
　　　　　　　大　臺北　臺灣大學出版中心　2012 年 5 月　頁 68—95

65. 王文興講；顏訥整理　　《家變》的場景　文訊雜誌　第 327 期　2013 年 1 月
　　　　　　　頁 126—131

66. 王文興講；顏訥記錄　　《家變》的場景　我們的文學夢　臺北　上海銀行文
　　　　　　　教基金會　2013 年 5 月　頁 223—241

他述

67. 林海音　　中國作家在美國（1）〔王文興部分〕　中華日報　1966 年 3 月 2
　　　　　　　日　6 版

68. 巴　人　　「鄉土文學的功與過」演講側記——引發爭論，高潮迭起〔王文興
　　　　　　　部分〕　夏潮　第 4 卷第 2 期　1978 年 2 月　頁 76—77

69. 齊邦媛　　王文興　中國現代文學選集（小說）　臺北　爾雅出版社　1983 年
　　　　　　　7 月　頁 313

70. 王晉民，鄺白曼　　王文興　臺灣與海外華人作家小傳　福州　福建人民出版
　　　　　　　社　1983 年 9 月　頁 184—185

71. 吳達芸　　王文興　中國現代短篇小說選析 1　臺北　長安出版社　1984 年 2
　　　　　　　月　頁 345—346

72. 張寶琴　　序　書和影　臺北　聯合文學出版社　1988 年 4 月　頁 1—4

73. 張寶琴　　序　書和影　臺北　聯合文學出版社　2006 年 11 月　頁 1—4

74. 李哲修　　一個現代中國知識分子的心靈之旅（上、下）　中國時報　1988 年
　　　　　　　10 月 19—20 日　23 版

75. 郭楓等編[4]　　作者簡介　臺灣當代小說精選1（一九四五——一九八八）　臺北　新地文學出版社　1989年1月　頁6〔附錄〕

76. 彭海瑩　王文興眼中的路益師　王文興的心靈世界　臺北　雅歌出版社　1990年5月　頁42—46

77. 康來新文；漁夫圖　　漫畫文學家：王文興　王文興的心靈世界　臺北　雅歌出版社　1990年5月　頁178—179

78. 〔王文伶編〕　　作者簡介　臺灣喜劇小說選1　臺北　新地文學出版社　1993年3月　頁111

79. 〔明清，秦人主編〕　　王文興　臺港小說鑑賞辭典　北京　中央民族學院出版社　1994年1月　頁428

80. Susan Dolling　　About the Author　Family Catastrophe　Honolulu, Hawaii　University of Hawaii Press　1995年5月　頁259

81. 蘇　沛　王文興——新作依然考驗讀者　聯合報　1999年2月9日　37版

82. 蘇　沛　王文興特寫——新作依然考驗讀者　臺灣文學經典研討會論文集　臺北　行政院文建會，聯經出版公司　1999年6月　頁90

83. 柯慶明　那古典的輝光——思念臺靜農老師〔王文興部分〕　昔往的輝光　臺北　爾雅出版社　1999年2月　頁21—22

84. 柯慶明　短暫的青春！永遠的文學——關於《現代文學》的起落〔王文興部分〕　昔往的輝光　臺北　爾雅出版社　1999年2月　頁139—141

85. 江中明　王文興想寫宗教小說，王拓將重拾創作之筆　聯合報　2000年9月20日　32版

86. 賴素鈴　王文興、王拓透露創作大計　民生報　2000年9月20日　A6版

87. 李令儀　王文興暢言寫作習性　聯合報　2000年11月18日　14版

88. 葉子啓　遙想當年……　中外文學　第30卷第6期　2001年11月　頁244—254

---

[4]編者有郭楓、鄭清文、李喬、許達然、吳晟、呂正惠。

89. 郭強生　記憶與答案　中外文學　第 30 卷第 6 期　2001 年 11 月　頁 255—260

90. 王景山　王文興　臺港澳暨海外華文作家辭典　北京　人民文學出版社　2003 年 7 月　頁 572—574

91. 陳姿羽　王文興教授榮退，上完任內最後一堂課，強調讀書比寫作更重要　聯合報　2005 年 1 月 8 日　E7 版

92. 紀慧玲　王文興退休新視聽，昨送別茶會揭公案　民生報　2005 年 1 月 11 日　A10 版

93. 陳宛茜　王文興退休，說要出發仍哽咽　聯合報　2005 年 1 月 11 日　C6 版

94. 姜　藏　王文興的小說趕進度，退休後雕刻文字的慢功終於變快了　中時晚報　2005 年 1 月 23 日　6 版

95. 陳建仲　文學心鏡——王文興　聯合文學　第 245 期　2005 年 3 月　頁 8—9

96. 陳建仲　王文興　文學心鏡　臺北　聯合文學出版社　2008 年 5 月　頁 14—15

97. 洪士惠　王文興從臺大退休，專事寫作　文訊雜誌　第 233 期　2005 年 3 月　頁 127—128

98. 宇文正　故事一定要說下去……——文學沙龍 2 現場報導〔王文興部分〕　聯合報　2005 年 10 月 30 日　E7 版

99. 顧敏耀　王文興（1939—）正式退休並專事寫作　2005 臺灣文學年鑑　臺南　國家臺灣文學館籌備處　2006 年 10 月　頁 362

100.〔封德屏主編〕　王文興　2007 臺灣作家作品目錄　臺南　國立臺灣文學館　2008 年 7 月　頁 59

101. 林秀美　王文興麥田開講　中國時報　2008 年 8 月 27 日　E4 版

102. 柯慶明　在中文系，遇見王文興老師〔1—4〕　印刻文學生活誌　第 67—70 期　2009 年 3—6 月　頁 96—99，92—94，106—109，110—113

103. 湯舒雯　　王文興・一部虔誠的文學史　書香遠傳　第 80 期　2010 年 1 月
　　　　　　　　頁 54—57

104. 廖玉蕙　　朗聲尋找最準確的字句——王文興漫讀小說如音符　九彎十八拐
　　　　　　　　第 29 期　2010 年 1 月　頁 7

105. 林欣誼　　《家變》場景成文學地標起點　中國時報　2010 年 5 月 9 日
　　　　　　　　A14 版

106. 符立中　　喜晤張心漪——談白先勇、陳若曦與王文興　白先勇與符立中對
　　　　　　　　談：從《臺北人》到《紐約客》　臺北　九歌出版社　2010 年 11
　　　　　　　　月　頁 74—78

107. 馬翊航　　記憶的水岸舞臺——王文興的書房　文訊雜誌　第 302 期　2010
　　　　　　　　年 12 月　頁 79—82

108. 馬翊航　　王文興的書房，記憶的舞臺　我在我不在的地方：文學現場踏查
　　　　　　　　記　臺南　國立臺灣文學館　2010 年 12 月　頁 240—244

109. 〔林國卿〕　　出版緣起　玩具屋九講　臺北　麥田出版公司　2011 年 1 月
　　　　　　　　頁 196

110. 〔人間福報〕　　經典朗讀・細品文字之美——王文興慢讀《家變》　人間
　　　　　　　　福報　2011 年 2 月 20 日　B4 版

111. 林靖傑　　尋找背海的人的旅程　印刻文學生活誌　第 91 期　2011 年 3 月
　　　　　　　　頁 79—83

112. 陳宛茜　　暴力王文興・寫作像起乩　聯合報　2011 年 4 月 22 日　A18 版

113. 黃恕寧，Fred Edwards 編　　Bibliography of Wang Wen-hsing's Works
　　　　　　　　Endless War: Fiction and Essays by Wang Wen-hsing　Ithaca, New
　　　　　　　　York　East Asia Program, Cornell University　2011 年 4 月　頁 395
　　　　　　　　—406

114. 黃以曦　　王文興《尋找背海的人》　人籟辯論月刊　第 83 期　2011 年 6 月
　　　　　　　　頁 80—81

115. 林皇德　　在碎片下建構世界——王文興　國語日報　2011 年 8 月 6 日　5

石頭渡海——《紅樓夢》散論　臺北　漢光文化公司　1985 年 2
月　頁 27—36

127. 李　昂　　長跑選手的孤寂——王文興訪問錄　中外文學　第 4 卷第 5 期
　　　　　　　1975 年 10 月　頁 30—42

128. 李　昂　　長跑選手的孤寂——王文興訪問錄　群像　臺北　大漢出版社
　　　　　　　1976 年 4 月　頁 71—88

129. 李　昂　　長跑選手的孤寂——王文興訪問錄　王文興的心靈世界　臺北
　　　　　　　雅歌出版社　1990 年 5 月　頁 64—68

130. 夏祖麗　　命運的跡線——王文興訪問記　書評書目　第 38 期　1976 年 6 月
　　　　　　　頁 6—15

131. 夏祖麗　　命運的跡線——王文興訪問記　握筆的人　臺北　純文學出版社
　　　　　　　1977 年 12 月　頁 21—36

132. 吳潛誠　　訪王文興談文學的社會功能與藝術價值　聯合報　1977 年 8 月 24
　　　　　　　日　12 版

133. 吳潛誠　　訪王文興談文學的社會功能與藝術價值　文學論評　臺北　聯經
　　　　　　　出版公司　1981 年 12 月　頁 75—85

134. 吳潛誠　　訪王文興談文學的社會功能與藝術價值　詩人不撒謊　臺北　圓
　　　　　　　神出版社　1988 年 3 月　頁 79—92

135. 王宣一　　背海狂草——王文興的兩個長夜　洪範雜誌　第 2 期　1981 年 6
　　　　　　　月　2 版

136. 王宣一　　背海狂草——王文興的兩個長夜（上、下）　中國時報　1980 年
　　　　　　　9 月 11—12 日　8 版

137. 鄭美玲，何耀輝，傅立萃　　小說戲劇、虛無主義、說教文學——訪王文興
　　　　　　　談「父與子」　中國時報　1983 年 7 月 11 日　8 版

138. 林水福口譯；何卓整理　　從《沉默》到《家變》——遠藤周作與王文興的
　　　　　　　文學對話　中國時報　1986 年 11 月 17 日　8 版

139. 林水福口譯；何卓整理　　從《沉默》到《家變》——遠藤周作與王文興的

文學對話　書和影　臺北　聯合文學出版社　1988 年 4 月　頁 314—326

140. 林水福口譯；何卓整理　　從《沉默》到《家變》──遠藤周作與王文興的文學對話　王文興的心靈世界　臺北　雅歌出版社　1990 年 5 月　頁 53—63

141. 林水福口譯；何卓整理　　從《沉默》到《家變》──遠藤周作與王文興的文學對話　書和影　臺北　聯合文學出版社　2006 年 11 月　頁 314—326

142. 單德興　文學對話──王文興談王文興　聯合文學　第 32 期　1987 年 6 月　頁 166—195

143. 單德興　文學對話──王文興談王文興　王文興的心靈世界　臺北　雅歌出版社　1990 年 5 月　頁 69—76

144. 王文興等[5]　王文興、鄭愁予走上文學語言的不歸路（上、下）　中央日報　1987 年 10 月 12—13 日　10 版

145. 黃美惠　王文興，初寫獨幕劇，下筆容易，學生歎難懂　民生報　1988 年 3 月 11 日　9 版

146. 〔今日校園〕　路漫漫脩遠兮──與王文興老師談西洋文學課　今日校園　第 37 期　1989 年 3 月　頁 1—4

147. 賴香吟　作家「風流」錄──繼續《背海的人》：王文興　聯合文學　第 65 期　1990 年 3 月　頁 46—47

148. 陳佩英，林振川採訪；崔國容撰稿　　眾裡尋祂千百度　王文興的心靈世界　臺北　雅歌出版社　1990 年 5 月　頁 10—24

149. 王文興，吳潛誠，顧秀賢　　附錄：政治的文學，文學的政治　靠岸航行　臺北　桂冠圖書公司　1991 年 7 月　頁 91—106

150. 王文興，吳潛誠，顧秀賢　　政治的文學，文學的政治　靠岸航行　臺北　立緒文化公司　1999 年 11 月　頁 80—94

---

[5]與會者：梅新，王文興，鄭愁予；紀錄：林慧峯。

151. 蕭　蔓　　王文興談孤獨之必要　誠品閱讀　第1期　1991年12月　頁6—
　　　7

152. 李亞南　　王文興無處不是書　誠品閱讀　第1期　1991年12月　頁35—
　　　37

153. 王文興等[6]　　會議現場討論紀實（四）　從四〇年代到九〇年代：兩岸三邊
　　　華文小說研討會論文集　臺北　時報文化出版公司　1994年11月
　　　頁261—282

154. 王文興等[7]　　小說家的挑戰——座談會紀要　臺灣現代小說史綜論　臺北
　　　行政院文建會，聯經出版公司　1998年12月　頁606—616

155. 蕭富元　　二十四年一場「背海」夢　書與生命的對話　臺北　天下遠見出
　　　版公司　1999年9月　頁53—66

156. 成英姝採訪；王妙如記錄　　王文興專訪（1—4）　中國時報　1999年11月
　　　20—23日　37版

157. 李欣倫　　抗拒速度的現代音樂——王文興座談會　中國時報　1999年12月
　　　15日　37版

158. 黃恕寧　　現代交響樂——王文興訪談錄（1—4）　聯合報　2000年4月28
　　　日—5月1日　37版

159. 單德興　　偶開天眼覷紅塵——再訪王文興　中外文學　第28卷第12期
　　　2000年5月　頁182—199

160. 單德興　　偶開天眼覷紅塵——再訪王文興　對話與交流：當代中外作家、
　　　批評家訪談錄　臺北　麥田出版公司　2001年5月　頁85—104

161. 吳婉茹　　文學的馬拉松——訪王文興談《家變》再版　聯合報　2000年10
　　　月16日　37版

162. 王文興等[8]　　從草原底盛夏到背海的人——與王文興教授談文學創作　中央

---

[6]與會者：王文興、廖炳惠、劉心武、陳信元、黃春明、李瑞騰、施叔、呂興昌、汪曾祺、王浩
威、吳潛誠；紀錄：方雲。
[7]主持人：瘂弦；與會者：王文興、黃春明、李喬、李昂、張啓疆、黃錦樹；紀錄：吳明益。
[8]與會者：顏健富、梅家玲、王文興、康來新、廖炳惠。

日報　2000 年 12 月 14 日　20 版

163. 單德興　　錘鍊文字的人——王文興訪談錄　對話與交流：當代中外作家、批評家訪談錄　臺北　麥田出版公司　2001 年 5 月　頁 39—84

164. 丁榮生　　李祖原、王文興對談論傳統與創新　中國時報　2001 年 7 月 2 日　21 版

165. 林秀玲　　林秀玲專訪王文興——談《背海的人》與南方澳　中外文學　第 30 卷第 6 期　2001 年 11 月　頁 32—50

166. 林秀玲編輯　　王文興與羅青座談——詩與畫　中外文學　第 30 卷第 6 期　2001 年 11 月　頁 294—319

167. 林秀玲編輯　　建築與文學的對話——論傳統與現代：李祖原建築師與王文興教授　中外文學　第 30 卷第 6 期　2001 年 11 月　頁 320—356

168. 梅家玲　　座談主題——與王文興教授談文學創作　中外文學　第 30 卷第 6 期　2001 年 11 月　頁 369—395

169. 曾珍珍主持；黃千芳錄音整理　　王文興與楊牧對談詩詞　中外文學　第 31 卷第 8 期　2003 年 1 月　頁 77—96

170. 王文興，姚仁祿；楊佳嫻記錄　　回到天然中去探求——王文興、姚仁祿對談　聯合報　2003 年 6 月 8 日　E7 版

171. 陳瓊如　　王文興——筆記人生，宗教小說　誠品好讀　第 37 期　2003 年 10 月　頁 65—67

172. 陳宛茜　　走廊盡頭，王文興文字苦行——成稿慢，寫作過程宛如一場搏鬥，他規定了一個小角落，不能打擾到家庭　聯合報　2004 年 1 月 19 日　12 版

173. 王文興等[9]　　《現代文學》要角說從頭——陳若曦騎單車釀構想・王文興神童逼稿人　聯合報　2005 年 9 月 6 日　A10 版

174. 王文興等[10]　　政治禁忌・王用想的・陳用做的　聯合報　2005 年 9 月 6 日

[9]對談者：陳若曦、王文興；紀錄：蘇偉貞、何定照。
[10]對談者：陳若曦、王文興；紀錄：蘇偉貞、何定照。

A10 版

175. 楊錦郁　40 年來，兩人沒講過這麼多話　聯合報　2005 年 9 月 6 日　A10
版

176. 王文興等[11]　　病與藥——名家談「宗教文學」　喜歡生命　臺北　九歌出版
社　2006 年 12 月　頁 374—385

177. 劉采榆　訪談紀錄、尋訪文字雕琢師——王文興　叛逆者或改革者？——
王文興小說研究　政治大學國文教學碩士在職專班　碩士論文
陳芳明教授指導　2007 年 1 月　頁 195—202

178. 林育群　書與城的疊砌　魂夢雪泥——文學家的私密臺北　臺北　臺北市
文化局　2007 年 2 月　頁 101—110

179. 王文興，柯慶明講；徐筱薇記　　從《家變》到《背海的人》　猶疑的座標
／十場臺灣當代文學的心靈饗宴 2：國立臺灣文學館・第二季週末
文學對談　臺南　國立臺灣文學館　2007 年 12 月　頁 302—329

180. 王文興等[12]　　座談：驀然回首——《現代文學》　「白先勇的藝文世界」系
列講座　臺北　臺灣大學，國家圖書館主辦　2008 年 9 月 20—21
日

181. 王文興等[13]　　《家變》逐頁六講——以評點學與新批評重現《家變》寫作過
程：第一講・舞臺布景的借用　家變六講：寫作過程回顧　臺北
麥田出版公司　2009 年 11 月　頁 13—51

182. 王文興等[14]　　《家變》逐頁六講——以評點學與新批評重現《家變》寫作過
程：第二講・舞臺型的對話與獨白　家變六講：寫作過程回顧
臺北　麥田出版公司　2009 年 11 月　頁 52—100

183. 王文興等[15]　　《家變》逐頁六講——以評點學與新批評重現《家變》寫作過

---

[11]主持人：陳義芝；與會者：王文興、張曉風、林谷芳、賴聲川；紀錄：楊佳嫻。
[12]與會者：白先勇、王文興、陳若曦、葉維廉、李歐梵、鄭恆雄。
[13]主持人：康來新；與會者：王文興、張誦聖、梅家玲、葉永烜、王力堅、周婕敏、馬大安、吳佩
玹、易鵬、洪珊慧、其他研習學員。
[14]主持人：康來新；與會者：王文興、呂正惠、易鵬、洪珊慧、其他研習學員。
[15]主持人：康來新；與會者：王文興、柯慶明、周婕敏、蕭瑞莆、李栩鈺、劉逢聲、洪珊慧、劉惠

程：第三講・表現主義的獨白　家變六講：寫作過程回顧　臺北
麥田出版公司　2009 年 11 月　頁 101—152

184. 王文興等[16]　　《家變》逐頁六講——以評點學與新批評重現《家變》寫作過
程：第四講・偵探推理的雛形　家變六講：寫作過程回顧　臺北
麥田出版公司　2009 年 11 月　頁 153—212

185. 王文興等[17]　　《家變》逐頁六講——以評點學與新批評重現《家變》寫作過
程：第五講・寫夢　家變六講：寫作過程回顧　臺北　麥田出版
公司　2009 年 11 月　頁 213—270

186. 王文興等[18]　　《家變》逐頁六講——以評點學與新批評重現《家變》寫作過
程：第六講・偵探雛形的延續　家變六講：寫作過程回顧　臺北
麥田出版公司　2009 年 11 月　頁 271—329

187. 李時雍　語言就是一個理由——王文興訪談錄　局內局外：王文興小說論
清華大學臺灣文學研究所　碩士論文　陳建忠教授指導　2009 年
頁 75—100

188. 李時雍　語言本身就是一個理由——王文興訪談錄（上、中、下）　聯合
文學　第 305—307 期　2010 年 3—5 月　頁 98—105，84—89，
96—102

189. 王文興，管管，林靖傑　　演繹王文興　演繹現代主義：王文興國際研討會
桃園　中央大學人文研究中心　2010 年 6 月 4—5 日

190. 馬翊航　巷道的詩，河岸的小說——記余光中與王文興紀州庵新館對談
聯合報　2010 年 6 月 2 日　D3 版

191. 馬翊翔記錄整理　　巷道的詩，河岸的小說——記余光中與王文興紀州庵新

華、王士詮、徐翠真、羅莞翎、阮秀莉、易鵬、其他研習學員。
[16]主持人：康來新；與會者：王文興、張靄珠、周婕敏、陳建隆、許絹宜、謝曉筑、吳佩玹、徐淑
賢、洪珊慧、鄭仔婷、羅玉亞、翁千惠、陳其暄、易鵬、尹子玉、劉逢聲、黃啟峰、其他研習學
員。
[17]主持人：康來新；與會者：王文興、林秀玲、洪珊慧、蕭瑞莆、李栩鈺、劉惠華、尹子玉、劉逢
聲、黃啟峰、黃恕寧、張素貞、黃衛總、其他研習學員。
[18]主持人：康來新；與會者：王文興、陳萬益、周婕敏、蕭瑞莆、李栩鈺、劉逢聲、劉惠華、黃啟
峰、謝曉筑、鄭仔婷、其他研習學員。

　　　　　　　館對談　城之南──紀州庵與臺北文學巷弄　臺北　臺灣文學發
　　　　　　　展基金會臺北市紀州庵新館　2012 年 12 月　頁 143─155

192. 簡弘毅　　《家變》例講──王文興談慢讀　中國時報　2010 年 7 月 14 日
　　　　　　　E4 版

193. 單德興　　文學與宗教──單德興專訪王文興　印刻文學生活誌　第 90 期
　　　　　　　2011 年 2 月　頁 120─143

194. 單德興，林靖傑　　宗教與文學：王文興訪談錄　思想　第 19 期　2011 年
　　　　　　　9 月　頁 203─231

195. 王文興等[19]　　文學路，沒有終點──「文訊 30：世代文青論壇接力賽」第五
　　　　　　　場　文訊雜誌　第 335 期　2013 年 9 月　頁 99─100

年表

196. 王文興　　大事記（1─3）　中國時報　1999 年 11 月 18─20 日　37 版

197. 王文興　　王大興大事記　中外文學　第 30 卷第 6 期　2001 年 11 月　頁
　　　　　　　396─405

198. 臺灣大學圖書館特藏組編輯　　王文興作品編年　中外文學　第 30 卷第 6 期
　　　　　　　2001 年 11 月　頁 420─427

199. 朱立立　　王文興年譜　新文學　第 2 輯　2004 年 6 月　頁 143─144

200. 劉采榆　　王文興寫作年表　叛逆者或改革者？──王文興小說研究　政治
　　　　　　　大學國文教學碩士在職專班　碩士論文　陳芳明教授指導　2007
　　　　　　　年 1 月　頁 203─210

201. 黃恕寧，Fred Edwards 編　　A Chronology of Wang Wen-hsing's Life　Endless
　　　　　　　War: Fiction and Essays by Wang Wen-hsing　Ithaca, New York
　　　　　　　East Asia Program, Cornell University　2011 年 4 月　頁 391─394

202. 〔行人文化實驗室，洪範書局〕　　作家年表　作家小傳：王文興　臺北
　　　　　　　行人文化實驗室，目宿媒體　2012 年 3 月　頁 34─43

---

[19]主持人：陳素芳；與會者：王文興、巴代、方梓、李志薔、邱坤良、祝建太、郜瑩、桂文亞、陳
　萬益、傅月庵、楊索；紀錄：陳姵穎。

203. 楊昌賓　王文興年表　王文興與國共內戰：論《龍天樓》　中央大學中國
　　　文學系　碩士論文　康來新教授指導　2012 年 6 月　頁 163—170

其他

204. 李令儀　作家王文興手稿展出——臺大並舉辦專題演講及座談會等活動
　　　聯合報　2000 年 11 月 14 日　14 版

205. 〔自由時報〕　王文興教授手稿資料展與座談會　自由時報　2000 年 11 月
　　　15 日　39 版

206. 徐開塵　細覽手稿體會王文興的堅持　民生報　2000 年 11 月 16 日　7 版

207. 柯慶明　在網路的時代保存手稿——爲王文興先生《家變》、《背海的
　　　人》手稿的收藏展而寫　聯合報　2000 年 11 月 14 日　14 版

208. 柯慶明　在網路的時代保存手稿——爲王文興先生《家變》、《背海的
　　　人》手稿的收藏展而寫　中外文學　第 30 卷第 6 期　2001 年 11
　　　月　頁 362—368

209. 陳宛蓉　「王文興教授手稿資料展」系列活動　文訊雜誌　第 183 期
　　　2001 年 1 月　頁 66

210. 臺大圖書特藏組編輯　王文興教授捐贈予臺大圖書館特藏品手稿資料清單
　　　中外文學　第 30 卷第 6 期　2001 年 11 月　頁 418—419

211. 陳宛茜　聯合報文學獎，新世代鷹揚〔王文興部分〕　聯合報　2003 年 12
　　　月 23 日　A6 版

212. 郭士榛　剪接、指揮、當代藝術・首入國家文藝獎〔王文興部分〕　人間
　　　福報　2009 年 7 月 7 日　7 版

213. 皮埃爾-馬克・德・比亞西（Pierre-Marc de Biasi），桑德琳・馬爾尚
　　　（Sandrine Marchand）對談；廖惠瑛譯　對談王文興手稿　開
　　　始的開始　臺北　臺灣大學圖書館，臺灣大學出版中心，行人文
　　　化實驗室　2010 年 11 月　頁 41—71

214. 桑德琳・馬爾尚（Sandrine Marchand）著；廖惠瑛譯　手稿，一個異質空
　　　間　開始的開始　臺北　臺灣大學圖書館，臺灣大學出版中心，

作品評論篇目

綜論

227. 楊　牧　　王文興小說裡的悲劇情調　傳統的與現代的　臺北　志文出版社
　　　　　　　1974 年 3 月　頁 200—207

228. 楊　牧　　王文興小說裡的悲劇情調　傳統的與現代的　臺北　洪範書店
　　　　　　　1982 年 2 月　頁 213—221

229. 楊　牧　　探索王文興小說裡的悲劇情調（代序）　龍天樓　臺北　大林出
　　　　　　　版社　1982 年 3 月　頁 1—9

230. 楊　牧　　王文興小說的悲劇意識　掠影急流　臺北　洪範書店　2005 年 12
　　　　　　　月　頁 159—169

231. 思　兼　　對文學的態度　純文學　第 6 卷第 1 期　1969 年 7 月　頁 3—5

232. 吳達芸　　王文興小說中的裝飾技巧[20]　新潮　第 19 期　1969 年 12 月　頁
　　　　　　　20—28

233. 吳達芸　　王文興小說中的裝飾技巧　女性閱讀與小說評論　臺南　臺南市
　　　　　　　立文化中心　1996 年 5 月　頁 151—166

234. 徐秉鉞　　中國果真沒有真正的短篇小說？　臺灣日報　1969 年 12 月 13 日
　　　　　　　8 版

235. 徐秉鉞〔仲正〕　　中國果真沒有真正的短篇小說？　懷念集　臺北　群益
　　　　　　　書店　1974 年 9 月　頁 178—185

236. 楊昌年　　王文興　近代小說研究　臺北　蘭臺書局　1976 年 1 月　頁 528
　　　　　　　—529

237. 何　欣　　三十年來的小說〔王文興部分〕　中華文化復興月刊　第 10 卷第
　　　　　　　9 期　1977 年 9 月　頁 28

238. 顏元叔　　我國當前的社會寫實主義小說──評陳若曦、王文興等八位作家
　　　　　　　的作品（1—4）[21]　中國時報　1977 年 9 月 6—9 日　12 版

239. 顏元叔　　我國當前的社會寫實主義小說〔王文興部分〕　社會寫實文學及
　　　　　　　其他　臺北　巨流圖書公司　1978 年 8 月　頁 78—81

---

[20]本文探討王文興寫作中的裝飾技巧對其作品的影響性。
[21]本文內容簡評陳若曦、陳映真、王文興、王禎和、黃春明、王拓、張系國、楊青矗。

240. 王　拓　　我看王文興的文學觀　自立晚報　1978 年 1 月 29 日　3 版

241. 周宣文　　什麼是鄉土文學？王文興的看法謬矣　自立晚報　1978 年 1 月 29 日　3 版

242. 曾祥鐸　　與王文興論歷史文化問題　自立晚報　1978 年 2 月 5 日　3 版

243. 曾心儀　　這樣的「文學講座」　夏潮　第 4 卷第 2 期　1978 年 2 月　頁 75

244. 李慶榮　　王文興鄉土文學的功與過聽後　夏潮　第 4 卷第 2 期　1978 年 2 月　頁 77—79

245. 李慶榮　　是法西斯化，不是西化　夏潮　第 4 卷第 2 期　1978 年 2 月　頁 77—79

246. 潘榮禮　　木工工會譴責王文興　夏潮　第 4 卷第 3 期　1978 年 3 月　頁 26—27

247. 蕭國和　　評王文興的農業經濟觀　夏潮　第 4 卷第 3 期　1978 年 3 月　頁 28—31

248. 蕭水順〔蕭蕭〕　　請不要再輕薄農民　夏潮　第 4 卷第 3 期　1978 年 3 月　頁 32—34

249. 曾心儀　　注意！「瓊瑤公害」──兼以「瓊瑤問題」答覆王文興教授　夏潮　第 4 卷第 3 期　1978 年 3 月　頁 74—75

250. 胡秋原　　論「王文興的 Nonsense 之 Sense」[22]　中華雜誌　第 176 期　1978 年 3 月　頁 41—49

251. 胡秋原　　論「王文興的 Nonsense 之 Sense」　鄉土文學討論集　臺北〔自行出版〕　1978 年 4 月　頁 731—758

252. 胡秋原講；蘇青記　　記胡秋原先生論「王文興的 Nonsense 之 Sense」　文學藝術論集　臺北　學術出版社　1979 年 11 月　頁 1260—1285

253. 胡秋原　　論「王文興的 Nonsense 之 Sense」　鄉土文學討論集　臺北　遠景出版公司　1980 年 10 月　頁 731—758

---

[22] 本文針對王文興談論「鄉土文學」的觀點發表意見。全文共 5 小節：1.王文興關於文字之亂說；2.王文興關於政治的謬論；3.王文興對於西方文化之無知；5.王文興瞎說之意義。

254.〔自立晚報〕　　王文興的剖白　自立晚報　1978 年 4 月 2 日　3 版

255. 思　民　　王文興教授的偏見與狂傲　夏潮　第 4 卷第 4 期　1978 年 4 月
　　　　　　頁 6

256. 石　恆　　思想與社會現實——從王文興的演講談起　夏潮　第 4 卷第 4 期
　　　　　　1978 年 4 月　頁 16—18

257. 孟　興　　王文興所謂西化不足論——兼評文化與國是座談會　青年戰士報
　　　　　　1979 年 7 月 21 日　10 版

258. 孟　興　　王文興所謂西化不足論——兼評文化與國是座談會　文學思潮
　　　　　　第 5 期　1979 年 10 月　頁 31—38

259. 洪醒夫　　從關懷到放棄——我讀王文興小說作品的經過和感想　臺灣日報
　　　　　　1980 年 12 月 18 日　8 版

260. 洪醒夫　　從關懷到放棄——我讀王文興小說作品的經過與感想　洪醒夫研
　　　　　　究專集　彰化　彰化縣立文化中心　1994 年 6 月　頁 130—152

261. 洪醒夫　　從關懷到放棄——我讀王文興小說作品的經過與感想　洪醒夫全
　　　　　　集・評論卷　彰化　彰化縣文化局　2001 年 6 月　頁 45—70

262. 高天生　　現代小說的歧途——試論王文興的小說　文學界　第 1 期　1982
　　　　　　年 1 月　頁 75—85

263. 高天生　　現代小說的歧途——試論王文興的小說　臺灣小說與小說家　臺
　　　　　　北　前衛出版社　1985 年 5 月　頁 107—120

264. 李有成　　王文興與西方文類[23]　中外文學　第 10 卷第 11 期　1982 年 4 月
　　　　　　頁 176—193

265. 單德興　　論影響研究的一些做法及困難——以臺灣近三十年來的小說為例
　　　　　　〔王文興部分〕　中外文學　第 11 卷第 4 期　1982 年 9 月　頁
　　　　　　92—93

266. 殷張蘭熙　　導言〔王文興部分〕　寒梅　臺北　爾雅出版社　1983 年 1 月
　　　　　　頁 7

---

[23]本文探討評論王文興作品評論內容，以了解王文興作品。

267. 齊邦媛　　　江河匯集成海的六十年代小說〔王文興部分〕　文訊雜誌　第 13
　　　　　　　　期　1984 年 8 月　頁 51—53

268. 齊邦媛　　　江河匯集成海的六十年代小說〔王文興部分〕　霧漸漸散的時候
　　　　　　　　臺北　九歌出版社　1998 年 10 月　頁 62—64

269. Chang, Sung-Sheng（張誦聖）　　Language, narrator, and stream-of-
　　　　　　　　consciousness: the two novels of Wang Wen-hsing　Modern Chinese
　　　　　　　　Literature　第 1 卷第 1 期　1984 年　頁 43—55

270. Shan,Te-Hsing（單德興）　　The Stream of Consciousness Techniquein Wang
　　　　　　　　Wen—Hsing's Fiction（王文興小說中意識流技巧）　Tamkang
　　　　　　　　Review　第 15 卷第 4 期　1985 年 7 月　頁 523—545

271. 葉石濤　　　臺灣文學史大綱（後篇）——六十年代的臺灣文學：無根與放逐
　　　　　　　　〔王文興部分〕　文學界　第 15 期　1985 年 8 月　頁 166—167

272. 葉石濤　　　六〇年代的臺灣文學——無根與放逐——作家與作品〔王文興部
　　　　　　　　分〕　臺灣文學史綱　高雄　文學界雜誌社　1991 年 9 月　頁
　　　　　　　　127—128

273. 葉石濤　　　臺灣文學史綱——六〇年代的臺灣文學——無根與放逐〔王文興
　　　　　　　　部分〕　葉石濤全集・評論卷五　臺南，高雄　國立臺灣文學
　　　　　　　　館，高雄市文化局　2008 年 3 月　頁 142—143

274. 葉石濤　　　走過紛爭歲月・邁向多元年代——臺灣文學的回顧與前瞻（上、
　　　　　　　　中、下）〔王文興部分〕　自立晚報　1985 年 10 月 29—31 日
　　　　　　　　10 版

275. 葉石濤　　　走過紛爭歲月，邁向多元世代——臺灣文學的回顧與前瞻〔王文
　　　　　　　　興部分〕　葉石濤全集・評論卷三　臺南，高雄　國立臺灣文學
　　　　　　　　館，高雄市文化局　2008 年 3 月　頁 299

276. 張誦聖著；謝惠英譯　　王文興小說中的藝術和宗教追尋[24]　中外文學　第 15

---

[24] 本文探討王文興小說中藝術與宗教間的關係。全文共 2 小節：1.崇尚假設——現代主義和後現代
　主義；2.追尋決定論——消極的肯定。

卷第 6 期　1986 年 11 月　頁 108—119

277. 張誦聖著；謝惠英譯　王文興小說中的藝術和宗教追尋　文學與宗教——
第一屆國際文學與宗教會議論文集　臺北　時報文化出版公司
1987 年 9 月　頁 421—437

278. 張誦聖著；謝惠英譯　王文興小說中宗教追尋　王文興的心靈世界　臺北
雅歌出版社　1990 年 5 月　頁 82—86

279. 張誦聖著；謝惠英譯　王文興小說中的藝術與宗教追尋　文學場域的變遷
臺北　聯合文學出版社　2001 年 6 月　頁 37—53

280.〔文　星〕　沒有出路的反叛英雄——王文興論　文星　第 102 期　1986
年 12 月　頁 112

281. 呂正惠　王文興的悲劇——生錯了地方，還是受錯了教育[25]　文星　第 102
期　1986 年 12 月　頁 113—117

282. 呂正惠　王文興的悲劇——生錯了地方，還是受錯了教育　七十五年文學
批評選　臺北　爾雅出版社　1987 年 3 月　頁 207—225

283. 呂正惠　王文興的悲劇——生錯了地方，還是受錯了教育　小說與社會
臺北　聯經出版公司　1988 年 5 月　頁 19—35

384. 呂正惠　王文興——西化知識分子的困境　新文學　第 2 輯　2004 年 6 月
頁 125—132

285. 黃重添　現代派小說的得與失〔王文興部分〕　臺灣當代小說藝術采光
廈門　鷺江出版社　1987 年 11 月　頁 57—59

286. 宋田水　要死不活的臺灣文學——透視臺灣作家的良心——王文興　臺灣
新文化　第 14 期　1987 年 11 月　頁 42

287. 康來新　王文興如是說（上、中、下）　中央日報　1987 年 12 月 29—31
日　10 版

288. 王晉民　談王文興的短篇小說　文學世界　第 1 期　1987 年 12 月　頁 162
—163

---

[25]本文後改篇名爲〈王文興——西化知識分子的困境〉。

289. 寒　青　　王文興的小說　現代臺灣文學史　瀋陽　遼寧大學出版社　1987
　　　　　　　年 12 月　頁 489—495

290. 唐　雨　　王文興的美學修養　中央日報　1988 年 5 月 1 日　17 版

291. 蔡源煌　　臺灣四十年來的文學與意識型態〔王文興部分〕　海峽兩岸小說
　　　　　　　的風貌　臺北　雅典出版社　1989 年 4 月　頁 52—53

292. 古繼堂　　主張全盤西化的王文興　臺灣小說發展史　臺北　文史哲出版社
　　　　　　　1989 年 7 月　頁 333—344

293. 公仲，汪義生　　五十年代後期及六十年代臺灣文學〔王文興部分〕　臺灣
　　　　　　　新文學史初編　南昌　江西人民出版社　1989 年 8 月　頁 152—
　　　　　　　154

294. 康來新　　譜讀神曲——王文興教授的新里程[26]　王文興的心靈世界　臺北
　　　　　　　雅歌出版社　1990 年 5 月　頁 25—41

295. 高大鵬　　成長與命運——王文興的早期作品　青年日報　1992 年 5 月 15 日
　　　　　　　13 版

296. 高大鵬　　成長與命運——王文興的早期作品　吹不散的人影　臺北　三民
　　　　　　　書局　1995 年 3 月　頁 175—178

297. 張新穎　　現代精神：從感悟到抗拒——對王文興小說創作主題的一種貫通
　　　　　　　當代作家評論　1992 年第 6 期　1992 年 12 月　頁 114—112

298. 張新穎　　現代精神的成長——對王文興小說創作主題的一種貫通　文學的
　　　　　　　現代記憶　臺北　三民書局　2003 年 6 月　頁 50—76

299. 闕豐齡　　王文興、歐陽子等《現代文學》作家群　臺灣文學史（下）　福
　　　　　　　州　海峽文藝出版社　1993 年 1 月　頁 217—222

300. 金漢，馮雲青，李新宇　　王文興　新編中國當代文學發展史　杭州　杭州
　　　　　　　大學出版社　1993 年 1 月　頁 700

301. 廖炳惠　　王文興的傳統與現代情結　中國時報　1994 年 1 月 7 日　39 版

302. 廖炳惠　　王文興的傳統與現代情結　從四○年代到九○年代：兩岸三邊華

---

[26]本文探討王文興宗教觀與其文學創作關係。

文小說研討會論文集　臺北　時報文化出版公司　1994 年 11 月
頁 219—225

303. 孫永超　生之歌——關於王文興小說中的「命運主題」　上海大學學報
1994 年第 2 期　1994 年 4 月　頁 52—57

304. 黎湘萍　文學母題及其變奏〔王文興部分〕　揚子江與阿里山的對話——
海峽兩岸文學比較　上海　上海文藝出版社　1995 年 12 月　頁
128—129，131

305. 古繼堂　臺灣當代小說創作——臺灣六十年代現代派小說的繁榮〔王文興
部分〕　中華文學通史・當代文學編（9）　北京　華藝出版社
1997 年 9 月　頁 460—461

306. 皮述民　從反共小說到現代小說〔王文興部分〕　二十世紀中國新文學史
臺北　駱駝出版社　1997 年 10 月　頁 328—329

307. 計璧瑞，宋剛　　王文興　中國文學通典・小說通典　北京　解放軍文藝出
版社　1999 年 1 月　頁 1107

308. Camille Loivier　　AVANT-PROPOS　Processus familial　Arles, France
ACTES SUD　1999 年 6 月　頁 7—13

309. 李奭學　王文興出手！[27]　中國時報　1999 年 9 月 16 日　41 版

310. 李奭學　文體・說書・讀者——評王文興的小說　書話臺灣：1991—2003
文學印象　臺北　九歌出版社　2004 年 5 月　頁 93—97

311. 郝譽翔　篤行信仰，所以反了——閱讀王文興　幼獅文藝　第 549 期
1999 年 9 月　頁 54—57

312. 楊　照　「橫征暴斂」的作者——閱讀王文興　中國時報　1999 年 11 月
19 日　37 版

313. 楊　照　橫征暴斂的作者：閱讀王文興　洪範雜誌　第 64 期　2001 年 4 月
2 版

314. 單德興　在時光中錘鍊文字——速寫王文興　誠品好讀　2000 年 4 月號

---

[27] 本文後改篇名為〈文體・說書・讀者——評王文興的小說〉。

2000 年 4 月　頁 26—27

315. 單德興　在時光中錘鍊文字——速寫王文興　邊緣與中心　臺北　立緒文
化公司　2007 年 5 月　頁 36—43

316. 方　忠　王文興　二十世紀中國文學史　臺北　文史哲出版社　2000 年 9
月　頁 874—876

317. 朱文華　王文興——雙重的反叛者　臺港澳文學教程　上海　漢語大辭典
出版社　2000 年 10 月　頁 94—96

318. Jennifer Lin　　Wang Wen-hsing——As pectacular Life　The Foreign Exchange
第 6 卷第 2 期　2000 年 12 月　頁 1—3

319. 廖四平　臺灣現代派小說與西方影響〔王文興部分〕　臺灣研究集刊
2001 年第 1 期　2001 年 2 月　頁 95—101

320. 郭　楓　王文興的語言變格　臺灣時報　2001 年 3 月 19 日　20 版

321. 李長銀　面對西方：兩種不同的選擇——試論王文興與馬原對現代派文學
的接受　中州大學學報　2001 年第 2 期　2001 年 4 月　頁 59—60

322. 張誦聖　現代主義與臺灣現代派小說〔王文興部分〕　文學場域的變遷
臺北　聯合文學出版社　2001 年 6 月　頁 31—36

323. Sandrine Marchand　　翻譯王文興小說的原因　中外文學　第 30 卷第 6 期
2001 年 11 月　頁 135—137

324. 林秀玲　《中外文學》推出「王文興專號」，複雜化王文興作品的書寫美
學　聯合報　2001 年 12 月 17 日　29 版

325. 白先勇　六〇年代臺灣文學：「現代」與「鄉土」——六〇年代臺灣文學
中的「現代」與「鄉土」〔王文興部分〕　樹猶如此　臺北　聯
合文學出版社　2002 年 2 月　頁 187—188

326. 白先勇　六〇年代臺灣文學的「現代」與「鄉土」——六〇年代臺灣文學
中的「現代」與「鄉土」〔王文興部分〕　白先勇作品集‧第六
隻手指　臺北　天下遠見出版公司　2008 年 9 月　頁 447—448

327. 王　敏　臺灣現代派小說群的崛起——歐陽子、王文興、七等生　簡明臺

灣文學史　北京　時事出版社　2002 年 6 月　頁 324—328

328. 盧郁佳　王文興、周夢蝶數十載成一書　聯合報　2002 年 7 月 28 日　22
　　　版

329. 古繼堂　現代派文學批判——中華民族意識的大覺醒〔王文興部分〕　臺
　　　灣文學的母體依戀　北京　九州出版社　2002 年 9 月　頁 186—
　　　190

330. 陳室如　文學地圖的再延伸——臺灣現代旅行書寫發展述析（下）1988—
　　　2002〔王文興部分〕　出發與回歸的辯證——臺灣現代旅行書寫
　　　研究（1949—2002）　彰化師範大學國文學系　碩士論文　王年
　　　雙教授指導　2003 年 6 月　頁 91—93

331. 李奭學　臺灣文學的批評家及其問題〔王文興部分〕　中華現代文學大系
　　　（貳）・臺灣一九八九—二〇〇三評論卷（二）　臺北　九歌出
　　　版社　2003 年 10 月　頁 831，834

332. 朱立立　現代漢語的個體私語奇觀——從精神史角度看王文興小說語言實
　　　驗的意義　華文文學　2003 年第 3 期　2003 年　頁 37—42

333. 陳建忠　戰後臺灣文學（1945—迄今）——六〇年代的現代主義文學〔王
　　　文興部分〕　臺灣的文學　臺北　群策會李登輝學校　2004 年 5
　　　月　頁 76

334. 呂正惠　前言——王文興與臺灣現代文學　新文學　第 2 輯　2004 年 6 月
　　　頁 93—98

335. 黎湘萍　經典構成的因素：從白先勇、王文興到張大春　正典的生成：臺
　　　灣文學國際研討會論文集　臺北　中央研究院中國文哲研究所，
　　　哥倫比亞蔣經國基金會中國文化及制度史研究中心主辦　2004 年
　　　7 月 15—16 日　頁 189—207

336. 方　忠　歐陽子、王文興的小說　二十世紀臺灣文學史論　南昌　百花文
　　　藝出版社　2004 年 10 月　頁 65—70

337. 林碧霞　「意象」的運用與小說的解讀〔王文興部分〕　陳映真小說中意

象的研究　中國文化大學中國文學系　碩士論文　陳愛麗教授指
導　2004 年 11 月　頁 12—16

338. 陳信元　一九七〇年代臺灣的鄉土文學論戰〔王文興部分〕　臺灣新文學
發展重大事件論文集　臺南　國家臺灣文學館主辦　2004 年 12 月
頁 129—155

339. 劉淑貞　札記王文興——遠離抑或靠近？一個現代主義的觀察　文訊雜誌
第 232 期　2005 年 2 月　頁 12—15

340. 古遠清　王文興　分裂的臺灣文學　臺北　海峽學術出版社　2005 年 7 月
頁 80—81

341. 王德威　現代主義來了〔王文興部分〕　臺灣：從文學看歷史　臺北　麥
田出版公司　2005 年 9 月　頁 305—306

342. 黃萬華　臺灣文學——小說（中）〔王文興部分〕　中國現當代文學・第 1
卷（五四—1960 年代）　濟南　山東文藝出版社　2006 年 3 月
頁 469—470

343. 許劍橋　背時間的人，迎文字的海——王文興的寫作信仰與實踐　文訊雜
誌　第 246 期　2006 年 4 月　頁 17—22

344. 周芬伶　意識流與語言流——內省小說的宗教反思〔王文興部分〕　聖與
魔——臺灣戰後小說的心靈圖像（1945—2006）　臺北　印刻出
版公司　2007 年 3 月　頁 69—80

345. 李家欣　各創作類型之表現：小說的表現——現代主義小說重要推手〔王
文興部分〕　夏濟安與《文學雜誌》研究　中央大學中國文學系
碩士論文　李瑞騰教授指導　2007 年 7 月　頁 73—74

346. Liao Ping-hui　Love at Second Sight: Reading Wang Wen-hsing Closely
Mordernism Revisited: Pai Hsien-yung and Chinese Literary
Mordernism in Taiwan and Beyond（重返現代：白先勇、《現代文
學》與現代主義國際研討會）　California　UC Santa Barbara
2008 年 5 月 1—3 日

347. 郝譽翔　他們都說，這是最快樂的事……──論王文興　大虛構時代　臺
北　聯合文學出版社　2008 年 9 月　頁 183—187

348. 郝譽翔　橫的移植？──六○年代的現代主義文學──代表作家與作品─
─聶華苓、白先勇、王文興　文學　臺灣：11 位新銳臺灣文學研
究者帶你認識臺灣文學　臺南　國立臺灣文學館　2008 年 9 月
頁 165—166

349. Anthony Pak（白雲開）　　Reading Wang Wen-hsing,Mu Shiying and Shi
Zhicun　Art of Chinese Narrative Language:International Workshop
on Wang Wen-hsing's Life and work（中文敘事語言的藝術：王文
興國際研討會）　Canada　Department of Germanic, Slavic and East
Asian Studies University of Calgary　2009 年 2 月 19—21 日

350. Ch'ien-mei Johanna Liu（劉千美）　　Sentiment of the Vanishing Existence in
the Ink Stains: an Aesthetic Reading of Wang Wen-hsing's Prose
Writings　Art of Chinese Narrative Language: International Workshop
on Wang Wen-hsing's Life and work（中文敘事語言的藝術：王文
興國際研討會）　Canada　Department of Germanic, Slavic and East
Asian Studies University of Calgary　2009 年 2 月 19—21 日

351. Christopher Lupke（陸敬思）　　The Immediacy of the Text: New Criticism's
Reception in Taiwan and it Impact on Modenist Authors such a Wang
Wenxing（Wang Wen-hsing）　Art of Chinese Narrative Language:
International Workshop on Wang Wen-hsing's Life and work（中文敘
事語言的藝術：王文興國際研討會）　Canada　Department of
Germanic, Slavic and East Asian Studies University of Calgary　2009
年 2 月 19—21 日

352. Darryl Sterk　（石岱崙）　　The Meaning of　Prostitution in Wang Wenxing's
Fiction　Art of Chinese Narrative Language: International Workshop
on Wang Wen-hsing's Life and work（中文敘事語言的藝術：王文

興國際研討會） Canada Department of Germanic, Slavic and East Asian Studies University of Calgary 2009 年 2 月 19—21 日

353. Fred Edwards（艾斐德） Translating and Editing Wang Wen-hsing Art of Chinese Narrative Language: International Workshop on Wang Wen-hsing's Life and work（中文敘事語言的藝術：王文興國際研討會） Canada Department of Germanic, Slavic and East Asian Studies University of Calgary 2009 年 2 月 19—21 日

354. Hsiu-ling Lin（林秀玲） Wang Wen-hsing and Nanfang'ao: Taiwan Post-Modernity and Locality Art of Chinese Narrative Language: International Workshop on Wang Wen-hsing's Life and work（中文敘事語言的藝術：王文興國際研討會） Canada Department of Germanic, Slavic and East Asian Studies University of Calgary 2009 年 2 月 19—21 日

355. I-chih Chen（陳義芝） 存在的探勘者：王文興小說人物的符碼 Art of Chinese Narrative Language: International Workshop on Wang Wen-hsing's Life and work（中文敘事語言的藝術：王文興國際研討會） Canada Department of Germanic, Slavic and East Asian Studies University of Calgary 2009 年 2 月 19—21 日

356. Ihor Pidhainy（裴海寧） Boys and Women in Wang Wen-hsing's Early Fiction Art of Chinese Narrative Language: International Workshop on Wang Wen-hsing's Life and work（中文敘事語言的藝術：王文興國際研討會） Canada Department of Germanic, Slavic and East Asian Studies University of Calgary 2009 年 2 月 19—21 日

357. Lai-shin Kang（康來新） 南方澳的春之祭：王文興的地方感知及文本實踐 Art of Chinese Narrative Language: International Workshop on Wang Wen-hsing's Life and work（中文敘事語言的藝術：王文興國際研討會） Canada Department of Germanic, Slavic and East Asian

Studies University of Calgary　2009 年 2 月 19—21 日

358. San-hui Hung（洪珊慧）　　The Pursuit of Reality in Family Catastrophe and Crystal Boys　Art of Chinese Narrative Language: International Workshop on Wang Wen-hsing's Life and work（中文敘事語言的藝術：王文興國際研討會）　Canada　Department of Germanic, Slavic and East Asian Studies University of Calgary　2009 年 2 月 19 —21 日

359. Shaobo Xie（謝少波）　　A Perspective of Cultural Translation: Anxieties of Modernity in Wang Wen-hsing's Novelistic Imagination　Art of Chinese Narrative Language: International Workshop on Wang Wen-hsing's Life and work（中文敘事語言的藝術：王文興國際研討會）　Canada　Department of Germanic, Slavic and East Asian Studies University of Calgary　2009 年 2 月 19—21 日

360. Shu-ning Sciban（黃恕寧）　　王文興語言藝術的現代意義！一個修辭學的省察　Art of Chinese Narrative Language: International Workshop on Wang Wen-hsing's Life and work（中文敘事語言的藝術：王文興國際研討會）　Canada　Department of Germanic, Slavic and East Asian Studies University of Calgary　2009 年 2 月 19—21 日

361. Terrence Russel（羅德仁）　　Family Dysfunction and Nativism in Taiwan: Comparing Wang Wenhsing's Family Catastrophe and Wu He's 'Reburial Stories'　Art of Chinese Narrative Language: International Workshop on Wang Wen-hsing's Life and work（中文敘事語言的藝術：王文興國際研討會）　Canada　Department of Germanic, Slavic and East Asian Studies University of Calgary　2009 年 2 月 19 —21 日

362. Wei Cai（蔡薇）　　The Use of Liheci in Family Catasrophe　Art of Chinese Narrative Language: International Workshop on Wang Wen hsing's

Life and work（中文敘事語言的藝術：王文興國際研討會）
Canada Department of Germanic, Slavic and East Asian Studies
University of Calgary 2009 年 2 月 19—21 日

363. 陳義芝　借象徵的方式：王文興短篇小說人物分析[28]　淡江中文學報　第 21
期　2009 年 12 月　頁 153—176

364. 葉維廉　王文興：Lyric（抒情詩式）雕刻的小說家　中國現代小說的風貌
臺北　臺大出版中心出版　2010 年 3 月　頁 220—245

365. 呂正惠　王文興的大陸遊記　演繹現代主義：王文興國際研討會　桃園
中央大學人文研究中心　2010 年 6 月 4—5 日

366. 卓清芬　王文興和古典詩詞　演繹現代主義：王文興國際研討會　桃園
中央大學人文研究中心　2010 年 6 月 4—5 日

367. 張誦聖　王文興與魯迅：東亞現代主義典範初探　演繹現代主義：王文興
國際研討會　桃園　中央大學人文研究中心　2010 年 6 月 4—5 日

368. 黃啓峰　逼視存在的異鄉人：王文興對卡繆的接受　演繹現代主義：王文
興國際研討會　桃園　中央大學人文研究中心　2010 年 6 月 4—5
日

369. 楊　照　啓蒙的驚怵與傷痕──當代臺灣成長小說中的悲劇傾向〔王文興
部分〕　霧與畫：戰後臺灣文學史散論　臺北　麥田出版‧城邦
文化公司　2010 年 8 月　頁 513

370. 康來新　眾生眾聲，且喜且驚：關於臺灣第一次的王文興國際研討會　臺
灣文學館通訊　第 28 期　2010 年 9 月　頁 42—45

371. 陳芳明　一九六〇年代臺灣現代小說的藝術成就──內心世界的探索〔王
文興部分〕　臺灣新文學史　臺北　聯經出版社　2011 年 10 月
頁 393—397

372. 陳雪華　序一　白的灰階：手稿集導讀小冊（王興手稿集）　臺北　臺灣

---

[28]本文藉精神分析學，針對王文興小說人物的表呈面向，試探其短篇小說的特色。全文共 4 小節：
1.王文興的小說源頭；2.王文興的小說特質；3.王文興小說人物分析；4.王文興的風格成就。

大學圖書館，臺灣大學出版中心，行人文化實驗室　2010 年 11 月
頁 1

373. 李瑞騰　序二：手稿及手稿學　白的灰階：手稿集導讀小冊（王興手稿
集）　臺北　臺灣大學圖書館，臺灣大學出版中心，行人文化實
驗室　2010 年 11 月　頁 2

374. 陳傳興　序三：夜寫响易奔　白的灰階：手稿集導讀小冊（王興手稿集）
臺北　臺灣大學圖書館，臺灣大學出版中心，行人文化實驗室
2010 年 11 月　頁 3—4

375. 符立中　《現代文學》群英會——王文興，一九三九年生於福建福州，一
九四六年舉家遷臺，先住在東港，兩年後遷居臺北　白先勇與符
立中對談：從《臺北人》到《紐約客》　臺北　九歌出版社
2010 年 11 月　頁 89—90

376. 馬翊航　南方・水岸——王文興的同安街與南方澳　我在我不在的地方：
文學現場踏查記　臺南　國立臺灣文學館　2010 年 12 月　頁 228
—239

377. 曾巧雲　王文興：慢讀慢寫慢工的小說聖徒榮獲國家文藝獎　2009 年臺灣
文學年鑑　臺南　國立臺灣文學館　2010 年 12 月　頁 161

378. 朱立立　王文興：困難的人——臺灣知識分子的精神私史　臺灣現代派小
說研究　臺北　人間出版社　2011 年 3 月　頁 128—153

379. 楊　照　以記錄來詮釋一個時代〔王文興部分〕　印刻文學生活誌　第 91
期　2011 年 3 月　頁 99

380. 林靖傑　尋找背海的人　鹽分地帶文學　第 33 期　2011 年 4 月　頁 25—
30

381. 朱雙一　「自由派」和現代主義文學的興衰和特點——現代主義文學高潮
及其特徵——臺灣現代主義文學的實驗性特徵〔王文興部分〕
臺灣文學創作思潮簡史　臺北　人間出版社　2011 年 5 月　頁
283—284

382. 劉淑貞　　王文興：百年中文守靈夜　文訊雜誌　第 307 期　2011 年 5 月　頁 99

383. 張曉風編　　王文興　Contemporary Taiwanese Literature and Art Series——Short Stories（當代臺灣文學藝術系列——小說卷）　臺北　中華民國筆會　2011 年 12 月　頁 166

384. 黃恕寧　　勇敢邁向孤獨的實驗創作之路——王文興　作家小傳：王文興　臺北　行人文化實驗室，目宿媒體　2012 年 3 月　頁 14—31

385. 陸敬思著；李延輝譯　　王文興及中國的「失去」[29]　異地繁花——海外臺灣文論選譯（下）　臺北　臺灣大學出版中心　2012 年 8 月　頁 185—228

386. 康來新　　白先勇的同班同學——以王文興為例的隨想　白先勇的文學與文化實踐暨兩岸藝文合作學術研討會　北京　中國社科院主辦；趨勢教育基金會協辦　2012 年 11 月 9—11 日

387. 方　忠　　論王文興短篇小說的現代主義特徵　中國現代文學研究叢刊　2012 年第 12 期　2012 年　頁 44—52

分論
◆單行本作品
論述
《家變六講》

388. 康來新　　王文興慢讀王文興——關於複數作者版的《家變六講》　家變六講：寫作過程回顧　臺北　麥田出版公司　2009 年 11 月　頁 3—7

389. 鳳　凰　　王文興提倡文學精讀　明報月刊　第 528 期　2009 年 12 月　頁 96

390.〔臺灣時報〕　　《家變六講》　臺灣時報　2010 年 1 月 1 日

散文

---

[29]本文以王文興《家變》中標新的內容及語言，來探討中國現代化的種種可能。

《星雨樓隨想》

391. 楊美紅　　手記生活大書　幼獅文藝　第 597 期　2003 年 9 月　頁 132—133

392. 鄭柏彰　　《星雨樓隨想》　臺灣文學館通訊　第 1 期　2003 年 9 月　頁 94

393. 江寶釵　　淘金——《星雨樓隨想》　聯合報　2003 年 12 月 7 日　B5 版

394. 陳姿羽　　2003 最佳書獎得獎作家直擊——寫作的砝碼〔《星雨樓隨想》部
　　　　　　　分〕　聯合報　2003 年 12 月 14 日　B5 版

小說
《龍天樓》

395. 李文彬　　談王文興《龍天樓》的內蘊及外含　臺大青年　第 3 期　1970 年
　　　　　　　8 月　頁 56—59

396. 蔡慧怡　　自我的抗爭——《龍天樓》小說集裡的王文興　新潮　第 28 期
　　　　　　　1974 年 6 月　頁 32—34

397. 莊文福　　王文興《龍天樓》　大陸旅臺作家懷鄉小說研究　中國文化大學
　　　　　　　中國文學系　博士論文　邱燮友教授指導　2003 年　頁 195—201

398. Steven Riep（饒博榮）　　Books and Films: The Cinematic Nature of Wang Wen
　　　　　　　-hsing's Dragon Inn　Art of Chinese Narrative Language: International
　　　　　　　Workshop on Wang Wen-hsing's Life and work（中文敘事語言的藝
　　　　　　　術：王文興國際研討會）　Canada　Department of Germanic,
　　　　　　　Slavic and East Asian Studies University of Calgary　2009 年 2 月 19
　　　　　　　—21 日

《家變》

399. 游施和　　評《家變》——兼論小說用語　中國語文　第 33 卷第 4 期　1973
　　　　　　　年 4 月　頁 82—85

400. 顏元叔　　苦讀細品談《家變》　中外文學　第 1 卷第 11 期　1973 年 4 月
　　　　　　　頁 60—85

401. 顏元叔　　苦讀細品談《家變》　談民族文學　臺北　臺灣學生書局　1973
　　　　　　　年 6 月　頁 325—361

402. 歐陽子　論《家變》之結構形式與文字句法[30]　中外文學　第 1 卷第 12 期　1973 年 5 月　頁 50—67

403. 歐陽子　論《家變》之結構形式與文字句法　歐陽子自選集　臺北　黎明文化公司　1982 年 7 月　頁 295—319

404. 張漢良　淺談《家變》的文字　中外文學　第 1 卷第 12 期　1973 年 5 月　頁 122—141

405. 張漢良　談王文興《家變》的文字　中國現代作家論　臺北　聯經出版公司　1979 年 7 月　頁 379—402

406. 顏元叔等[31]　《家變》座談會　中外文學　第 2 卷第 1 期　1973 年 6 月　頁 164—177

407. 陳典義　《家變》的人生觀照與嘲諷[32]　中外文學　第 2 卷第 2 期　1973 年 7 月　頁 148—160

408. 子　敏　讀《家變》　國語日報　1973 年 7 月 30 日　7 版

409. 子　敏　讀《家變》　陌生的引力　臺北　純文學出版社　1975 年 1 月　頁 37—42

410. 景　翔　《家變》與文變　書評書目　第 6 期　1973 年 7 月　頁 80—82

411. 李寬宏　試論《家變》　書評書目　第 6 期　1973 年 7 月　頁 82—87

412. 關　雲　漫談《家變》中的遣詞造句——一個傳播語意學的觀點　書評書目　第 6 期　1973 年 7 月　頁 93—103

413. 王鼎鈞　《家變》之變　書評書目　第 6 期　1973 年 7 月　頁 103—105

414. 石　公　變則通乎？　書評書目　第 6 期　1973 年 7 月　頁 105—113

415. 鄭　耀　談《中外文學》並評王文興《家變》　中華日報　1973 年 8 月 2 日　10 版

416. 魏子雲　評《家變》（上、中、下）　中華日報　1973 年 8 月 3—5 日　9

---

[30]本文探討王文興《家變》的結構與文字句法，並為其作品定位。全文共 3 小節：1.「家變」之結構形式；2.「家變」之文字與句法；3.結論。
[31]與會者：顏元叔、林海音、張系國、傅禹、張健、羅門、朱西甯、張漢良；紀錄：曹定人。
[32]本文藉由探討《家變》以呈現出人生的觀照與嘲諷。

版

417. 村　夫　王文興的鎖——看電視座談《家變》有感（上、下）　中華日報
　　　1973 年 8 月 12—13 日　9 版

418. 陳克環　情變和《家變》　中華日報　1973 年 9 月 4 日　9 版

419. 拓荒者　好歹是自己的　中國時報　1973 年 9 月 11 日　12 版

420. 楊惠南　《家變》及其他　書評書目　第 7 期　1973 年 9 月　頁 79—87

421. 林柏燕　韓愈・白話文・家變（1—3）[33]　中華日報　1973 年 10 月 5—7 日
　　　9 版

422. 林柏燕　韓愈・白話文・家變　文學印象　臺北　大林出版社　1978 年 8
　　　月　頁 47—57

423. 簡　宛　我對《家變》的一點感想　書評書目　第 8 期　1973 年 11 月　頁
　　　43—46

424. 尉天驄　站在什麼立場說什麼話——對個人主義文藝的考察　文季　第 2
　　　期　1973 年 11 月　頁 18—27

425. 尉天驄　個人主義文藝的考察——站在甚麼立場說甚麼話兼評王文興的
　　　《家變》　現代文學的考察　臺北　遠景出版公司　1976 年 7 月
　　　頁 33—45

426. 李利國　試探《家變》　今日中國　第 32 期　1973 年 12 月　頁 150—156

427. 莊金松　試就日本文學看《家變》的風格　自立晚報　1974 年 3 月 17 日
　　　8 版

428. 周　寧　一盞亮起的紅燈——評王文興的小說《家變》　文藝月刊　第 58
　　　期　1974 年 4 月　頁 78—86

429. 周　寧　一盞亮起的紅燈——評王文興的小說《家變》　橄欖樹　臺北
　　　書評書目出版社　1976 年 2 月　頁 121—135

430. 譚雅倫　讀《家變》的聯想　書評書目　第 15 期　1974 年 7 月　頁 3—8

431. 陳曉林　清者自清・濁者自濁——《棋王》與《家變》之對比　文藝月刊

---

[33] 本文內容論述韓愈和王文興同樣都是白話文運動的推手，《家變》是白話文作品的佼佼者。

第 77 期　1975 年 11 月　頁 3—11

432. 劉紹銘　十年來臺灣小說 1965—1975——兼論王文興的《家變》　明報月刊　第 121 期　1976 年 1 月　頁 144—151

433. 劉紹銘　十年來的臺灣小說（1965—1975）——兼論王文興的《家變》　中外文學　第 4 卷第 12 期　1976 年 5 月　頁 4—16

434. 劉紹銘　十年來的臺灣小說（1965—1975）——兼論王文興的《家變》　小說與戲劇　臺北　洪範書店　1977 年 2 月　頁 3—26

435. 姚欣進　論析《家變》之情節安排藝術　中外文學　第 4 卷第 12 期　1976 年 5 月　頁 218—227

436. 吳祥光　臺灣現代小說中的道德負擔　新潮　第 32 期　1976 年 9 月　頁 82—86

437. 水　晶　讀葉維廉編《現代中國作家論》中王文興與《家變》之毀與譽　聯合報　1977 年 1 月 13 日　12 版

438. 之　華　少年與劍〔《家變》部分〕　血緣、土地、傳統　臺北　求精出版社　1977 年 9 月　頁 142—143

439. 蕭之華　少年與劍〔《家變》部分〕　血緣、土地、傳統　臺北　獨家出版社　2003 年 9 月　頁 79—80

440. 之　華　「伊底帕斯情結」試析〔《家變》部分〕　血緣、土地、傳統　臺北　求精出版社　1977 年 9 月　頁 268—269

441. 蕭之華　「伊底帕斯」情結試析〔《家變》部分〕　血緣、土地、傳統　臺北　獨家出版社　2003 年 9 月　頁 320—322

442. 琦　君　讀《家變》　讀書與生活　臺北　東大圖書公司　1978 年 1 月　頁 68—80

443. 琦　君　變則通乎？——讀《家變》　琦君讀書　臺北　九歌出版社　1987 年 10 月　頁 117—132

444. 侯立朝　聯經集團三報一刊的文學部隊——從歐陽子的自白看他們的背景——〈我愛博士〉與《家變》的比較分析　中華雜誌　第 174 期

1978 年 1 月　頁 47—53

445. 侯立朝　聯經集團三報一刊的文學部隊——從歐陽子的自白看他們的背景——〈我愛博士〉與《家變》的比較分析　鄉土文學討論集　臺北　〔自行出版〕　1978 年 4 月　頁 674—684

446. 尉天驄　站在什麼立場說什麼話——個人主義文藝的分析——「家」為何「變」　路不是一個人走得出來的　臺北　聯經出版公司　1978 年 12 月　頁 69—74

447. 粘子瑛　《家變》讀後　國語日報　1979 年 3 月 16 日　6 版

448. 張　健　小評《家變》　從李杜說起　臺北　南京出版公司　1979 年 10 月　頁 123—125

449. 周　錦　中國新文學第四期的特出作品〔《家變》部分〕　中國新文學簡史　臺北　成文出版社　1980 年 5 月　頁 283—284

450. 仲　正　「慢讀就通」？補充說明　臺灣日報　1980 年 6 月 5 日　12 版

451. James C.T.Shu　Konoclasm in WangWen-hsing's Chia-pien　Chinese Fiction From Taiwan: Critical Perspectives　Bloomington　Indiana University press　1980 年　頁 179

452. 顏元叔　社會寫實的《家變》　洪範雜誌　第 2 期　1981 年 6 月　2 版

453. 呂秀瓊　我讀《家變》有感　洪範雜誌　第 5 期　1981 年 12 月　2 版

454. 劉紹銘　王文興的《家變》　洪範雜誌　第 9 期　1982 年 9 月　3 版

455. 封祖盛　現代派小說的基本特徵和得失〔《家變》部分〕　臺灣小說主要流派初探　福州　福建人民出版社　1983 年 10 月　頁 198—200，219，227—228

456. 盧菁光　轟動臺灣文壇的《家變》——談王文興及其創作　文學報　1985 年 7 月 4 日　3 版

457. 武治純　臺灣鄉土文學民族風格的形成〔《家變》部分〕　壓不扁的玫瑰花——臺灣鄉土文學初探　北京　中國廣播電視出版社　1985 年 7 月　頁 104—105

458. 盧菁光　論《家變》的社會內容和認識價值[34]　臺灣香港文學論文選　福州　海峽文藝出版社　1985 年 9 月　頁 237—249

459. 歐陽子　《家變》　洪範雜誌　第 24 期　1985 年 12 月　3 版

460. 蔡英俊　試論王文興小說中的挫敗主題——范曄是怎麼長大的？　文星　第 102 期　1986 年 12 月　頁 118—124

461. 張國立　導讀《家變》——張國立專訪　中華日報　1986 年 12 月 31 日　11 版

462. 陳萬益　逆子的形象——賈寶玉、高覺慧和范曄的比較　文星　第 102 期　1986 年 12 月　頁 125—129

463. 陳萬益　逆子的形象——賈寶玉、高覺慧和范曄的比較　于無聲處聽驚雷　臺南　臺南市立文化中心　1996 年 5 月　頁 3—17

464. 蔡源煌　從《臺北人》到《撒哈拉的故事》（上、下）〔《家變》部分〕　中國時報　1987 年 1 月 13—14 日　8 版

465. 蔡源煌　從《臺北人》到《撒哈拉的故事》〔《家變》部分〕　海峽兩岸小說的風貌　臺北　雅典出版社　1989 年 4 月　頁 70—73

466. 蔡源煌　從《臺北人》到《撒哈拉的故事》〔《家變》部分〕　當代臺灣文學評論大系・文學現象卷　臺北　正中書局　1993 年 5 月　頁 486—488

467. 呂正惠　「政治小說」三論〔《家變》部分〕　文星　第 103 期　1987 年 1 月　頁 86—92

468. 石壁堵　我爸爸比范曄還兇　文星　第 103 期　1987 年 1 月　頁 106—110

469. 李歐梵，陸士清　關於《家變》的對話　當代文藝探索　1987 年第 2 期　1987 年 2 月　頁 91—96

470. 李歐梵，陸士清　關於《家變》的對話　四海——港臺海外華文文學　1990 年第 6 期　1990 年 12 月　頁 120—140

471. 張誦聖　從《家變》的形式設計談起　聯合文學　第 32 期　1987 年 6 月

---

[34] 本文探討王文興《家變》中的社會與價值，以反映出當時社會價值的變遷。

頁 196—199

472. 張誦聖　　　從《家變》的形式設計談起　文學場域的變遷　臺北　聯合文學
　　　　　　出版社　2001 年 6 月　頁 159—167

473. 白少帆，王玉斌　　　王文興及其《家變》　現代臺灣文學史　瀋陽　遼寧大
　　　　　　學出版社　1987 年 12 月　頁 489—494

474. 顏元叔等[35]　　　大家談《家變》　洪範雜誌　第 34 期　1988 年 3 月 10 日　3
　　　　　　版

475. 呂正惠　　　夏日炎炎書解悶——好書推薦——現代小說書單——王文興《家
　　　　　　變》　國文天地　第 39 期　1988 年 8 月　頁 26

476. 黃重添　　　病態的社會，變態的人〔《家變》部分〕　臺灣長篇小說論　福
　　　　　　州　海峽文藝出版社　1990 年 5 月　頁 170—181

477. 黃重添　　　病態的社會病態的人〔《家變》部分〕　臺灣長篇小說論　臺北
　　　　　　稻禾出版社　1992 年 8 月　頁 181—197

478. 盧菁光　　　巴金的《家》和王文興的《家變》　臺灣香港暨海外華文文學論
　　　　　　文選（四）　福州　海峽文藝出版社　1990 年 9 月　156—169

479. 盧菁光　　　巴金的《家》和王文興的《家變》　中國現代文學整體觀與比較
　　　　　　論　廣州　廣東高等教育出版社　1992 年 5 月　頁 167—185

480. 蘇偉貞　　　關於《家變》　各領風騷　臺中　晨星出版社　1990 年 10 月　頁
　　　　　　132—133

481. 葉石濤　　　八〇年代臺灣文學的特質〔《家變》部分〕　臺灣時報　1990 年
　　　　　　12 月 26 日　27 版

482. 葉石濤　　　八〇年代臺灣文學的特質〔《家變》部分〕　葉石濤全集・隨筆
　　　　　　卷三　臺南，高雄　國立臺灣文學館，高雄市文化局　2008 年 3
　　　　　　月　頁 343

483. 黃重添，莊明萱，闕豐齡　　　現代派小說——現代文學的流行〔《家變》部

---

[35]本文節選顏元叔、劉紹銘、歐陽子、張漢良、林海音、張系國、張健、羅門、朱西甯、陳典義、
　姚欣進對《家變》的評論。

　　　　　　　　分〕　臺灣新文學概觀（上）　廈門　鷺江出版社　1991 年 6 月
　　　　　　　　頁 111—113

484. 古繼堂　　激盪的文學潮流——臺灣文藝思潮辨析：現代派文學思潮——臺
　　　　　　　　灣文學的衝擊波〔《家變》部分〕　臺灣地區文學透視　西安
　　　　　　　　陝西人民教育出版社　1991 年 7 月　頁 9

485. 古繼堂　　在世界主義的陡坡上——臺灣現代小說的表現藝術〔《家變》部
　　　　　　　　分〕　臺灣地區文學透視　西安　陝西人民教育出版社　1991 年
　　　　　　　　7 月　頁 37

486. 蔡田明　　兩岸《家變》討論之我見　小說評論　1991 年第 5 期　1991 年 10
　　　　　　　　月　頁 79—84

487. 蔡詩萍　　小說族與都市浪漫小說——「嚴肅」與「通俗」的相互顛覆
　　　　　　　　〔《家變》部分〕　流行天下　臺北　時報文化出版公司　1992
　　　　　　　　年 1 月　頁 167

488. 湯芝萱　　迷途的兩代情——談王文興《家變》　幼獅文藝　第 459 期
　　　　　　　　1992 年 3 月　頁 79—91

489. 張大春　　威權與挫敗——當代臺灣小說中的父親形象〔《家變》部分〕
　　　　　　　　張大春的文學意見　臺北　遠流出版公司　1992 年 5 月　頁 67

490. 簡政珍　　《家變》　文學星空　臺北　國家文藝基金管理委員會　1992 年
　　　　　　　　9 月　頁 86—88

491. 萬榮華　　《家變》　中國時報　1993 年 7 月 29 日　27 版

492. 柯慶明導讀；湯芝萱整理　　迷途的兩代情——談王文興《家變》　喂！你
　　　　　　　　是哪一派？　臺北　幼獅文化公司　1994 年 3 月　頁 113—126

493. 徐開塵　　《家變》英文版，即將面世　民生報　1994 年 4 月 25 日　15 版

494. 周國正　　自由與制約——圍繞王文興《家變》中文字新變的討論　現代中
　　　　　　　　文文學評論　第 1 期　1994 年 6 月　頁 53—77

495. 古遠清　　圍繞王文興《家變》的討論　臺灣當代文學理論批評史　武漢
　　　　　　　　武漢出版社　1994 年 8 月　頁 444—448

496. 王之樵　　親密男人的必然困境——王墨林談《家變》　中國時報　1994 年
　　　12 月 25 日　39 版

497. 徐國倫，王春榮　　王文興的《家變》　二十世紀中國兩岸文學史　瀋陽
　　　遼寧大學出版社　1994 年　頁 230—233

498. 呂正惠　　戰後臺灣知識分子與臺灣文學〔《家變》部分〕　文學經典與文
　　　化認同　臺北　九歌出版社　1995 年 4 月　頁 22—23

499. Susan Dolling　　Translation's Note　Family Catastrophe　Honolulu, Hawaii
　　　University of Hawaii Press　1995 年 5 月　頁 253—258

500. 楊匡漢　　現代主義在兩岸〔《家變》部分〕　揚子江與阿里山的對話——
　　　海峽兩岸文學比較　上海　上海文藝出版社　1995 年 12 月　頁
　　　199

501. 丁　進　　從「父慈子孝」到「家變」——王文興《家變》與王朔《我是你
　　　爸爸》之比較　當代作家評論　1995 年第 2 期　1995 年　頁 119
　　　—123

502. 金恆杰　　中國文學中的親子關係——談王文興的《家變》和奚淞的《哪
　　　吒》　百年來中國文學學術研討會　臺北　中央日報社　1996 年
　　　6 月 1—3 日

503. 金恆杰　　中國文學中的親子關係——談王文興的《家變》和奚淞的《哪
　　　吒》（上、下）　中央日報　1996 年 6 月 26—27 日　18 版

504. 陳靜文　　小說非得如此不可嗎？——Virginia woolf 的小說理論印證在王文
　　　興的《家變》中[36]　第三屆府城文學獎得獎作品專集　臺南　臺南
　　　市立文化中心　1997 年 5 月　頁 237—266

505. 陳傳興　　桌燈罩裡的睡褲與拖鞋——「家變」與「時間」　青春時代的臺
　　　灣——鄉土文學論戰二十周年回顧研討會　臺北　行政院文建會
　　　主辦　1997 年 10 月 24—26 日

[36]本文以 Virginia woolf 的小說理論探討王文興的《家變》。全文共小節：1.緒論　；2.時代變遷論—
—顛覆的價值指標；3.主觀真實關——真實與現實；4.人物中心論——角色分析；5.突破傳統框
架論；6.論實驗主義——肯定作品之獨創性；7.結論。

506. 陳傳興　　桌燈罩裡的睡褲與拖鞋──「家變」與「時間」　木與夜孰長
　　　　　　　臺北　行人文化實驗室　2009 年 2 月　頁 181─194

507. 陳文芬　　王文興新小說久等了　中國時報　1997 年 12 月 26 日　23 版

508. 呂正惠　　現代主義在臺灣──從文藝社會學的角度來考察〔《家變》部
　　　　　　　分〕　臺灣文學二十年集 1978─1998：評論二十家　臺北　九歌
　　　　　　　出版社　1998 年 3 月　頁 144─145

509. 李瑞騰　　家的變與不變　臺灣文學二十年集 1978─1998：評論二十家　臺
　　　　　　　北　九歌出版社　1998 年 3 月　頁 259─260

510. 李瑞騰　　家的變與不變　涵養用敬：國立中央大學中文系專任教師論著集 1
　　　　　　　桃園　中央大學中國文學系　2002 年 9 月　頁 586─588

511. 易　鵬　　巨變私史──王文興的《家變》[37]　第 22 屆全國比較文學會議
　　　　　　　臺北　臺灣師範大學主辦　1998 年 5 月 23─24 日

512. 易　鵬　　巨變私史──王文興的《家變》　中外文學　第 27 卷第 10 期
　　　　　　　1999 年 3 月　頁 134─173

513. 易　鵬　　巨變私史──王文興的《家變》　他者之域：文化身分與再現策
　　　　　　　略　臺北　城邦文化公司　2001 年 3 月　頁 179─218

514. 楊　照　　家庭內的啓蒙悲劇──王文興的小說《家變》　中國時報　1998
　　　　　　　年 6 月 30 日　37 版

515. 江寶釵　　現代主義的興盛、影響與去化──當代臺灣小說現象研究〔《家
　　　　　　　變》部分〕　臺灣現代小說史綜論　臺北　行政院文建會，聯經
　　　　　　　出版公司　1998 年 12 月　頁 131─132

516. 宋　剛　　《家變》作品解析　中國文學通典・小說通典　北京　解放軍文
　　　　　　　藝出版社　1999 年 1 月　頁 1108

517. 楊曉菁　　談王文興小說中的語言文字──試由《家變》談起　臺灣當代小
　　　　　　　說論評　高雄　春暉出版社　1999 年 1 月　頁 31─54

518. 陳器文　　《家變》小識──論王文興《家變》　臺灣文學經典研討會論文

---

[37] 本文以表格對比方式，以及引用卡斯奇、霍爾班等西方學者理論探討《家變》。

集　臺北　聯經出版公司　1999 年 6 月　頁 76—86

519. 方　忠　百年臺灣文學發展論——小說文體的自覺與更新〔《家變》部
分〕　百年中華文學史論：1898—1999　上海　華東師範大學出
版社　1999 年 9 月　頁 51—52

520. 呂正惠　臺灣小說一世紀——世紀末的肯定或虛無〔《家變》部分〕　文
訊雜誌　第 168 期　1999 年 10 月　頁 32—37

521. 耕　雨　王文興・爭議最多的作家　臺灣新聞報　2000 年 2 月 26 日　B7
版

522. 梅家玲　家門內外——家之空間想像與父子承傳在《家變》、《孽子》中
的變與不變　文化、認同、社會變遷：戰後五十年臺灣文學國際
學術研討會論文集　臺北　行政院文建會　2000 年 6 月　頁 375
—387

523. 梅家玲　孤兒？孽子？野孩子？——戰後臺灣小說中的父子家國及其裂變
——家門之外——家之空間想像與父子傳承在《家變》、《孽
子》中的變與不變　從少年中國到少年臺灣：二十世紀中文小說
的青春想像與國族論述　臺北　麥田・城邦文化公司　2012 年 11
月　頁 248—260

524. 張　殿　緩慢有理　聯合報　2000 年 10 月 16 日　37 版

525. 張　殿　王文興的書桌：緩慢有理　洪範雜誌　第 63 期　2000 年 11 月　4
版

526. 王德威　這才是一個人的聖經——王文興新版《家變》的時代意義　聯合
報　2000 年 10 月 23 日　48 版

527. 王德威　這才是一個人的聖經——王文興新版《家變》的時代意義　洪範
雜誌　第 64 期　2001 年 4 月　2 版

528. 王德威　這才是一個人的聖經——評王文興新版《家變》及其他　眾聲喧
嘩以後：點評當代中文小說　臺北　麥田出版公司　2001 年 10 月
頁 194—197

529. 平　路　　文學中的父母與子女〔《家變》部分〕　今夜，我們來談文學
　　　　　　　　臺北　天下遠見出版公司　2001 年 4 月　頁 24—25

530. 應鳳凰　　王文興的小說《家變》　國語日報　2001 年 6 月 30 日　5 版

531. 應鳳凰　　王文興的《家變》　臺灣文學花園　臺北　玉山社出版公司
　　　　　　　　2003 年 1 月　頁 79—82

532. 陳裕美　　試論王文興《家變》之文字[38]　文學前瞻　第 3 期　2002 年 6 月
　　　　　　　　頁 77—89

533. 趙遐秋，呂正惠主編　　現代主義文學思潮的興起與發展——臺灣現代小說
　　　　　　　　與開發中社會的知識分子〔《家變》部分〕　臺灣新文學思潮史
　　　　　　　　綱　臺北　人間出版社　2002 年 6 月　頁 277—279

534. 林惠玲　　意識形態與創作美學：喬埃斯《一個年輕藝術家的畫像》與王文
　　　　　　　　興《家變》之比較[39]　東華人文學報　第 4 期　2002 年 7 月　頁
　　　　　　　　213—259

535. 楊馥菱　　西風東漸下的試煉——《家變》探賾[40]　慈濟大學人文社會科學學
　　　　　　　　刊　第 2 期　2003 年 6 月　頁 153—175

536. 劉慧珠　　論王文興《家變》的負面書寫　興大中文學報　第 15 期　2003 年
　　　　　　　　6 月　頁 289—310

537. 王建國　　逆讀《家變》——論《家變》污逆寫形式、逆倫嘲諷及逆語戲擬[41]
　　　　　　　　第九屆府城文學獎得獎作品專集臺南　臺南市立圖書館　2003 年
　　　　　　　　11 月　頁 419—460

538. 羅　奇　　2003 文學類、非文學類書榜導讀——故事：在講說與聆聽之間

---

[38]本文以俄國形式主義「陌生化」的觀點，探討《家變》文字。全文共 5 小節：1.前言；2.習慣化
與陌生化；3.新奇罕見之文字形式；4.控制減緩語言的節奏；5.結語。

[39]本文以 Althusser、Adorno 及 Pierre Macherey 三位學者的理論，比較《一個年輕藝術家的畫像》
與《家變》。全文共 4 小節：1.Structural Devices；2.Narrative Techniques；3.Language and
Ideological Contradiction；4.Chia-p'ien: from Modern to Postmodern？。

[40]本文以《家變》為例，剖析西風東漸下，臺灣文學所掀起的變動。全文共 4 小節：1.小說的主題
思想；2.小說的結構形式；3.小說的情節內容；4.小說的文字句法。

[41]本文以逆讀《家變》方式，並參照前人研究，探討《家變》形式結構、主題內涵及語言文字三者
間的關係。

〔《家變》部分〕　聯合報　2003 年 12 月 14 日　B5 版

539. 黃　蜜　　迷惘中的人性——評臺灣作家王文興的作品《家變》　美與時代
　　　　　　　2003 年第 1 期　2003 年　頁 65—66

540. 李祖原　　建築師最喜愛的小說——再讀《家變》　聯合報　2004 年 1 月 5
　　　　　　　日　E7 版

541. 李祖原　　再讀《家變》　最愛一百小說　臺北　聯經出版公司　2004 年 5
　　　　　　　月　頁 39

542. 劉慧珠　　「逆子」的自我異化與主體分裂——由拉康的「鏡像階段」審視
　　　　　　　王文興的《家變》[42]　修平人文社會學報　第 3 期　2004 年 3 月
　　　　　　　頁 159—176

543. 楊佳嫻　　《家變》　最愛一百小說　臺北　聯經出版公司　2004 年 5 月
　　　　　　　頁 44—45

544. 楊瀅靜　　消失的父親——談王文興的《家變》　金門文藝　第 2 期　2004
　　　　　　　年 9 月　頁 27—29

545. 石曉楓　　家庭內的夢魘與悲劇——親子關係的裂變〔《家變》部分〕　兩
　　　　　　　岸小說中的少年家變　臺北　里仁書局　2006 年 7 月　頁 25—34

546. 張韻如　　語言及音樂的關聯——論《家變》的文體結構所呈現的音樂性[43]
　　　　　　　教育暨外國語文學報　第 3 期　2006 年 7 月　頁 51—60

547. 謝冬冰　　嫁接于西方現代派之木的臺灣現代派小說〔《家變》部分〕　濟
　　　　　　　南大學學報　第 16 卷第 5 期　2006 年 9 月　頁 50—52

548. 柯慶明　　小識〈《家變》小識〉　臺灣現代文學的視野　臺北　麥田出版
　　　　　　　公司　2006 年 12 月　頁 355—358

549. 邱貴芬　　翻譯驅動力下的臺灣文學生產——1960—1980 現代派與鄉土文學

---

[42]本文藉由法國結構主義精神分析學大師拉康的「鏡像階段」理論，去審視《家變》的內在結構。
　全文共 5 小節：1.前言；2.拉康「鏡像階段」中「自我」、「主體」與「他者」的關係；3.破碎的
　身體——「逆子」的自我異化；4.消失的父親——「逆子」的主體分裂；5.結論。
[43]本文藉由分析《家變》的文體風格以及篇章結構，探討語言文字在小說中所呈現的音樂性。全
　文共 4 小節：1.音樂的語言功能；2.語言的音樂性；3.《家變》的文體結構所呈現的音樂性；4.結
　語。

的辯證——臺灣現代派小說的特色〔《家變》部分〕　臺灣小說
史論　臺北　麥田出版公司　2007 年 3 月　頁 223

550. 丁富雲　　《家變》：社會轉型階段人倫關係異化的寫真　中州學刊　2007
年第 3 期　2007 年 5 月　頁 222—225

551. 陳碧月　　臺灣「青春成長小說」所呈現的生命經驗與關懷意識〔《家變》
部分〕　兩岸當代女性小說選讀　臺北　五南圖書出版公司
2007 年 9 月　頁 117

552. 葉石濤　　七○年代臺灣文學的回顧〔《家變》部分〕　葉石濤全集・隨筆
卷二　臺南，高雄　國立臺灣文學館，高雄市文化局　2008 年 3
月　頁 44

553. 李時雍　　王文興《家變》的秩序內外　第十五屆全國中文研究所研究生論
文研討會　桃園　中央大學中國文學系主辦　2008 年 10 月 25 日

554. 周麗卿　　裂變中的傳承——重探王文興《家變》的父子關係與自我認同[44]
東吳中文線上學術論文　第 4 期　2008 年 12 月　頁 73—88

555. 賴靜毓，陳岫蘭，段岱玲　　反叛 vs.傳統：試論王文興的《家變》和白先勇
的《孽子》二書中的雙重性[45]　嶺東學報　第 24 期　2008 年 12 月
頁 233—248

556. Jane Parish Yang（白珍）　　Leaving Home: Foreshadowing,Echo, and
Sideshadowing in Wan Wenxing's（Wang Wen hsing's）Jia bian
Art of Chinese Narrative Language: International Workshop on Wang
Wen-hsing's Life and work（中文敘事語言的藝術：王文興國際研
討會）　Canada　Department of Germanic, Slavic and East Asian
Studies University of Calgary　2009 年 2 月 19—21 日

557. Peng Yi（易鵬）　　惡之華：《家變》之日常顯像　Art of Chinese Narrative

---

[44] 本文結合拉岡精神分析與當代歷史脈絡的評論觀點，剖析作家「家變」企圖與實際敘述操作所形
成的矛盾與衝突，以及其背後所指涉的文化心靈與時代脈動。
[45] 本文利用現代主義的「對立」特點檢視二書，在文化上新貌與傳統共舞的現象。全文共 5 小節：
1.前言；2.語言風格；3.寫實層與象徵層；4.自我追尋；5.結語。

Language: International Workshop on Wang Wen-hsing's Life and work（中文敘事語言的藝術：王文興國際研討會）　Canada Department of Germanic, Slavic and East Asian Studies University of Calgary　2009 年 2 月 19—21 日

558. 應鳳凰　尤里西斯在臺北——王文興的「家變」與「文字變」　文訊雜誌 第 285 期　2009 年 7 月　頁 10—12

559. 應鳳凰　西化以後，「家」怎麼「變」？——王文興小說《家變》　書香 兩岸　第 9 期　2009 年 7 月　103

560. 楊　照　讓新身體貼近老靈魂　聯合報　2009 年 8 月 26 日　A4 版

561. 劉建基　「家」似乎「變」了——論王文興小說《家變》英譯本中的文化 翻譯與經典文學大眾化議題　2009 翻譯與跨文化國際學術研討會 臺北　政治大學外語學院翻譯中心，政治大學外語學院跨文化研 究中心主辦　2009 年 9 月 26 日

562. 金良守　60 年代臺灣社會與「父親缺席」的寓言——以王文興的《家變》 與楊德昌的《牯嶺街少年殺人事件》爲中心[46]　第六屆臺灣文化國 際學術研討會——臺灣文學的大河：歷史、土地與新文化　臺 北，臺南　臺灣師範大學臺灣文化及語言文學研究所、長榮大學 臺灣研究所主辦　2009 年 9 月 4—6 日

563. 金良守　解讀六十年代的臺灣社會與「父親缺席」的寓言：以王文興的 《家變》與楊德昌的《牯嶺街少年殺人事件》爲中心　臺灣文學 的大河：歷史、土地與新文化——第六屆臺灣文化國際學術研討 會論文集　高雄　春暉出版社　2009 年 12 月　頁 366—386

564. 劉建基　翻譯、番易、褪色的現代主義：以王文興《家變》英譯本爲例[47] 廣譯：語言、文學與文化翻譯　第 3 期　2010 年 1 月　頁 43—54

---

[46]本文透過對描寫 60 年代臺灣家族的兩部作品的考察，探討當時家庭裡父親的地位問題。全文共 4 小節：1.父親意味著什麼？；2.王文興的《家變》；3.楊德昌的《牯嶺街少年殺人事件》；4.結論。

[47]本文以杜玲英譯的《家變》Family Catastrophe 爲例，闡釋王文興的中文原著如何經過文化翻譯 形成一部褪色的「現代主義」譯本。

565. 陳芳明　　《秋葉》與《家變》的意義[48]　文訊雜誌　第 292 期　2010 年 2
　　　　　　　月　頁 10—13

566. 陳芳明　　臺灣鄉土文學運動中的論戰與批判──新詩論戰的延續：《秋
　　　　　　　葉》與《家變》受到批判　臺灣新文學史　臺北　聯經出版社
　　　　　　　2011 年 10 月　頁 535—540

567. 彭明偉　　論《家變》的真實感與歷史感　演繹現代主義：王文興國際研討
　　　　　　　會　桃園　中央大學人文研究中心　2010 年 6 月 4—5 日

568. 游惠英　　家屋──終其一生的尋覓（下）〔《家變》部分〕　人間福報
　　　　　　　2010 年 8 月 4 日　15 版

569. 馬衛華　　現代派小說及其作家群的崛起〔《家變》部分〕　20 世紀臺灣文
　　　　　　　學史略　北京　民族出版社　2010 年 10 月　頁 169—171

570. 馮鐵著（Raoul David Findeisen）；黃桂瑩譯　　《家變》裡的變寫不為文變
　　　　　　　──關於未來《家變》編訂本之思考　開始的開始　臺北　臺灣
　　　　　　　大學圖書館，臺灣大學出版中心，行人文化實驗室　2010 年 11 月
　　　　　　　頁 121—151

571. 白依璇　　學院現代主義的文藝批評體制與典律化──以王文興《家變》為
　　　　　　　中心的探討[49]　第七屆全國臺灣文學研究生學術論文研討會論文集
　　　　　　　臺南　國立臺灣文學館　2010 年 11 月　頁 3—43

572. 易鵬著；蕭瑞莆譯　　易義，書──王文興《家變》手稿　開始的開始　臺
　　　　　　　北　臺灣大學圖書館，臺灣大學出版中心，行人文化實驗室
　　　　　　　2010 年 11 月　頁 153—178

573. 林品軒　　論王文興的文學道德──以《家變》父親的遭遇為例　第五屆國
　　　　　　　北教大暨臺師大研究生論文發表會　臺北　臺北教育大學臺灣文
　　　　　　　化所主辦；臺灣師範大學臺灣文化及語言文學所協辦　2011 年 1

---

[48] 本文後改篇名為〈新詩論戰的延續：《秋葉》與《家變》受到批判〉。
[49] 本文探討王文興早期典律化經驗，勾勒出其與《家變》所處時空，繼而探討學院現代主義文藝批評體制與王文興典律化過程背後所代表的社會意義與精神構圖。全文共小節：1.前言；2.美援下現代主義(Modernism)與臺大外文社群的關係；3.形式主義至上的新批評(New Critcism)文藝體制；4.學院現代主義文藝批評體制對王文興《家變》的評價；5.結論。

月 8 日

574. 周慧珠　　經典朗讀，細品文字之美——王文興慢讀《家變》　人間福報
　　　　2011 年 2 月 20 日　B5 版

575. 應鳳凰，傅月庵　　王文興——《家變》　冊頁流轉——臺灣文學書入門 108
　　　　臺北　印刻文學生活雜誌出版公司　2011 年 3 月　頁 90—91

576. 應鳳凰，傅月庵　　王文興《家變》　人間福報　2011 年 5 月 15 日　B5 版

577. 洪珊慧　　《家變》與《孽子》中的父子關係與對「真實」世界的追求[50]　臺
　　　　灣文學研究學報　第 12 期　2011 年 4 月　頁 187—204

578. 尉天驄講，廖任彰記錄　　七〇年代尉老師曾對歐陽子、王文興、張愛玲的
　　　　作品提出批判，四十年過去了，如今您怎麼看待這些作家的作
　　　　品？　尉天驄與臺灣現代主義文學運動　政治大學國文教學碩士
　　　　在職專班　碩士論文　陳芳明教授指導　2011 年 6 月　頁 259—
　　　　260

579. 小野，陳傳興　　臺灣的作家們——從「他們在島與寫作」談起——《尋找
　　　　背海的人》・接近於導演的創作〔《家變》部分〕　聯合報
　　　　2011 年 7 月 8 日　D3 版

580. 吳瑾瑋　　從語言風格角度試析王文興《家變》中的長句　2011 敘事文學與
　　　　文化國際學術研討會　臺北　臺灣師範大學國文學系主辦　2011
　　　　年 10 月 15—16 日

581. 謝冬冰　　臺灣現代派小說——「橫的移植」——嫁接於臺灣島上的西方現
　　　　代派〔《家變》部分〕　多元文化與臺灣當代文學　北京　文化
　　　　藝術出版社　2011 年 12 月　頁 183—187

582. 白依璇　　從美學品味到政經觀點的差異敘事：論七〇年代鄉土文學論戰與

---

[50]本文比較《家變》與《孽子》中父／子的出走與被逐、父子關係、家與個人自由的追求以及對於
　內心「真實」世界的追求，以及兩部小說內在人文精神。全文共 7 小節：1.前言；2.父／子的出
　走；3.倒置的父子關係：《家變》；4.企待修復的父子關係：《孽子》；5.從「似父」到「弒父」、
　「拭父」；6.「不孝（肖）子」與「孽子」；7.結論。

王文興《家變》[51]　臺灣文學論叢（四）　新竹　清華大學臺灣文學研究所　2012 年 3 月　頁 73—103

583. 朱宥勳　是「我」在說話嗎？——王文興《家變》　幼獅文藝　第 702 期　2012 年 6 月　頁 28—30

584. 黃華庸　運鏡《家變》　人間福報　2012 年 8 月 3 日　15 版

585. 鍾文榛　臺灣現代小說後階段所透顯得孤獨與疏離——心理疏離與社會疏離的紛繁展演——家庭功能改變而產生的疏離〔《家變》部分〕　孤獨與疏離：從臺灣現代小說透視時代心靈的變遷　臺北　秀威資訊科技　2012 年 12 月　頁 200—201

《十五篇小說》

586. 鄭雅云　談王文興早期的《十五篇小說》　文壇　第 249 期　1981 年 3 月　頁 61—69

587. 安　立　孤絕的人生——評介《十五篇小說》　自立晚報　1986 年 6 月 23 日　12 版

588. 安　立　孤絕的人生——評介《十五篇小說》　洪範雜誌　第 28 期　1986 年 9 月 5 日　3 版

589. 安　立　孤絕的人生——評介《十五篇小說》　王文興的心靈世界　臺北　雅歌出版社　1990 年 5 月　頁 77—78

590. 吳再興　論王文興《十五篇小說》的人生觀照　臺南師院學生學刊　第 17 期　1996 年 1 月　頁 72—82

591. 吳品誼　上帝遺棄的英雄——論王文興《十五篇小說》的命運觀　國文天地　第 257 期　2006 年 10 月　頁 61—66

592. 蔡季娟　生命的迷惘與感悟——王文興《十五篇小說》中的成長書寫主題探析　第一屆臺灣師範大學國文學系在職進修研究生學術論文研

---

[51]本文視王文興及《家變》為觀察介質，爬梳其參與鄉土文學論戰所扮演的角色。全文共 5 小節：1.前言：現代與鄉土的文學典律辯證；2.王文興與鄉土文學脈絡：從〈鄉土文學的功與過〉談起；3.戰火後續：《這樣的教授王文興》的批判；4.論戰中的《家變》評價：兼論曾心儀〈我愛博士〉；5.結論：現代主義文學與鄉土文學的互涉關係。

討會　臺北　臺灣師範大學國文學系主辦　2009 年 3 月 7 日

593. 李時雍　《十五篇小說》的悲劇內外[52] 臺灣文學論叢（二）　新竹　清華
大學臺灣文學研究所　2010 年 3 月　頁 1—3

《背海的人（上）》

594. 反　正　王文興如是說　臺灣日報　1979 年 11 月 23 日　8 版

595. 周芬伶　憶見《背海的人》，請還我信心！一個關心現代小說前途讀者的
心聲　臺灣日報　1980 年 11 月 8 日　8 版

596. 之　明　難解的王文興的內心世界——《背海的人》精華讀後　臺灣日報
1980 年 11 月 14 日　8 版

597. 仲　涵　王文興先生，請你尊重我們的文字！——讀所謂「現代小說」—
—《背海的人》有感　臺灣日報　1980 年 11 月 17 日　8 版

598. 施啟朋　「小說」「現代」；——對王文興的「現代小說」「沒有信
心」，絕不表示對「現代小說」沒有信心　臺灣日報　1980 年 11
月 23 日　8 版

599. 鍾不世　攸力西斯在臺北——苦讀《背海的人》　新書月刊　第 1 期
1983 年 10 月　頁 25

600. Gunn, Edward（蓋納‧艾德瓦）　The process of WangWen-hsing's art（王文
興《背海的人》的藝術手法）　Modern Chinese Literature　第 1
卷第 1 期　1984 年　頁 29—41

601. 鄭恆雄　文體的語言的基礎——論王文興的《背海的人》的[53]　慶祝國立臺
灣大學四十週年校慶——文學批評研討會論文集　臺北　臺灣大
學外國語文學系　1986 年 6 月　頁 295—327

602. 鄭恆雄　文體的語言的基礎——論王文興的《背海的人》的　中外文學
第 15 卷第 1 期　1986 年 6 月　頁 128—157

---

[52]本文從《十五篇小說》去理解王文興創作的動機與悲劇的癥結，進而重新思考其語言藝術的問
題。全文共 5 小結：1.悲劇的誕生；2.超越快樂原則；3.自我與超我；4.可說與不可說；5.小結。
[53]本文從語言行為探討王文興《背海的人》中的章法、語法、語意以及語音結構。全文共 3 小節：
1.語言學理論與文學批評；2.「背海的人」的文體；3.結語。

603. 鄭恆雄　　　文體的語言的基礎——論王文興的《背海的人》　當代臺灣文學
　　　　　　　　評論大系・小說批評卷　臺北　正中書局　1993 年 6 月　頁 473
　　　　　　　　—517

604. 鄭恆雄　　　王文興《背海的人》的文體及宗教觀　聯合文學　第 32 期　1987
　　　　　　　　年 6 月　頁 199—206

605. 鄭恆雄　　　從記號學的觀點看王文興《背海的人》的宗教觀[54]　文學與宗教—
　　　　　　　　—第一屆國際文學與宗教會議論文集　臺北　時報文化出版公司
　　　　　　　　1987 年 9 月　頁 393—420

606. 張漢良著；蔣淑貞譯　　王文興《背海的人》的語言信仰[55]　文學與宗教——
　　　　　　　　第一屆國際文學與宗教會議論文集　臺北　時報文化出版公司
　　　　　　　　1987 年 9 月　頁 438—460

607. 張漢良著；蔣淑貞譯　　王文興《背海的人》的語言信仰　當代臺灣文學評
　　　　　　　　論大系・小說批評卷　臺北　正中書局　1993 年 6 月　頁 519—
　　　　　　　　546

608. 何　欣　　　在暢銷書排榜外的王文興　中央日報　1989 年 11 月 1 日　16 版

609. 鄭恆雄　　　《背海的人》的宗教觀　王文興的心靈世界　臺北　雅歌出版社
　　　　　　　　1990 年 5 月　頁 87—96

610. 舒　坦　　　不說人話的《背海的人》　對比與象徵　臺中　臺中市立文化中
　　　　　　　　心　1993 年 6 月　頁 44—50

611. 沈靜嵐　　　《臺北人》白先勇 V.S《背海的人》王文興　當西風走過——60
　　　　　　　　年代《現代文學》派的論述與考察　成功大學歷史語言研究所
　　　　　　　　碩士論文　林瑞明教授指導　1994 年 6 月　頁 33—41

612. 荻　宜　　　王文興《背海的人》——1980 年最具顛覆性的小說　文訊雜誌

---

[54]本文融合雅可布森（Jakobson）的語言溝通模式、巴特（Barthes）的五種語碼，以及德希達
（Derriada）和馬樂伯（Magliola）的解構觀念，提出記號學的觀點來透視《背海的人》的宗教紋
理。全文共 4 小節：1.緒論；2.雅可布森的語言溝通模式及《背海的人》的語言行為；3.巴特的
五個語碼及爺的宗教觀；4.結語。

[55]本文以語言與宗教信仰探討王文興《背海的人》。全文共 3 小節：1.前言；2.語言作為信仰；3.王
文興的語言體系。

第 146 期　1997 年 12 月　頁 34—35

613. 陳麗芬　當中心變成邊緣——《背海的人》與現代文學的宿命困境[56]　現代
　　　文學與文化想像：從臺灣到香港　臺北　書林出版公司　2000 年
　　　5 月　頁 55—75

614. 季　進　小說‧語碼‧宗教——《背海的人》宗教觀剖析　中國文學新思
　　　維（上）　嘉義　南華大學　2000 年 7 月　頁 330—339

615. 耿德華（Edward Gunn）著；李延輝譯　　《背海的人》以及翻譯準則[57]　中
　　　外文學　第 30 卷第 6 期　2001 年 11 月　頁 115—134

《背海的人（下）》

616. 陳文芬　《背海的人》下集，王文興文字校對工程驚人　中國時報　1999
　　　年 1 月 5 日　11 版

617. 江中明　《背海的人》，王文興寫了 18 年　聯合報　1999 年 1 月 5 日　19
　　　版

618. 張誦聖著；葉美瑤譯　解讀王文興現代主義新作——《背海的人》續集
　　　聯合文學　第 177 期　1999 年 7 月　頁 144—148

619. 張誦聖著；葉美瑤譯　解讀王文興現代主義新作——《背海的人》續集
　　　文學場域的變遷　臺北　聯合文學出版社　2001 年 6 月　頁 225
　　　—234

620. 陳文芬　王文興《背海的人（下）》　中國時報　1999 年 9 月 20 日　11
　　　版

621. 楊　照　「緩慢有理」的美學偏執——《背海的人》（下）　聯合報
　　　1999 年 11 月 1 日　48 版

622. 楊　照　「緩慢有理」的美學偏執——評《背海的人（下）》　洪範雜誌
　　　第 63 期　2000 年 11 月　3 版

623. 黃錦珠　王文興《背海的人（下）》　文訊雜誌　第 180 期　2000 年 10 月

---

[56]本文探討《背海的人》未能造成轟動的原因，以及臺灣現代文學的困境與掙扎。
[57]本文探討《背海的人》英譯本的翻譯準則。全文共 7 小節：1.序言；2.不一致；3.期待；4.意圖；
　5.優先順序的取捨；6 語言內部異質性；7.語言和民族性。

頁 30—31

624. 黃錦珠　　王文興《背海的人（下）》　1999 臺灣文學年鑑　臺北　行政院
　　　　　　　　文建會　2000 年 10 月　頁 299—300

625. 廖炳惠　　臺灣文學中的四種現代性——以《背海的人》下集爲例[58]　中外文
　　　　　　　　學　第 30 卷第 6 期　2001 年 11 月　頁 75—92

626. 廖炳惠　　臺灣文學中的四種現代性——以《背海的人》下集爲例　臺灣與
　　　　　　　　世界文學的匯流　臺北　聯合文學出版社　2006 年 5 月　頁 50—
　　　　　　　　72

627. 范銘如　　文壇挑夫，志在千里　中國時報　2002 年 9 月 8 日　22 版

628. 范銘如　　文壇挑夫，志在千里　像一盒巧克力：當代文學文化評論　臺北
　　　　　　　　印刻出版公司　2005 年 10 月　頁 170—174

《背海的人（上、下）》

629. 江寶釵　　是誰在那裡「背海」？　中央日報　1999 年 10 月 25 日　22 版

630. 易　鵬　　背向完美語言——《背海的人》芻論[59]　中外文學　第 30 卷第 6
　　　　　　　　期　2001 年 11 月　頁 138—160

631. 王安琪　　以子之矛攻子之盾——王文興《背海的人》中的曼氏諷刺[60]　中外
　　　　　　　　文學　第 30 卷第 6 期　2001 年 11 月　頁 187—212

632. 朱立立　　臺灣知識份子的精神私史——王文興現代主義力作《背海的人》
　　　　　　　　中的「爺」[61]　中外文學　第 30 卷第 6 期　2001 年 11 月　頁 213
　　　　　　　　—226

633. 朱立立　　臺灣知識份子的精神私史——王文興現代主義力作《背海的人》
　　　　　　　　中的「爺」　新文學　第 2 輯　2004 年 6 月　頁 133—142

---

[58]本文藉王文興《背海的人》下集，探討臺灣文學中「陰性現代」、「翻譯現代」、「壓抑現代」與上
海都會摩登文化四種現代性。
[59]本文探討《背海的人》語言使用方式，及其所呈現的意義。全文共 4 小節：1.完美語言；2.次級
Cratylism(secondary Cratylism)；3.歷史(與)文字學；4.外緣。
[60]本文探討王文興《背海的人》中反諷技巧的使用。
[61]本文探討《背海的人》人物，以呈現出臺灣知識分子樣貌。

634. 吳達芸　　　一個知識份子敗類之死——《背海的人》閱讀手記[62]　中外文學
　　　　　　　　第 30 卷第 6 期　2001 年 11 月　頁 227—243

635. 江寶釵　　　一位陌生讀者的來信——致王文興（上、下）　中央日報　2003
　　　　　　　　年 9 月 23—24 日　17 版

636. 黃啓峰　　　試論《背海的人》隱含之宗教意涵　輔大中研所學刊　第 17 期
　　　　　　　　2007 年 4 月　頁 173—190

637. Chi-feng Huang（黃啓峰）　　存在與荒謬：淺談《背海的人》的核心命題
　　　　　　　　Art of Chinese Narrative Language: International Workshop on Wang
　　　　　　　　Wen-hsing's Life and work（中文敘事語言的藝術：王文興國際研
　　　　　　　　討會）　Canada　Department of Germanic, Slavic and East Asian
　　　　　　　　Studies University of Calgary　2009 年 2 月 19—21 日

638. 王淑華　　　《背海的人》的憤怒與喧囂　演繹現代主義：王文興國際研討會
　　　　　　　　桃園　中央大學人文研究中心　2010 年 6 月 4—5 日

639. 林秀玲　　　王文興《背海的人》與南方澳：臺灣的後現代性與在地性　演繹
　　　　　　　　現代主義：王文興國際研討會　桃園　中央大學人文研究中心
　　　　　　　　2010 年 6 月 4—5 日

640. 洪珊慧　　　深坑澳舞臺上的「單口相聲」——王文興《背海的人》之小說語
　　　　　　　　言探討　演繹現代主義：王文興國際研討會　桃園　中央大學人
　　　　　　　　文研究中心　2010 年 6 月 4—5 日

641. 曾珍珍　　　那個人，那一張臉：讀《背海的人》體識王文興的「面相術」
　　　　　　　　演繹現代主義：王文興國際研討會　桃園　中央大學人文研究中
　　　　　　　　心　2010 年 6 月 4—5 日

642. 廖炳惠　　　《背海的人》中的陌生、離散與偏執主題　演繹現代主義：王文
　　　　　　　　興國際研討會　桃園　中央大學人文研究中心　2010 年 6 月 4—5
　　　　　　　　日

---

[62]本文探討《背海的人》人物性格及其意義。全文共 6 小節：1.敗類、畜牲、狗、狗、無名；2.犬
吠、語言特質、自語？說書；3.蒼鷹、洗澡間、死亡、死神意象；4.近整處、畸人誌、病人、杜
鵑窩；5.爲女人絕地反攻；6.《背海的人》的象徵意義。

643. 鄭恆雄　　《背海的人》上下冊中的和聲、對位和變奏　演繹現代主義：王
　　　　　　　　文興國際研討會　桃園　中央大學人文研究中心　2010 年 6 月 4
　　　　　　　　—5 日

644. 鍾文榛　　臺灣現代小說後階段所透顯得孤獨與疏離──正向型孤獨與高處
　　　　　　　　不勝寒型孤獨的相衍體現──反映八○年代適應狀況的孤獨
　　　　　　　　〔《背海的人》部分〕　孤獨與疏離：從臺灣現代小說透視時代
　　　　　　　　心靈的變遷　臺北　秀威資訊科技　2012 年 12 月　頁 179—181

645. 洪珊慧　　一個人的獨白──王文興《背海的人》「爺」的語言探析[63]　臺灣
　　　　　　　　文學研究學報　第 16 期　2013 年 4 月　頁 85—110

《王文興手稿集》

646. 林欣誼　　慢筆王文興・原始手稿看《家變》　中國時報　2010 年 11 月 18
　　　　　　　　日　A19 版

647. 陳宛茜　　王文興手稿書・初版筆紙節奏　聯合報　2010 年 11 月 18 日　A8
　　　　　　　　版

648. 易　鵬　　導讀：問之初　白的灰階：手稿集導讀小冊（王興手稿集）　臺
　　　　　　　　北　臺灣大學圖書館，臺灣大學出版中心，行人文化實驗室
　　　　　　　　2010 年 11 月　頁 5—12

文集
《書和影》

649. 葉子啟　　新書快評──王文興的《書和影》　聯合報　1988 年 5 月 10 日
　　　　　　　　21 版

650. 廖咸浩　　評王文興《書和影》　文訊雜誌　第 40 期　1989 年 2 月　頁 89
　　　　　　　　—92

《小說墨餘》

651. 陳文芬　　郭松棻、王文興、周夢蝶──文壇潔癖作家・新作誕生　中國時

---

[63] 本文探析《背海的人》「爺」的語言表現。全文共 5 小節：1.前言；2.「爺」的獨白體；3.深坑澳
　　的眾生相；4.《背海的人》之語言探討；5.結論。

報　2002 年 8 月 15 日　14 版

652. 江寶釵　評點「文興體」──閱讀王文興的《小說墨餘》　中央日報
2002 年 8 月 19 日　15 版

653. 江寶釵　評點「文興體」──閱讀王文興的《小說墨餘》　洪範雜誌　第
68 期　2002 年 12 月 31 日　2─3 版

654. 林秀玲　文學的講究──《小說墨餘》　聯合報　2002 年 9 月 8 日　23 版

655. 廖宏文　黃菊深栽盛得秋──讀王文興的《小說墨餘》　青年日報　2002
年 9 月 29 日　8 版

656. 廖宏文　黃菊深栽盛得秋──讀王興文的《小說墨餘》　洪範雜誌　第 68
期　2002 年 12 月 31 日　2─3 版

◆多部作品

《家變》、《龍天樓》

657. 隱　地　《家變》與《龍天樓》　書評書目　第 6 期　1973 年 7 月　頁 87
─93

《龍天樓》、〈玩具手槍〉

658. 蘇孟志　談王文興的早期作品《龍天樓》、〈玩具手槍〉　東吳青年　第
62 期　1975 年 1 月　頁 31─33

《背海的人》、《家變》

659. 白　馬　文學和語文〔《背海的人》、《家變》部分〕　臺灣日報　1980
年 12 月 1 日　8 版

660. 金　戈　被扭曲的「現代小說」──對王文興的現代小說，我們唯一的方
法是：拒讀！　臺灣日報　1980 年 12 月 1 日　8 版

661. 陳若曦　《家變》與《背海的人》　洪範雜誌　第 13 期　1983 年 7 月　4
版

662. 陳若曦　無聊才讀書──王文興《家變》、《背海的人》　草原行　臺北
時報文化出版公司　1988 年 7 月　頁 83─88

663. 王保生　兩岸文體風貌〔《家變》、《背海的人》部分〕　揚子江與阿里

山的對話——海峽兩岸文學比較　上海　上海文藝出版社　1995
年 12 月　頁 353—355，329—360，373

664. 葉石濤　　代表六〇年思潮的《現代文學》〔《家變》、《背海的人》部
分〕　臺灣新聞報　1996 年 4 月 11 日　19 版

665. 曾麗玲　　現代性的空白——《家變》、《背海的人》前後上下之間[64]　中外
文學　第 30 卷第 6 期　2001 年 11 月　頁 161—174

《家變》、《十五篇小說》

666. 徐文娟　　王文興的小說藝術——以《家變》、《十五篇小說》為例[65]　臺灣
當代小說論評　高雄　春暉出版社　1999 年 1 月　頁 1—30

《龍天樓》、〈命運的跡線〉、〈海濱聖母節〉、〈最快樂的事〉

667. 楊全瑛　　死亡因素及主題〔《龍天樓》、〈命運的跡線〉、〈海濱聖母
節〉、〈最快樂的事〉部分〕　六〇年代臺灣小說死亡主題研究
南華大學文學研究所　碩士論文　陳啓佑教授指導　2002 年 12 月
頁 122—152，159

單篇作品

668. 隱　地　　讀王文興的〈龍天樓〉　自由青年　第 35 卷第 7 期　1966 年 4 月
1 日　頁 25—27

669. 隱　地　　王文興〈龍天樓〉　隱地看小說　臺北　爾雅出版社　1981 年 6
月　頁 145—152

670. 李文彬　　〈龍天樓〉中的象徵技巧　中華文藝　第 71 期　1977 年 1 月　頁
75—89

671. 李文彬　　〈龍天樓〉中的象徵技巧　中國現代文學評論集　臺北　中華文
藝月刊社　1977 年 2 月　頁 72—86

672. 秦慧珠　　六〇年代之反共小說——王文興〔〈龍天樓〉〕　臺灣反共小說
研究（一九四九年至一九八九年）　中國文化大學中國文學系

---

[64]本文比較王文興與喬伊斯作品，以提供閱讀《背海的人》的途徑。
[65]本文以王文興《家變》、《十五篇小說》為主，探討王文興小說的主題思想、人物特質。全文共小
節：1.前言；2.小說主題與思想；3.藝術表現；4.小說人物特質；5.結語。

博士論文　金榮華教授指導　2000 年 4 月　頁 173—177

673. 饒博榮（StevenL, Riep）著；李延輝譯　〈龍天樓〉情文兼茂，不是敗筆——王文興對官方歷史與反共文學的批判（節譯）[66]　中外文學　第 30 卷第 6 期　2001 年 11 月　頁 93—114

674. 錢弘捷　批判的歷史觀——兼論王文興與陳映真的老兵書寫〔〈龍天樓〉〕　戰後臺灣小說中老兵書寫的離散思維　成功大學臺灣文學研究所　碩士論文　應鳳凰教授指導　2004 年 6 月　頁 99—108

675. 柯慶明　臺灣「現代主義」小說序論〔〈龍天樓〉部分〕　臺灣現代文學的視野　臺北　麥田・城邦文化公司　2006 年 12 月　頁 143—194

676. 水　晶　神話、初型和象徵——兼分析兩則短篇小說〔〈黑衣〉部分〕　拋磚記　臺北　三民書局　1970 年 12 月　頁 79—91

677. 佟志革　〈黑衣〉作品鑒賞　臺港小說鑒賞辭典　北京　中央民族學院出版社　1994 年 1 月　頁 436—437

678. 蘇敏逸　王文興〈黑衣〉賞析　臺灣文學讀本　臺北　現代中國小說之時間與現實觀念　2005 年 2 月　頁 302—306

679. 劉紹銘　現代中國小說之時間與現實觀念〔〈最快樂的事〉部分〕　中外文學　第 2 卷第 2 期　1973 年 7 月　頁 68—69

680. 劉紹銘　現代中國小說之時間與現實觀念〔〈最快樂的事〉部分〕　中華現代文學大系（臺灣 1970—1989）評論卷（壹）　臺北　九歌出版社　1989 年 5 月　頁 233—234

681. 黎湘萍　失敗的反叛：「圍城」母題〔〈最快樂的事〉部分〕　文學臺灣——臺灣知識者的文化敘事與理論想像　北京　人民文學出版社　2003 年 3 月　頁 62

---

[66]本文探討王文興如何藉由〈龍天樓〉處理當代事件議題，以呈現 1949 年國軍戰敗的失落的歷史細小節。全文共 3 小節：1.虛構內戰歷史；2.電影的影響及國家歷史的解讀；3.人為的和真實的。

682. 歐陽子　　王文興〈欠缺〉　現代文學小說選集（一）　臺北　爾雅出版社
　　　　　　　　1977 年 6 月　頁 129

683. 張靜二　　論啓蒙的故事〔〈欠缺〉部分〕　文學史學哲學——施友忠先生
　　　　　　　　八十壽辰紀念論文集　臺北　時報文化出版公司　1982 年 2 月
　　　　　　　　頁 240—241

684. 夏湘人　　王文興的〈欠缺〉　誕生的可能　臺北　宇宙科學公司　1987 年
　　　　　　　　11 月　頁 116—127

685. 梅家玲，郝譽翔　　〈欠缺〉作者簡介與評析　臺灣現代文學教程：小說讀
　　　　　　　　本　臺北　二魚文化公司　2002 年 8 月　頁 236—237

686. 石曉楓　　〈欠缺〉導讀　二十世紀臺灣文學金典：小說卷（戰後時期・第
　　　　　　　　一部）　臺北　聯合文學出版社　2006 年 1 月　頁 326—327

687. 郭玉雯　　《現代文學小說選集》的現代主義特色〔〈欠缺〉部分〕　臺灣
　　　　　　　　文學研究集刊　第 6 期　2009 年 8 月　頁 104—105

688. 王　拓　　評王文興教授的〈鄉土文學的功與過〉　夏潮　第 4 卷第 3 期
　　　　　　　　1978 年 3 月　頁 71—73

689. 吳達芸　　簡析〈玩具手槍〉　中國現代短篇小說選析 1　臺北　長安出版社
　　　　　　　　1984 年 2 月　頁 374—375

690. 馬　敏　　王文興小說的多重主題探析——以〈玩具手槍〉為例　電影評介
　　　　　　　　2008 年第 12 期　2008 年 6 月　頁 100—101

691. 何懷碩　　電影還該是電影〔〈文學就是電影〉〕　聯合報　1984 年 5 月 22
　　　　　　　　日　8 版

692. 何懷碩　　和而不同——再答王文興先生〔〈電影還是文學〉〕　聯合報
　　　　　　　　1984 年 6 月 16 日　8 版

693. 封祖盛　　〈寒流〉評析　臺灣現代派小說評析　福州　海峽文藝出版社
　　　　　　　　1986 年 5 月　頁 269—275

694. 吳達芸　　簡析〈寒流〉　中國現代短篇小說選析 1　臺北　長安出版社
　　　　　　　　1984 年 2 月　頁 398—399

695. 洪永春，李永求　　解讀王文興的短篇小說〈寒流〉　文學教育　2010 年 7A
　　　　卷　2010 年 7 月　頁 126—127

696. 陳幸蕙　　〈思維詩的來臨──評介葉維廉《憂鬱的鐵路》〉編者按語　七
　　　　十五年文學批評選　臺北　爾雅出版社　1987 年 3 月　頁 18—19

697. 蕭　蕭　　〈神話集〉編者註　七十六年散文選　臺北　九歌出版社　1988
　　　　年 2 月　頁 272

698. 廖咸浩等[67]　　死亡的滋味──王文興〈命運的跡線〉　幼獅文藝　第 496 期
　　　　1995 年 4 月　頁 55—58

699. 楊佳嫻　　序論〔〈命運的跡線〉部分〕　臺灣成長小說選　臺北　二魚文
　　　　化公司　2004 年 11 月　頁 10—11

700. 張素貞導讀　　王文興──〈命運的跡線〉　小說教室（導讀新版）　臺北
　　　　九歌出版社　2007 年 5 月　頁 461

701. 康來新　　王文興〈海濱聖母節〉　臺灣宗教文選　臺北　二魚文化公司
　　　　2005 年 5 月　頁 104

702. 徐禎苓　　現代・儀典・在地感──鄉土敘事之轉變：以王文興〈海濱聖母
　　　　節〉與吳明益〈虎爺〉爲例[68]　世新中文研究集刊　第 7 期　2011
　　　　年 7 月　頁 29—48

703. Ta-yun Wu（吳達芸），Yi-hsin Lu（呂毅新）　　探索王文興〈M 和 W〉的
　　　　荒謬本質與宗教意識　Art of Chinese Narrative Language:
　　　　International Workshop on Wang Wen-hsing's Life and work（中文敘
　　　　事語言的藝術：王文興國際研討會）　Canada　Department of
　　　　Germanic, Slavic and East Asian Studies University of Calgary　2009
　　　　年 2 月 19—21 日

704. 李時雍　　無路可出──王文興劇作〈M 和 W〉試論　演繹現代主義：王文
　　　　興國際研討會　桃園　中央大學人文研究中心　2010 年 6 月 4—5

---

[67] 主持人：廖咸浩；與會者：廖之韻、李燦光、陳逸羣、陳建、柯慶明；紀錄：焦慧蘭。
[68] 本文並以〈海濱聖母節〉與〈虎爺〉爲研究對象，觀察現代主義與鄉土敘事模式的衍異。全文共
　3 小節：1.前言：現代主義與鄉土敘事；2.從聖母到虎爺：感覺結構的世代差異；3.結語。

日

705. 康來新，楊雅儒　　演算「數學」：由日曆而神話的〈明月夜〉　演繹現代
　　　主義：王文興國際研討會　桃園　中央大學人文研究中心　2010
　　　年 6 月 4—5 日

多篇作品

706. 葉維廉　　水綠的年齡之冥想——論王文興《龍天樓》以前的作品〔〈母
　　　親〉、〈殘菊〉、〈下午〉〕　中國現代小說的風貌　臺北　晨
　　　鐘出版社　1977 年 7 月　頁 39—50

707. 葉維廉　　水綠的年齡之冥想——論王文興《龍天樓》以前的作品〔〈母
　　　親〉、〈殘菊〉、〈下午〉〕　中國現代小說的風貌　臺北　四
　　　季出版公司　1977 年 9 月　頁 31—54

708. 葉維廉　　水綠的年齡之冥想——論王文興《龍天樓》以前的作品〔〈母
　　　親〉、〈殘菊〉、〈下午〉〕　從現象到表現：葉維廉早期文集
　　　臺北　東大圖書公司　1994 年 6 月　頁 497—518

709. 葉維廉　　水綠的年齡之冥想——論王文興《龍天樓》以前的作品〔〈母
　　　親〉、〈殘菊〉、〈下午〉〕　葉維廉文集（一）　合肥　安徽
　　　教育出版社　2002 年 8 月　頁 241—259

710. 葉維廉　　水綠的年齡之冥想——論王文興《龍天樓》以前的作品〔〈母
　　　親〉、〈殘菊〉、〈下午〉〕　新文學　第 2 輯　2004 年 6 月
　　　頁 99—108

711. 葉維廉　　水綠的年齡之冥想——論王文興《龍天樓》以前的作品〔〈母
　　　親〉、〈殘菊〉、〈下午〉〕　中國現代小說的風貌　臺北　臺
　　　大出版中心出版　2010 年 3 月　頁 51—75

712. 吉　也　　男性之荒謬與莊嚴及異性之棲息——我看〈草原的盛夏〉、〈母
　　　親〉　臺灣文藝　第 104 期　1987 年 1 月　頁 82—86

713. 吳達芸　　〈玩具手槍〉和〈寒流〉的簡析　王文興的心靈世界　臺北　雅
　　　歌出版社　1990 年 5 月　頁 79—81

714. 鄭明娳　從懷鄉道返鄉——臺灣現代散文中的大陸意識〔〈五省印象〉、〈山河掠影〉、〈西北東南〉部分〕　中華文學的現在和未來——兩岸暨港澳文學交流研討會論文集　香港　鑪峰學會　1994 年 6 月　頁 161—162

715. 李豐楙　命與罪：六十年代臺灣小說中的宗教意識〔〈命運的跡線〉、〈龍天樓〉、〈海濱聖母節〉部分〕　臺灣文學中的社會：五十年來臺灣文學研討會論文集（一）　臺北　行政院文建會　1996 年 6 月　頁 250—275

716. 李豐楙　命與罪：六十年代臺灣小說中的宗教意識〔〈命運的跡線〉、〈龍天樓〉、〈海濱聖母節〉部分〕　認同、情慾與語言　臺北　中研院文哲所　2004 年 12 月　頁 87—121

717. 鍾怡雯　故土與古土——論臺灣返「鄉」散文〔〈五省印象〉、〈山河掠影〉、〈西北東南〉部分〕　解嚴以來臺灣文學國際學術研討會論文集　臺北　萬卷樓圖書公司　2000 年 10 月　頁 503—511

718. 林積萍　文學創作表現出的幾個特色——追求藝術形式的創新〔〈母親〉、〈下午〉、〈欠缺〉部分〕　《現代文學》新視界　臺北　讀冊文化公司　2005 年 5 月　頁 108—115

作品評論目錄、索引

719. 吳達芸　重要評論　中國現代短篇小說選析 1　臺北　長安出版社　1984 年 2 月　頁 400

720. 陳東榮，陳美金　王文興參考資料　王文興的心靈世界　臺北　雅歌出版社　1990 年 5 月　頁 180—187

721. 臺灣大學圖書館特藏組編輯　相關評論書目——傳記與訪談（按日期順序）　中外文學　第 30 卷第 6 期　2001 年 11 月　頁 428—432

722. 臺灣大學圖書館特藏組編輯　相關評論書目——著作評論（按日期順序）　中外文學　第 30 卷第 6 期　2001 年 11 月　頁 433—447

723. 〔封德屏主編〕　王文興　臺灣現當代作家評論資料目錄（一）　臺南

國立臺灣文學館　2010 年 11 月　頁 144—172

724. 白依璇　王文興《家變》評論資料彙編　場域、論戰、接受：王文興小說
《家變》的典律化過程研究　清華大學臺灣文學研究所　碩士論
文　陳建忠教授指導　2011 年 1 月　頁 122—125

其他

725. 陳慧樺　校園文學、小刊物、文壇——以《星座》和《大地》爲例〔《現
代文學》部分〕　從影響研究到中國文學　臺北　書林出版公司
1992 年 1 月　頁 69—70

國家圖書館出版品預行編目資料

王文興 / 易鵬編選. -- 初版. -- 臺南市：臺灣文學館,
2013.12
　　面；　　公分. -- (臺灣現當代作家研究資料彙編；48)
ISBN 978-986-03-9158-9 (平裝)

1.王文興 2.作家 3.文學評論

783.3886　　　　　　　　　　　　　　102024148

【臺灣現當代作家研究資料彙編】48
王文興

發 行 人／　李瑞騰
指導單位／　文化部
出版單位／　國立台灣文學館
　　　　　　地址／70041 台南市中西區中正路 1 號
　　　　　　電話／06-2217201　　　　傳真／06-2218952
　　　　　　網址／www.nmtl.gov.tw　　電子信箱／pba@nmtl.gov.tw

總 策 畫／　封德屏
顧 　 問／　林淇瀁　張恆豪　許俊雅　陳信元　陳義芝　須文蔚　應鳳凰
工作小組／　王雅嫻　杜秀卿　汪黛妏　張純昌　張傳欣　莊雅晴　陳欣怡
　　　　　　黃薏婷　練麗敏　蘇琬鈞
編 　 選／　易　鵬
責任編輯／　陳欣怡
校 　 對／　林英勳　張傳欣　莊雅晴　陳欣怡　黃敏琪　黃薏婷　趙慶華
　　　　　　潘佳君　練麗敏　蘇琬鈞
計畫團隊／　財團法人台灣文學發展基金會
美術設計／　翁國鈞・不倒翁視覺創意
印 　 刷／　松霖彩色印刷事業有限公司

著作財產權人／國立台灣文學館
本書保留所有權利。欲利用本書全部或部分內容者，須徵求著作財產權人同意或書面授
權。請洽國立台灣文學館研典組（電話：06-2217201）

經銷展售／　國家書店松江門市（02-25180207）
　　　　　　國立台灣文學館—雪芙瑞文學咖啡坊（06-2214632）
　　　　　　南天書局（02-23620190）　　　　唐山出版社（02-23633072）
　　　　　　府城舊冊店（06-2763093）　　　　台灣的店（02-23625799）
　　　　　　啓發文化（02-29586713）　　　　三民書局（02-23617511）
　　　　　　草祭二手書店（06-2216872）　　　五南文化廣場（04-22260330）
網路書店／　國家書店網路書店 www.govbooks.com.tw
　　　　　　五南文化廣場網路書店 www.wunanbooks.com.tw
　　　　　　三民書局網路書店 www.sanmin.com.tw

初版一刷／2013 年 12 月
定 　 價／新臺幣 380 元整
　　　　　　第一階段 15 冊新臺幣 5500 元整　　第二階段 12 冊新臺幣 4500 元整
　　　　　　第三階段 23 冊新臺幣 8500 元整　　全套 50 冊新臺幣 18500 元整
　　　　　　全套 50 冊合購特惠新臺幣 16500 元整

GPN／1010202824（單本）　　ISBN／978-986-03-9158-9（單本）
　　　　1010000407（套）　　　　　　　978-986-02-7266-6（套）

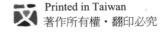